Greta Moens-Haenen

Das Vibrato
in der Musik des Barock

Greta Moens-Haenen

Das Vibrato in der Musik des Barock

Ein Handbuch
zur Aufführungspraxis für
Vokalisten und Instrumentalisten

Akademische Druck- u. Verlagsanstalt
Graz/Austria

Bibliographische Information Der Deutschen Bibliothek

Die Deutsche Bibliothek verzeichnet diese Publikation
in der Deutschen Nationalbibliografie; detaillierte
bibliografische Daten sind im Internet über
http://dnb.ddb.de
abrufbar.

2. Auflage der Ausgabe Graz 1988
Akademische Druck- u. Verlagsanstalt, Graz 2004
ISBN 3-201-01398-6
Printed in Austria

Vorwort

Diesem Buch liegt eine dreibändige Dissertation zugrunde, die jedoch völlig überarbeitet und gekürzt wurde. Im Vorwort der Dissertation schrieb ich, daß zwei Umstände mir eine so umfangreiche Arbeit sinnvoll erscheinen ließen: ein ausreichender, aber nicht unübersichtlicher Quellenbestand, von dem große Teile noch nicht verwertet waren, sowie ein großes Informationsdefizit bei den Musikern, das auf die recht nachlässige Behandlung des Themas durch die Forschung zurückzuführen war. Das gilt umsomehr für die Kurzfassung, die nun die Arbeit für den Musiker zugänglich macht.

Es ist auch nicht zufällig, daß ich vor allem Musikern zu Dank verpflichtet bin, da mir erst aus dem Dialog mit ihnen viele Erkenntnisse erwuchsen. Unter den vielen, die ich nicht alle namentlich nennen kann, seien besonders diejenigen hervorgehoben, mit denen ich vor rund zehn Jahren den Grundstock dieser Arbeit legte: Robert J. Alcalá, Karin Jonsson, Gunno Klingfors und David Reichenberg (†).

Mein besonderer Dank gilt dem Anreger und Betreuer dieser Studie, Nikolaus Harnoncourt, für sein außergewöhnliches Engagement, mit dem er sich mit all meinen Problemen auseinandersetzte, für seine zahllosen Kritiken und Korrekturen, für die langen klärenden Gespräche, für seine endlose Geduld, mit der er meine Ideen immer wieder auf ihre praktische Realisierbarkeit prüfte.

Ferner möchte ich all jenen Musikern danken, die mit mir gemeinsam Lösungen ausprobiert haben, die diskutiert, vorgespielt und vorgesungen haben – die überhaupt den Mut hatten, den skurrilen Thesen eines Wissenschaftlers zuzuhören.

Eine Arbeit wie diese, die hauptsächlich auf Quellenstudium beruht, ist undenkbar ohne die Hilfe von Bibliotheken und Archiven, in denen ich arbeiten konnte oder die mir Mikrofilme bzw. Kopien aus ihren Beständen zur Verfügung stellten. Vor allem seien genannt: British Library, London; Koninklijke Bibliotheek, Brüssel; Bibliothek des Koninklijk Muziekconservatorium, Brüssel; Österreichische Nationalbibliothek, Wien; Bibliothek der Gesellschaft der Musikfreunde, Wien; Bibliothèque Nationale, Paris; Bibliothèque Publique et Universitaire, Genf; Stadt- und Staatsarchiv, Amberg; Staats- und Stadtbibliothek, Augsburg; Staatsbibliothek der SPK, Berlin; Stadtarchiv und Stadtbibliothek, Braunschweig; Murhard'sche Bibliothek der Stadt Kassel und Landesbibliothek Kassel; Bayerische Staatsbibliothek, München; Internationale Bach-Akademie, Stuttgart; Herzog-August-Bibliothek, Wolfenbüttel; Thomasschule, Leipzig; Stadtarchiv, Leipzig; Bibliothèque de l'Arsenal, Paris; Cathedral Library, Durham; Glasgow University Library; Bodleian Library, Oxford; Civico Museo Bibliografico Musicale, Bologna; Biblioteca Nazionale Centrale, Firenze; Biblioteca Municipale, Reggio Emilia; University of Michigan, Music Library, Ann Arbor; University of California, William Andrews Clark Memorial Library, Los Angeles; Library of Congress, Music Division, Washington, D.C.; Biblioteka Uniwersytecka, Wrocław.

Für Anregungen, Gespräche und Hilfe sei insbesondere auch Univ.-Prof. Dr. Gerhard Croll (Salzburg), Dr. Alfred Dürr (Bovenden) sowie Dr. Klaus Hofmann (Johann-Sebastian-Bach-Institut, Göttingen) gedankt.

Nicht unerwähnt lassen in dieser Danksagung will ich die Akademische Druck- und Verlagsanstalt, die großes Entgegenkommen zeigte, sowie Herrn Gerhard Lechner, der als Lektor dieses Verlages mir bei der Formulierung des deutschen Textes – meine Muttersprache ist Niederländisch – hilfreich zur Seite stand.

Schließlich danke ich auch meinen Eltern und meiner Schwiegermutter; sie haben meine Arbeit auf vielerlei Weise überhaupt erst ermöglicht, und sei es nur, weil sie meine Kinder betreuten.

Ein letztes und weiß Gott nicht geringes Dankeswort gebührt meinem Mann; er war mir während der Arbeit an dieser Schrift: zweiter Doktorvater, Sekretär, Lektor, gutes und schlechtes Gewissen, Hausmann, Kindermädchen, Psychiater, Geliebter, Sündenbock und Ärgernis – eben Mann.

Mechelen, im Mai 1985.   Greta Moens-Haenen

Inhaltsverzeichnis

Einführung 9

TEIL I
VIBRATOTECHNIKEN

I. *Das Vokalvibrato* 15
   1. Großes und hörbares kontinuierliches Vibrato 15
   2. Naturvibrato 18
   3. Verzierungsvibrato 24
   Exkurs 1: Chevrotement 32
   Exkurs 2: Trillo, Trilletto und Vibrato 34
II. *Das Vibrato auf Zupfinstrumenten* 43
   1. Das Handschwankungsvibrato 43
   2. Das Ziehen der Saiten 52
III. *Das Vibrato auf der Gambe* 57
   1. England 57
   2. Frankreich 59
      a) Das Zweifingervibrato 59
      b) Das Einfingervibrato 61
IV. *Das Vibrato auf der Violine* 67
   1. Das Zweifingervibrato 68
   2. Das Einfingervibrato 71
      a) Druckänderung 71
      b) Handgelenksvibrato 72
V. *Das Vibrato auf Holzblasinstrumenten* 83
   1. Das 17. Jahrhundert 83
      a) Niederlande 83
      b) England 88
      c) Italien 93
   2. Das 18. Jahrhundert 95
      a) Die Blockflöte 95
      b) Die Querflöte 101
      Fingervibrato (101), Andere Vibratotechniken (119)
      c) Oboe und Fagott 123
VI. *Das Vibrato auf Blechblasinstrumenten* 125
VII. *Das Vibrato auf dem Clavichord* 127
VIII. *Der Tremulant – vokal und instrumental* 129
   1. Der Vokaltremulant 130
   2. Der Gambentremulant 132
   3. Der Geigentremulant 134
      Tremulant, Bogenvibrato, Vibrato der linken Hand 136
   4. Der Tremulant auf Holzblasinstrumenten 137
   5. Der Tremulant auf Blechblasinstrumenten 137
   Exkurs: Tremulant und „Tragen der Töne" 138

TEIL II
VIBRATO UND INTERPRETATION

Einführung 143
    1. Die Verschiedenartigkeit der Vibrati 143
    2. Kontinuierliches Vibrato im Barock? 143
    3. Arbeitsmethode 144
  I. *Vibrato und Affekt* 145
    1. Affektbedingter Einsatz 145
    2. Vibrato als Klangbelebung 146
    3. Welches Vibrato für welchen Affekt? 148
    4. Rückgang des affektbedingten Einsatzes 149
    5. Konsequenzen 149
    6. Zusammenfassung 153
    Exkurs: Das Vibrato als Problem der musikalischen Physiologie 153
  II. *Ältere Traditionen* 157
  III. *Der Italienische Späthumanismus. Das Vibrato und die Seconda prattica* 163
  IV. *Das Vibrato in England* 169
  V. *Das Vibrato in Deutschland* 177
  VI. *Das Vibrato in Frankreich im 17. und frühen 18. Jahrhundert* 185
    1. Die Zeit vor Lully 185
    2. Die Zeit Lullys 185
  VII. *Das Vibrato bei den französischen Gambisten* 191
    Das Vibrato zusammen mit anderen Verzierungen 205
  VIII. *Das Vibrato bei den Gitarristen und Lautenisten* 207
    1. Die italienischen Gitarristen und Lautenisten 209
    2. Das übrige Europa 210
  IX. *Das Vibrato in Italien* 213
  X. *Das Vibrato in Frankreich im 18. Jahrhundert* 221
    1. Terminologie 221
    2. Anwendung und Charakter 222
    3. Die Vibratozeichen bei Philidor und Bérard 229
    4. Der italienische Einfluß in Frankreich 235
  XI. *Das Vibrato in Deutschland im 18. Jahrhundert unter besonderer Berücksichtigung des Vibratos bei J. S. Bach* 239
  XII. *Ensemblevibrato* 251
  XIII. *Der Tremulant in der Vokal- und Instrumentalmusik* 253
    1. Der Tremulant auf Reizwörtern 258
    2. Beschreibende und erklärende Tremulanten 260
    3. Tremulanten ohne erkennbaren affektgebundenen oder rhetorischen Wert 266
      a) Der Tremulant als langsamer Satz 266
      b) Der Tremulant ad libitum 267
      c) Tremulant und Orchestervibrato 268
Schlußfolgerungen 271
    1. Der Stellenwert des Vibratos im musikalischen Gedankengut und seine Entwicklung. Die technischen Voraussetzungen. Der nichtvibrierte Ton. Naturvibrato . . . 271
    2. Das Vibrato als Verzierung. Klangbelebung und Verzierung. Grenzfälle. Häufigkeit. Rhetorischer Wert . . . 273
      a) Vibrato und Messa di voce 274
      b) Rhetorisch bedingte Anwendungsbereiche des Verzierungsvibratos 274
      c) Verschiedenartige Verzierungsvibrati 275
      d) Vibratobezeichnungen 276
      e) Vibrato kombiniert mit anderen Verzierungen 276
    3. Historische Entwicklungen. Verzierungsvibrato, Affektenlehre und Rhetorik in verschiedenen Stilbereichen. Geschmacksänderungen 276
    4. Das Vibrato im Barock. Abschließende Definitionen. Schlußbetrachtung 278
    5. Vibrato und Tremulant 278

ANHANG

Vibratozeichen 283
Glossar 286
Sigelverzeichnis 293
Bibliographie 294
1. Quellen 294
   a) Gedruckte Theoretika und Vorreden 294
   b) Handschriftliche Theoretika und Vorreden 300
      Unveröffentlichte Handschriften (300), Veröffentlichte Handschriften (301)
   c) Gedruckte musikalische Quellen 301
   d) Handschriftliche musikalische Quellen 302
      Unveröffentlichte Handschriften (302), Reproduktionen, Faksimiles und Neuausgaben (303)
2. Literatur 303
   a) Bücher 303
   b) Artikel 305
Personenregister 307
Sachregister 310

Einführung

Vorliegende Studie befaßt sich mit dem Vibrato in jener Musik, die traditionell als „barock" bezeichnet wird.[1] Trotz verschiedener Publikationen auf dem Gebiet der Aufführungspraxis alter Musik wurde das Vibrato noch nicht eingehend behandelt. Sieht man die Ausführung letzten Endes als musikalische Pronunciatio – wie es die alten Quellen nahelegen –, so sind die zeitgenössischen Aufführungskonventionen für das Verständnis des musikalischen Textes wesentlich. Diese Tatsache wurde bis jetzt von der Musikwissenschaft, trotz ziemlich breiter Beschäftigung mit diesem Komplex, allzusehr vernachlässigt und verdrängt. Die praktischen Konsequenzen kommen immer noch zu kurz.[2] Die Feststellung aber, daß wesentliche Teile des barocken Musikwerks nicht im Text erhalten sind, sondern erst in der Aufführung zutage treten, ist nicht nur ein ausreichender Grund für aufführungspraktische Studien, sondern macht sie geradezu unentbehrlich. Eine definitive Lösung für das aufführungspraktische Problem ist, wegen des fehlenden Klangkontakts, wohl nie zu finden. Mit Hilfe wissenschaftlicher Quellenuntersuchung versuche ich ein möglichst breites Spektrum aufzuzeichnen, das Gelegenheit bieten soll, mit größtmöglicher Wahrscheinlichkeit weitere aufführungspraktische Schlüsse zu ziehen. Natürlich werden anderseits hin und wieder Lücken bleiben, denn auch bei dem Quellenmaterial gibt es Beschränkungen.

Das Auswerten dieser Quellen muß auf einer streng wissenschaftlichen Methode beruhen, deren erstes Gebot eine kritische Lektüre ist, die auf gründlichen Kenntnissen der zeitgenössischen Umwelt fußt. So ist unbedingt dem geänderten Sprachgebrauch und der jeweils anderen Denkwelt Rechnung zu tragen. Man muß hier auch selbstkritisch vergleichen, die Schlüsse immer in Frage stellen und immer an der Musik selbst prüfen, ob diese Schlüsse überhaupt möglich sind.

Es wird in dieser Arbeit sehr viel aus Originalquellen zitiert. Das will ich damit verantworten, daß zum einen eine nicht unbeträchtliche Anzahl dieser Texte für den Großteil der Leser nur schwer oder überhaupt nicht zugänglich ist und zum anderen damit eine größere Kontrollmöglichkeit gegeben ist – und nicht zuletzt der Leser so die Gelegenheit hat, das dargebotene Quellenmaterial selbst zu interpretieren. Aus denselben Gründen sind alle Zitate in der Originalsprache wiedergegeben. Um sie jedoch auch nicht polyglotten Lesern zugänglich zu machen, wurde allen größeren fremdsprachigen Zitaten eine sinngemäße Übersetzung [in eckigen Klammern] hinzugefügt, sinngemäß deshalb, weil es oft nicht möglich ist, für bestimmte alte Begriffe und Redewendungen ein genaues

---

[1] Eine solche arbiträre Epochenabgrenzung wurde schon wiederholt in Frage gestellt. Genau genommen wird in dieser Arbeit die Musik von der Spätrenaissance bis zur Empfindsamkeit behandelt.
[2] Die Musikwissenschaft konzentrierte sich bis jetzt vor allem auf die Theorie. Es wurden zwar schon einige Versuche unternommen, diesen Komplex zu bearbeiten, sie scheiterten jedoch meistens an unausreichender Quellenkenntnis oder aber an fehlender Bezugnahme auf die Musiktheorie.

modernes deutsches Korrelat zu finden. Nur bei einigen leicht verständlichen (meist englischen) Kurzzitaten wurde auf eine Übersetzung verzichtet; mehrmals wiedergegebene umfangreichere Textstellen wurden in der Regel nur bei ihrer ersten Einschaltung übersetzt, bei ihrer Wiederholung in späteren Kapiteln wird auf die Übersetzung zurückverwiesen.

Was die Notenbeispiele betrifft, wurde nach Möglichkeit immer versucht, die betreffenden Stellen aus den Originalquellen zu reproduzieren, um den Duktus der jeweiligen Handschrift zu erhalten bzw. die zeitgenössischen Drucke unverfälscht wiederzugeben. Leider war dies aus verschiedenen Gründen nicht immer realisierbar, in solchen Fällen wurden dann die Noten neu gesetzt.

Voreilige Schlußfolgerungen und ihre Anwendung für ein geographisch und stilistisch viel zu großes Gebiet habe ich versucht zu vermeiden, indem ich alle von mir gesichteten Quellen einer gründlichen Kritik unterzogen habe. Alle Quellen hier ausführlich zu erklären und auszuwerten würde allerdings den Rahmen dieser Arbeit sprengen. Ich habe mich jedoch bemüht, unbedingt wichtige Quellen als Basis heranzuziehen, um sie dann mit anderen Schriften zu vergleichen; natürlich ist dies nicht immer möglich, da uns ja viele Schriften fehlen, oder da in vielen Traktaten das Vibrato nicht erwähnt wird. Ist letzteres in wichtigen Texten der Fall, wird darauf hingewiesen.

Arbeitsdefinitionen

Schon vor Anfang dieser Studie ist klar, daß man eigentlich unmöglich von d e m barocken Vibrato reden kann. Zur besseren Übersicht habe ich dennoch versucht, einige gemeinsame Grundmerkmale dieser Vibrati anzugeben.

Meßbare Definitionselemente sind die Fluktuation und die Periodizität. Es gibt verschiedene Arten der Schwingung, die sowohl einzeln als auch kombiniert vorkommen können: Frequenz-(Tonhöhen-), Amplitude-(Intensitäts-) und/oder Timbre-(Klangfarben-)schwingungen. Die Periodizität kann einigermaßen metrisch sein, eventuell auch beschleunigend oder verlangsamend.

Es ist schwer, eine „periodische Schwingung" klar zu definieren, da es zum Triller und auch zur Tonwiederholung fließende Übergänge gibt. Ein *Triller* ist prinzipiell ein Alternieren zweier deutlich unterschiedener Noten mit festgesetztem Tonabstand. Beim *Vibrato* hingegen haben wir es mit einer geringeren Tonhöhenschwankung zu tun, dabei ist seine Fluktuation ununterbrochen. Es gibt zwischen beiden aber Grenzfälle, und zwar auch solche, die heute vielleicht nicht mehr als Vibrato empfunden werden, wie z.B. ein Zweifingervibrato auf hohen Streichinstrumenten.

Auch zur *Tonwiederholung* hin ist die Abgrenzung schwer: Bei schnellen Fluktuationen gibt es ein Problem zum vokalen Tonwiederholungstriller und zum instrumentalen Concitato. Technisch unterscheiden sich beide in ihrer Legato- bzw. Staccatoausführung; im Klangeffekt sind sie einander durch den Nachhall manchmal ähnlich.[3]

Außerdem ist ein langsames Intensitätsvibrato nicht immer von einer mehrmaligen Messa di voce zu unterscheiden, das zumindest als technische Übung zur Stimmbeherrschung, wahrscheinlich aber auch als Verzierung existierte.

---

[3] Im 19. Jahrhundert wurde dieser Effekt im Orchestertremolo bzw. in den Oktavtremoli auf dem Klavier genutzt. In der hier behandelten Zeit scheint jedoch der technische Unterschied über klanglichen Überlegungen überwogen zu haben.

Schließlich müssen wir uns auch noch einigen, was unter einem *nichtvibrierten Ton* zu verstehen ist. Dazu ist unbedingt eine Definition des *vibratofreien Klanges* notwendig: Bei der Instrumentalmusik könnte man dann von einem vibratofreien Klang sprechen, wenn der Spieler nicht interveniert, d. h. also, wenn z.B. der Geiger nicht mit der linken Hand schwankt und nicht mit der rechten pulsiert. Aber es bleibt dann noch immer offen, wann der Klang vom physikalischen Standpunkt aus gesehen als vibratofrei bezeichnet werden kann: Man kann bei Instrumenten einen „vibrierenden" Klang feststellen, der aus dem Instrument selbst entsteht (etwa aus dem Obertonreichtum). Einen solchen, objektiv leicht schwingenden Ton betrachte ich im weiteren als vibratofrei.

Einige solche Fälle werden jedoch in barocken Theoretika als Vergleichspunkte zur Definition des Vibratos herangezogen, so der Klang der (tiefen) Cembalosaiten, oder – dort aber ist die Schwingung noch viel deutlicher hörbar – der Glockenton. Wo heute eine Cembalosaite als vibratofrei gelten kann, wurde sie im Barock gelegentlich mit Vibrato assoziiert.[4]

Die Frage, inwiefern eine Singstimme von Natur aus vibriert, ist viel schwerer zu beantworten. Man muß der Möglichkeit eines – wenn auch eventuell sehr kleinen – natürlichen Vibratos Rechnung tragen. Da dieses jedoch nicht ohne Bezugnahme auf die Gesangstechnik untersucht werden kann, verweise ich auf das betreffende Kapitel (s. S. 15ff.).

Welches Vibrato als hörbar gilt, hängt stark von der jeweiligen Ästhetik ab und ist auch individuell unterschieden. Psychologisch-statistische Untersuchungen halte ich in diesem Bereich für irrelevant: Ich beschäftige mich mit einer früheren Zeit, und man kann als sicher annehmen, daß sich die Rezeption seither stark geändert hat.[5]

Die Vibrato-Definition fällt uns leichter, wenn man von der Art der *Klangerzeugung* ausgeht; das erleichtert auch die Abgrenzung zu anderen Verzierungen hin. In diesem Sinne könnte man dann von einem Vibrato sprechen, wenn der Musiker ein solches erzeugt.[6] Freilich ist damit dem Problem, daß der barocke Musiker den Begriff *Vibrato* nicht kannte bzw. daß er verschiedene Termini für vibratoähnliche Verzierungen gebrauchte, nicht abgeholfen.

Diese vom Spieler oder Sänger erzeugte Schwingung wird aber nicht immer von der Ästhetik befürwortet. Diesbezügliche historische und ästhetische Kontroversen können unter Umständen sehr aufschlußreich sein (u.a. zur Unterscheidung verschiedener Vibratoformen). Man muß aber im Auge behalten, daß die „barocke" Ästhetik keinen Anhaltspunkt für bestimmte moderne Auffassungen bietet, wie z.B. die, daß es ein „ideales" Vibrato gebe. Solche Konzepte werden dadurch für diese Arbeit gegenstandslos.[7]

---

[4] Und zwar mit einem bewußt erzeugten Vibrato. Diese Schwingung könnte z.B. eine Schwebung zweier nicht ganz gleich gestimmter Register sein. Zum Begriff Schwebung s. das Glossar.

[5] Ich kann es nicht für methodisch einwandfrei halten, zu unterstellen, sie habe sich nicht geändert – wäre es z.B. nur wegen des völlig geänderten Klangumfeldes.
Zum Vibrato wäre zu bemerken, daß der heutige Hörer immer von einem vom kontinuierlichen Vibrato bestimmten Klangeindruck ausgeht. Dieses kontinuierliche Vibrato soll sich möglichst einem physikalischen Idealbild nähern (inwiefern das der Fall ist, gehört nicht zu meiner Untersuchung), ein vibratofreier Klang wird als normale Klangerzeugung verpönt. Die Prämissen sind also deutlich anders.
Zu den modernen Auffassungen über das Vibrato s. u.a.: A. H. BENADE, *Fundamentals of Musical Acoustics*, New York-London 1976. – E. LEIPP, *Acoustique et musique*, Paris-New York ²1976, dort auch einschlägige Literaturhinweise.

[6] Das beinhaltet also auch ein angelerntes, aber in der Folge zur Gewohnheit gewordenes Vibrato, wie z.B. dies beim modernen kontinuierlichen Vibrato oft der Fall ist. Das sollte aber nicht mit einem „natürlichen" Vibrato verwechselt werden. Man sollte außerdem im Auge behalten, daß ein kontinuierliches Vibrieren, wie es jetzt allgemein üblich ist, erst jüngeren Datums ist.

[7] Wobei ich aber nicht ausschließen will, daß ein dem heutigen Vibrato ähnlicher Effekt bestanden hat.

Zusammenfassend kann man sagen, daß das *Vibrato* kein eindeutig bestimmbarer Begriff ist, sondern ein Themenkomplex, dessen Bedeutung sich im Laufe der Zeit mehrmals geändert hat. Somit wird eine genau abgegrenzte Definition unmöglich. Vielmehr soll mit Hilfe der oben genannten Elemente eine offene, das Arbeitsfeld aber einigermaßen einkreisende Arbeitsdefinition erstellt werden. Diese ist je nach Themenbereich flexibel; einige Formen werden dabei ausgeschlossen, auch wenn sie von alten Autoren einbezogen wurden, wie z.B. das fast unhörbare Schweben einer Cembalosaite.

Im Prinzip werden jedoch all jene Formen berücksichtigt, die in den Quellen mit einem sich auf das Vibrato beziehenden Terminus umschrieben bzw. als Vibrato beschrieben werden. Dabei war auch darauf zu achten, daß die frühere Terminologie um vieles flexibler war als die heutige.

Konstante Elemente dieser Arbeitsdefinition sind also folgende: Vibrato ist eine vom Musiker erzeugte periodische Schwingung, die entweder in Frequenz, Amplitude oder Timbre, oder auch in mehreren dieser Faktoren zugleich schwankt.

Teil I

Vibratotechniken

I

Das Vokalvibrato

Gerade beim Gesang hängt das Vibrato mit der gesamten Technik eng zusammen. Die heutige Gesangstechnik impliziert in den meisten Fällen ein relativ großes bis großes, deutlich hörbares Vibrato. Dies scheint mit der größeren Besetzung des Orchesters einherzugehen. Je mehr der Sänger dazu gezwungen ist, über einen sehr großen Klangkörper hinaus zu singen, desto mehr schleicht sich ein großes Vibrato ein. Die alte Belcantoschule warnt deshalb regelmäßig vor zu lautem Singen, vor allem in der Höhe, weil sich sonst ein zu großes Vibrato bilde. So lesen wir z.B. bei CORFE:[1]

> The high notes should by no means be sung too strong, but fixed sweetly without any fluttering or tremulous motion.
>
> [Die hohen Noten sollten keineswegs zu laut gesungen, sondern sanft geformt werden, ohne jegliche flackernde bzw. zitternde Bewegung.]

Aus diesen Tatsachen wird jetzt hin und wieder geschlossen, daß echtes Belcanto kein Vibrato dulde. Insofern hier „kein deutlich hörbares Vibrato" gemeint ist, kann dem sicher beigepflichtet werden; ein deutliches Tonhöhenvibrato, das heute bei vielen Sängern üblich ist, wird in fast jeder älteren Schule aufs schärfste verurteilt. Wahrscheinlich war aber ein absolut starrer Ton auch nicht das erwünschte Ziel, denn gerade ein solcher wird manchmal als Verzierung beschrieben.[2] Ein Ton mit sehr leichtem natürlichem Vibrato, das eher zur Klangfarbe beiträgt, und den ein heutiger Hörer wohl als vibratofrei bezeichnen würde, wurde nicht ausgeschlossen.

1. GROSSES UND HÖRBARES KONTINUIERLICHES VIBRATO

Ein großes kontinuierliches Vokalvibrato – im heutigen Sinn wohl ein Sängertremolo – wird in einigen Quellen erwähnt, aber zugleich abgelehnt. Es wurde allgemein als Mangel der Gesangstechnik oder aber als Nebenerscheinung des

---

[1] J. CORFE, *A Treatise on Singing*, London–Bath 1799, S. 3. – Ähnliche Forderungen werden überraschend oft erhoben. Auch J. MATTHESON, *Der vollkommene Capellmeister*, Hamburg 1739, S. 111, erinnert an diese „kluge Regel". – Zur alten Gesangstechnik vgl. u.a. M. UBERTI – O. SCHINDLER, *Contributo alla ricerca di una vocalità monteverdiana: il „colore"*, in: *Congresso internazionale sul tema Claudio Monteverdi e il suo tempo*, Verona 1969, S. 519–536. – M. UBERTI, *Vocal techniques in Italy in the second half of the 16th century*, in: *EM* 9, 4 (1981), S. 486–495. – N. FORTUNE, *Italian 17th-Century Singing*, in: *ML* 35, 3 (1954), S. 206–219. – D. GALLIVER, *Cantare con affetto – Keynote of the Bel Canto*, in: *SMA* 8 (1974), S. 1–7. Vgl. auch die einschlägigen Artikel in *MGG* und in *Grove 6*, dort auch weitere Literaturhinweise.

[2] So z.B. von M. PIGNOLET DE MONTÉCLAIR, *Principes de Musique*, Paris 1736, S. 88: „*Le Son Filé s'execute sur une note de longue durée, en continuant la voix sans qu'elle vacille aucunement. La voix doit être, pour ainsy dire, unie comme une glace, pendant toutte la durée de la note.*" Vgl. dazu auch W. MYLIUS, *Rvdimenta Mvsices*, Mühlhausen 1685, f. D3r, sub *fermo*. Der Terminus *Son filé* ist nicht eindeutig; das Wort wird in Frankreich auch manchmal für Messa di voce verwendet. Bei Montéclair heißt es dort „*Son enflé et diminué*", ähnlich dem *enfler* der französischen Gambistinnen. Sowohl Montéclair als Mylius beschreiben das Vibrato als Verzierung.

Alterns beim Sänger, als „Alterstremolo" verurteilt. Diese Ächtung geht quer durch den gesamten Quellenbestand vom Anfang des 17. Jahrhunderts bis zum Ende des 18. Jahrhunderts.³ Zu den frühesten Quellen gehört der *Trattato* von DONI; aber auch Schulen von Praktikern verurteilen das Tremolo und bezeichnen es vorwiegend als Alterserscheinung. BERNHARD schreibt in seiner Gesangslehre dazu folgendes:⁴

> ... und insonderheit die Zierde des *fermo* ist daraus zu verstehen, weil das *tremulo* |: welches sonst auf der Orgel, in welcher alle Stimmen zugleich *tremuliren* können, wegen der Veränderung wohl lautet :| ein *vitium* ist, welches bey den alten Sängern nicht als eine Kunst angebracht wird, sondern sich selbst einschleichet, weil selbige nicht mehr die Stimme festzuhalten vermögen.

Ähnliches lesen wir bei MYLIUS:⁵

> ... Ardire ist ein zitternder Tremel und schlechte Bewegung / oder nicken des Halses und der Gurgel bey der letzten Note einer Clausul, welches mehr ein Vitium, als ein Kunst-Stück des Singens ist / und gemeiniglich von den alten Sängern / welche wegen des steten Athems die Gurgel nicht wohl mehr regieren können / gebraucht wird ...

In der Gesangsschule von TOSI ist die Rede von einem unkontrollierten Wanken beim Aushalten längerer Noten: „*il difetto di svolazzar sempre all'uso di chi canta di pessimo gusto*".⁶

Und der Spanier NASSARRE meint:⁷

> Ay otras vozes con defecto tan notable, que causa pena el oìrlas; y es, porque estàn tremolando, sin poder ajustarse al tono fixo, y parece que tiemblan, quando cantan. La causa de que procede, es de la poca firmeza que tienen los musculos, que ay en las partes vocales, pues estos al esforçar su exercicio tiemblan, por tener su virtud atenuada, y hazen tremolar la voz.

> [Es gibt andere Stimmen mit einem so beträchtlichen Mangel, daß man ihnen beschwerlich zuhören kann; und zwar, weil sie flackern, ohne den Ton festhalten zu können, wodurch es scheint, daß sie beim Singen zittern. Die Ursache, von der dies herrührt, ist die geringe Festigkeit der Muskeln im Stimmorgan, da diese, um ihre Bewegung zu verstärken, zittern, da ihre Kraft bereits geschwächt ist, und das ergibt, daß ihre Stimme flackert.]

In Frankreich sind solche Hinweise auf das Tremolo im Quellenbestand weniger häufig vertreten. Dafür findet man oft Warnungen vor einer Entartung

---

³ Und auch später; dies liegt aber außerhalb des Bereichs dieser Studie. Ein berühmtes Beispiel dennoch: M. GARCIA, *Traité Complet de L'Art du Chant*, Paris 1847.
⁴ C. BERNHARD, *Von der Singe-Kunst oder Manier*, Hs., c. 1648/64, hrsg. von J. MÜLLER-BLATTAU, *Die Kompositionslehre Heinrich Schützens in der Fassung seines Schülers Christoph Bernhard*, Kassel-Basel ²1963, S. 31–32.
⁵ W. MYLIUS, a.a.O., f. E4v.
⁶ P. TOSI, *Opinioni de' Cantori antichi, e moderni o sieno osservazioni sopra il Canto figurato*, Bologna 1723, S. 17. – Vgl. auch DERS. – J. A., *Korte Aanmerkingen over de Zangkonst*, Leiden 1731, S. 8: „*tot de Faut vervallen van te wankelen*". – P. TOSI – J. E. GALLIARD, *Observations on the Florid Song*, London 1742, S. 27: „*and will become subject to a Flutt'ring in the Manner of all those that sing in a very bad Taste*". – P. TOSI – J. F. AGRICOLA, *Anleitung zur Singkunst*, Berlin 1757, S. 47: „*und er wird ohne Zweifel den Fehler annehmen, mit dem Tone immer hin und her zu flattern: nach Art derer, die mit dem übelsten Geschmacke singen*". – Vgl. dazu auch einige englische Schriften, die deutlich von Tosi beeinflußt sind, wie A. BAYLY, *A Practical Treatise on Singing*, London 1771, S. 39: „*Hereby will be prevented the too common fault, which beginners are liable to, of relaxing the voice into a fluttering, trembling motion after the manner of all those, who have no command of the voice, and sing in a very bad taste.*" – Vgl. auch J. A. HILLER, *Anweisung zum musikalisch-richtigen Gesange*, Leipzig 1774, S. 9: „*Bey dem allen muß sie* (= die Stimme) *doch auch fest seyn, und selbst in den längsten Haltungen eines Tons weder zittern, noch hin und her wankelen.*" Auch J. J. QUANTZ, *Versuch einer Anweisung die Flöte traversiere zu spielen*, Berlin ³1789 (¹1752), S. 282, warnt vor Zittern im von Tosi beschriebenen Sinne.
⁷ P. NASSARRE, *Escvela Mvsica*, Zaragoza 1723, S. 51.

des Trillers ins Chevrotieren.[8] RAMEAU verurteilt in einer seiner Schriften das Tremolo, wenn es Merkmale des *Chevrotements* annimmt:[9]

> ... voilà les vrais obstacles à la beauté du son, aussi bien qu'à la flexibilité de la voix: le son tient pour lors du peigne, de la gorge, du canard; la voix tremblotte, & ne forme plus aucun agrément qu'en le chevrottant.
>
> [Das sind die Dinge, die der Schönheit des Tones sowie der Geschmeidigkeit der Stimme wahrlich im Wege stehen; der Ton hat dann etwas von Kamm, von Kehle, von Ente; die Stimme zittert und kann Verzierungen nur noch meckernd wiedergeben.]

BORGHESE wiederum rügt das normale Tremolo: „*une voix forcée tremble toujours*".[10]

Daß aber auch ein bewußt – in vielen Fällen als Verzierung – eingesetztes Vibrato letztendlich zu einem Tremolo führen kann, wird von einer anderen Autorengruppe hervorgehoben. Bei W. A. MOZART ist noch von Absicht („*mit fleiss*") die Rede, wenn er über den Sänger Meißner schreibt; für andere Autoren ist das Vibrato zur Gewohnheit geworden – etwa für Zacconi, wie wir weiter unten sehen werden. Zuerst W. A. MOZART:[11]

> Meißner hat wie sie wissen, die üble gewohnheit, daß er oft mit fleiss mit der stimme zittert – ganze viertl – ja oft gar achtl in aushaltender Note marquirt – und das habe ich an ihm nie leiden können. das ist auch wircklich abscheulich. das ist völlig ganz wieder die Natur zu singen.

COMA Y PUIG und TOMEONI verurteilen ein zur Gewohnheit gewordenes Vibrato, dessen Ursprung sie, in etwas naiver Art vielleicht, in einem – wohl gedanklichen – zu starken Markieren beim Taktschlagen sehen:

> Tampoco deben ser violentos los movimientos de la mano; quiero decir, con mucha fuerza, sino suaves, subiendo, y bajando naturalmente la mano, pues de otro modo saldria la voz violenta, y podria alterarse el pecho, y sacar una voz trémula.[12]
>
> [Auch sollten die Handbewegungen nicht heftig sein; d.h. mit großer Kraft, sondern sanft, indem man die Hand auf natürliche Weise hebt und senkt, denn sonst würde die Stimme gezwungen, und könnte die Brust sich ändern, und eine zitternde Stimme zum Vorschein kommen.]

> ... mais dans les mouvemens vifs et accélérés où elle [= la mesure] est marquée à quatre tems, on la bat ordinairement à deux tems pour éviter le mouvement rapide du bras, qui dérangerait l'attitude du corps et ferait vaciller la voix. Le maître doit bien prendre garde de ne pas laisser heurter chaque tems en chantant, et il doit instruire son élève à soutenir la voix, sur-tout sur les notes qui sont le plus de valeur, qui sont les rondes, les blanches et les noires, de manière à augmenter où à diminuer le ton par gradation, et non pas par saccade. Les personnes qui ont contracté la mauvaise habitude de battre, pour ainsi dire, la mesure avec la voix, ne chantent plus qu'en chevrottant.[13]
>
> [Aber in lebhaften bzw. beschleunigten Bewegungen im Vierertakt, schlägt man meistens einen Zweiertakt um die schnelle Armbewegung zu vermeiden, da diese die Körperhaltung stören und die Stimme wanken lassen würde. Der Lehrer sollte ja beachten, daß er im Singen nicht jeden Takt angeben läßt, und er sollte seinem

---

[8] Vgl. dazu Exkurs 1 nach diesem Kapitel, S. 32.
[9] J. Ph. RAMEAU, *Code de Musique pratique*, Paris 1760, S. 16.
[10] A. BORGHESE, *L'Art musical ramené à ses vrais Principes*, Paris 1786, S. 119.
[11] W. A. MOZART, Nachschrift zu M. A. MOZART, *Brief an Leopold Mozart*, Paris, 12. Juni 1778, in: W. A. BAUER – O. E. DEUTSCH (Hrsg.), *Mozart. Briefe und Aufzeichnungen* 2, Kassel etc. 1962, S. 377–378.
[12] M. COMA Y PUIG, *Elementos de Musica*, Madrid 1766, S. 21.
[13] F. TOMEONI, *Théorie de la musique vocale*, Paris 1799, S. 104.

Schüler beibringen, die Stimme auszuhalten, vor allem auf den längsten Noten, wie Ganze, Halbe und Viertel, so daß er den Ton allmählich an- und abschwellen läßt, und nicht ruckartig. Wer jemals die schlechte Gewohnheit angenommen hat, den Takt sozusagen mit der Stimme zu schlagen, wird immer meckernd singen.]

Deutlich als positiver Klangeffekt wird das Vibrato von ZACCONI betrachtet. Aber er macht auch darauf aufmerksam, daß das *Tremolo* (Vibrato) in der Musik nicht unbedingt notwendig ist („*il tremolo nella musica non è neceßario*"[14]). Es werde jedoch leicht zur Gewohnheit („*l'uso si conuerti in habito*"[15]). Ein permanentes Vibrato wird von ihm also nicht abgelehnt:[16]

> ... perche quel continuo mouer di uoce, aiuta, & uolontieri spinga la mossa delle gorgie, & facilita mirabilmente i principij di passaggi. (...)
>
> [Denn diese kontinuierliche Stimmbewegung unterstützt die Koloraturgeläufigkeit und treibt sie gut voran, und sie erleichtert wunderbar den Anfang der Passaggien.]

2. NATURVIBRATO

Manche Quellen befürworten das Naturvibrato beim Sänger. Allerdings beziehen sich die meisten Aussagen dazu auf Knabenstimmen, nur selten findet man etwas für geschulte oder gar professionelle Sänger. Das erschwert eine Beurteilung der Tragweite dieses Naturvibratos. Aus modernen Untersuchungen geht hervor, daß nur ein kleiner Prozentsatz der Knaben (etwa 5%) ein natürliches Vibrato besitzt.[17] Theoretiker, die diese Art der Stimme bevorzugen, sind fast immer Deutsche; Knaben spielten ja noch lange eine große Rolle in der Kirchenmusik. Die bekannteste dieser Quellen dürfte wohl das *Syntagma Musicum* von PRAETORIUS sein, doch schon vor ihm findet man die Verbindung zwischen guter Stimmqualität und Vibrato, so anscheinend auch in QUITSCHREIBERs Formulierung „*Tremula voce optime canitur*",[18] wobei vielleicht aber auch die Koloraturfähigkeit gemeint ist. FRIDERICI fordert:[19]

> Die Knaben sollen vom Anfange alsbald gewehnet werden / die Stimmen fein natürlich / vnnd wo müglich fein zitterend / schwebend oder bebend / *in gutture*, in der Kehlen oder im Halse zu *formiren*.

PRAETORIUS selbst rechnet das Vibrato zur Natur der guten Stimme:[20]

> Die Requisita sind diese: daß ein Sänger erstlich eine schöne liebliche zittern- vnd bebende Stimme (doch nicht also / wie etliche in Schulen gewohnet seyn / sondern mit besonderer moderation) vnd einen glatten runden Hals zu diminuiren habe. (...)

Diese Forderung nach einem Naturvibrato bei den deutschen Knaben verschwindet am Ende des 17. Jahrhunderts aus den Traktaten.

Auf Naturvibrato kann auch der Vergleich mit dem Orgeltremulanten deuten. Laut MERSENNE soll ein guter Orgeltremulant so schlagen, daß man

---

[14] L. ZACCONI, *Prattica di Musica* 1, Venezia 1592, f. 55r.
[15] Ebd., f. 60r.
[16] Ebd. Ebendort bezeichnet er noch: „*il tremolo, cioè la voce tremante è la vera porta d'intrar dentro à paßaggi, e d'impatoanirsi delle gorgie*". Auf f. 55r. sagt er noch, daß das „*Tremolo oltra che dimostra sincerità, et ardire; abellisce le cātilene.*"
[17] Vgl. dazu u.a. W. VENNARD, *Singing. The Mechanism and the Technic*, New York ²1967, S. 204–205, besonders aber S. 206. Dort auch Hinweise auf weitere Untersuchungen.
[18] G. QUITSCHREIBER, *De Canendi elegantia, Octodecim Præcepta*, Jena 1598, f. 2v.
[19] D. FRIDERICI, *Musica Figuralis*, Rostock ²1624, Caput VII, Regula 2.
[20] M. PRAETORIUS, *Syntagma Musicum* III, Wolfenbüttel 1619, S. 231.

darin eine Imitation der bebenden Singstimme hören kann („*bat de telle sorte qu'il face imiter le tremblement des voix aux ieux de l'Orgue*"[21]). Ähnliches gab es auch in Italien. Dort hatte die Orgel ein Register *Voce umana*, das aus zwei ungleich gestimmten, folglich schwebenden, Pfeifen bestand. Dieser Name könnte darauf deuten, daß man, zumindest im 16. und im frühen 17. Jahrhundert, eine schwebende Stimme bevorzugte. ANTEGNATI geht in seinem Orgelbuch allerdings nicht näher auf den Namen ein.[22]

Den Vergleich mit dem Tremulanten gibt es auch später, so erwähnt MATTHESON[23]

> daß es Tremulanten gibt / vermittelst welchen der Tohn im Wercke schläget und zittert / wie etwan eine Stimme zu gewissen Zeiten thut / wenn sie etwas ohne Trillo aushält . . . ·

Man beachte aber, daß hier die Rede ist von *„zu gewissen Zeiten"*, also nicht von einem Kontinuum. Das *„aushält"* bezieht sich nur auf lange Noten, nicht auf Naturvibrato.

NORTH rät, man solle früh mit dem Singen anfangen, *„to sound out and waive notes"*,[24] sicher nicht im Sinne seines größeren und langsamen Vibratos, das den *philomelian Tone* schmückt und zur Messa di voce gehört. Es ist nicht eindeutig, ob überhaupt ein Vibrieren der Stimme gemeint ist. Möglich wäre auch, daß *„waive"* sich auf ein ins Schwingen setzen bezieht, konform der alten akustischen Schwingungstheorie, daß es also ergänzend und erklärend zu *„to sound out"* verwendet wurde.[25] Ähnliches wurde auch von anderen Quellen beschrieben.[26]

DODART versuchte den Unterschied zwischen Sprech- und Singstimme erstmals wissenschaftlich zu definieren. Seine Abhandlung erschien 1706 in den französischen *Mémoires de l'Académie Royale des Sciences*, wurde jedoch bis jetzt eigentlich nicht in die Diskussion des Vokalvibratos im Barock einbezogen. Deshalb möchte ich hier auch ausführlicher zitieren:[27]

> Les longues tenuës sur une même note dans la Musique peuvent servir à cette découverte. C'est à cette occasion que je me suis apperçû dans la voix de Chant d'une certaine ondulation qui n'est pas dans la voix de la Parole. Cette ondulation est assez semblable aux vibrations qu'on remarqueroit dans un poids suspendu au milieu d'une

---

[21] M. MERSENNE, *Traicté de l'Orgve*, Paris 1635, S. 72.

[22] C. ANTEGNATI, *L'Arte Organica*, Brescia 1608, f. 8r, 8v. Er nennt es *Fiffaro*, fügt aber hinzu, daß es wegen der *„dolce harmonia"* von vielen *Voci humane* genannt wird. Er unterscheidet übrigens zwischen diesem Register und dem Tremulanten.

[23] J. MATTHESON, *Das Neu-Eröffnete Orchestre*, Hamburg 1713, S. 261. Der Tremulant wird öfters als Erklärungsmodell für Vibrato verwendet, also im entgegengesetzten Sinn wie bei Mattheson. Ein Vergleich *Voce umana* – vibrierende Stimme ist wohl auf den italienischen Raum eingeschränkt; sonstige *Voci umane* haben nicht diese charakteristischen schwebenden Pfeifen, vgl. z.B. Th. MACE, *Musick's Monument*, London 1676, S. 245; er schreibt über *„a Hooboy Stop, which comes in at any Time, with the Foot; which Stop, (together with the Regal) makes the Voice Humane"*.

[24] GB Lbl, Add. ms. 32532: R. NORTH, (Ohne Titel), c. 1695/1701, f. 1r.

[25] Diese Theorie war R. North sicher bekannt, denn sein Bruder veröffentlichte ein Buch dazu: F. NORTH, *A Philosophical Essay of Musick*, London 1677. R. North kommentierte daraus einige Stellen in GB Lbl, Add. ms. 32531: R. NORTH, *Musicall Recollections* I, Hs., c. 1710, f. 42r–52v.

[26] Etwa der Ausdruck *vibra* bei G. DE CATTANEO, *La libertà del cantare*, Lucca 1752, S. 58: *„Si crede oggidì, che uno canti bene quando intuona giusto, quando va esattamente a tempo, quando appoggia, trillo, e sostiene la voce, la vibra, o la rallenta a dovere."* – Vgl. auch mit P. TRISOBIO, *La scuola del canto, Or, A new, short, clear, & easy method, of acquiring perfection in Singing*, London 1795, S. IV, dort *„an energetic and strong vibration"*, im Italienischen *„una forza energica e grande"*, deutlich kein Vibrato.

[27] D. DODART, *Supplement au Memoire sur la Voix et sur les tons*, in: *Histoire et Memoires de l'Académie Royale des Sciences, Année 1706*, Paris ²1731, S. 144–145. Es folgt ein Vergleich mit dem Vibrato auf Laute, Theorbe und Gambe; s. die einschlägigen Abschnitte, vor allem über Lautenvibrato. Als erster, der die Funktion der Stimmbänder wissenschaftlich beschrieb, gilt A. FERREIN, *De la Formation de la Voix d'homme*, in: *Histoire et Memoires de l'Académie Royale des Sciences, Année 1741*, Paris 1744, S. 409–432. Einen satirischen Bericht über die daraus resultierenden Diskussionen findet man in D. DIDEROT, *Les Bijoux indiscrets*, Paris 1748.

corde bandée horizontalement, si aïant tiré ce poids en embas ou enhaut, on l'abandonnoit au ressort de cette corde bandée. Car alors ce poids auroit un branle haut & bas, plus ou moins pressé selon que la corde seroit plus courte ou plus longue, plus ou moins bandée. Tout le monde ne s'apperçoit pas de cette espece de branle flottant dans les belles voix, qui supposent un degré de force suffisant pour donner lieu à la cause de la difference du Son de la voix de Chant & de la voix de Parole par une ondulation moderée & soûtenuë : mais tout le monde s'en apperçoit dans les voix de Chant foibles & naturellément tremblantes. On voit bien que je ne parle pas du tremblement des cadences, puisque ces tremblemens sont composez de l'intervalle d'un Ton ou d'un demi Ton, ce qui ne se trouve pas dans l'ondulation dont je parle.

Je dis donc que ces voix naturellement tremblantes dans le Chant, ne sont pas toûjours tremblantes pour la Parole. En voici la raison. Tout tremblement involontaire vient de foiblesse. Il doit donc paroître dans tous les mouvemens volontaires qui exigent plus de force qu'il n'y en a dans l'organe du mouvement, & le tremblement ne doit point paroître dans les mouvemens qui sont proportionnez à la force. La voix de la parole ne tremble pas ordinairement dans ceux qui ont la voix de Chant tremblante. Il y a donc apparance que la voix de Chant exige plus de force que la voix de la Parole, même dans le Ton de la Parole. Ce qui est tremblement par foiblesse involontaire dans la voix de Chant naturellement tremblante, cela même est cette espece de flottement volontaire et soûtenu, dans le Son de la voix de Chant en ceux qui ont la voix agreable. Mais dans le Chant tremblant c'est une chûte pesante & frequente, & dans le Chant agreable c'est comme une espece de vol, aisé, temperé, & soûtenu. D'où je me persuade qu'il s'ensuit que la difference du Son de la voix de la Parole & de la voix de Chant dans ceux-cy, vient de la difference qu'il y a entre le larynx assis sur ses attaches en repos pour la voix de Parole, & le larynx suspendu sur ses attaches en action, par une espece de balancement volontaire qui s'ensuit, sans qu'on y fasse reflexion de la seule volonté de passer de la voix de la Parole à celle du Chant sur le ton de la Parole. J'ajoûte sur le Ton de la Parole, afin qu'on ait pas lieu d'attribuer au changement de ton, ce qui n' est que l'effet du changement de son.

J'ay dit que cette difference consiste en ce que la voix de Chant s'execute par la glotte dans un larynx suspendu & en mouvement de haut en bas & de bas en haut sur ses muscles suspenseurs, & la voix de Parole dans un larynx assis sur les mêmes attaches en repos. La voix, soit de la Parole, soit du Chant, est toute entiere de la glotte dans le Son & dans le Ton : mais l'ondulation qui en fait la difference n'est ni du Son, ni du Ton, ni de la glotte, mais du larynx entier. Cette ondulation paroît dans le son, mais comme circonstance du Son, & non comme partie du son. En un mot elle n'est pas dans le son, que parceque la partie sonante, c'est à dire la glotte, est portée dans un canal flottant, c'est à dire dans le larynx. On voit quelque chose de semblable dans le tremblant de l'Orgue, qui ne change rien au Ton de chaque tuyau, & qui ne peut avoir été inventé que pour imiter la voix du Chant par cette circonstance; ce qu'il ne fait pourtant que fort imparfaitement.

[Lange Haltenoten in der Musik können hier mehr Klarheit schaffen. Bei diesen habe ich in der Singstimme eine gewisse wellenförmige Bewegung festgestellt, die es in der Sprechstimme nicht gibt. Diese Bewegung gleicht einigermaßen den Schwingungen, die man bei einem Gewicht wahrnimmt, das in der Mitte einer waagrecht gespannten Schnur aufgehängt ist, wenn man dieses Gewicht nach unten bzw. nach oben zieht und dann der Federkraft dieser gespannten Schnur überläßt. Das Gewicht erhält dann eine auf- und niedergehende Bewegung, mehr oder weniger schnell, je nachdem die Schnur kürzer oder länger bzw. mehr oder weniger gespannt ist. Nicht jeder bemerkt diese schwebende Bewegung in den schönen Stimmen, die genügend Kraft voraussetzen, um die Ursache des Unterschieds zwischen dem Klang der Singstimme und der Sprechstimme durch eine gemäßigte und ausgehaltene schwebende Bewegung hervorzurufen; aber jeder bemerkt sie in den schwachen und natürlich tremulierenden Stimmen. Man beachte, daß hier nicht vom Tremulieren der Triller die Rede ist, da diese Triller über einen Ton bzw. einen Halbton gehen, was bei der Schwingung, von der ich spreche, nicht der Fall ist.

Ich sage also, daß die Stimmen, die von Natur aus zittern, dies nicht immer beim Sprechen tun. Der Grund dafür ist folgender. Jedes ungewollte Zittern wird durch Schwäche verursacht. Es muß also bei allen gewollten Bewegungen auftreten, die mehr Kraft erfordern, als das bewegende Organ besitzt, und das Zittern darf nicht vorkommen bei den Bewegungen, die seiner Kraft angemessen sind. Bei den Leuten mit zitternder Singstimme zittert die Sprechstimme nicht unbedingt. Es ist also wahrscheinlich, daß die Singstimme mehr Kraft erfordert als die Sprechstimme, sogar wenn sie die gleiche Tonhöhe hat als die Sprache. Was bei der von Natur aus zitternden Singstimme ein Zittern aus ungewollter Schwäche ist, genau das ist diese Art gewollten und ausgehaltenen Wankens im Klang der Singstimme derjenigen, die eine angenehme Stimme haben. Aber beim Zitternden Gesang ist es ein schweres und häufiges Abfallen, und beim angenehmen Gesang ist es eine Art Fliegen, ungezwungen, gemäßigt und ausgehalten. Deshalb bin ich davon überzeugt, daß bei diesen Menschen der Unterschied zwischen dem Klang der Sprechstimme und der Singstimme von dem Unterschied zwischen dem Larynx, der auf seinen ruhenden Bändern liegt, und dem Larynx, der auf seinen bewegenden Bändern aufgehängt ist, herrührt, durch eine Art von gewolltem Schwanken, das, ohne daß man daran denkt, nur aus dem Willen erfolgt, um von der Sprechstimme überzugehen zur Singstimme auf der gleichen Tonhöhe der Sprache, damit man die Wirkung der Veränderung des Klangs nicht einer Veränderung der Tonhöhe zuschreibe.

Ich habe gesagt, daß dieser Unterschied darin besteht, daß die Singstimme von der Glottis gebildet wird, die in einem Larynx, der auf seinen Befestigungsmuskeln aufgehängt ist und sich auf und nieder und vice versa bewegt; und die Sprechstimme in einem Larynx, der auf denselben Befestigungen ruht.

Die Stimme, sowohl die Sprech- als auch die Singstimme, kommt ganz von der Glottis, sowohl was den Klang, als auch die Tonhöhe betrifft; die Schwingung aber, die den Unterschied ausmacht, kommt weder vom Klang noch von der Tonhöhe, noch von der Glottis, sondern vom Larynx als Ganzes. Diese Schwingung erscheint im Klang, aber als Umstand des Klanges, nicht als Teil des Klanges. Kurz, sie ist nur im Klang, weil der klingende Teil, d.h. die Glottis, in eine wankende Röhre, d.h. in den Larynx, gebracht wird. Etwas ähnliches sieht man beim Orgeltremulanten, der die Tonhöhe der jeweiligen Pfeifen nicht ändert, und der nur erfunden sein kann, um die Singstimme durch diesen Umstand nachzuahmen, was ihm (dem Orgeltremulanten) übrigens nur sehr unvollkommen gelingt.]

Für DODART besteht also einer der großen Unterschiede zwischen Sing- und Sprechstimme darin, daß die Singstimme vibriert, wenn auch nicht für jedermann hörbar. Ein anderer Unterschied besteht darin, daß die Singstimme – im Gegensatz zur Sprechstimme – nicht nur schwebend, sondern auch klangvoller ist („*elle est non seulement ondoïante, ce que la voix de la Parole n'est pas, mais elle est encore plus sonante que celle de la Parole*"[28]). Das „*plus sonante*" sieht er allerdings nicht als eine Folge des natürlichen Vibratos, was an sich doch logisch wäre:[29]

> Pour les autres il n'est pas difficile d'imaginer qu'un contraste immoderé peut produire un Son desagrea(b)le, comme j'ay observé en quelques personnes dont la voix du Chant prend un son de canard ou de cornet, ou devient rude ou tremblante, quoiqu'elle soit plus agreable dans la conversation.

> [Im übrigen kann man sich leicht ausmalen, daß ein übertriebener Gegensatz einen unangenehmen Ton verursacht. Ich habe dies bei einigen Personen bemerkt, deren Stimme einen Klang wie der der Ente oder des Zinks bekommt, oder rauh oder zitternd wird, obwohl sie im Gespräch angenehm war.]

Dodart unterscheidet auch zwischen dem angenehmen, natürlichen Vibrato (das eher klein ist, denn er räumt ein, daß es nicht von jedermann gehört wird) und dem unangenehmen *Trembler* (hier im Sinne des Sängertremolos, das ja immer gerügt wird). Dieses Tremolo betrachtet er wohl als eine Entartung des *ondoïant* (des Schwebens), das er auch „*un branle flottant*" (schwebende Bewegung)

---

[28] D. DODART, a.a.O., S. 146.
[29] Ebd., S. 147. – Man vgl. dies mit den nahezu identischen Äußerungen in J. Ph. RAMEAU, a.a.O., S. 16.

nennt – eine Folge mangelnder Stimmbeherrschung *(„c'est une chûte pesante & frequente")*.

Das angenehme, natürliche Vibrato der Singstimme aber ist für ihn etwas durchaus Positives. Er vergleicht es mit dem Orgeltremulanten – wie vor ihm in Frankreich schon Mersenne – und mit dem Vibrato auf Laute, Theorbe und Gambe, was seine Behauptung, viele Menschen hörten es nicht, etwas relativiert.

Das Zweifingervibrato auf der Gambe hatte J. ROUSSEAU schon mit dem Sängervibrato verglichen. Und zwar nicht nur bei der Besprechung des Gambenvibratos, sondern schon zuvor, bei der Einführung zu den Verzierungen im allgemeinen. Als Vokalverzierungen nennt er *Cadence, Port de Voix, Aspiration, Plainte, Chûte* und *Double Cadence*. Sie sollen selbstverständlich auf der Gambe imitiert werden. Darüber hinaus aber merkt er zu drei anderen Ornamenten auf der Gambe (den zwei Vibratoarten und dem Martellement) folgendes an:[30]

> La Viole doit pratiquer ces mesmes Agrémens, ausquels il faut encore ajoûter le Martellement, le Battement & la Langueur, qui ne sont point specifiez pour la Voix, parce qu'elle les pratique naturellement, mais il faut les specifier pour l'Instrument, parce qu'on ne les pratiqueroit pas autrement.
>
> [Auf der Gambe spielt man die gleichen Verzierungen, und darüber hinaus noch das Martellement, das Battement und die Langueur, die für die Singstimme nicht einzeln bezeichnet werden, da sie sie von Natur aus anwendet, für das Instrument muß man sie aber bezeichnen, da man sie sonst nicht spielen würde.]

Vibrato und *Martellement* werden also vom Sänger „von Natur aus" angewendet (folgerichtig erwähnt J. Rousseau das Vibrato nicht in seiner Musiklehre, die auch für Sänger bestimmt ist). Was das Vibrato betrifft, so könnte man eine Parallele zu Dodart sehen; allerdings schreibt J. Rousseau nicht ausdrücklich, daß der Sänger ständig vibriert. Beim Martellement, dem Halbtonmordenten, ist das aber nicht der Fall. Der „natürliche" Charakter dieser Vokalverzierung ist wohl vor allem dann zu verstehen, wenn man sie in die Nähe des Vibratos rückt; dies können wir einigen wenigen Quellen entnehmen – zur Zeit J. Rousseaus in englischen Bläserheftchen und später in Frankreich, wo dann das Vibrato als Sonderfall des Martellements angesehen wird.

Später vergleicht TARTINI das Sängervibrato mit dem Geigenvibrato, allerdings mit dem Zusatz, daß nicht alle Sänger von Natur aus eine vibrierende Stimme haben – im Gegenteil:[31]

> Questo [= Tremolo] è modo, che per natura appartiene più al Suono, che al Canto; sebbene nelle voci Umane si trove alle volte questo Tremolo dato dalla natura.
>
> [Diese Art von Verzierung paßt ihrer Natur nach besser für Instrumente als für Stimmen. Wenn sie sich manchmal bei einer menschlichen Stimme vorfindet, so kommt das von der Naturanlage dieser Stimme her.]

Auch bei W. A. MOZART gibt es einen ähnlichen Vergleich. In einem Brief an seinen Vater schreibt er:[32]

---

[30] J. ROUSSEAU, *Traité de la Viole*, Paris 1687, S. 75. Er schreibt (ebd., S. 100) über „*une certaine agitation douce de la voix sur les Sons*".
[31] G. TARTINI, *Regole per arrivare a saper ben suonare il Violino*, Hs., vor 1750, Faks. mit Einl. von E. R. JACOBI, Celle-New York 1961, S. 15. – G. TARTINI – P. DENIS, *Traité des Agrémens de la Musique*, Paris ²1775, S. 27.
[32] W. A. MOZART, a.a.O., S. 378.

... die Menschenstimme zittert schon selbst – aber so – in einem solchen grade, daß
es schön ist – daß ist die Natur der stimme. man macht ihrs auch nicht allein auf den
blas-instrumenten, sondern auch auf den geigen instrumenten nach – ja so gar auf den
Clavieren – so bald man aber über die schrancken geht, so ist es nicht mehr schön –
weil es wieder die Natur ist. da kömts mir just vor wie auf der orgl, wenn der blasbalk
stost.

Man beachte die Ähnlichkeit der Aussagen Dodarts, Tartinis und W. A.
Mozarts. Es fällt dabei auf, daß die Ablehnung eines Sängertremolos nicht ein
anderes – natürliches – Vibrato ausschließen muß. Dieses natürliche Vibrato ist
anscheinend sehr klein, denn man kann es als eine Basis für ein darauf aufbau-
endes Verzierungsvibrato sehen. In diesem Sinne wäre das natürliche Vibrato mit
dem nichtvibrierten Instrumentalklang vergleichbar. Dies mag z.T. erklären,
warum man in barocken Gesangsschulen nichts über ein Vibrato liest, das einer
besseren Tonqualität wegen eingesetzt wird.[33]

Die hier besprochenen Quellen deuten darauf hin, daß es keineswegs sicher
ist, ob in der Barockzeit der Sänger einen Klang anstrebte, der völlig frei von
jeglichem Vibrato war. Man erfährt nur, daß ein in der Natur der Stimme
liegendes Vibrato in einigen Fällen positiv bewertet wurde. Dieses Vibrato war,
wie schon gesagt, wahrscheinlich sehr klein, und vielleicht soll man es angesichts
unserer modernen Hörgewohnheiten – die beim Sänger doch deutlich hörbares,
kontinuierliches Vibrato einschließen – mehr oder weniger als vibratofrei bzw.
als reine Klangfarbenqualität betrachten.[34]

Dieses geringe und maßvolle Naturvibrato wurde wahrscheinlich von manchen auch als Kunst angesehen, etwa von SOUTH:[35]

Accedit Fidicen trepidans, timideq; labanti
Voce loquens, (tanquam Tremor hic quoq; Musicus esset
Artis enim saepe est tremulas effingere Voces;) ...

[Zitternd und mit wankender Stimme hub er an, und dennoch schien auch dieses
Beben musikalisch, da es oft kunstvoll ist, bebende Stimmen nachzuahmen (Latein) da
er kunstvoll bebte, wie beim Singen (Englisch, s. unten).]

Die englische Übersetzung lautet:[36]

With fault'ring speech and trembling he begins;
And yet ev'n *Musical* that *Trembling* seems,
For artfully he shook, as when he sung, ...

Von diesem Ideal gab es aber gewiß Abweichungen. Die von den Theoretikern gerügten Sängertremoli wurden schon oben erwähnt. Darüber hinaus gab
es aber zweifellos auch Sänger mit einem deutlich vernehmbaren Vibrato, was in
Traktaten ebenfalls beanstandet wird. Aber es wird auch von einigen Quellen
berichtet, daß das Publikum von dieser Gesangstechnik durchaus begeistert war.
Der Erfolg dieser Sänger beruhte wohl vor allem auf ihrer (auf dem Vibrato
aufgebauten?) guten Koloratur. Ein Echo dieser von Zacconi gepriesenen Kolo-
raturhilfe finden wir in DELLA VALLEs Beschreibung des Sängers Giuseppino,
von dem es heißt, „*non si sentiva da lui mai una nota lunga, se non era con trillo*

---

[33] Dies ist der Fall in der Gesangsschule von Tosi; auch sonst findet man nichts über eventuell vorhandenes Vibrato, ich denke hier u.a. auch an Caccini und Mancini.
[34] Daß dieses Vibrato eher klein gewesen sein muß, wird m.E. auch von der Tatsache gestützt, daß die Verzierungsvibrati in sehr vielen Fällen nicht sehr groß sind. Zur alten Gesangstechnik s. oben. Dort auch einschlägige Literaturhinweise.
[35] R. SOUTH, *Musica Incantans*, Oxford ²1667 (¹1655), S. 15. Das Gedicht beschreibt die Wirkung der Musik.
[36] DERS., *Musica Incantans*, London 1700, S. 14.

tremolante";³⁷ er war aber gerade wegen seiner Koloratur berühmt. Auch DONI hatte konstatiert, daß immerfort vibrierende Sänger das *„applauso del volgo ignorante"*³⁸ hatten.

3. VERZIERUNGSVIBRATO

In weitaus den meisten Fällen ist das in den Gesangs- und Musiklehrbüchern beschriebene Vibrato eine Verzierung, d.h. es wird nur an bestimmten Stellen angebracht, gehört also nicht zur technischen Basis des Sängers. In alten Schulen wird im allgemeinen nicht sehr genau erläutert, wie das Vibrato zu erzeugen ist. Man kann dennoch grob zwei Erklärungsansätze unterscheiden: ein mit der Kehle *(„in gutture")* und ein durch Atemtechnik *(„aspirations")* hervorgerufenes Vibrato.

Das „Kehlkopfvibrato" wird vor allem in deutschen Quellen beschrieben. PRINTZ definiert dieses Vibrato als *„eine Bebung der Stimme | so viel linder als Trillo"*.³⁹ Der *Trillo* wurde in der Kehle geschlagen. Auch das *Ardire* bei Bernhard und Mylius ist *„ein zitternder Tremel und schlechte Bewegung | oder nicken des Halses und der Gurgel"*.⁴⁰ Eine wissenschaftliche Erklärung versucht MATTHESON,⁴¹ er bezeichnet das Tremolo als

> ... die allergelindeste Schwebung auf einem eintzigen festgesetzten Ton, dabey meines Erachtens das Oberzünglein des Halses, (epiglottis) durch eine gar sanffte Bewegung oder Mäßigung des Athems, das meiste thun muß ...

In Frankreich erwähnt BACILLY eine Art von Notenverdoppelung mit der Kehle *(„certain doublement de Notte qui se fait du gosier")*,⁴² ohne daß jedoch eindeutig hervorgeht, ob er damit ein Vibrato meint. Später werden BERARD und BLANCHET das Vibrato in der Kehle ansiedeln:⁴³

> Le flatté exige une infléxion de Voix presqu'insensible : il exige de plus qu'on joigne très-rapidement deux nottes de bas en haut, en manièrant un peu le Son. On peut regarder cet agrément comme un quart de port de Voix.
>
> [Das Flatté verlangt eine fast unhörbare Modulation der Stimme. Darüber hinaus erfordert es, daß man sehr schnell zwei Noten von unten nach oben miteinander verbindet und dabei den Klang etwas färbt. Man könnte diese Verzierung als ein Viertel eines Port de voix betrachten.]

---

³⁷ P. DELLA VALLE, *Della musica dell'età nostra*, Hs., Firenze 1640, hrsg. von A. F. GORI, in: *Trattati di Musica di Gio. Batista Doni* 2, Firenze 1763, S. 255.
³⁸ G. B. DONI, *Trattato della musica scenica*, Hs., c. 1633/35, hrsg. von A. F. GORI, in: *Trattati di Musica di Gio. Batista Doni* 2, Firenze 1763, S. 133.
³⁹ W. C. PRINTZ, *Musica modulatoria vocalis*, Schweidnitz 1678, S. 58. Man vgl. diese Erklärungen mit denen von M. FUHRMANN, *Musicalischer-Trichter*, Berlin 1706, S. 66 (Tremoletto), dies kopiert in: Anonym, *Kurtzgefaßtes musicalisches Lexicon*, Chemnitz 1737, S. 401.
⁴⁰ W. MYLIUS, a.a.O., f. E4v.
⁴¹ J. MATTHESON, *Der vollkommene Capellmeister*, Hamburg 1739, S. 114. Diese Erklärung Matthesons wird auch mehr oder weniger buchstäblich übernommen von J. W. LUSTIG, *Muzykaale Spraakkonst*, Amsterdam 1754, S. 94-95. Er fügt jedoch noch eine Beschreibung des Vibratos auf Blas- und Streichinstrumenten hinzu. Auch er vergleicht das Vibrato mit dem Orgeltremulanten. Auch F. X. KÜRZINGER, *Getreuer Unterricht zum Singen mit Manieren, und die Violin zu spielen*, Augsburg ²1780, S. 35, übernimmt sinngemäß diesen Text, läßt aber den Teil *„meines Erachtens das Oberzünglein des Halses, (epiglottis)"* aus.
⁴² B. DE BACILLY, *Remarques curieuses sur l'Art de bien Chanter*, Paris 1668, S. 196. Auch aus den Beispielen in seinem Werk *Les trois liures d'Airs*, Paris 1668, kann man nicht ableiten, ob hier nun wirklich ein Vibrato gemeint ist. Vgl. A. B. CASWELL, *A Commentary upon the Art of Proper Singing*, (Musical Theorists in Translation 7), New York 1968.
⁴³ J. BERARD, *L'Art du Chant*, Paris 1755, S. 119. Zeichen: ℰ. – J. BLANCHET, *L'Art, ou les Principes philosophiques du Chant*, Paris 1756, S. 116.

Und weiter heißt es noch:[44]

> Après avoir rendu la notte principale, ayez soin de faire monter le Larinx d'un quart de degré, & expirez mollement dans l'intervalle des deux nottes.
>
> [Nachdem Sie die Hauptnote angestimmt haben, heben Sie den Larynx um ein Viertelgrad, und atmen Sie sanft im Intervall der beiden Noten aus.]

Zum *son manière* ist schon vorher folgendes zu lesen:[45]

> Expirez le plus doucement qu'il vous sera possible, ensorte que les rubans sonores soient réduits à de foibles oscillations, ou à des demi-oscillations, & alors les Sons seront maniérés.
>
> [Atmen Sie möglichst sanft aus, damit die Stimmbänder nur sehr schwach bzw. halb oszillieren. So werden die Töne gefärbt sein.]

Selbstverständlich ist dabei immer zu berücksichtigen, daß die physiologischen Kenntnisse, vergleicht man sie mit dem heutigen Wissensstand, noch sehr klein waren. Dazu kommt noch, daß die meisten der hier verarbeiteten Quellen auch für damalige Verhältnisse diese Problematik äußerst ungenau beschrieben, so daß es sehr schwer ist, daraus gerade für den Gesang eindeutige Schlüsse zu ziehen, geschweige denn Anleitungen zu geben. Schließlich ist auch zu bedenken, daß sich die Gesangstechnik inzwischen grundlegend geändert hat.

Neben diesen Quellen, die uns mehr oder weniger genau ein „Kehlkopfvibrato" beschreiben, sind uns zahlreiche andere Schriften überliefert, die erwähnen, das Vibrato werde mit dem Atem erzeugt. Allerdings muß ein „Atemvibrato" eine Beteiligung der Kehle nicht unbedingt ausschließen.

Ab der Mitte des 18. Jahrhunderts wird in deutschen Quellen immer wieder hervorgehoben (z.B. Marpurg 1750),[46] daß das Vibrato mit dem *Athem*, der *Brust* und dem *Druckunterschied* zusammenhängt. Manche sprechen nur von *Unterstützung*, manche über *Stütze* und *Hals*; in den französischen Quellen wird nur das Atemvibrato *(Aspiration)* erwähnt, obwohl gerade den Franzosen nachgesagt wurde, sie vibrieren ganz schrecklich mit der Kehle.

Eine Beschreibung des Vokalvibratos, die sicher in Deutschland ihrerzeit für sehr gut galt, gibt MARPURG in seiner Musiklehre. Auch er betrachtet es als eine Manier und unterscheidet dabei zwischen einer *Intensitäts-* und einer *Tonhöhen*schwankung. Diese klanglichen und technischen Vorgänge schildert er ziemlich ausführlich:[47]

> Die Schwebung oder Bebung, frantz. balancement, ital. tremolo, und verminderungsweise tremoletto. Es ist dieselbe nichts anders, als eine vermittelst des Athems abwechselnde Bewegung der Stimme auf einem gewissen Thon. Durch diese Bewegung entstehet entweder eine blosse Veränderung in der Grösse des Thons, in Ansehung seines Einklanges; oder, es entstehen auch zu gleicher Zeit einige Veränderungen in der Stärcke und Schwäche dieses vestgestellten Thones. Die in der Grösse des Thones entstehende Veränderung ist keinen Graden unterworfen. Die Stärcke desselben aber kann auf dreyerley Art betrachtet werden,
> In Ansehung der Dehnung des Klanges, welches die Italiäner maniera distendente nennen, wenn sich die Stimme nach der Schwäche mit einer gewissen Stärcke erhebet.
> In Ansehung der Zusammenziehung des Klanges, welches die Italiäner maniera restringente nennen, wenn sich die Stimme gleichsam verliert, und schwächer wird.

---

[44] J. BERARD, a.a.O., S. 132. – J. BLANCHET, a.a.O., S. 126.
[45] J. BERARD, a.a.O., S. 31. – J. BLANCHET, a.a.O., S. 28, *Sons Délicats*.
[46] Zu einigen Quellen, die sich noch auf ältere Traditionen stützen, s. oben.
[47] F. W. MARPURG, *Des Critischen Musicus an der Spree erster Band*, Berlin 1750, S. 56.

> In Ansehung der Mässigung des Klanges, welches die Italiäner maniera quieta nennen, wenn die Stimme in ihrer natürlichen Stärcke singet.
> Es werden aber diese beyden Hauptveränderungen der Grösse und Stärcke nicht allezeit zu gleicher Zeit bey der Schwebung angebracht. Der aushaltende Thon in der Schwebung heißt auf ital. tenuta, fr. tenuë. Uebrigens findet diese Manier nur eigentlich bey der Stimme statt. Sie wird aber auf besaiteten Instrumenten, die mit dem Bogen gespielet werden, auf dem Claviere, und einigen andern, gewissermassen nachgeahmet. In Ansehung der ungleichen Grösse des Thones hat die Schwebung gar viele Aehnlichkeit mit dem Orgeltremblanten.

Man erfährt zum vibrierten Sängerklang, daß er einerseits ein Intensitätsvibrato, andrerseits aber auch ein Tonhöhenvibrato sei, dessen Schwankungen, obwohl „*keinen Graden unterworfen*", mit denen des „*Orgeltremblanten*" vergleichbar sind. Beides, Intensitäts- und Tonhöhenschwankung werden nicht immer zugleich angewandt.[48]

Eine solche detaillierte Beschreibung wird freilich nie vollständig übernommen; in späteren Anlehnungen bleibt nur der Anfang erhalten.[49]

Man beachte bei Marpurgs Beschreibung auch, daß er das Vibrato an erster Stelle als eine Sängermanier sieht, wenn sie auch auf einigen Instrumenten „*einigermassen nachgeahmet*" wird. Dem schließt sich auch W. A. MOZART an, er steht aber gewissermaßen im Gegensatz zu TARTINI, der besagt, die Stimme sei dafür eigentlich nicht geeignet.[50]

LASSER spricht in seiner Gesangschule von einer Änderung des Atemdrucks:[51]

> Die Bebung: Wenn man z.B. bey einer ganzen Note während dem Aushalten derselben die 4 Viertel oder 8 Achtel mittels eines gelinden Drucks deutlich hören läßt. Fig. 9. Ich habe sie von einem Sänger gehört, aus dessen Kehle sie mir ungemein gefallen, es ist aber nicht jedermanns Sache.

Auch er spielt wohl auf ein Intensitätsvibrato an („*die 4 Viertel ... hören läßt*"). Die tremulantähnliche Notation sowie seine ganze Beschreibung des Vorganges erinnert mich allerdings in einem gewissen Maße an die Kritik W. A. MOZARTs an Meißner: nämlich „*daß er oft mit fleiss mit der stimme zittert – ganze viertl – ja oft gar achtl in aushaltender Note marquirt*".[52]

Auch einige französische Theoretika erwähnen ein Atemvibrato, wobei von „*aspirations*" die Rede ist. Als Zeichen verwenden sie dafür oft eine Wellenlinie (~~~), die auch hin und wieder in Musikwerken Eingang gefunden hat.

---

[48] Im Normalfall gilt ein gutes Sängervibrato noch immer eher als eine Intensitätsschwankung denn als eine Tonhöhenschwankung. Die meisten französischen Quellen äußern sich auch in diesem Sinne (s. unten); eine andere Quelle, die etwas sehr ähnliches besagt, ist A. BAYLY, *A Practical Treatise on Singing*, London 1771, S. 64: „*The manner of waving or vibrating on a single tone with the voice, like as with the violin, especially on a semi-breve, hath often a good effect; but great care must be taken to do it discreetly and without any trembling.*" (Meine Hervorhebungen.)
[49] So z.B. in G. G. G., *Kurze Anweisung zu den ersten Anfangs-Gründen der Musik*, Langensalza 1752, S. 30: „*Die Schwebung oder Bebung, ital. tremolo, welche von vielen in der Vocalmusik mit trm. bezeichnet wird, ist eine vermittelst des Athems abwechselnde Bewegung der Stimme auf einem gewissen Ton.*"
[50] W. A. MOZART, a.a.O., S. 377. – G. TARTINI, a.a.O., S. 15.
[51] J. B. LASSER, *Vollständige Anleitung zur Singkunst*, München 1798, S. 154. Das Notenbeispiel: ebd., S. 158.
[52] W. A. MOZART, a.a.O., S. 377.

LOULIE will mit seinem Beispiel vor allem ein Intensitätsvibrato – er nennt es *Balancement* – beschreiben:[53]

[Das Balancement besteht aus zwei oder mehreren kleinen, sanften und langsamen Hauchen auf einer Note, ohne deren Tonhöhe zu ändern. Es wird wie folgt bezeichnet.]

Daß das Zeichen sowie das Notenbeispiel für das *Balancement* in einer Tabelle gegen Ende seines Buches genau umgekehrt abgebildet ist, dürfte ein einfacher Druckfehler sein:[54]

Diese Beschreibung des Vibratos als „*plusieurs petites aspirations douces*" finden wir noch viel später in verschiedenen französischen Quellen, darunter die Quellengruppe um MONTECLAIR.[55] Er unterscheidet zwischen einem normalen Vibrato *(Flaté)* und der Imitation des Orgeltremulanten *(Balancement)*:[56]

---
[53] E. LOULIE, *Elements ou Principes de Musique*, Paris 1696, S. 73.
[54] Ebd., S. 92.
[55] Nach dem Erscheinen von M. PIGNOLET DE MONTECLAIR, *Principes de Musique*, Paris 1736, ein anscheinend sehr erfolgreiches Werk. Ein fast vollständiges Plagiat finden wir bei A. BAILLEUX, *Méthode pour apprendre facilement la Musique*, Paris 1770. Auch RAPARLIER, *Principes de Musique*, Lille 1772, lehnt sich hin und wieder sehr stark bei Montéclair an. Seine Beschreibung des Balancements (S. 24) ist mit derjenigen Montéclairs nahezu identisch; er übernimmt auch dessen Beispiele. Die Beschreibung des *Flaté* stimmt sinngemäß mit derjenigen Montéclairs überein. Hier jedoch andere Beispiele.
[56] M. PIGNOLET DE MONTECLAIR, a.a.O., S. 85.

[Das Flaté ist eine Art Wiegen der Stimme, mit verschiedenen kleinen sanften Hauchen auf einer langen Note bzw. auf einer Haltenote, ohne Erhöhung bzw. Erniedrigung der Tonhöhe. Diese Verzierung hat die gleiche Wirkung wie die Schwingung einer gespannten Saite, die man mit dem Finger berührt. Bis jetzt gibt es für sie kein Zeichen; man könnte sie mit einer Wellenlinie bezeichnen: ⌇⌇⌇]

Er fügt noch hinzu, daß man nicht auf allen betonten Noten vibrieren solle, weil dadurch der Gesang zitternd und eintönig werde („*rendroit le chant tremblant et qu'il le rendroit trop uniforme*").[57] Sein Text wird von anderen Autoren wörtlich übernommen.

Gut zwanzig Jahre später sieht CORRETTE das Vibrato ebenfalls als *Aspirations* (Atemvibrato); wie Marpurg vergleicht er den Klangeffekt mit dem Orgeltremulanten, ohne jedoch auch dessen ästhetische Imitation (wie etwa Montéclairs Balancement) zu meinen:[58]

Le Balancement se fait en aspirant doucement et lentement sur le même ton en imitant le Tremblant doux de l'Orgue. Les Italiens le font quelque fois sur des tenües ...

[Das Balancement wird erzeugt, indem man sanft und langsam auf einer und derselben Tonhöhe haucht, wie um den Orgeltremulanten nachzuahmen. Die Italiener bedienen sich seiner dann und wann auf Haltenoten.]

Eine Anleitung, wie man das *Balancement de Voix* lernen könne, gibt LA CHAPELLE im zweiten Teil seiner Musiklehre:[59]

La maniere de faire cet agrement. Il faut s'imaginer de faire plussieurs sincopes subittes, de la segonde maniere de sincoper par la liaison simple, double, et triple, les balancements doivent se faire avec égalité, seize pour la ronde, huit pour la blanche, ainsy des autres á proportion

Démonstration

pour le balancement préparé

pour le balancement sans préparé

[Wie man diese Verzierung erzeugt. Man stelle sich vor, daß man verschiedene kurz aufeinander folgende Synkopen macht, nach der zweiten Art des Synkopierens mit einfacher, doppelter und dreifacher Bindung (Ligatur). Die Balancements sollen gleichmäßig erzeugt werden, sechzehn je Ganze, acht je Halbe, für andere Notenwerte verhältnisgleich.]

---

[57] Ebd.
[58] M. CORRETTE, *Le parfait Maitre à Chanter,* Paris 1758, S. 50.
[59] J.-A. DE LA CHAPELLE, *Les vrais Principes de la Musique,* Paris 1736–1752, 2, S. 16: über die *segonde maniere de sincoper:* „*la seconde forme servira à ne nommer que la premiere note de la tenuë syncopée en continuant le chant selon la durée de la nôte qui la precede en faisant sonner une seconde fois la voyelle du Nom de la Nôte*" (ebd., S. 7). [Bei der zweiten Art wird nur der erste Notenname der synkopierten langen Note ausgesprochen, wobei man, unter Beachtung der Länge der vorhergehenden Note, weitersingt und den Selbstlaut des Notennamens ein zweites Mal erklingen läßt.] Anmerkung: er legt also einen Akzent beim starken Taktteil, etwa c-e, ausgesprochen auf frz.: do-o).

Ein ähnliches Tempo haben auch die Beispiele von Vague, David und Dard;[60] sonst wird oft darauf hingewiesen, daß die Ausführungsgeschwindigkeit sich dem Charakter des Stückes anpassen soll.

In all diesen französischen Quellen scheint von einem *Intensitäts*vibrato die Rede zu sein. Deshalb nehme ich an, daß mit *Aspirations* ein Atemvibrato mit einer nur sehr geringen Beteiligung der Kehle gemeint ist; dabei dürften – wenigstens theoretisch – keine Tonhöhenschwankungen hörbar gewesen sein. Darauf wird besonders von La Chapelle hingewiesen, aber auch Beschreibungen (bzw. Vibratonotationen) anderer Autoren ist dies zu entnehmen.

Die Auskünfte der meisten anderen Quellen über die Ausführung des Vibratos sind zu dürftig, um auf eine bestimmte Technik schließen zu können. Bestenfalls wird die ungefähre Größe und das Schwingungstempo angegeben. Vor allem beim Tempo dürfte es sich um eine sehr relative Größe handeln, die sich oft nach Text und Charakter des Stückes zu richten hat. Einige französische Quellen berichten über ein ziemlich rasches Vibrato; eine schnelle, vibratoähnliche (?) Verzierung wird von TOSI jedoch abgelehnt: Er nennt sie *„mordente fresco"*, ein Singen wie die Grillen.[61]

NORTH schreibt über *„a slow wavee"*.[62] Ebenfalls langsam ist eine vibratoähnliche Trillerart bei TOSI, *„il Trillo lento"*:[63]

> Il sesto è il Trillo lento, che porta anch'esso le sue qualità nel nome. Chi non lo studiasse crederei, che non dovesse perdere il concetto di buon Cantore, poichè s'egli e solo un Tremolo affettato, se poi si unisce a poco a poco col primo, o col secondo Trillo, parmi che non possa piacere al più, che la prima volta.

[Der sechste ist der langsame Triller, welcher auch durch seinen Namen schon seine Eigenschaft anzeiget. Wer sich gar nicht darauf übte, könnte deucht mich, deswegen doch ein guter Sänger seyn: Denn wenn dieser Triller allein vor sich steht; so ist er nichts als ein affectiretes hin und her Wanken: wenn er aber nach und nach mit der ersten und zweyten Art der Triller vereiniget wird; so scheint mir, daß er aufs höchste nur das erstemal gefallen könne.]

---

[60] VAGUE, *L'Art d'apprendre la Musique*, Paris 1733, S. 77–78, gibt eine sehr ähnliche Erklärung: „*Les Balencements, sont des sons suposés et formés sur le meme Degré. Si après avoir dit mi, Par Exemple, j'en prolonge le son, Et que je le répéte avec égalité et vitesse par la meme ouverture de bouche, je fais un balancement. En voilà l'Expression dévelopée*

Balancement

[Balancements kann man als Tonwiederholungen auf einer Tonhöhe betrachten. Wenn ich z.B., nachdem ich m i ausgesprochen habe, den Klang dieser Note anhalte und mit der gleichen Mundöffnung gleichmäßig und schnell wiederhole, erzeuge ich ein Balancement. Es kann wie folgt ausgeschrieben werden:] – Die Erklärung La Chapelles ist deutlicher, aber in ihrem Licht gesehen wird auch diese leicht verständlich. Vgl. z.B. auch mit H.-B. DUPONT, *Principes de musique, par demande et par reponce*, Paris ²1740 (¹1717), S. 17 (*Balancement*, mit ähnlichem Notenbeispiel). – F. DAVID, *Méthode nouvelle ou principes généraux pour apprendre facilement la Musique et l'art de Chanter*, Paris 1737, S. 132 und 136.

Die Verzierung hat weder Namen noch Erklärung. Sie ist dem Beispiel zur *Plainte* hinzugefügt.

[61] P. TOSI, a.a.O., S. 106. – P. TOSI – J. E. GALLIARD, a.a.O., S. 166. – P. TOSI – J. F. AGRICOLA, a.a.O., S. 225–226.

[62] GB Lbl, Add. ms. 32 537: R. NORTH, *The Musicall Grammarian* (Skizzen und Entwürfe), Hs., vor 1726, f. 63v.

[63] P. TOSI, a.a.O., S. 27. – P. TOSI – J. E. GALLIARD, a.a.O., S. 46. Galliard gibt folgendes Beispiel (ebd., Pl. IV.):

Vgl. auch P. TOSI – J. F. AGRICOLA, a.a.O., S. 100–101. – Aus Tosis Erklärung schließe ich auf ein langsames Vibrato, das allmählich in einen Triller übergeht.

STIERLEIN erwähnt, daß das Vibrato „*geschwind und langsam*"[64] sein kann. Verschiedene französische Autoren verwenden das Wort „*doux*" (sanft) – so z.B. J. ROUSSEAU, für den das Gamben-Battement (Vibrato) eine Nachahmung einer gewissen sanften Bewegung der Stimme ist *(„une certaine agitation douce de la voix sur les sons")*.[65] In vielen Fällen wird gleichzeitig auf eine langsame *(„lent")* Ausführung hingewiesen. Oft fehlen jedoch jegliche Angaben, wie z.B. bei CHOQUEL und LACASSAGNE.[66]

---

[64] J. C. STIERLEIN, *Trifolivm Mvsicale*, Stuttgart 1691, S. 17. Laut Definition geschwind und ohne Tonhöhenunterschied. Er deutet aber auch an, daß es langsam sein kann: „*Tremulus, ist ein liebliches Zittern und Beben | so in Unisono, oder in einen Thon geschehen muß | da man eine gewisse Zahl geschwinde Noten nacheinander gantz gelinde | bald leiß | bald etwas stärcker tremuliren muß | e. g. Nro. 6.*

Oder auff solche weiß | daß wann eine gantze oder halbschlägige Noten hält | so kan man die Helfft von den Gantzen | mit einen langsamen Tremulo von Achteln | den andern halben Theil | eintweder halten oder mit einem Trillo zieren. Zum Exempel. Nro. 7.

Und muß ein incipient sich so lang üben | und nicht nachlassen | bis er einen solchen tremulum geschwind und langsam nachmachen kan | dann deutlicher schrifftlich zu zeigen | als auff solche weiß | ist unmüglich | das übrige muß nur das eigene Judicium selbsten geben." – Man beachte die Verwandtschaft in der Erklärung mit La Chapelle und Vague. Sonst erfährt man nichts zur Technik. Auch hier ist aber deutlich kein Tonhöhenvibrato beabsichtigt.

[65] J. ROUSSEAU, a.a.O., S. 100. Auch bei Loulié, Montéclair, Bérard, Blanchet und Corrette wird das Vibrato so gekennzeichnet. Vgl. auch J. BLANCHET, a.a.O., S. 122 (meine Hervorhebungen): „*Si l'on fait attention que le flatté ou le balancé est presque tout composé de sons aigus, & qu'on doit le former avec* une rare douceur*, on ne sera point surpris que cet agrément soit fait pour peindre les mouvemens physiques agréables, & les passions enjouées, tendres & délicates.*" [Wenn man beachtet, daß der Flatté oder Balancé fast ganz aus hohen Tönen besteht, und daß man ihn sehr sanft bilden muß, so wird man sich kaum wundern, daß diese Verzierung gemacht wird, um angenehme Körperbewegungen und heitere, liebliche und empfindsame Affekte darzustellen.]

[66] H.-L. CHOQEL, *La musique rendue sensible par la méchanique*, Paris 1759, S. 173: „*Le balancement est une inflexion de la voix, qui fait qu'on balance le son d'une note en le rendant, sans emprunter sur tout autre son.*" [Das Balancement ist eine Modulation der Stimme, wobei der Ton einer gesungenen Note gewiegt wird, ohne jedoch einen anderen Ton zu berühren.] – J. LACASSAGNE, *Traité Général des Elémens du Chant*, Paris 1766, S. 65: „*Il y a aussi des Martellemens si insensibles, qu'on doit seulement les regarder comme de simples Vibrations ou frémissemens sur le même Ton.*" [Es gibt auch so unhörbare Martellements, daß man sie als einfache Schwingungen bzw. Bebungen auf einer einzigen Tonhöhe betrachten kann.] – Ebenso nicht sehr aufschlußreich sind auch einige deutsche Quellen am Anfang des 18. Jh.s, alle für den elementaren Anfangsunterricht: J. S. BEYER, *Primae lineae musicae vocalis*, Freiberg ²1730, S. 39 (Quelle: Koninklijke Bibliotheek Albert I, Keizerslaan 4, B-1000 Brussel):

Es kann aber ohne weiteres eine leichte Tonhöhenschwankung gemeint sein, denn der Autor vergleicht das Vibrato mit dem mit der linken Hand auf der Geige. – Sehr ähnlich auch: J. P. SPERLING, *Principia musicae*, Budissin 1705, S. 68, 84; M. FUHRMANN, *Musicalischer-Trichter*, Berlin 1706, S. 66, dieses übernommen in: Anonym, *Kurtzgefaßtes musicalisches Lexicon*, Chemnitz 1737, S. 401, sub *Tremoletto*.

Auf Größe und Art der Tonhöhenschwankung weisen Vergleiche mit dem Orgeltremulanten hin. Oft meinen alte Autoren, daß das Vokalvibrato keine oder nur eine minimale Tonhöhenschwankung aufweise. In dieser Hinsicht ist auch ein Vergleich von J. DE VILLENEUVE mit dem Abklingen eines Glockentons aufschlußreich:[67]

> Le balancement se fait en tenant le son vaxillant, de méme lorsqu'une grosse cloche a sonné un seul coup.
>
> [Das Balancement wird erzeugt, indem man den Ton schwebend hält, ähnlich einer großen Glocke nach einem Schlag.]

Hier muß man also eine Art Abklingen mit einbeziehen. Man beachte, daß der Vergleich Vibrato–Glockenton auch bei Tartini und W. A. Mozart vorkommt.[68]
Abschließend möchte ich zum vokalen *Verzierungs*vibrato anmerken, daß primär ein *Intensitäts*vibrato gewünscht zu sein scheint. Ist gleichzeitig auch von einer Tonhöhenschwankung die Rede (bei einem Kehlkopfvibrato), soll diese möglichst gering sein. Die Tatsache, daß ein Verzierungsvibrato in der Regel immer klein und wenig intensiv war, läßt den Schluß zu, daß die (immer theoretisch gedachte) ideale Schwankung eines eventuell vorhandenen *Natur*vibratos noch wesentlich darunter liegen mußte. Selbstverständlich schließen die obigen Hinweise größere Verzierungsvibrati nicht aus: Größe und Stärke hängen allerdings vom Text oder vom Affekt der Musik ab, sie können also doch recht unterschiedlich sein.

Das Vibrato wurde mit verschiedenen Zeichen notiert. In Frankreich war gewöhnlich eine Wellenlinie (⁓⁓) gebräuchlich; LOULIE verwendet eine geschwungene Klammer (⁀), LA CHAPELLE die Zeichen | und ⊥ (je nachdem ob mit oder ohne *Enfler*), BERARD und BLANCHET verwenden Ɛ. BERNHARD kennzeichnet das *Ardire* (Vibrato) etwas außergewöhnlich mit einem Kreuz (♯), einem bei Lautenisten und Gitarristen üblichen Vibratozeichen (in der Vokalmusik ist nicht immer eindeutig feststellbar, ob dieses Kreuz ein Vibrato signalisieren soll).

In deutschen Quellen wird das Vibrato (auch *Tremolo, Tremulant* etc. genannt) oft mit dem Tremulantzeichen (𝄽𝄽𝄽) notiert, oder es wird gar nicht zwischen Vibrato- und Trillerzeichen unterschieden, wie z.B. im *Compendium musicum* von PROFE:[69]

> t, Wo ein solch t über einer Noten stehet / heissen solche Trilli in gemein / das ist / daß man selbige Noten mit tremulirender oder zitternder Stimme singen soll.

Oder auch bei LANGE:[70]

> Tremolo, Trillo, Wenn die Stimme wird bebend vorgestellet / wird auch wohl mit T angedeutet.

BEYER verwendet das normale Trillerzeichen („t^r."), und in einigen späte-

---

[67] J. DE VILLENEUVE, *Nouvelle Methode tres courte et tres facile*, Paris 1733, S. 39. 1756 gab es eine zweite Auflage, und nach 1760 erschien noch ein Neudruck mit Nachtrag in Form eines kurzen Lexikons: PEREAULT DE VILLENEUVE, *Methode*, Paris o. J.
[68] G. TARTINI, *Regole*, a.a.O., S. 15. – W. A. MOZART, a.a.O., S. 377–378.
[69] A. PROFE, *Compendium musicum*, Leipzig 1641, S. 21. Es ist allerdings sehr fragwürdig, ob hier ein Vibrato gemeint sein kann. Die Erklärungen Profes sind zu dürftig, um eindeutige Schlüsse ziehen zu können.
[70] J. C. LANGE, *Methodus nova & perspicua in Artem Musicam*, Hildesheim 1688, S. 54.

ren deutschen Schriften finden wir die Abkürzung „*trm*", wohl in Anlehnung an Marpurg.

Ob diese Zeichensetzung auch mit den Gepflogenheiten der Praxis übereinstimmt, ist schwer eruierbar, da in den Musikwerken Vibrati nur äußerst selten ausdrücklich notiert sind. In einigen Fällen wird über der zu vibrierenden Note der Vermerk „*tremolo*" gesetzt, in der Mehrheit bediente man sich aber doch der Wellenlinie. In Frankreich waren Wellenlinien bei den Gambisten und auch bei den Bläsern üblich. Die Notierungsformen des Vibratos und die daraus resultierenden Probleme für die Musik werden im zweiten Teil dieser Arbeit noch ausführlicher behandelt.

Exkurs 1
CHEVROTEMENT

Typisch für die französische Gesangsschule ist das *Chevrotement* (zu Deutsch: „Bockstriller"), ein exzessives – dem Tremolo nicht unähnliches – Kehlenvibrato. Mit diesem Problem beschäftigen sich im Barock aber auch deutsche und italienische Theoretiker. Die Art des Chevrotements, die man auch heute noch manchmal im französischen Chanson hören kann, scheint dem barocken *Balancement* oder *Flaté (Flatté)* ähnlich zu sein.

Balancement und *Flaté* dienten in Frankreich als übliche Bezeichnungen für das Vibrato. *Chevrotement* hingegen wurde als Folge eines zu schnell geschlagenen und deshalb ins „Meckern" geratenen Trillers angesehen. Das geht übrigens schon aus dem deutschen Namen Bockstriller hervor. Nun wurden deswegen aber gerade die Franzosen im Ausland oft belächelt; man beschrieb das Chevrotement als exzessives Vibrato, „*that extravagant trembling of the voice which the French call c h e v r o t t e r, to make a goat-like noise; for which the singers of the Opera at Paris have so often been ridiculed*".[71] In französischen Theoretika des 18. Jahrhunderts wird ein solches Vibrato nicht beschrieben. Nur RAMEAU deutet einen indirekten Zusammenhang zwischen dem Chevrotement und dem Sängertremolo an:[72]

> ... voilà les vrais obstacles à la beauté du son, aussi bien qu'la la flexibilité de la voix: le son tient pour lors du peigne, de la gorge, du canard; la voix tremblotte, [!] & ne forme plus aucun agrément qu'en le chevrottant [!].
>
> [Das sind die Dinge, die der Schönheit des Tons sowie der Geschmeidigkeit der Stimme wahrlich im Wege stehen; der Ton hat dann etwas von Kamm, von Kehle, von Ente; die Stimme zittert, und kann Verzierungen nur noch meckernd wiedergeben.]

Normalerweise versteht man unter dem Chevrotement einen schlechten Triller. Warnungen vor dem „Meckern" begegnen wir im 17. Jahrhundert zuerst in Italien, später auch in Frankreich und in Deutschland. So warnt schon ROGNONI davor, den Triller nicht maßlos zu schlagen, daß es wie Gemecker

---

[71] J. GUNN, *The Art of Playing the German-Flute*, London 1793, S. 18.
[72] J. Ph. RAMEAU, *Code de Musique pratique*, Paris 1760, S. 16. Eine Art Auslegung des Chevrotements im Sinne eines Vibratos gibt auch J. MOREL, *Nouvelle théorie physique de la voix*, Paris 1746, S. 19: „*ce que les musiciens appellent cadence chevrotée n'est qu'un véritable tremblement sur un même ton.* [Was die Musiker Bockstriller nennen, ist eigentlich nur ein Triller auf einer Tonhöhe.] – Vgl. auch D. DODART, a.a.O., S. 144–146, s. auch oben S. 19 ff. Ob Dodart ein Chevrotement meint, ist nicht sicher.

von Zicklein klingt *(„senza termine, che paiono Capretti")*[73]. Das wird auch von anderen Schriften bestätigt. BERNHARD weist in ähnlicher Weise darauf hin, daß *„man im Trill schlagen die Stimme nicht verändere, damit nicht ein Gemäcker daraus werde"*,[74] und FALCK merkt zum Trillo an, er solle *„nicht / wie Gaisse mecklen / angestossen werden"*.[75] FUHRMANN berichtet von einem *„Vitium Tremuli, wenn der Sänger im Trillo-Schlagen meckert wie eine Ziege / oder schreckelt als eine Lerche"*.[76]

Zahlreiche Quellen, die sich gegen das Chevrotement aussprechen, findet man in Frankreich. Eine Ursache des Chevrotierens beschreibt 1760 RAMEAU:[77]

> Il ne faut jamais précipiter volontairement un battement de tril ou de port de voix sur la fin, comme on l'a toûjours recommandé; ce qui engage le plus souvent à se forcer sans qu'on y pense, & à chevrotter la pluspart des agrémens : le sentiment, la volonté de finir, suffit pour cet effet. Il faut bien prendre garde sur-tout de ne mettre aucun agent de moitié avec le sentiment qui le guide; plusieurs marquent souvent ce sentiment par un mouvement de tête, de main, de corps même; mouvement dont l'agent se ressent au point que la beauté du son & la flexibilité de la voix y perdent considérablement, & c'est encore de-là que naît le chevrottement.
>
> [Man sollte niemals das Schlagen des Trillers bzw. des Mordents nach dem Ende zu beschleunigen, wie man immer geraten hat; es führt dazu, daß man sich oft unwissentlich Zwang antut, und die meisten Verzierungen meckert; das Gefühl, der Wille zum Schluß zu kommen, genügt dazu. Man sollte sich vor allem hüten, daß kein anderer Faktor sich zu dem ihm bestimmenden Gefühl gesellt, manche heben dieses Gefühl mit einer Kopf-, Hand- oder sogar Körperbewegung hervor, deren bestimmender Faktor bemerkbar wird, indem die Schönheit des Tons sowie die Geschmeidigkeit der Stimme sehr beeinträchtigt wird, und auch daraus entsteht das Meckern.]

Aber bereits im 17. Jahrhundert wurde in Frankreich „gemeckert". Auch BACILLY bezeichnet das Chevrotement als eine Entartung der *Cadence:*[78]

> Il y a donc beaucoup de Personnes qui ont de la Voix, sans auoir nulle Cadence; d'autres qui en ont, mais trop lente pour certains endroits où le Tremblement doit estre serré de plus pres; d'autres qui l'ont trop prompte, & mesme trop rude, que l'on appelle vulgairement *Chevrottante*.

---

[73] F. ROGNONI, *Selva de varii Passaggi*, Milano 1620. – Vgl. auch M. CASTELLANI, *(Letter to the Editor)*, in: *GSJ* 32 (1979), S. 151. Castellani sieht hierin einen Beweis für Vibrato; er stützt sich dabei wohl auf die Tatsache, daß Rognoni berichtet, daß das Tremolo *„sovente"* ausgeführt wird. Zwar ist *Tremolo* später eindeutig das italienische Wort für Vibrato; im frühen 17. Jh. lag die betreffende Terminologie jedoch noch nicht so sehr fest. Tremolo als Bezeichnung für Triller kommt zu dieser Zeit noch häufiger vor, so bei G. DIRUTA, *Il transilvano*, Venezia ²1609 und auch (vermutlich) bei G. B. BOVICELLI, *Regole, passaggi di musica*, Venezia 1594, S. 12, bestätigt durch M. PRAETORIUS, a.a.O., S. 235: *Tremolo, vel Tremulo*.

[74] C. BERNHARD, a.a.O., S. 32.

[75] G. FALCK, *Idea boni cantoris*, Nürnberg 1688, S. 103.

[76] M. FUHRMANN, a.a.O., S. 73. – Vgl. auch W. C. PRINTZ, *Musica modulatoria vocalis*, Schweidnitz 1678, S. 58: *„Doch erinnern wir / daß sich ein Sänger sonderlich hüte für einem garstigen Meckern / harten Stossen / Wiehern / und dergleichen Fehlern."* – Auch hier wieder im Zusammenhang mit dem Trillo. Ein Chevrotement als Entgleisung eines Vibratos wird nie beschrieben. Ähnliche Warnungen vor einem Bockstriller gibt es in Deutschland im späten 17. und frühen 18. Jh. regelmäßig, immer beim Triller – wie das Wort ja schon sagt.

[77] J. Ph. RAMEAU, a.a.O., S. 16.

[78] B. DE BACILLY, a.a.O., S. 164–165. Nahezu identisch auch bei A. FURETIERE, *Dictionnare Vniversel* 1, La Haye-Rotterdam ²1702 (¹1690), S. 289: *„Les Maîtres à chanter disent que la c a d e n c e est un don de nature qui est propre à faire les tremblemens delicatement. Quand les voix sont trop promptes & meme trop rudes, qu'on appelle vulgairement c h e v r o t a n t e s, il faut battre de la cadence les deux nottes dont la c a d e n c e est composée, & l'une aprés l'autre, de même que sur le clavessin, en battant des deux doigts les deux touches qui font le tremblement."* [Die Gesangslehrer sagen, daß der Triller ein Geschenk der Natur sei, mit dem man die Verzierungen delikat gestalten kann; wenn die Stimme zu schnell bzw. zu rauh ist – und diese nennt man gemeiniglich „meckernd" – sollte man die zwei Noten, aus denen der Triller besteht, die eine nach der anderen in der Kehle schlagen, genau wie man auf dem Cembalo mit zwei Fingern die zwei Tasten, die den Triller bilden, anschlägt.] – Aber auch vor einem instrumentalen Chevrotement wurde gewarnt, so von J. GALLOT, *Pieces de Luth*, Paris (1684), Vorrede: *„et éviter de faire chevrotter le tremblement."*

[Es gibt also viele Leute, die eine gute Stimme haben, aber keinen Triller; bei anderen ist sie zu langsam für bestimmte Stellen, wo der Triller schneller geschlagen werden soll; bei noch anderen ist sie zu schnell bzw. sogar zu rauh, und diese nennt man gemeiniglich „meckernd".]

Daß das Chevrotement als eine Folge des zu schnell geratenen Trillers betrachtet wird, bestätigen auch mehrere Quellen aus dem 18. Jahrhundert. Sie behandeln das Chevrotement alle unter dem Stichwort *Triller*. Nahezu alle besseren Schulwerke gehen auf diese Problematik ein.[79]

Die Tatsache, daß gerade den Franzosen so häufig das Chevrotement nachgesagt wurde, kann damit zusammenhängen, daß in Frankreich immer wieder ein relativ schnelles Vibrato beschrieben wird. Bringt man den ziemlich oftmaligen Gebrauch eines solchen Vibratos mit dem typischen Klang mancher französischer Silben in Zusammenhang, so erscheint es verständlich, daß Ausländer sogleich an das „Meckern" dachten. Ausländische Warnungen vor dem Chevrotement sind im allgemeinen auch weniger extensiv als französische.

Exkurs 2
TRILLO, TRILLETTO UND VIBRATO

Der sogenannte *Caccinitriller* wird von einigen heute als ein *Tonrepetitionsvibrato* angesehen,[80] andere sprechen von einer schnell artikulierten Repetition. Dieser Trillo wurde außer bei Caccini noch bis Ende des 17. Jahrhunderts in verschiedenen deutschen Quellen beschrieben. Auch Brossard behandelt ihn in seinem *Dictionaire de Musique*. Ein Teil dieser deutschen Traktate beschreibt nicht nur diese Figur, sondern darüber hinaus auch noch eine weichere Abart, genannt *Trilletto*. Unter Trilletto versteht man dann ein *Intensitätsvibrato*. Zunächst die Trillo-Definition von CACCINI:[81]

Il trillo descritto da me sopra una corda sola, non è stato per altra cagione dimostrato in questo guisa, se non perche nello insegnarlo alla mia prima moglie et ora all'altra viuente con le mie figliuole, non ho oßeruato altra regola, che l'istessa, nella quale è scritto, e l'uno, e l'altro, cioè il cominciarsi dalla prima semiminima, e ribatere ciascuna nota con la gola sopra la vocale, à., sino all'ultima breue . . .

[Der von mir beschriebene Trillo auf einer einzigen Note, wird aus keinem anderen Grund auf diese Art veranschaulicht, als weil ich beim Unterricht meiner ersten Frau, und vor kurzem bei dem meiner zweiten, die noch mit meinen Kindern lebt, keine andere Regel als die beachtet habe, in der beides beschrieben steht, nl. anzufangen bei der ersten Viertelnote, und jede Note mit der Kehle auf dem Vokal a anzuschlagen, bis zur letzten ganzen Note.]

---

[79] Und das nicht nur in Frankreich, obwohl dort in höherem Maße. Aber auch J. J. QUANTZ, a.a.O., S. 84, warnt davor: „Man darf sich nicht verführen lassen, wenn auch einige der größten und berühmtesten Sänger den Triller absonderlich auf die letztere Art schlügen." – Vgl. auch P. TOSI, a.a.O., S. 29: „il caprino fa ridere." So auch G. B. MANCINI, Pensieri, e riflessioni sopra il canto figurato, Wien 1774, S. 117: „Fra i Trilli i più difettosi."

[80] So u.a. von R. DONINGTON, *The Interpretation of Early Music*, London 1963, S. 164–165; s. auch DERS., *A Performer's Guide to Baroque Music*, London 1973, S. 162, 194. Vgl. auch H. W. HITCHCOCK, *Giulio Caccini. Le Nuove Musiche* (Recent Researches in the Music of the Baroque Era 9), S. 12, 51, der ein solches Tremolo nicht ausschließt; ebenso D. GALLIVER, *Cantare con affetto – Keynote of the Bel Canto*, in: SMA 8 (1974), S. 1–7, sowie D. J. GROUT, *On historical Authenticity in the Performance of old Music*, in: Fs. A. Th. Davison, Cambridge, Mass. 1957, S. 341–347, bes. S. 345.

[81] G. CACCINI, *Le Nvove Mvsiche*, Firenze 1602, Vorrede.

Sehr ähnlich formuliert über hundert Jahre später BROSSARD:[82]

> Mais c'est aussi tres-souvent sur tout dans les Musiques Italiennes, une marque qu'on doit rebattre plusieurs fois sur le même degré, le même Son; d'abord un peu lentement, & sur la fin avec autant de *vivacité* & de *vîtesse* que le gosier le peut faire. Exemple.

> Or c'est la proprement le veritable Trillo à l'Italienne, du moins autant qu'on le peut exprimer par les Notes ordinaires, car il faut avoüer que l'exemple qu'on vient de donner en est une idée tres-grossiere en comparaison de la *vivacité* avec laquelle cela se doit faire, ce qu'un grand usage & un bon Maître peuvent mieux apprendre que tout ce qu'on en pourroit écrire.
>
> [Aber, vor allem in italienischer Musik, ist es auch sehr oft ein Zeichen, daß man denselben Ton verschiedene Male auf derselben Tonhöhe anschlagen soll, erst etwas langsam, und gegen das Ende zu so lebhaft und schnell es die Kehle erlaubt.]
>
> (Notenbeispiel)
>
> [Dies nun ist wahrlich der echte italienische Trillo, wenigstens insofern man ihn mit den üblichen Notenzeichen ausdrücken kann, denn man wird zugeben, daß das obige Beispiel nur eine sehr unvollkommene Idee gibt im Vergleich zur Lebhaftigkeit, womit er gemacht werden soll. Das können viel Übung und ein guter Lehrer jedoch besser lehren als alles, was man darüber schreiben könnte.]

In diesen beiden Fällen wird ausführlich das *ribattere* (*rebattre*: erneut schlagen) beschrieben.[83] Das spricht gegen ein Vibrato, hier ist keine Legato-Tonwiederholung beabsichtigt. Dies wird auch von MERSENNE, der den Trillo deutlich zur Familie des Trillers rechnet,[84] und auch von DONI bestätigt, der bereits zwischen *Trillo* und *Vibrato* unterscheidet; Doni betrachtet das Vibrato als einen unvollkommenen Triller („*un Trillo imperfetto*"):[85]

> Quanto al Trillo, che è uno increspamento *(vibratio)* di voce, preso forse da' Rosignoli, che non altera sensibilmente il Tuono, perchè accresce vivacità, e certo brio, pare che sia più convenevole alle materie allegre, che alle meste; ma contuttociò si può quasi usare per tutto, massime nelle cadenze, dove s'incontrano note lunghette, o puntate; perchè fa bel sentire. Ma quel tremolamento di voce, che fanno alcuni (che è come un Trillo imperfetto) non è da usare, se non in soggetti rimessi, e femminili; perchè ha troppo dell'effeminato, e non conviene a parte nessuno a Musiche virili, ed eroiche.
>
> [Was den Trillo betrifft, der eine vielleicht der Nachtigall abgelauschte Kräuselung (vibratio) der Stimme ist, die die Tonhöhe nicht hörbar ändert, er scheint, da er die Lebhaftigkeit und gewissermaßen den Schwung steigert, eher für fröhliche, als für traurige Stoffe geeignet; aber dennoch kann man ihn fast überall verwenden, vor allem auf Kadenzen, auf längeren bzw. punktierten Noten, denn er läßt sich gut hören. Aber jenes Tremolieren der Stimme, wie es einige machen (und das wie ein unvollkommener Trillo ist) sollte nur in matten und weiblichen Themen verwendet werden; denn es hat zuviel weibliches in sich, und paßt überhaupt nicht zur männlichen und heroischen Musik.]

---

[82] S. DE BROSSARD, *Dictionaire de Musique*, Paris 1703, Trillo. Beispiel nach der dritten Auflage.
[83] Nicht immer geschieht dies so deutlich; A. NOTARI, *Prime musiche nuove*, London 1613: Die Definition in der Vorrede erlaubt keine klaren Schlußfolgerungen.
[84] M. MERSENNE, *Harmonie Vniverselle*, Paris 1636, 6. Liure de l'Art de bien Chanter, S. 355, 357.
[85] G. B. DONI, a.a.O., S. 71–72. Auch hier ist deutlich ein *Ribattere* gemeint; das erhellt auch aus der Tatsache, daß es „*accresce vivacità, e certo brio*".

Da Doni genau den Trillo Caccinis beschreibt – er beruft sich in seinen Abhandlungen über die Verzierungen des öfteren auf Caccini –, kann man ohne weiteres annehmen, daß eine Staccato-Tonwiederholung gemeint ist. Je nach Bedarf – im Idealfall heißt das: dem Affekt entsprechend – wird man aber ebenfalls die Legato-Abart eingesetzt haben. Bestätigungen dazu finden wir in Musikwerken. Etwa ein ins Gelächter übergehender Trillo (*„qui cade in riso naturale"*) in MONTEVERDIs *Il ritorno d'Ulisse,* der als Hinweis für ein Staccato gedeutet werden könnte:[86]

Barbara STROZZI schrieb in ihren Kantaten den Trillo in mehreren Fällen aus. Davon ist an vielen Stellen eine Staccato-Ausführung gemeint; an einigen wäre jedoch vom Affekt her gesehen eine sanftere Artikulation denkbar, vielleicht in der Art eines *Ardire*. Dazu zwei Beispiele aus ihrem Buch *Cantate, Ariette e Duetti,* das 1651 erschienen ist:

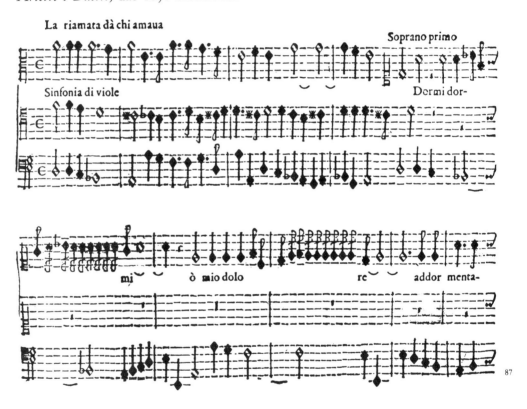

[86] A Wn, 18 763: C. MONTEVERDI, *Il ritorno d'Vlisse in Patria*, Hs., c. 1641, f. 104v. Vgl. auch mit A Wn, 16 657: F. CAVALLI, *Il Giasone*, Hs., c. 1649, f. 93r. Dort eine ähnliche komische Stelle des Demo:

[87] B. STROZZI, *Cantate, Ariette e Duetti*, Venezia 1651, S. 43. Vgl. auch S. D'INDIA, *Le Musiche*. Milano 1609, S. 18.

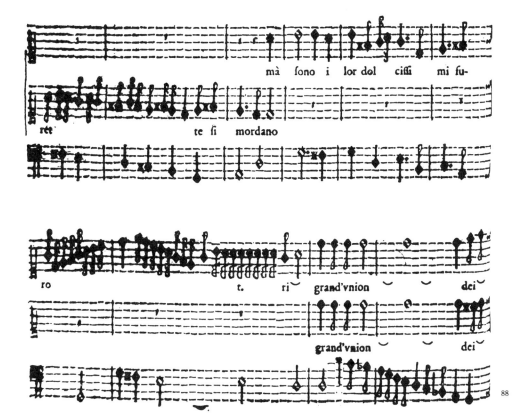

Für einen Trillo der Staccatoart sprechen auch verschiedene deutsche Quellen (*„scharf-angeschlagen"*), zumal sie oft einen Trilletto als *weichen* Trillo beschreiben. Es bleibt nun die Frage, ob Caccinis *Trillo* immer staccato auszuführen war, oder ob er, je nach Affekt, eventuell in ein Legato (d. h. in ein Intensitätsvibrato) übergehen konnte und er dann überhaupt noch als Trillo galt. Angesichts der oben genannten Beispiele und anderer deutscher Überlieferungen könnte man geneigt sein, dies anzunehmen. Andererseits muß aber festgestellt werden, daß wir bei Caccini selbst kein einziges Indiz für diese Annahme finden. Die Hypothese ist nicht zufriedenstellend beweisbar, ich möchte sie jedoch nicht ohne weiteres ausschließen.

Daß Caccinis *Trillo* jedoch im Sinne eines – wenn auch etwas merkwürdigen – Vibratos verstanden werden konnte, bezeugt eine schon um die Mitte des 17. Jahrhunderts herausgegebene englische Übersetzung dieses Abschnittes von PLAYFORD:[89]

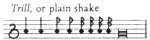

The *Trill* described by me is upon one Note only, that is to say, to begin with the first *Crotchet*, and to beat every Note with the throat upon the Vowel [a] unto the last *Breve*; as likewise the *Gruppo* or *double Relish*.

[Der von mir beschriebene Triller ist auf einer einzigen Note, d.h. man fängt an bei der ersten *Viertelnote*, und schlägt jede Note mit der Kehle auf dem Vokal *a* an, bis zur letzten *Ganzen Note*; wie auch der *Gruppo* oder *Double Relish*.]

---

[88] B. STROZZI, a.a.O., S. 66.
[89] J. PLAYFORD, *An Introduction to the Skill of Musick*, London ˉ1674, S. 47–48.

Playford fügt noch eine Erklärung hinzu, wie man einen *Trillo* schlagen könne:[90]

> *Our Author being short in setting forth this chief or most usual Grace in Singing, called the Trill, which, as he saith very right, is by a beating in the Throat on the Vowel (a'h) some observe that it is rather the shaking of the Uvula or Pallate on the Throat, in one sound, upon a Note. For the attaining of this, the most surest and ready way is by imitation of those who are perfect in the same; yet I have heard of some that have attained it by this manner, in singing a plain Song, of 6 Notes up and 6 down, they have in the midst of every Note beat or shaked with their finger upon their Throat, which by often practice came to do the same Notes exactly without. It was my chance lately to be in company with three Gentlemen at a Musical Practice, which sung their Parts very well, and used this Grace (called the Trill) very exactly: I desired to know their Tutor, they told me I was their Tutor, for they never had any other but this my Introduction: That (I answered) could direct them but in the Theory, they must needs have a better help in the Practick, especially in attaining to sing the Trill so well. One of them made this Reply, (which made me smile) I used, said he, at my first learning the Trill, to imitate that breaking of a Sound in the Throat, which Men use when they Leuer their Hawks, as he-he-he-he-he; which he used slow at first, and by often practice on several Notes, higher and lower in sound, he became perfect therein.*

[Da unser Autor diese wichtigste bzw. üblichste Gesangsverzierung, genannt Triller, nur kurz erklärt, indem er sehr richtig sagt, sie werde erzeugt, indem man in der Kehle auf dem Vokal (a'h) anschlägt, meinen einige, es sei eher das Zittern das Zäpfchens bzw. des Gaumens auf der Kehle, in einem Ton, auf einer Tonhöhe. Der sicherste und bequemste Weg um das zu erlernen ist, jene nachzuahmen, die es perfekt beherrschen. Ich habe jedoch gehört, daß einige es erlernt haben, indem sie beim Singen einer Skala von 6 Noten aufwärts und 6 abwärts, in der Mitte jeder Note mit dem Finger auf die Kehle geschlagen bzw. getrillert haben. Durch häufiges Üben konnten sie schließlich dieselben Noten auch ohne dieses Hilfsmittel singen. Vor kurzem hatte ich das Glück, mit drei Herren in einer musikalischen Gesellschaft zu sein, die Ihre Partien sehr gut sangen, und diese Verzierung (Triller genannt) sehr genau verwendeten. Ich begehrte ihren Lehrer zu kennen; sie hatten aber nie einen anderen gehabt als diese meine „Introduction". Diese, antwortete ich, konnte ihnen nur in der Theorie eine Anweisung gewesen sein; in der Praxis mußten sie aber eine bessere Hilfe gehabt haben, insbesondere, um den Triller so gut singen zu lernen. Einer von ihnen antwortete wie folgt (wobei ich lächeln mußte): Als ich anfing den Triller zu lernen, sagte er, ahmte ich dieses Brechen eines Lauts in der Kehle nach, welches Männer benutzen, wenn sie sich räuspern, wie he-he-he-he-he; dies machte er erst langsam, und mit häufiger Übung auf verschiedenen Noten, höher und tiefer, lernte er es zu beherrschen.]

Das Ergebnis einer solchen Übung liegt in der Mitte zwischen Legato und Staccato und ist sehr intensiv. Ich würde es nicht als ein Vibrato bezeichnen. Man muß ja ohnehin damit rechnen, daß diese Erklärung sehr weit von der Virtuosität eines Caccini entfernt ist, und folglich auch nur bedingt zur Erklärung eines in Caccinis Werk schwer verständlichen Abschnittes herangezogen werden kann.[91]

Innerhalb des deutschen Quellenbestandes gibt es verschiedene Gruppen: Die erste besteht aus Praetorius (und seinen Epigonen) bis Printz; die zweite gruppiert sich um Bernhard. Die Trillo-Definitionen beider Gruppen sind leicht abweichend. Eine Unterscheidung zwischen *Trillo* und *Trilletto* finden wir u.a. bei Printz und nach ihm bei Autoren unter seinem Einfluß. Gleichzeitig wird

---

[90] Ebd., S. 52–53. Dieses „*shaking of the Uvula or Pallate on the Throat*" wird u.a. beschrieben von A. B., *Synopsis of Vocal Musick*. London 1680, S. 44: „*A Trillo is a shaking of the Uvala on the Throat in one Sound or Note, as the Gruppo is in two Sounds or Notes.*"

[91] Vgl. dazu auch H. W. HITCHCOCK, a.a.O., S. 12, 51. Er verwendet in seiner Übersetzung das Wort Tremolo, verweist dabei auf Bovicelli, Conforto und Zacconi. Ich sehe hier doch eine Begriffsverwirrung. *Tremolo* wird von diesen drei Autoren nicht im identischen Sinn verwendet (s. auch oben); nur bei Zacconi ist eindeutig ein Vibrato gemeint, das deutlich nicht dasselbe ist wie Caccinis *Trillo*; Bovicelli beschreibt wahrscheinlich eine Verzierung mit der oberen oder unteren Nebennote.

dieser Unterschied allerdings auch von einigen anderen Quellen angedeutet. PRAETORIUS beschreibt den *Trillo* folgendermaßen:[92]

Trillo:

Ist zweyerley: Der eine geschiehet in Vnisono, entweder auff einer Linien oder im Spatio: Wann viele geschwinde Noten nacheinander repetiret werden.

Diese kurze Erklärung wurde aber offenbar schon bald als ungenügend empfunden, denn schon 1631 wurde sie von DIETERICH geändert:[93]

Trillo heist ein liebliches Sausen / Ist ein Zittern der Stimme vber einer Note in einem Clave.

Die Formulierung „*liebliches Sausen / Ist ein Zittern der Stimme*" finden wir später wieder bei HERBST und FALCK.[94]

---

[92] M. PRAETORIUS, a.a.O., S. 237. Der „ander Trillo" wird nicht erklärt. Praetorius gibt einige Musikbeispiele; er wird auf kurzen Noten ausgeführt. Er verweist jedoch auf Caccini.

[93] M. DIETERICH, *Musica Signatoria Oder Singekunst*, Leipzig 1631, S. 16. Dieterich verspricht, die „*Coloraturen, wie sie die Italiener nennen vnd formiren*" zu lernen. Er stützt sich in seinem kleinen Büchlein dafür vornehmlich auf Praetorius, nimmt aber hin und wieder kleine Änderungen vor. Diese gehen nicht an die Substanz des Textes, sondern wollen nur eventuelle Unklarheiten beseitigen. Ein Beispiel dazu, das für uns von sekundärer Bedeutung ist, findet man sub *Tremolo* (ebd., S. 13–14): *Tremolo oder Tremulus, heist ein Beber / Ist ein Beben der Stimme vber einer Noten auff zweyen Clavibus. Wird ansonsten auch Moderante, das ist / Mässiger genent / weil er die Stimme fein moderiret vnnd mässiget. Item Mordante, ein Beisser / weil er allezeit den nechsten Clavem mit rühret / vnd gleichsam auff den Kamb beisset.*

Den *Beber* gibt es nicht in der Definition Praetorius'; er erwähnt nur ein „*Zittern der Stimme*", wie Bovicelli (s. oben). Merkwürdig auch das Gleichsetzen des Tremolos mit dem Tremulanten. Diesbezüglich ist allerdings Dieterich die einzige Quelle.

[94] J. A. HERBST, *Musica practica*, Nürnberg 1642, S. 10. – G. FALCK, *Idea boni cantoris*, Nürnberg 1688, S. 103. Falck warnt vor einem „*Vitium Tremuli*" (dem Bockstriller) beim Trillerschlagen (a.a.O., S. 73). Auch dies weist darauf hin, daß der Trillo kein Vibrato ist, vgl. dazu Exkurs 1 (Chevrotement), oben S. 32.

Hier kann man also nicht ohne weiteres auf Legato oder Staccato schließen. Ein „*Schweben*" der Stimme wird auch von BERNHARD beschrieben:[95]

> Das *Trillo* ist das allerschwerste, aber auch zierlichste Kunststück, und kann keiner vor einen guten Sänger geachtet werden, der dasselbe nicht weiß zu gebrauchen: wiewohl aber unmöglich, es mit Worten also abzumahlen, daß es einer daraus erlernen solte, und mehr aus dem Gehör muß erlernet werden; so kann man dennoch anzeigen, wie es ohngefehr müsse gemacht werden. Es ist aber zu merken, daß teils Stimmen aus der Brust herrühren, teils aber nur im Halse oder Kopfe |: wie die *Musici* sagen :| geformiret werden. Dannenhero denn folgt, daß es nicht alle mit der Brust schlagen können, worauß sonsten die besten *Trillen* geschlagen werden; sondern etliche |: und gemeiniglich die Altisten :| es im Halse machen müssen. Vor allen Dingen aber ist genau Achtung darauf zu haben, daß man im *Trill* schlagen die Stimme nicht verändere, damit nicht ein Gemäcker daraus werde. So ist auch dieses zu beobachten, daß einer, ders nicht recht wohl macht, gar kurtz schlagen solle, damit es die Zuhörer nicht merken mögen, daß ers nicht zum Besten schlage: wem es aber wohl abgehet, dem ist vergönnt, es so lang zu machen, alß er kann, und ist desto anmuthiger und verwunderlicher. Darneben soll man es auch nicht gar zu geschwinde schlagen, sondern die Stimme gleichsam nur schweben lassen, doch auch nicht gar zu langsam, und wenn ja eines von beyden zu wehlen, so wollt ich lieber ein etwas geschwindes, als gar langsames hören, wiewohl das Mittel zu treffen das beste sein wird. (...)

Wenn in den langen *Trillen* das *forte* und *piano* fürkömt, so ists sehr anmuthig zu hören, und geschieht auf zweyerley Weise: 1) daß man das *Trillo piano* anfängt und allmählich die Stimme darinnen zunehmen läßt, 2) wenn man die *Trillen* verdoppelt *(quando si fa trilli doppi)* als zum Exempel:

Bernhard meint freilich kein Vibrato, sondern deutlich einen *Triller*. Das „*schweben lassen*" der Stimme scheint sich eher auf die Ausführungsgeschwindigkeit zu beziehen;[96] das Notenbeispiel weist jedenfalls nicht auf ein Vibrato hin, sondern auf einen typischen, geschwinden Sängertriller. Darauf kann auch das „*Gemäkker*" weisen, das ja vielfach in der Literatur im Zusammenhang mit Trillern als Kritikpunkt erwähnt wird.

Printz und mit ihm einige andere Autoren unterscheiden zwischen *Trillo* und *Trilletto,* wobei Trilletto kein kurzer, sondern ein weicher Triller ist. Man könnte sagen, daß diese Autoren unter Trillo die Staccato- und unter Trilletto die Legatovariante der Tonrepetition verstehen. Aber nicht immer geht dies aus den Texten eindeutig hervor, wie z.B. bei AHLE:[97]

> Die Puncta hinter den Noten müssen recht gehalten / doch nicht / als wän sie auch Noten weren / herausgestossen werden / welches häßlich lautet; hergegen aber sehr wohl / wän die punctirten Noten mit einem lieblichen Trillo oder Trilletto herfürgebracht werden.

---

[95] C. BERNHARD, a.a.O., S. 32f. Vgl. auch W. MYLIUS, a.a.O., f. D5r, und mit einem Beispiel in G. D. AURIEMMA, *Breve Compendio di Musica,* Napoli 1622, S. 42; auch hier eine Tonwiederholung mit Nachschlag.

[96] Das Schweben des Trillers soll nicht zu schnell und nicht zu langsam sein: „*sondern die Stimme gleichsam nur schweben lassen*". Ein schnellerer Triller könnte dann u.U. mit „Zittern" umschrieben werden. „Sausen" weist ebenfalls nicht auf Vibrieren hin. Man kann es als ein solches sehen, die Wortdefinition ist allerdings zu vage, etwa im Sinne von „Lärmen".

[97] R. AHLE, *Kurze, doch deutliche Anleitung zu der lieblich- und löblichen Singekunst,* Mühlhausen 1690, S. 30.

PRINTZ drückt sich bezüglich *Trillo/Trilletto* viel präziser aus:[98]

> Trillo ist ein Zittern der Stimme in einer Clave über einer grössern Noten / also / daß das Anschlagen zwar scharf seyn solle / jedoch mit sonderbarer Manier geschehen muß / welche nicht recht beschrieben werden kan / sondern muß mit lebendiger Stimme gewiesen werden.
> Trilletto aber ist nur eine Bebung der Stimme / so viel linder als Trillo, und fast gar nicht angeschlagen wird.

Aus seinem nachfolgenden Text geht dann deutlich hervor, daß unter Trilletto ein Vibrato verstanden wird: Printz vergleicht die Verzierung mit dem Violinvibrato.[99] Er weist auch auf den Unterschied zwischen „*scharf angeschlagen*" und „*viel linder*" hin.[100] Beide gehören zu den „*schwebenden Figuren*".

Der Terminus „*Schweben*" bezieht sich hier also nicht unbedingt auf ein Vibrato allein; ähnlich wie mit dem englischen *Shaking* kann in der Regel damit sowohl Trillern als auch Vibrieren gemeint sein.

Die terminologische Verwirrung wird aber noch lange den Theoretikern zu schaffen machen. So schreibt SPERLING 1705 – ohne einen eventuellen Trilletto miteinzubeziehen:[101]

> Zwischen tremolo oder tremolante, und trillo machen etliche keinen Unterschied: Welches aber unrecht; und ist der Unterschied hierinnen sehr groß. Dann ein anders ist bey denen Italiänern tremolare, von welchem tremolante und trillare, oder trigliare, von welchem trillo herkommet. Wann man auf denen Violinen z.E. einen trillo macht / muß man den obigen Clavim so wohl als denselben / welchen man aushaltet oder spielet / starck anschlagen: Hingegen ein tremolante erfordert / daß der obige Clavis entweder gantz und gar nicht / oder fast nur halb berühret werde.

Und noch 1739 geht MATTHESON auf dieses sprachliche Problem ein, wobei er der Meinung ist, Printz habe sich geirrt.[102]

Der eigentliche *Trillo* ist kein Vibrato, denn die Noten werden deutlich angeschlagen. Es ist aber ohne weiteres denkbar, daß dieses Anschlagen, wenn es der Affekt des Stückes erfordert, so weich werden kann, daß diese Verzierung einem Vibrato sehr nahe kommt – oder daß sie vielleicht in ein Vibrato übergeht;[103] in diesem Fall kann aber der *Trillo* als *Trilletto* bezeichnet werden, was auch bei einigen deutschen Autoren geschieht. Wenn er *non legato* geschlagen wird, ähnelt er wohl dem (geschwinden) Triller ohne richtige Tonhöhenschwankung – wie man ihn auch heute von vielen Sängern hört. Darauf könnte auch

---

[98] W. C. PRINTZ, *Phrynis* 2, Sagan 1677, f. J3v–J4r.
[99] Vgl. den einschlägigen Abschnitt in dieser Arbeit, S. 67.
[100] Ähnlich auch bei W. C. PRINTZ, *Musica modulatoria vocalis*, Schweidnitz 1678, S. 58; DERS., *Compendium musicae signatoriae & modulatoriae vocalis*, Dresden 1689, S. 51.
[101] J. P. SPERLING, *Principia musicae*, Budissin 1705, S. 84, Nr. 123, N.B.
[102] J. MATTHESON, *Capellmeister* a.a.O., S. 114.
[103] Als Beispiel für einen solchen Übergang kann vielleicht das *Tremamento longo* von Printz angesehen werden, eine Verzierungskombination, bei der u.a. Trillo und Trilletto dabei sein können. Ähnliches auch bei J. C. STIERLEIN, *Trifolivm Mvsicale*, Stuttgart 1691, S. 17; Bsp. Nr. 7: „Oder auff solche weiß / daß wann eine gantze oder halbschlägige Note hält / so kan man die Helfft von der Gantzen / mit einem langsamen Tremulo von Achteln / den andern halben Theil / entweder halten oder mit einem Trillo zieren. Zum Exempel. Nro. 7."

Vgl. auch P. TOSI, a.a.O., S. 27: „il Trillo lento", auch hier ein (wohl langsames) Vibrato, das allmählich in den Triller übergeht.

der Beginn mit der oberen Nebennote bei Bernhard hinweisen: Der Triller selbst wird dann so schnell ausgeführt, daß kein richtiges Alternieren zweier Tonhöhen mehr feststellbar ist. Darauf ist vielleicht auch die spätere terminologische Verwirrung in Deutschland zurückzuführen.

II

Das Vibrato auf Zupfinstrumenten

Die Techniken des Lauten- und Gitarrenvibratos sind in ganz Europa die gleichen. Es gibt zwei Grundarten: 1. ein Handschwankungsvibrato und 2. ein Vibrato, das mit der linken Hand durch Hin- und Herziehen der Saiten erzeugt wird. In Frankreich und England, in Italien, Deutschland und auch in Spanien – überall findet man ähnliche technische Beschreibungen. Sogar das Zeichen für das Vibrato, ein Doppelkreuz (※), ist in vielen Quellen gleich. Lediglich die Intensität und der Anwendungsbereich weisen stilistische Unterschiede auf.

1. DAS HANDSCHWANKUNGSVIBRATO

Die Form, die von den Theoretikern am häufigsten behandelt wird, ist das Handschwankungsvibrato, bei dem die Hand vor- und rückwärts bewegt wird. Zur Steigerung der Intensität löst man, verschiedenen Quellen zufolge, den Daumen vom Hals des Instruments; wir sprechen dann von einem sogenannten Freihandvibrato.

Innerhalb der französisch-englischen Schule, die ich an erster Stelle behandeln werde, herrscht sowohl hinsichtlich der Technik als auch hinsichtlich der Ästhetik eine recht große Übereinstimmung. Sind die betreffenden Ausführungen von BESARD noch zu ungenau – es geht daraus nicht eindeutig hervor, ob er überhaupt über Vibrato schreibt[104] –, so äußert sich darüber nur wenig später bereits genauer VALLET, ein nach Holland übersiedelter Lautenspieler. Seine Definition des Vibratos wird 16 Jahre später in der in Mersennes *Harmonie Universelle* eingefügten Lautenschule bestätigt und vor allem verdeutlicht. Zuerst VALLET:[105]

> ... seulement vous serez advertis que là ou vous rencontrerez des doubles croix en cette forme ※ il faut mignarder la corde d'un doigt seul, sçavoir est tenir le doigt ferme sur la lettre qui prescede ladite croix et branler toutte la main si vittemēt que faire ce pourra.
>
> [Nun sollten Sie beachten, daß Sie die Saite, wo Sie ein Doppelkreuz in dieser Form ※ sehen, mit einem einzigen Finger liebkosen, das heißt den Finger fest auf dem Buchstaben vor diesem Kreuz halten und die ganze Hand so schnell wie nur möglich von vorn nach hinten bewegen.]

---

[104] J. B. BESARD, *Isagoge in artem testudinariam*, Augsburg 1617, S. 16–17: „*Mit den Mordanten* | *(wie man sie pflegt zu nennen) hats eben dieselbe gelegenheit* | *dann ob sie wol schön* | *vnd nit wenig darauff zu halten: So will es doch mit denselbigen nit alle mahl recht angehn* | *sonderlich da die Coloratvren fast zu geschwind lauffen.*" – Von den Verzierungen nennt die deutsche Übersetzung *Tremuli* und *Mordanten*; Tremulus kann jede Trillerart bedeuten, somit auch ein Vibrato. Das Wort Mordant wurde im deutschen Raum regelmäßig von Lautenisten für Vibrato verwendet. Im lateinischen Original ist von „*suauitatibus ac tremulis*" die Rede. Der letzte Abschnitt auf Latein: „*In summá si mordaces (quos vocant) accentûs tibi perplacebunt, quos & ipse plurimum laudo, caue iis, pr sertim in diminutionibus velocioribus uti: nec exprime, nisi quatenus eos conuenire iudicaueris.*" (S. 11.)

[105] N. VALLET, *Pieté Royalle*, Amsterdam 1620, Advertissement avx amatevrs de ce present livre (S. 1). Vgl. dazu auch S. BUETENS, *Nicolas Vallet's Lute Quartets*, in: JLSA 2 (1969), S. 28–36.

Elemente, die auch bei Mersenne zurückkehren, sind, daß man mit der ganzen Hand vibriert, und zwar so schnell wie möglich. Das Zeichen bei Vallet ist anders, gewissermaßen moderner, denn später wird es in Frankreich, Deutschland und Spanien die allgemein übliche Bezeichnung für das Lauten- bzw. Gitarrenvibrato sein.

MERSENNE sieht das Vibrato – wie es auch in Italien, England und Spanien der Fall ist – als eine besondere Trillerart, die er *Verre cassé* oder *Souspir* nennt. In seiner technischen Erklärung sehe ich eine gewisse Verwandtschaft mit dem späteren Einfingervibrato auf der Gambe, das im Prinzip aus technischen Gründen nur mit dem kleinen Finger erzeugt wird, eine Restriktion, die bedingt auch für die Laute gilt. Um mit der Hand besser schwanken zu können, muß man den Daumen vom Lautenhals (ähnlich wie bei der Gambe) lösen. Dieses Schwanken geschieht sehr heftig („*d'une grande violence*"):[106]

> Et pour le bien faire, l'on doit poser le doigt de la main gauche au lieu où il sera marqué; & lors que l'on touchera la chorde de la main droite, il faut bransler la main gauche d'vne grande violence, en la haussant vers la teste du Luth, & en la baissant vers le cheualet sans leuer en aucune façon la pointe du doigt de dessus la chorde. Mais il ne faut pas que le poulce de la main gauche touche au manche du Luth, quand on fait ledit tremblement, afin que l'action de la main en soit plus libre.
>
> [Und um es gut zu machen, setze man den Finger der linken Hand an die angegebene Stelle, und während man die Saite mit der rechten Hand anschlägt, bewege man die linke Hand mit großer Kraft aufwärts zum Wirbelkasten und abwärts zum Steg hin, ohne auch nur im geringsten die Fingerspitze von der Saite zu heben. Der Daumen der linken Hand sollte den Lautenhals bei dieser Verzierung nicht berühren, damit die Handbewegung freier sei.]

Der Begriff „*tremblement*" ist allerdings bei Mersenne nicht allzu wörtlich zu nehmen. Er nennt unter dieser Bezeichnung acht Verzierungsarten.[107] Davon ist die achte eine Kombination der zweiten (*Accent plaintif* = Vorschlag von unten) und der fünften (*Verre cassé* = Vibrato) Verzierung. Dem Vorschlag von unten folgt also ein Vibrato. Man beachte die Ähnlichkeit mit dem späteren *Port de voix*, der allerdings im Normalfall von einem *Mordent (Battement, Pincé)* gefolgt wird:[108]

> Le 8. ou dernier tremblement qui est composé du 2. & du 5., se marque en cette façon ⸲, afin que le point de deuant monstre qu'il doit commencer sur l'accent, & que le point qui suit monstre qu'il se doit finir par le verre cassé ...
>
> [Die 8. und letzte Verzierung ist eine Kombination der 2. und 5.; sie wird wie folgt bezeichnet: ⸲ , wobei der vordere Punkt bedeutet, daß sie mit dem Accent anfängt, und der hintere, daß sie mit dem Verre cassé endet.]

Die Kombination *Port de voix – Vibrato* ist vereinzelt auch bei den französischen Gambisten anzutreffen.

Soweit Vallet und Mersenne. Andere französische Zeugnisse aus dieser Zeit bzw. der Zeit vor Lully, etwa der Gaultiers, habe ich nicht gefunden. Trotzdem ergibt das Heranziehen von englischen Quellen ein relativ deutliches Bild von der Technik. Dies gilt sowohl für das Wirken der Lautenisten aus dem 16. Jahrhundert – etwa Adrien Le Roy, der vielfach übersetzt und plagiiert wurde – als auch für die Schüler des „vieux" Gaultier.

---
[106] M. MERSENNE, *Harmonie Vniverselle*, Paris 1636, *Liure II Traité des instrumens a chordes*, S. 81.
[107] Ebd., S. 79–82.
[108] Ebd., S. 81–82.

Frühe Quellen aus der Blütezeit des Lautenspiels in England erwähnen das Vibrato nicht; auch kann keines der verschiedenen Verzierungszeichen mit Sicherheit als eine Bezeichnung für Vibrato angesehen werden (auch nicht indirekt, denn das sonst in Europa fast allgemein übliche Vibratozeichen ♯ gilt nicht auch für England). Später im 17. Jahrhundert helfen uns jedoch zwei Schriften, die beide auf die französische Tradition – „vieux Gaultier" – zurückgehen. Die Beschreibung ist in beiden Quellen sehr ähnlich: Sie erwähnen, daß das Vibrato nicht mehr modisch sei, was angesichts des Fehlens von früheren englischen Zeugnissen doch erstaunlich ist.

Im sogenannten, wahrscheinlich vom Gaultier-Schüler J. ROGERS verfaßten *Burwell Lute Tutor*,[109] ist – ähnlich wie bei den französischen Gambisten und im Beispiel von Mersenne – nur von einem Vibrato mit dem kleinen Finger die Rede: „*The Sting is noo more in use It is made in stopping the little finger vppon a string and swinging the hand upon it.*"[110] Auch bei diesem Handvibrato läßt der Daumen sehr wahrscheinlich den Lautenhals los, wie wir etwas später bei Mace lesen können. Die Formulierung „*swinging the hand*" könnte ebenfalls darauf hinweisen. Dazu kommt, daß gerade bei dieser Technik die besten Ergebnisse mit dem kleinen Finger erzielt werden. Diese Restriktion, der wir hier zum ersten Mal ausdrücklich begegnen, findet man auch in anderen Schulen, etwa in den spanischen Gitarrenschulen. Da aber in den Tabulaturen der zeitgenössischen englischen Musik meist ein Zeichen dafür fehlt, kann man leider nur schwer nachweisen, inwiefern ein Vibrato n u r mit dem kleinen Finger ausgeführt worden ist.

MACE schränkt das Vibratospiel nicht auf einen Finger ein. Ähnlich wie die anderen Quellen beschreibt er aber ein Freihandvibrato in zwei Richtungen:[111]

> The *Sting*, is another very *Neat, and Pritty Grace;* (But not *Modish* in *These Days*) yet, for some sorts of *Humours*, very *Excellent;* And is *Thus* done, (upon a *Long Note*, and a *Single String*) first strike your *Note*, and so soon as It is struck, *hold your Finger (but not too Hard) stopt upon the Place*, (letting your *Thumb loose*) and *wave your Hand (Exactly) downwards, and upwards, several Times, from the Nut, to the Bridge;* by which *Motion*, your *Finger* will draw, or stretch the *String* a little upwards, and downwards, so, as to make the Sound seem to *Swell* with *pritty unexpected Humour*, and gives much *Contentment*, upon *Cases*.
>
> [Der Sting ist eine andere, sehr zierliche und hübsche Verzierung (aber heutzutage nicht modisch); für bestimmte Stimmungen ist er aber sehr geeignet. Er wird folgendermaßen gespielt (auf einer langen Note, und einer einzelnen Saite): Erst schlägt man die Note an, und sofort nachdem sie angeschlagen ist, hält man den Finger (aber nicht zu fest) auf seiner Stelle (während man den Daumen losläßt) und schwingt die Hand mehrmals (genau) auf und ab, vom Sattel zum Steg. Durch diese Bewegung wird der Finger die Saite ein wenig aufwärts und abwärts ziehen bzw. spannen, wodurch der Klang mit anmutiger, überraschender Laune anzuschwellen scheint, was oftmals einen guten Effekt ergibt.]

Mace fügt also noch hinzu, daß bei Doppel- bzw. Akkordgriffen nicht vibriert wird, und hebt auch hervor, daß der Finger „*not too Hard*" aufgesetzt werden soll – im Gegensatz zu anderen Überlieferungen.[112]

---

[109] Vgl. R. SPENCER, Einleitung zu (J. ROGERS?), *The Burwell Lute Tutor*, Hs., c. 1660–1672, Faks., Leeds 1974; vgl. auch T. DART, *Miss Mary Burwell's Instruction Book for the Lute*, in: *GSJ* 11 (1958), S. 26.
[110] (J. ROGERS?), a.a.O., f. 35r; auch in moderner Transkription bei T. DART, a.a.O., S. 36.
[111] Th. MACE, *Musick's Monument*, London 1676, S. 109.
[112] Wie N. VALLET, a.a.O., sowie Hinterleithner und Radolt (s. unten S. 51f.).

In Italien, Spanien und Deutschland finden wir – wenigstens teilweise – ähnliche Anleitungen. PICCININI, SANZ und RUIZ DE RIBAYAS verlangen ein Freihandvibrato („*libera la mano*", „*desarrimando la mano*");[113] dabei ist die Handbewegung lebendig und schnell („*gagliardamente e presto*" bzw. „*con grande velocidad y prontitud*").[114] Laut den beiden Spaniern wird dieses Vibrato in der Regel mit dem kleinen Finger erzeugt; Piccinini schlägt ebenfalls eine Ausführung mit dem kleinen Finger vor, jedoch ohne sich ausschließlich auf diesen einen Finger zu beschränken:[115]

> IL terzo Tremolo è poco vsato, perche vuol libera la mano; e per essempio se il deto auricolare sarà, à cinque della terza farai suonare la corda, e nell' istesso tempo calcando forte il deto scuotterai tutta la mano gagliardamente, e presto tanto che senti, che la corda ondeggi vn poco, e sarà fatto.
>
> [Der dritte Triller ist nicht sehr gebräuchlich, da er eine freie Hand erfordert; und z.B. wenn der kleine Finger auf der Fünf der dritten Saite aufgesetzt ist, läßt man die Saite klingen, und gleichzeitig schüttelt man, während man den Finger fest aufdrückt, kräftig und schnell die ganze Hand, so daß man hört, daß die Saite ein wenig schwebt, und so wird es gemacht.]

Die frühesten barocken Zeugnisse für das Gitarrenvibrato finden wir in Italien,[116] wo die Gitarre ab Anfang des 17. Jahrhunderts eine echte Blütezeit erlebte, die mindestens bis zum letzten Drittel des Jahrhunderts anhielt.

Die Entwicklung des *Punteadospiels* (italienisch: *pizzicato*) etwa ab den 30er Jahren des 17. Jahrhunderts brachte eine bedeutende Verfeinerung des Gitarrenspiels mit sich, wobei sich auch das Vibrato einen festen Platz eroberte. So schreibt CORBETTA 1643:[117]

> ... tremolo sforzato, ò accento come vogliamo dire ⇉ qual credo, come dico, non essendo principiante il [= li] saperai ...
>
> [Gezwungener (unnatürlicher) Triller, bzw. Accent, von dem ich wie gesagt glaube, daß du es, da du kein Anfänger mehr bist, kennen wirst.]

Einige frühere Quellen (hauptsächlich in *Rasgueado,* also in Alfabetonotation, ital. *battente*) stellen dagegen fest:[118]

> Finalmente mi pare, che la Chitarra alla Spagnuola, si debba suonare con le botte piene, e non altrimente, perche suonandola con diminutioni, legature ò dissonāze, sarebbe più tosto suonar di Liuto, che di Chitarra alla Spagnuola ...
>
> [Zum Schluß scheint es mir, daß die spanische Gitarre mit vollen Schlägen gespielt werden soll, und nicht anders, denn wenn man sie mit Diminutionen, Ligaturen bzw. Dissonanzen spielen würde, wäre das eher Lauten- als Gitarrenspiel.]

---

[113] A. PICCININI, *Intavolatura di Livto, et di chitarrone libro primo*, Bologna 1623, Faks., Bologna 1962, S. 4. Kapsberger beschreibt die andere Art des Vibratos, das zur Seite Ziehen der Saite (s. unten S. 52f.). G. SANZ, *Instruccion de musica sobre la gvitarra española*, Zaragoça ²1697 (¹1674), S. 9, und L. RUIZ DE RIBAYAS, *Luz y Norte Musical*, Madrid 1677, S. 16.

[114] ebd.

[115] G. PICCININI, a.a.O., S. 4.

[116] D. h. wenn man von Quellen aus dem 16. Jh. absieht, wie L. VENEGAS DE HENESTROSA, *Libro de Cifra nueva para tecla, harpa y yihuela*, Alcala de Henares 1557. Vgl. dazu: D. POULTON, *Graces of play in renaissance lute music*, in: EM 3,2 (1975), S. 109.

[117] F. CORBETTA, *Varii Capricii per la Ghittara Spagnvola*, Milano 1643, S. 4.

[118] B. SANSEVERINO, *Il Primo Libro d'Intavolatura Per la Chitarra alla Spagnuola*, Milano 1622, Vorrede. Ähnliches auch in (späteren) Quellen wie P. MILLIONI – L. MONTE, *Vero e facil Modo d'imparare a sonare, et accordare da se medesimo la Chitara Spagnola*, Roma ²1637 (¹1627); T. MARCHETTI, *Il Primo libro d'intavolatvra della chitarra spagnola*, Roma ²1660; P. RICCI, *Scuola d'Intavolatvra*, Roma 1677.

Beim Gitarrenvibrato in Italien fällt auf, daß gegebenenfalls alle Finger dazu herangezogen werden. Nur PELLEGRINI beschränkt die Ausführung auf den Ringfinger („*Annulare*") und den kleinen Finger („*Auricolare*");[119] in einigen Quellen und in der musikalischen Praxis werden dafür auch andere Finger vorgeschlagen bzw. herangezogen, gelegentlich sogar auf Doppelgriffen. Wie bei den Lautenisten ist auch hier von einem Handvibrato die Rede („*squassando . . . la mano*"). Wiederum wird manchmal geraten, den Daumen von dem Gitarrenhals zu lösen, wie z.B. von FOSCARINI in der Vorrede zu seiner Gitarrenschule:[120]

> Nono, Trouandosi il Diesis V.g. ♯ sotto qual si voglia numero . . . si deue spiccar affatto la mano dalla Chitara, ponendo il dito più commodo al numero, che mostrerà, & squassando, e premendo la mano, si procurerà quanto sia possibile di far sostentar à poco, à poco la voce di detta corda; il che seruirà per regole generale, douunque si trouerà.

> [Zum neunten, wenn man das Kreuz z.E. ♯ mit dem Buchstaben darunter findet . . ., dann muß man die Hand ganz von der Gitarre abheben, den bequemsten Finger auf den angezeigten Buchstaben setzen und die Hand schütteln und andrücken. Man erreicht damit, sofern das möglich ist, daß der Klang dieser Saite ein wenig anhält. Dies gilt als allgemeine Regel, wo man ihm begegnet.]

Nahezu identisch wird dieses Vibrato auch von GRANATA beschrieben.[121]

In den spanischen Gitarrenschulen taucht, außer bei Guerau, auch wieder die Beschränkung auf den kleinen Finger auf, jedoch mit dem Hinweis, daß man gegebenenfalls auch die anderen Finger verwenden darf.[122] Bei SANZ lesen wir:[123]

> El Temblor se haze ordinariamēte con el dedo pequeño, y tambien alguna vez con los otros, desarrimando la mano del mastil, rebatiendola con mucho pulso à vn lado, y à otro, con grande velocidad, y prontitud, al mismo tiempo que se tañe el numero señalado assi ✱.

> [Der Temblor wird meistens mit dem kleinen Finger ausgeführt, aber auch einige Male mit den anderen. Man nimmt dazu die Hand vom Hals und schlägt sie wiederholt kräftig und mit großer Geschwindigkeit hin und her, während man den so ✱ angegebenen Buchstaben spielt.]

Eine ähnliche Entwicklung ist auch bei den französischen Gambisten (s. unten) festzustellen, wiewohl hier gleich hinzugefügt werden muß, daß die Ausnahmen, auch andere Finger zu verwenden, hier ungleich weniger häufig sind. So will GUERAU ebenfalls das Vibratospiel nicht ausschließlich dem kleinen Finger überlassen; allerdings geht er in seiner Beschreibung nicht so sehr ins Detail, er äußert sich nur über die in beiden Richtungen erfolgende Bewegung:[124]

---

[119] D. PELLEGRINI, *Armoniosi Concerti sopra la Chitarra Spagnvola*, Bologna 1650, Vorrede.
[120] (G. P. FOSCARINI), *Li Cinqve Libri della Chitarra alla Spagnola*, Roma 1640, Vorrede. Dieses aber auch schon in der Vorrede der ersten drei Bücher, c. 1629.
[121] G. B. GRANATA, *Capricci Armonici Sopra la Chittarriglia Spagnuola*, Bologna 1646, Vorrede: „Ottauo, trouandosi il Diesis, quale sarà questo ♯, si dourà spiccar affatto la mano dalla Chitarra, ponendo il dito più commodo al numero, che mostrerà, e squassando, e premendo la mano, procurerà quanto sià possibile di far risonare a poco, a poco la voce di detta corda; il che seruirà per regole generale."
[122] Was von der Musik bestätigt wird: Der kleine Finger wird zwar etwas bevorzugt, aber auch andere Finger werden gelegentlich herangezogen. Selten kommt ein Vibrato auf Doppelgriffen vor, und im allgemeinen wird nur auf den beiden oberen Saiten vibriert.
[123] G. SANZ, a.a.O., S. 9. Nahezu identisch bei L. RUIZ DE RIBAYAS, a.a.O., S. 16.
[124] F. GUERAU, *Poemo harmonico*, Madrid 1694, S. 4. – In den Musikstücken, zu denen die Anweisungen eigentlich nur das Vorwort bilden, kommt das Vibrato nur dreimal vor (S. 30, 39, 52), davon einmal (S. 30) auf einem Doppelgriff – dort auf einem Bund. – S. De Murcia weist 1714 in seiner Gitarrenschule auf Guerau hin; in GB Lbl, Add. ms. 31 640: S. DE MURCIA, *Passacalles Y Obras de Guitarra Por Todos los Tonos Naturales y Accidentales*, Hs., 1732, verwendet er das gleiche Zeichen (✱), in der gleichen Art wie Guerau, nur etwas häufiger.

Algunas vezes encontraràs quatro rayas pequeñas cruzadas, deste modo, (※), que es nota de temblor: este se executa, dande el golpe en la cuerda con la mano derecha, y mouiendo à vn tiempo la izquierda à vno, y otro lado, sin levantar el dedo del traste que pisa.

[Dann und wann begegnet man vier kleinen gekreuzten Strichlein, wie ※ , was den Temblor bezeichnet: Er wird ausgeführt, indem man die Saite mit der rechten Hand anschlägt und zugleich die Linke hin und her bewegt, ohne den Finger von dem gegriffenen Bund zu nehmen.]

Die deutschen Schulen und Vorworte unterscheiden oft zwischen diesen beiden Vibratoarten und beschränken dabei das Handschwankungsvibrato auf die höheren Saiten. Dies ist jedoch nicht bei den frühesten von mir gefundenen Quellen der Fall, die wohl noch der Tradition der Renaissance verpflichtet sind. Der erste Autor, der den Begriff *Mordant* eindeutig mit Vibrato verbindet, dürfte STOBAEUS aus Königsberg sein. Er nennt zwei Arten von Mordanten. Beim ersten handelt es sich m.E. um einen *Mordent,* der zweite ist als *Vibrato* aufzufassen:[125]

Etzliche werden mit dem kleinen finger, also ds [daß] dselb [derselb] fast [= fest] aufgesetzet, u. geschwinde gezittert, hin u. wid [wider] geschüttelt werde, ds [das] gehet an in fine gemeiniglich

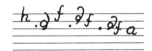

muß oben in h Bunde, g Bunde, f bund, p oēs [per omnes] chordas put [prout] apte fieri potest.

Auch hier finden wir wieder die Ausführung durch den kleinen Finger und die – nahezu in allen frühen Quellen vorkommende – Anweisung, man solle schnell vibrieren.

Eine ähnliche Beschränkung auf den kleinen Finger findet sich auch in der Beschreibung der zweiten Art des Mordanten im *Lautenbuch* von WAISSEL aus 1592. Wegen der Ähnlichkeit des ganzen Abschnittes mit Stobaeus würde ich auch hier auf ein Vibrato schließen. Diese zweite Art des Mordanten wird aber ungenügend erklärt, um diesen Schluß zuzulassen:[126]

Die Mordanten aber dienen dazu / das sie dem Lautenschlagen ein Lieblichkeit geben / vnd werden bisweilen mit dem Zeiger / bisweilen mit dem Mittelfinger / bisweilen mit dem Goldfinger / bisweilen auch mit dem kleinen Finger / gemacht also / das die Finger / mit welchen die Mordanten gemacht werden / in den Griffen / etwas langsamer / denn die andern / auff die Buchstaben gesetzt / zwey oder drey mal / gleich als zitterende / auff vnd nider bewegt werden / In etlichen Griffen werden auch die Mordanten vber dem Finger / damit der Buchstaben gegriffen / mit dem kleinen Finger gemacht. etc: Von diesen dingen kan man nicht gewisse Regeln schreiben / sondern / dieses alles muss die zeit vnd vbung geben / Habe solchs allein zur nachrichtung vermelden wollen.

Aus der Lully-Zeit sind nur wenige Quellen erhalten, die ein Vibrato beschreiben. Dennoch ist in Tabulaturen und Lehrbüchern, insbesondere bei den Gitarristen, immer wieder das Kreuzzeichen (♯) anzutreffen. Die Verwendung

---

[125] GB Lbl, Ms. Sloane 1021, f. 24r-27v: J. STOBAEUS, *De Methodo Studendi in Testudine,* Hs., Königsberg 1640. Der Mordant f. 25v-26r.
[126] M. WAISSEL, *Lautenbuch,* Frankfurt a. d. Oder 1592, f. 10v. Entgegen der Meinung, die D. POULTON, a.a.O., S. 109, vertritt, glaube ich nicht, daß man die erste Art des Mordanten als Vibrato sehen kann; ihre verkürzte Übersetzung scheint mir nicht ganz genau. Poulton übersetzt „*auff und nider*" im Sinne einer Handschwankung; ich glaube eher, daß es sich auf ein Aufheben des Fingers bezieht (eine Trillerbewegung also).

dieses Zeichens bei den Gitarristen kann auf den Einfluß Corbettas auf die französische Gitarrenpraxis zurückgehen – er war u.a. der Lehrer von De Visée und stand am Anfang einer französischen Gitarrentradition; die Musik seiner französischen Zeit unterscheidet sich wesentlich von jener seiner italienischen Zeit. Zwar wurde das schräge Doppelkreuz (※) Anfang des 17. Jahrhunderts schon von Vallet verwendet, es kommt aber in der späteren Zeit in Frankreich anscheinend nicht mehr vor. Die einzige Lautenschule dieser Zeit, in der (möglicherweise) ein Vibrato beschrieben wird, verwendet das konventionelle Trillerzeichen (ein Komma).[127]

Die Ankunft Corbettas in Paris hat auch wesentlich zur Gesellschaftsfähigkeit der Gitarre beigetragen. Im Gegensatz zu den Publikationen aus seiner italienischen Zeit enthält seine Gitarrenschule *La Guitarre Royalle* erstmals auch eine technische Erklärung des Vibratos. Er nennt es im Italienischen „*acento*" und nicht mehr „*tremolo sforzato*"; seine französische Bezeichnung lautet „*flatement*", ein Name, der dann auch von den Gambisten und Flötisten[128] übernommen wird:[129]

> Ce signe ※ qui est le flatement veut dire qu'il faut tenir le doigt fixe sur la corde, et trembler auec la main aïant le petit doigt sur la lettre de la corde où sera mis ledit signe.
>
> [Dieses Zeichen ※, welches das Flatement bezeichnet, bedeutet, daß man den Finger fest auf der Saite halten und mit der Hand zittern soll, während man den kleinen Finger auf dem Buchstaben der Saite, bei dem das besagte Zeichen steht, hält.]

Zum ersten Mal taucht hier – anders als in Italien – die Restriktion auf den kleinen Finger auf.

Bei seinen Schülern und in seinem Kreis wurde das Doppelkreuz (※) nun wohl allgemein für das Vibrato verwendet, so von DE VISEE (1682 und 1686)[130] oder von DEROSIERS (c. 1691).[131] Desgleichen auch im wichtigen Sammelband von LE COCQ, der in diesem Punkt auf Derosiers zurückgriff.[132] In keiner dieser Quellen findet man aber eine technische Erklärung; der Name der Verzierung – er scheint immer in den Verzierungslisten auf – ist nun nicht mehr *Flatement*, sondern man verwendet dafür den Terminus *Miolement*, Derosiers wählt die Bezeichnung *Miolements ou Plaintes*.[133] Eine weitere Bestätigung dafür, daß hier ein Vibrato gemeint ist, finden wir bei CAMPION (1705):[134] „※*Miaulement ou balance du poignet de la main gauche*", also: *Miaulement* oder Schwanken des linken Handgelenks. Den Ausdruck *Miaulement* (oder *Plainte*) gibt es viel später – 1762 – noch einmal in Frankreich, und zwar in der Gitarrenschule von CORRETTE; dort bezeichnet er damit aber kein Vibrato, sondern offenbar ein Glissando:[135]

---

[127] Vgl. unten; es wird die Technik des zur Seite Ziehens verwendet. Möglicherweise eine Vibratobezeichnung mit ∥ findet man in *The Robarts Lute Book*, Hs., Mitte des 17. Jh.s, Faks. mit Einl. von R. SPENCER (*Musical Sources* 11). Leeds 1978. Eine Vibratobezeichnung mit ※ findet man im *Manuscrit Vaudry de Saizenay. Tablature de luth et de théorbe de divers auteurs*, Hs., 1699. Faks., Genf 1980.

[128] Vgl. die einschlägigen Kapitel. In der Vokalmusik war dies allerdings noch nicht der Fall; so ist *Flattement* (auch *Flatté*) bei E. LOULIE, *Elements ou Principes de Musique*, Paris 1696, S. 68: „*un Tremblement simple ou de deux Coulez suivy d'une Chute.*"

[129] F. CORBETTA, *La Guitarre Royalle*, Paris 1671, S. 7. Auf italienisch (a.a.O., S. 3): „*Questo ※ in maniera di doppio tremolo si chiama acento ché si fà con tremolar la mano hauendo il dito fisso su la lettera della corda in cui sara posto.*" – („Doppio tremolo", weil Tremolo = ×). Hier aber ohne Einschränkung auf den kleinen Finger.

[130] R. DE VISEE, *Livre de Guitare*, Paris 1682, Vorrede. DERS., *Livre de pieces*, Paris 1686, Vorrede.

[131] N. DEROSIERS, *Les Principes de la Guitarre*, Amsterdam c. 1691, S. II.

[132] B Bc, 5615Z: F. LE COCQ, *Receuil des pieces de guitarre*, Hs., Gent 1729, Vorrede.

[133] Wie auch bei DEMACHY, *Pieces de Violle*, Paris 1685, S. 8–9.

[134] F. CAMPION, *Nouvelles découvertes Sur la Guitarre*, Paris 1705, S. 4.

[135] M. CORRETTE, *Les Dons d'Apollon*, Paris c. 1762, S. 12–13. – J. TYLER, *The Early Guitar. A History and Handbook* (*Early music series* 4), London 1980, S. 97, sieht hierin ein Vibrato. Corrette selbst scheint sich nicht sicher zu sein, was er eigentlich beschreiben will.

La Plainte est un agrément qui ne se marque plus, cependant les bons joueurs de Guitarre le font encore sur des notes longues, comme Rondes, Blanches, &c.
La Plainte que les anciens appelloient miaulement, se fait en coulant un doigt de la main gauche sur la Corde d'une touche à l'autre sans le lever, C'est à dire de le remuer dans la même caze du ton sur lequel vous voulez faire la plainte. Par exemple si je veux faire une plainte sur la note Fa sur la chanterelle mon doigt sans lever dessus la Corde ira et viendra depuis le silet A. jusqu'a la premiere Touche B. demême Si je veux la faire sur le sol D. mon doigt ira doucement dans la caze de C. a D. remarqués bien qu'il ne faut pas que les doigts passent pardessus les touches.

	A	B	C	D
Chanterelle		fa	fa♯	sol

[Die Plainte ist eine Verzierung, die nicht mehr bezeichnet wird. Dennoch spielen gute Gitarristen sie noch auf langen Noten, wie Ganzen, Halben usw.
Die Plainte, die von den Alten Miaulement genannt wurde, wird erzeugt, indem man einen Finger der linken Hand, ohne ihn aufzuheben, auf der Saite von einem Bund zum nächsten gleiten läßt, das heißt, ihn in demselben Zwischenraum der Note, auf der man die Plainte machen will, bewegt.
Zum Beispiel: Wenn ich auf der Note F auf der höchsten Saite eine Plainte machen will, geht der Finger, ohne daß er von der Saite gehoben würde, auf und ab von dem Sattel A bis zum ersten Bund B. Desgleichen, wenn sie ich auf dem G (D) machen will, geht mein Finger sachte im Zwischenraum von C nach D. Man beachte, daß die Finger nicht über die Bünde hinaus gehen sollen.

	A	B	C	D
Höchste Saite		F	Fis	G
]

Eine Beschreibung, vom physikalischen Standpunkt aus gesehen, hat uns DODART hinterlassen. Er vergleicht das Lauten- und Gambenvibrato mit dem Vokalvibrato:[136]

Les doigts de la main gauche des joüeurs de Luth, de Theorbe & de Viole pratiquent quelque chose de semblable à ces vibrations du larynx haut & bas toutes les fois qu'ils veulent embellir leur jeu en imitant la voix; Tous ces Instrumens ont leur manche divisé par des touches. Or quand le joüeur d'instrument veut imiter la voix, il soûtient de la main gauche le son de la chorde frapée ou pincée de la droite. Pour cet effet il agite haut & bas entre deux touches le doigt de la gauche qui presse sur le manche de la chorde pincée, & il soûtient par ce mouvement alternatif un Son continué, ondoïant sur le Ton de cet entre-touche. Ce son est fort agreable, & imite fort bien un port de voix. Or un des agrémens de ce Son est l'ondulation, qui ne vient que de ce que le doigt de la main gauche, agité haut & bas, presse de moins en moins la corde contre la touche, quand il glisse de bas en haut, & la presse de plus en plus quand il glisse de haut en bas; d'où il arrive que la touche donnant le ton, il demeure le même quant au jugement du sens, quoiqu'il ne soit pas le même mathematiquement parlant: mais paroissant le même, il est sensiblement varié, & par-là rendu plus agreable.

[Mit den Fingern der linken Hand tun Lauten-, Theorben- und Gambenspieler etwas, was diesen auf- und abgehenden Schwingungen des Kehlkopfs ähnlich sieht, jeweils wenn sie ihr Spiel schmücken wollen, indem sie die Stimme nachahmen. Bei all diesen Instrumenten ist das Griffbrett durch Bünde unterteilt. Wenn nun der Instrumentist die Stimme nachahmen will, unterstützt er mit der linken Hand den Klang der mit der rechten angeschlagenen bzw. gezupften Saite. Hierzu bewegt er den Finger, der die gezupfte Saite auf das Griffbrett drückt, auf und ab zwischen zwei Bünden, und mit dieser hin- und hergehenden Bewegung unterstützt er einen nachklingenden Klang, der auf dem Ton dieses Zwischenraums onduliert. Dieser Klang ist sehr angenehm, und gleicht sehr einem port de voix. Nun ist eine der Annehmlichkeiten dieses

---

[136] D. DODART, *Supplement au memoire sur la Voix et sur les tons*, in: *Histoire et Memoires de l'Académie Royale des Sciences, Année 1706*, Paris ²1731, S. 146. Interessant doch, daß er es nur auf Instrumenten mit Bünden erwähnt. Vgl. auch den Abschnitt über das Vokalvibrato, S. 15ff.

Klanges die Ondulation, die nur davon herrührt, daß der Finger der linken Hand, der auf und ab bewegt wird, die Saite immer weniger gegen den Bund drückt, während er von unten nach oben, und immer mehr, während er von oben nach unten gleitet; daher bleibt der Klang, da die Tonhöhe von dem Bund bestimmt wird, für das Urteil der Sinne der gleiche, obwohl er es vom mathematischen Standpunkt aus nicht ist: aber während er der gleiche scheint, ändert er sich erheblich, und wird daher angenehmer.]

Die Beschreibung des Einfingervibratos für die Gambe als Normalfall stimmt hier wohl nicht ganz mit der Wirklichkeit überein. Im Zusammenhang wird aber deutlich, daß er eigentlich ein Lautenvibrato meint. Seine Feststellung, daß das Vibrato zwischen zwei Bünden erzeugt werde und daß der Finger dabei gleite (*„glisse"*), sind wohl abstruse Erklärungen eines Menschen, der sich in der Lautentechnik n u r von der Seite des Beobachters auskennt. Richtig hingegen ist seine Analyse der Druckänderung (man bemerke übrigens die frappante Ähnlichkeit mit der späteren Lehre Tartinis). Richtig ist ebenfalls die Feststellung, daß ein Vibrato den Ton länger nachklingen läßt.

Was Dodart nun oben unter *Port de voix* versteht, ist nicht ganz klar. Will er sagen, der *Port de voix* und der obligate *Pincé* ergeben, vokal gesehen, eine Art Vibrato, oder meint er etwas ähnliches wie das italienische *Portamento di voce*? Oder bezeichnet er damit jenes Ornament, das andere französische Quellen mit *Balancement* benennen? Sein Text läßt diesbezüglich keine brauchbaren Schlüsse zu. Man beachte jedoch, daß es bei den Gambisten hin und wieder die Kombination *Port de voix – Vibrato* gibt.

Viel später bezeichnet BAILLON in seiner französischen Gitarrenschule das Vibrato mit *„sons soutenus"*:[137]

Pour soutenir le son il faut séparer le poulce du manche, et appuier avec force la note dont on veut soutenir le son en tremblant la main

[Um den Klang zu unterstützen, muß man den Daumen vom Hals lösen und fest auf die Note, deren Klang man unterstützen will, drücken, während man mit der Hand bebt.]

Die späteren deutschen Lautenschulen sind alle von der französischen Tradition beeinflußt. LE SAGE DE RICHEE beschreibt im Vorwort seines Werkes *Cabinett der Lauten* kein Vibrato. Eine spätere Kopie dieses Vorwortes, datiert 1739, fügt eine solche jedoch hinzu. Sie folgt sinngemäß den Ausführungen von Baron, dessen Lautenschule 1727 verlegt wurde.[138]

Um die Jahrhundertwende erschienen aus dem Wiener Umkreis zwei Sammlungen mit Lautenmusik: 1699 das *Lauthen-Concert* von HINTERLEITH-

---

[137] P. J. BAILLON, *Nouvelle Méthode de Guitarre*, Paris 1781, S. 9. Vgl. auch mit: G. MERCHI, *Le guide des écoliers de la Guitarre*, Paris 1761, sowie DERS., *Traité des Agréments de Musique exécutés sur la Guitarre*, Paris 1777, S. 22–23, *Son filé ou Flaté.*

[138] Ph. F. LE SAGE DE RICHEE, *Cabinett der Lauten*, Breslau 1695, Vorrede. Zu dieser Sammlung, s. H. RIEMANN, *Ein wenig bekanntes Lautenwerk*, in: *MfM* 21,1 (1889), S. 9–16 und 19–24, mit Wiedergabe des Vorworts. Die Addenda zu der Vorrede von Le Sage De Richee befinden sich in einer Handschrift aus dem Stift Grüssau, jetzt in der Universitätsbibliothek Wrocław, mit der (alten) Signatur Mf 2002, *Livre du Luth*, 1739. Die „*Instruction Wie sich Incipienten So der eigentlichen Application nicht erfahren zu verhalten haben*" umfaßt 22 Nummern (Le Sage: 18), der Mordant hat die Nr. 18: „*Den m o r d a n t machet mañ im Discant mit wackeln, wie sonst: im Basse aber muß man daß Chor hin und her, daß (ist) von u zu sich ziehen.*"

NER und 1701 *Die AllerTreüeste ... Freindin* von RADOLT. Beide erwähnen in ihren Vorworten das Vibrato und verwenden dafür, wie es in Frankreich, Spanien und Italien üblich war, das Kreuzzeichen (♯):[139]

> Das doppelt Creüzlein bedeüttet eine Veste anhaltung und schwankhung deß fingers nemblich einen Tremulanten.

Die deutlichste Beschreibung des Vibratos stammt von BARON.[140] Sie ist für die Spätzeit des Lautenspiels zugleich die einzige. Auch sie bestätigt, daß sich die Technik des Schwankungsvibratos[141] nicht geändert hat:[142]

> Was die Mordanten und Bebungen oder Schwebungen anlanget, so werden sie auf zweyerley Art ratione situationis gezeichnet. Welche in der Höhe gemacht werden, bemerckt man also e.g.

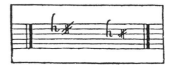

> Ihr Wesen bestehet darinnen, daß man mit dem kleinen Finger auf bezeichnete Buchstaben ziemlich feste aufdrücket, und wenn man unten angeschlagen, unter währendem Drücken die lincke Hand mit der sie gemacht werden, bald auf die lincke bald auf die rechte Seite etwas langsam bewege. Doch ist vornehmlich dieses dabey zu beobachten, daß man bey Bewegung der Hand den Daumen welcher sonst in der Mitte des Halses fest stehet, loß und frey lasse, weil er sonst in seiner Befestigung der Bewegung nur Hindernuß giebt. Das Wesen aber und Natur des Mordanten bestehet in einem angenehmen Zweiffel oder in ancipiti, wird bebend, und scheinet dem Gehöre fast bald etwas höher bald etwas tieffer unter währendem Beben vorzukommen.

Der größte Unterschied zwischen diesem und den vorigen Texten besteht wohl darin, daß die Bewegung nun „*etwas langsam*" sein soll. Daß sie auch in beiden Richtungen erfolgen möge, wird zwar nicht ausdrücklich verlangt, das erscheint aber doch angesichts der Technik – Freihandvibrato – als logisch. Auch Baron weist darauf hin, daß die Verzierungen mit dem kleinen Finger auszuführen sind.

2. DAS ZIEHEN DER SAITEN

Meines Wissens beschreibt KAPSBERGER als erster diese Technik; noch ist dies die übliche Art, das Vibrato auszuführen:[143]

> Il tremolo si fa con premer la corda e stirarla col deto della mano manca, percotendola al principio con la man destra.

---

[139] W. L. VON RADOLT, *Die AllerTreüeste verschwigneste vnd nach so wohl Frölichen als Traurigē Humor sich richtende Freindin*, Wien 1701, Vorrede, S. 3. Desgleichen in leicht abweichender Orthographie auch schon bei F. HINTERLEITHNER, *Lauthen-Concert*, Wien 1699, Vorrede. In den beiden Werken von E. REUSNER, *Neue Lauten-Früchte*, Dresden 1676, und *Hundert geistliche Melodien Evangelischer Lieder* (o.O., o.J.), habe ich keine eindeutige Beschreibung des Vibratos gefunden.

[140] Die vielen englischen Gitarrenschulen aus der 2. Hälfte des 18. Jh.s (in der Form von *Compleat Tutors*) sind zu elementar, um auch ein Vibrato zu beschreiben. In einigen späteren Lautensammlungen kommt das Vibrato mit der üblichen Bezeichnung in der Musik vor, ohne daß es jedoch erklärt wird. Vgl. dazu Tabelle 1 und 2, unten S. 54f.

[141] Diese Technik nennt er als erste; für die unteren Saiten empfiehlt er das Ziehen der Saiten; s. dazu unten S. 53.

[142] E. G. BARON, *Historisch-Theoretisch und Practische Untersuchung des Instruments der Lauten*, Nürnberg 1727, S. 168–169.

[143] G. G. KAPSBERGER, *Libro qvarto d'Intavolatvra di Chitarone*, Roma 1640, Vorrede, S. 2.

> [Das Tremolo wird gemacht, indem man die Saite mit dem Finger der linken Hand
> drückt und zieht, nachdem man sie erst mit der rechten angeschlagen hat.]

Diese Vibratoart wird auch weiterhin sinngemäß immer mit dieser technischen Beschreibung erklärt. Etwas vage formuliert findet man ähnliches auch bei J. GAULTIER, er nennt das Ornament allerdings *Triller (Tremblement)*:[144]

> Lors qu'on met vne virgule apres vne lettre cela signifie qu'il faut tirer la corde de
> quelque doigt de la main gauche, c'est a sçauoir vne fois seulem^t lors quil y a vne
> crochüe sur la lettre, et deux fois losqu'il y a vne noire et plus^rs fois quand il y a vne
> noire et vn point, et en faisant le tremblem^t iusques a la conclusion de la cadence que
> lon trouuera marquée. mais il faut obseruer que chacun peut ménager ces especes
> dagreements, selon la nature du chant de la piece et du mouuement.
>
> [Wenn man ein Komma hinter einem Buchstaben setzt, heißt das, daß man die Saite
> mit einem Finger der linken Hand ziehen soll, und zwar nur einmal, wenn eine Achtel
> über dem Buchstaben steht, zweimal bei einer Viertel und mehrere Male bei einer
> punktierten Viertel, dabei trillernd bis zum Ende des Cadence, die man bezeichnet
> sieht; man beachte aber, daß jeder dieser Art Verzierung nach der Art der Melodie des
> Stückes bzw. der Bewegung anbringen kann.]

Hier könnte Gaultier auch einen richtigen Triller meinen.

Eindeutiger sind die späteren deutschen Zeugnisse, der schon erwähnte Nachtrag zu Le Sage de Richee und Baron. Beide geben an, daß diese Vibratoart nur auf den unteren Saiten ausgeführt wird, wobei BARON sich am klarsten ausdrückt:[145]

> Diejenigen aber welche in der Tieffe gemacht werden, haben zwar eben dieselbe
> Natur, aber ihr modus tractandi ist von der erstern Art gantz und gar unterschieden,
> und bestehet darinnen, daß man seinen darzugehörigen Finger aufsetzt, und damit die
> Saiten hin und wieder ziehe, auf daß eben so eine Bebung oder schwebender Thon
> heraus komme. e.g.

> Warum man aber solchen Mordanten nicht aus freyer Hand wie den obersten macht,
> so ist dieses die Ursache, weil man unten gegen den Kragen zu nicht so viel Freyheit
> zu agiren hat, weil die Hand je näher sie hier mir am Leibe, nicht allein mehr
> Schwehre, sondern auch mehrere force im Drucken verursachet, daß man also diesem
> abzuhelffen den Zug erfunden hat.

Baron ist auch der einzige, der einen technischen Grund für das Auftreten einer zweiten Vibratomethode nennt. Dies mag wohl auch die Ursache dafür sein, daß in den vorher behandelten Methoden das Vibrato vor allem als Ornament auf den oberen Saiten gesehen wurde. Nur Kapsberger beschreibt die hier besprochene Vibratoart als die normale, also auch für die oberen Saiten. Man beachte weiters noch, daß Baron hier das Mordent-Zeichen verwendet; tatsächlich kommt es in einigen deutschen Quellen auf den unteren Saiten als Vibratobezeichnung vor.

Abschließend sind nun in Tabelle 1 und 2 die verschiedenen Techniken des Lauten- und Gitarrenvibratos, sowie die verschiedenen Vibratozeichen jener Autoren, deren theoretische bzw. musikalische Werke ich durchgesehen habe, zusammengefaßt.

---

[144] J. GAULTIER – DE NEVE – E. GAULTIER, *Liure de Tablature des Pieces de Luth*, Paris c. 1680, Vorrede, S. 5.
[145] E. G. BARON, a.a.O., S. 169.

Autor	Jahr	In-stru-ment	Linke Hand				Tempo		Methode	
			ohne Daumen	Hand erwähnt	Finger erwähnt	nur kleiner Finger	schnell	langsam	auch andere	nur andere
Waissel	1592	L				x				
Vallet	1620	L		x			x			
Piccinini	1623	L	x	x		x				
Mersenne	1636	L	x	x			x			
Foscarini	1640	G		x						
Kapsberger	1640	L								x
Stobaeus	1640	L				x	x			
Granata	1646	G		x						
Pellegrini	1650	G		x	(1)					
Burwell Tutor	1660/72	L		x		x				
Corbetta	1671	G		x		(2)				
Sanz	1674	G	x			(3)	x			
Mace	1676	L	x	x						
Ruiz	1677	G	x			(3)	x			
Guerau	1694	G		x						
Hinterleithner	1699	L			x					
Radolt	1701	L			x					
Campion	1705	G		x						
Dodart	1706	L			x					
Baron	1727	L	x	x				(4)	x	
Merchi	1777	G	x	x	(5)	x				
Baillon	1781	G	x	x						

(1) ... si fà con l'annullare, e con l'auricolare della man sinistra
(2) nur im französischen Text
(3) „ordinariamente"
(4) „etwas langsam"
(5) auch auf Doppelgriffen

Tabelle 1: Lauten- und Gitarrenvibrato. Technik

Autor	Jahr	Zeichen	Name
Waissel	1592		Mordant
Vallet	1620	※	
Piccinini	1623		Tremolo (terzo)
Mersenne	1636	⊃·	Verre cassé, souspir
Bartolotti	1640	※	Trillo sforzato
Foscarini	1640	※	
Kapsberger	1640	·	Tremolo
Stobaeus	1640		Mordant
Corbetta	1643	※	Tremolo sforzato, accento
	1648	※	
Granata	1646	ff	
Granata (1)	1648	※	
Pellegrini	1650	ff	Tremolo sforzato
Burwell Tutor	1660/72		Sting
Corbetta	1671	※	Acento, Flatement
Sanz	1674	★	Temblor
Mace	1676	~~	Sting
Ruiz	1677	★	Temblor
De Visee	1682	※	Miolement
	1686	※	
Derosiers	c. 1691	※	Miolement, Plainte
Roncalli (2)	1692	※	
Guerau	1694	※	Temblor
Ms. Vaudry (3)	1699	✱	
Hinterleithner	1699	※	Tremulant
Radolt	1701	※	Tremulant
Campion	1705	※	Miaulement
Weiß (4)	1721	~~, X	
Baron	1727	※, X	Mordant, Bebung, Schwebung
Le Cocq	1729	※	Miaulement
Murcia	1732	※	
Beyer (5)	1760	※, X	Bebung
Merchi	1777	~~	son filé, Flaté
Baillon	1781		Son soutenu

(1) G. B. GRANATA, *Armoniosi Toni Di varie Suonate Musicali Per la Chitarra Spagnvola*, Bologna 1648.
(2) L. RONCALLI, *Capricci Armonici Sopra la Chitarra Spagnola*, Bergamo 1692.
(3) *Manuscrit Vaudry de Saizenay. Tablature de luth et de théorbe de divers auteurs*, Hs. 1699, Faks., Genf 1980.
(4) GB Lbl, Add. ms. 30 387, f. 150v-151r: S. L. WEISS, *Tombeau sur la Mort de Mr Comte d'Logij arrivée*, 1721.
(5) J. C. BEYER, *Herrn Professor Gellerts Oden, Lieder und Fabeln, nebst verschiedenen Französischen und Italiänischen Liedern, für die Laute übersetzt*, Leipzig 1760.

Tabelle 2: Lauten- und Gitarrenvibrato. Zeichen und Namen

III

Das Vibrato auf der Gambe

1. ENGLAND

Im 17. Jahrhundert erlebte die Gambe in England ihre erste Blütezeit während des Barock. Hier entstand die Grundlage der späteren französischen Technik, die sich dann allerdings wieder von ihrem Vorbild entfernte. Hier finden wir auch, wenn wir einmal von GANASSI,[146] der im 16. Jahrhundert lebte, absehen, die frühesten Quellen zum Vibrato, und zwar nach der Jahrhundertmitte gleich zwei – die Lehrwerke von PLAYFORD und SIMPSON.[147]

In *A Brief Introduction* von 1664 führt PLAYFORD unter „*A Table of Graces proper to the Viol or Violin*" folgendes Notenbeispiel an:[148]

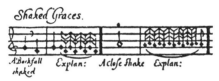

Das gleiche Beispiel zieht er auch 1674 in *An Introduction* als Illustration heran. Seine Erklärung dazu ist allerdings ziemlich einfach:[149]

> ...the *close shake* is when you stop with your first Finger on the first Fret, and *shake* with your second Finger as close to it as you can...

[Der *Close Shake* ist, wenn man den ersten Finger auf den ersten Bund aufsetzt, und mit dem zweiten Finger möglichst nahe zu jenem *trillert*.]

SIMPSON hingegen ist schon ausführlicher:[150]

> The other sort of Graces is done by the *Shake,* or *Tremble* of a Finger; of which, there are two Kinds: *viz.* Close, and Open. *Close,* is that when wee shake a Finger as close and near to that which stoppeth as may be; touching the String, therewith, so gently, and nicely, as to make no Variation of *Tone*: This may be used where no other Grace is concerned.

[Die andere Art Verzierungen wird erzeugt, indem ein Finger trillert bzw. zittert; von dieser gibt es zwei Abarten: Close und Open („nahe" und „weit"). Close ist jene, wobei man mit einem Finger so nahe wie möglich bei dem aufgesetzten Finger trillert, indem man mit jenem die Saite so zart und delikat berührt, daß man die Tonhöhe nicht ändert: Das kann angewendet werden an Stellen, wo keine andere Verzierung steht.]

---

[146] S. GANASSI, *Regola Rubertina*, Venezia 1543/44, S. VI: „e pian e tal volta ne forte ne pian cioe mediocramëte come sera alle parole, e musica mesta operare l'archetto cō leggiadro modo, & alle fiate tremar il braccio de l'archetto, e le dita de la mano del manico per far l'effetto conforme alla musica mesta & afflitta".

[147] J. PLAYFORD, *A Brief Introduction to the Skill of Musick*, London ⁶1664; DERS., *An Introduction to the Skill of Musick*, London ⁹1674; C. SIMPSON, *The Division-Violist*, London 1659; seine 2. Auflage: *The Division-Viol*, London ²1665.

[148] J. PLAYFORD, a.a.O., ⁶1664, S. 102; DERS., a.a.O., ⁹1674, S. 116.

[149] DERS., a.a.O., ⁹1674, S. 104.

[150] C. SIMPSON, a.a.O., 1659, S. 9.

Geringfügige Änderungen in der zweiten Auflage betreffen nicht die Substanz des Textes, sind aber wohl als deutlichere Formulierung gemeint:[151]

> *Shaked Graces* we call those that are performed by a Shake or Tremble of a Finger, of which there are two sorts, *viz.* Close and Open: *Close-shake* is that when we shake the Finger as close and near the sounding Note as possible may be, touching the String with the Shaking finger so softly and nicely that it make no variation of Tone. This may be used where no other Grace is concerned.

> [Getrillerte Verzierungen nennen wir jene, wobei ein Finger trillert bzw. zittert; von diesen gibt es zwei Abarten: Close und Open („nahe" und „weit"). Close Shake ist jene, wobei man mit dem Finger so nahe wie nur möglich bei der klingenden Note trillert, indem man mit diesem Finger die Saite so sanft und delikat berührt, daß sich die Tonhöhe nicht ändert. Das kann angewendet werden an Stellen, wo keine andere Verzierung notiert ist.]

In einer nachfolgenden Tabelle führt er das gleiche Notenbeispiel an, das wir schon von Playford her kennen:[152]

Simpson erwähnt in seiner Erklärung kein Mitschwanken der Hand. Er beschreibt nur das Trillerschlagen e i n e s Fingers *("wee shake a Finger as close and near to that which stoppeth as may be"* bzw. in der zweiten Auflage noch deutlicher *„we shake the Finger as close and near the sounding Note as possible may be");*[153] dieser Finger soll auf keinen Fall hart schlagen, sondern *„so gently, and nicely, as to make no Variation of Tone"* bzw. *„so softly and nicely that it make no variation of Tone"*. Das Problem der eventuellen Handschwankung wird weiter unten, unter Heranziehung der französischen Quellen, ausführlich behandelt.

Ob es, wie auf der Laute, auch ein Einfingervibrato gab, ist schwer zu sagen. Wahrscheinlich ist das Zweifingervibrato die übliche Form, zumal Simpson eine normale Verwendungsfrequenz voraussetzt.

MACE erwähnt in der Gambenschule, die in seinem Buch *Musick's Monument*[154] enthalten ist, das Vibrato der linken Hand nicht; bekannt war es ihm aber sicher, denn er beruft sich des öfteren auf Simpson. In technischen Fragen verweist Mace häufig auf das Kapitel über die Laute. Er schreibt zwar nichts über eine Übereinstimmung zwischen den Lauten- und Gambenverzierungen, gibt aber stillschweigend mindestens ein Lautenornament auch in seinen Gambenübungen an. Der *Sting,* wie er das Einfingervibrato auf der Laute nennt, wird in seiner Gambenmusik allerdings nicht bezeichnet. Auch in Frankreich ist das

---

[151] DERS., a.a.O., ²1665, S. 11. Der gegenüberstehende lateinische Text: „*Pressiùs cum tremitur leni admodum crispatione, vix* [!] *variatur sonus, secus, cum apertiùs.*"

[152] DERS., a.a.O., 1659, S. 10; ²1665, S. 12. Die letzte Note ist wohl ein Druckfehler: normal wäre die Hauptnote. – Auch die anderen Verzierungen stimmen mit den von Playford gegebenen überein; wahrscheinlich lag beiden dieselbe Quelle vor. Simpson zitiert in diesem Zusammenhang Dr. Coleman, einen bekannten Gambisten. Die gleiche Tabelle befindet sich auch in GB Lbl, Add. ms. 35 043, f. 124v: *A Table of Graces Proper to ye Violl or Violin wth ye Explanation.* Tabelle ohne Schlüssel. In US LAwac, Ms M 286 M4 L992: *The John Mansell Lyra Viol Ms.,* f. 38v ist in der sonst sehr ergiebigen Verzierungstabelle kein Vibrato enthalten; das von Simpson und Playford verwendete Zeichen steht dort für den Triller (*Shake*).

[153] *Shake* steht hier nicht für Schwankung der Hand, sondern für Trillern („*shaked graces"*).

[154] Th. MACE, *Musick's Monument,* London 1676, S. 245–246. Mace erwähnt aber das Bogenvibrato (Tremulant); s. unten S. 132f.

Zweifingervibrato die übliche Form, das Einfingervibrato bleibt prinzipiell eine Notlösung.

Der Popularitätsschwund der Gambe zugunsten des Cellos zeigt sich auch in der Literatur. Gambenschulen, die an Bedeutung mit der Schule von Simpson gleichzusetzen sind, finden wir im 18. Jahrhundert nicht mehr. Die einzige Gambenschule, die mir aus der Zeit um die Jahrhundertwende bekannt ist – *The Compleat Violist* von HELY –, richtet sich hauptsächlich an Anfänger und behandelt daher schwierigere Ornamente nicht.[155] Auch im anonym erschienenen *Compleat Musick-Master* wird die Gambe zwar noch behandelt, aber in genauso elementarer Form.[156]

Weit wichtigere, wenn auch nur fragmentarische, Informationen aus dieser Zeit finden wir in den Schriften von NORTH, und zwar in einem Entwurf für seinen *Musicall Gramarian* (hier nennt er das Gambenvibrato *Close beat*,[157] was wohl ein Zweifingervibrato impliziert) und in dessen ersten Fassung, wo er bereits etwas ausführlicher formuliert:[158]

... and Bases wth a slight touch at ye Nut or finger doth the same.

Diese Beschreibung ist in zwei Punkten aufschlußreich: Erstens handelt es sich offensichtlich um ein Zweifingervibrato mit Trillern eines Fingers, also ohne Schwanken der Hand und des ersten Fingers („*touch at* [!] *the ... finger*"), zumal er zuvor das Violinvibrato *Wrist-shake* nennt und diese Bezeichnung im entgegengesetzten Fall auch hier zutreffen würde; zweitens finden wir hier den einzigen Beleg dafür, daß das Vibrato auch auf der leeren Saite angewandt wurde, und zwar beim Sattel, mit der gleichen Technik.

Man kann also annehmen, daß der bessere Spieler dieses (auch von Simpson beschriebene) Vibrato immer noch anwandte.

2. FRANKREICH

Die französische Gambentechnik ist mit der englischen verwandt, und auch die Verzierungskunst weist noch lange Zeit hindurch englische Merkmale auf. Das oben erwähnte Zweifingervibrato wird demnach auch von den französischen Gambisten beschrieben; es erhält aber nun eine wesentliche Ergänzung: ein Einfingervibrato, das als Ersatz für das Zweifingervibrato eingesetzt wird, wenn dieses aus technischen Gründen nicht bzw. schwer ausführbar ist, insbesondere bei Griffen mit dem vierten (kleinen) Finger.

a) Das Zweifingervibrato

Diese Hauptform wird sowohl in Vorworten diverser *Pièces de Viole* als auch in Gambenschulen erläutert. Bei DEMACHY, der diese Variante *Tremblement sans appuyer* nennt, heißt es:[159]

---

[155] B. HELY, *The Compleat Violist*, London 1704.
[156] T. B(ROWN), *The Compleat Musick-Master*, London ³1722. Wie der Titel schon andeutet, ist die Gambe nicht das einzige behandelte Instrument.
[157] GB Lbl, Add. ms. 32537: R. NORTH, *The Musicall Grammarian* (Skizzen und Entwürfe), Hs., vor 1726, f. 64r.
[158] GB Lbl, Add. ms. 32533: R. NORTH, *The Musicall Gramarian*, Hs., 1726, f. 111v.
[159] DEMACHY, *Pieces de Violle*, Paris 1685, S. 9. Der Name *Tremblement sans appuyer* ist eine relativ unglückliche Wahl, da man mit ihm gleich den Triller ohne Vorhalt *(appui)* verbindet (z.B. J. ROUSSEAU, *Methode claire, certaine et facile, Pour apprendre à chanter la Musique*, Paris ⁴1691; nach ihm allgemein üblich).

Le tremblement sans appuyer, est de serrer un doit contre un autre, sans appuyer que fort peu sur la corde. (...)

[Das Tremblement sans appuyer ist, daß man einen Finger nahe an einen anderen rückt und dabei nur sehr wenig auf die Saite drückt.]

Das Zeichen hiefür ist:

MARAIS hingegen gibt nur den Namen *Pincé* (bzw. *Flatement*) mit dem dazugehörenden Zeichen (eine kleine Wellenlinie) an, ohne näher auch auf die Ausführung einzugehen:[160]

Die deutlichsten Erlärungen zur Technik findet man in den zwei wichtigsten französischen Gambenschulen, die uns aus dem 17. Jahrhundert bekannt sind: die Bücher von DANOVILLE und von J. ROUSSEAU,[161] beide 1687 herausgegeben. Die Verzierung selbst nennen sie *Battement (Batement)*.
Bei DANOVILLE lesen wir:[162]

Exemple du Battement.

Le Battement se fait en serrant le doigt contre celuy qui est posé sur la Touche, & laissant couler l'Archet un moment, on fait ensuite mouvoir ce doigt avec une agitation égalle, & on le leve avant que l'Archet finisse son mouvement.

[Das Battement wird erzeugt, indem man den Finger nahe an denjenigen, der auf dem Bund steht, rückt, und ihn, nachdem man bereits kurz gestrichen hat, gleichmäßig bewegen läßt, und aufhebt, bevor der Bogen seine Bewegung beendet hat.]

Die Erläuterung von J. ROUSSEAU:[163]

LE BATEMENT se fait lors que deux doigts estant pressez l'un contre l'autre, l'un appuye sur la chorde, & le suivant la bat fort legerement.

[Das Batement wird erzeugt, indem von zwei Fingern, die nahe aneinander gerückt sind, der eine auf die Saite drückt und der andere sie ganz leicht anschlägt.]

Auch hier ist das Zweifingervibrato die übliche Form. Rousseau hebt – übrigens wie Simpson, North und Demachy – die Leichtigkeit der Bewegung sehr hervor. Wiederum wird nicht auf ein mögliches Mitschwanken der Hand bei dieser Vibratoform hingewiesen. Ein solches Schwanken wird heute von den meisten Gambisten vorausgesetzt. Diese Frage bedarf einer genauen Analyse der Texte.

---

[160] M. MARAIS, *Pieçes a vne et a deux Violes*, Paris 1686, Avertissement, S. 4.
[161] DANOVILLE, *L'Art de toucher le Dessus et Basse de Violle*, Paris 1687. J. ROUSSEAU, *Traité de la Viole*, Paris 1687.
[162] DANOVILLE, a.a.O., S. 41.
[163] J. ROUSSEAU, *Traité* a.a.O., S. 100.

Betrachten wir zuerst die Namen der Verzierung. Bei Demachy heißt sie ein wenig merkwürdig „*tremblement sans appuyer*", Rousseau und Danoville nennen sie „*battement*", Marais sinnverwandt „*pincé*", oder, was mit ihrem Charakter zusammenhängt, „*flatement*". Sowohl „*tremblement sans appuyer*"[164] wie „*battement*" und „*pincé*" beziehen sich deutlich auf das Klopfen des zweiten der beteiligten Finger – und wohl auch auf die technische Ähnlichkeit zur Trillerbewegung.[165] Es fällt auch auf, daß – außer bei Demachy, dessen Erklärung aber sehr undeutlich ist – immer nur über eine Bewegung des zweiten Fingers die Rede ist: „*on fait ensuite mouvoir ce doigt*"; „*le suivant la bat*". Im Gegensatz zur Beschreibung des Vibratos mit dem kleinen Finger wird eine Handschwankung nirgends erwähnt – es würde in diesem Fall die Parallele zum Triller auch nicht mehr stimmen. Für eine solche Handschwankung, ähnlich dem Bockstriller auf der Violine, könnte unter Umständen die Verwendung der Wörter *serrer* und *presser* sprechen, weil die Hand von sich aus mitschwankt, wenn man die Finger so nahe wie möglich aneinanderpreßt: Ohne Mitschwanken der Hand wäre eine gleichmäßige Bewegung nicht möglich. *Serrer* und *presser* müssen aber nicht unbedingt das größtmögliche Aneinanderpressen der Finger bedeuten.[166] Danoville und Rousseau geben wohl nur an, daß man die Finger(spitzen?) aneinanderrücken soll, im Gegensatz zum Triller oder Mordent.

Ferner erörtern die oben zitierten Quellen noch einige weitere Details. Danoville weist darauf hin, daß zuerst die Hauptnote angespielt wird. Er rät sogar, die Hauptnote „einen Moment" erklingen zu lassen, bevor mit dem Vibrato angefangen wird, und deutet an, daß das Vibrato auch mit der Hauptnote enden soll. Rousseau spricht sich darüber nicht aus; es ist ja eigentlich auch selbstverständlich. Was die Fingerbewegung betrifft, so erhebt nur Danoville die Forderung, sie solle gleichmäßig erfolgen.

Leider erklärt LOULIE in seiner unvollendeten Gambenschule[167] nicht mehr, was er unter *Flatté* versteht. Man kann annehmen, daß seine geplanten Ausführungen weitgehend mit dem *Batement* J. Rousseaus übereingestimmt hätten, da er sich oft auf dessen Schule beruft.

b) Das Einfingervibrato

Wenn aus technischen Gründen ein Zweifingervibrato nicht möglich ist, wird ersatzweise mit einem Finger vibriert, und zwar in den meisten Fällen mit dem kleinen. Nach DEMACHY wird ein solches Einfingervibrato, das er *Aspiration* nennt, folgendermaßen ausgeführt:[168]

---

[164] *Sans appuyer* bedeutet normalerweise, daß die Verzierung mit der Hauptnote anfängt (s. Fußnote 159); hier weist es aber darauf hin, daß der Finger die Saite nicht jedesmal niederdrückt, sondern nur anstreift.

[165] Man beachte die terminologische Verflechtung mit dem Mordent: M. MARAIS, a.a.O., S. 4, nennt den Mordent *Battement*; DANOVILLE, a.a.O., S. 40–41, *Pincé*.

[166] A. FURETIERE, *Dictionnaire Vniversel* 2, La Haye-Rotterdam ²1702 (¹1690), S. 844, gibt unter *serrer* als Erklärungen u.a. *presser* und *s'approcher*. Auch F. NEUMANN, *Ornamentation in Baroque and Post-baroque Music*, Princeton 1978, S. 511–512, versteht unter *serrer* ein „Fingerkleben" und folglich das Zweifingervibrato als Handschwankungsvibrato. Es sei hier noch auf einen Irrtum Neumanns in diesem Abschnitt hingewiesen: Das Einfingervibratozeichen Danovilles ist nicht mit dem Trillerzeichen identisch. Im Notenbeispiel Danovilles (s. unten S. 62) fehlt das Zeichen für Einfingervibrato. – Zu dieser Frage vgl. auch H. BOL, *La Basse de viole du temps de Marin Marais et d'Antoine Forqueray*, Bilthoven 1973, S. 255. Er vermutet ein Fingerklopfen ohne Handschwankung, also wie eine Trillerbewegung. Er schlägt dabei vor, einen Finger vor und einen Finger gleich hinter den Bund zu setzen, so daß auf der Baßgambe eine Schwankung etwa eines Achteltons ergebe. Diese Idee wird in keiner der Quellen explizite erwähnt.

[167] F Pn, Fonds fr. n. a. 6355, f. 210r-222r: E. LOULIE, *Methode pour apprendre a jouer la Violle*, Hs., um 1700, f. 216r. Das Zeichen ist ∿, wie normalerweise für das Zweifingervibrato.

[168] DEMACHY, a.a.O., S. 9.

L'Aspiration qu'on nomme aussi plainte, se fait en variant le doigt sur la touche. Il y a des gens qui veulent que cela s'appelle miaullement par allusion.

[Die Aspiration, die man auch Plainte nennt, wird erzeugt, indem man den Finger auf dem Bund hin und her bewegt. Es gibt Leute, die das „Miaulement" („Miauen") nennen möchten, als Anspielung.]

Das Zeichen für dieses Vibrato ist:

MARAIS nennt das Einfingervibrato *Plainte* und schlägt folgende Ausführung vor:[169]

La plainte se fait ordinairement du petit doigt en balançant la main et se marque par ce trait..|) |.

[Die Plainte wird meistens mit dem kleinen Finger gemacht, indem man mit der Hand wankt. Sie wird mit ⸗ bezeichnet.]

In der Schule von DANOVILLE heißt das Einfingervibrato *Balancement de main*; zur Ausführung erfahren wir:[170]

Explication du Balancement de main.

Le Balancement de main a beaucoup de rapport au Battement, il se pratique d'ordinaire sur la Note qui fait la conclusion d'une double Cadence en coulade, & dans plusieurs autres endroits, selon le bon goust de celuy qui touche, il se fait du quatriéme doigt, lequel demeure appuyé sur la touche necessaire de sonner sans l'abandonner, & relaschant un peu le Poulce qui serre le dessous du Manche, on agite la main par un petit Balancement: Remarquez qu'il ne faut pas arrester l'Archet, non plus qu'au Tremblement, on le marque ordinairement par le Signe suivant.

EXEMPLE.

---

[169] M. MARAIS, a.a.O., S. 5.
[170] DANOVILLE, a.a.O., S. 45–46. Das genaue Zeichen fehlt jedoch; laut Erklärung und Fingersetzung müßte es bei der letzten Note stehen.

[Das Balancement de main hat viel mit dem Battement gemeinsam. Man spielt es meistens auf der Note, die einen Kadenztriller mit Nachschlag abschließt, und an verschiedenen anderen Stellen, nach gutem Geschmack des Spielers. Es wird mit dem vierten Finger erzeugt, der dabei auf dem für den gewünschten Ton erforderlichen Bund bleibt, ohne diesen loszulassen; und während man den Daumen, der den Hals unten festhält, etwas löst, bewegt man die Hand mit einem kleinen Wanken. Man beachte, daß man wie beim Triller den Bogenstrich nicht unterbreche. Es wird meist mit dem folgenden Zeichen bezeichnet.]

Und schließlich noch die Anweisung von J. ROUSSEAU, er nennt das Einfingervibrato *Langueur*:[171]

La Langueur se fait en variant le doigt sur la Touche. On la pratique ordinairement lors qu'on est obligé de toucher une Note du petit doigt, & que la Mesure le permet; elle doit durer autant que la Note. Cét agrément est pour suppléer au Batement qu'on ne peut faire quand le petit doigt est appuyé.

[Die Langueur wird erzeugt, indem man den Finger auf dem Bund hin und her bewegt. Man spielt sie meistens, wenn man eine Note mit dem kleinen Finger greifen muß, und der Takt es zuläßt; sie soll so lange wie die Note dauern. Diese Verzierung ersetzt das Battement dort, wo man es nicht spielen kann, weil der kleine Finger aufgesetzt ist.]

Der einzige Punkt, in dem unter den Gambisten des 17. und 18. Jahrhunderts Übereinstimmung herrscht, ist der, daß prinzipiell nur mit dem vierten Finger auf diese Weise vibriert werden soll; zwar äußert sich Demachy darüber nicht, seine Musik beseitigt jedoch diesbezügliche Zweifel.[172] Demachy und Rousseau erwähnen nur die Bewegung des Fingers, Marais und Danoville geben richtigerweise an, daß dabei auch die Hand schwankt. Über diese Handschwankung sind wir relativ gut informiert. Während Marais nur erklärt, daß man die Hand hin und her bewegen soll, gibt Danoville den (praktischen) Zusatz, dafür müsse man den Daumen „etwas" („*en relaschant un peu le Poulce*") von dem Gambenhals wegnehmen. Außerdem fügt er noch hinzu, daß diese Bewegung der Hand nur klein sein soll.

Das Interessante an dieser Aussage ist, daß das hier beschriebene Vibrato mit dem Lautenvibrato weitgehend übereinstimmt. Das ist natürlich nicht zufällig, Laute und Gambe waren schon lange Zwillingsinstrumente. Es bestanden im 17. Jahrhundert in Frankreich Gambenschulen, von denen sich eine (zu der u.a. Demachy gehörte) zu einer großen Verwandtschaft zwischen Lauten- und Gambentechnik bekannte, während eine andere allzuviel Abhängigkeit oder Gemeinsamkeit leugnete (u.a. Rousseau). Jedenfalls ist das von den Lautenisten beschriebene Vibrato jenem von Marais und Danoville sehr ähnlich. Marais spricht sich über die Größe der Bewegung nicht aus. In beiden Quellen erfahren wir nichts über die Ausführungsgeschwindigkeit. Bemerkenswert ist, daß bei Danoville, im Gegensatz zum Abschnitt über das Zweifingervibrato, der Vermerk über eine gleichmäßige Bewegung fehlt. Der Hinweis auf den Triller (siehe oben) bezieht sich nur auf die Bogenführung.

In der folgenden Tabelle 3 werden nun die Vibratobezeichnungen der oben besprochenen Autoren zusammengefaßt und gegenübergestellt:

---

[171] J. ROUSSEAU, *Traité* a.a.O., S. 101.
[172] D.h. normalerweise; es gibt auch (vor allem) technisch bedingte Ausnahmefälle: selten, wenn auf Doppelgriffen vibriert wird oder wenn der vierte Finger anders beschäftigt ist und keine zwei Finger zum Schlagen frei sind. Auf Einfingervibrato aus ästhetischen Gründen wird im zweiten Teil näher eingegangen.

Autor	Zweifingervibrato	Einfingervibrato
Demachy	Tremblement sans appuyer	aspiration plainte (andere): miaullement
Marais	pincé flatement	plainte
Danoville	battement	balancement de main
Rousseau	batement	langueur
Loulié	flatté battement	? aspiration[173] ? plainte[173]

Tabelle 3: Vibratobezeichnungen auf der Gambe (Frankreich)

Im 18. Jahrhundert erscheint keine Gambenschule mehr, welche die Bedeutung der Schulen von Danoville und J. Rousseau erreicht, obwohl auch in dieser Zeit die solistische Blütezeit der Gambe andauerte. Es wurden sehr viele Gambenwerke veröffentlicht, und gegen Mitte des Jahrhunderts, als die Gambe ihre einst wichtige Stellung zu verlieren begann, sogar eine Verteidigungsschrift.[174]

Im großen und ganzen bringen die Vorworte der verschiedenen *Pièces de Viole* aus dieser Zeit zur Technik der zwei Vibratoarten nichts Neues mehr. Meist werden die Anweisungen und/oder die Zeichen Marais' einfach übernommen, bestenfalls mit einer Vorbemerkung des betreffenden Autors,[175] die darauf hinweist, daß man dem Beispiel des großen Marais folgt:[176]

> ... je fais gloire de l'imiter, non seulement pour les âgréments, mais même pour les caracteres par les quels il les à designez.
>
> [Ich bin stolz darauf, daß ich ihn nachahme, nicht nur in den Verzierungen, sondern sogar in den Zeichen, mit denen er sie bezeichnete.]

Noch immer also wurde mit zwei Fingern vibriert. Langsam macht sich dann aber doch ein zunehmendes Eindringen des Einfingervibratos in Bereiche des Zweifingervibratos bemerkbar.[177] In den meisten Vorreden wird die Ausführung des Einfingervibratos noch mit dem kleinen Finger vorgeschlagen. Vereinzelt erfolgt der Einsatz auch aus rein ästhetischen Gründen. Primär wird dieses

---

[173] E. LOULIE, a.a.O., f. 219v. Er nennt auch *Langueur*, erklärt diese aber als *Coulé sur la violle* (ebd.). Ein Glissando heißt bei J. ROUSSEAU, Traité a.a.O., S. 101, *Plainte*. *Aspiration* und *Plainte* wäre dann bei Loulié wie bei Demachy. Allerdings hat Loulié, a.a.O., f. 216r, *Accent ou Aspiration* mit einer Petite Note erklärt: , ohne aber über Plainte zu reden.

[174] H. LE BLANC, *Défense de la Basse de Viole*, Brussel 1740.

[175] Diese Tabelle wird übernommen von: J. MOREL, *1.ᵉʳ Livre de pieces de violle*, Paris 1709, Avertissement; Th. MARC, *Suitte de Pieces de dessus et Pardessus de Viole*, Paris 1724, Avertissement; R. MARAIS, *Premier Livre De Pieces de Viole*, Paris 1735, Avertissement.

[176] Th. MARC, a.a.O., Avertissement.

[177] Vgl. dazu Kapitel VII, unten S. 191ff.

Vibrato jedoch aus technischen Gründen angewendet. So kommt das Einfingervibrato z.B. bei CAIX D'HERVELOIS auf Doppelgriffen vor, wenn beide Noten mit Vibrato gespielt werden sollen:[178]

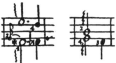

In weitaus den meisten Fällen wird jedoch nur mit dem kleinen Finger vibriert.

---

[178] L. DE CAIX D'HERVELOIS, *Premier Livre De Pieces de Viole*, Paris 1708, S. 32 und 54.

IV

Das Vibrato auf der Violine

Im Vergleich zu vielen anderen Instrumenten sind wir über das Violinspiel im Barock, und insbesondere im 18. Jahrhundert, relativ gut informiert. Einige Violinschulen gehören sogar zu den aufschlußreichsten Traktaten dieser Zeit überhaupt. Nimmt man noch die vielen interessanten Berichte über das Spiel berühmter Geiger hinzu, so bekommt man ein relativ gutes Bild von dem, was man als „barocke" Geigentechnik bezeichnet. Nur – eine solche gab es genausowenig, wie man etwa jetzt von einer „Geigentechnik des 20. Jahrhunderts" sprechen kann. Wie wir heute der besseren Übersicht wegen grob zwischen französischer und russisch-amerikanischer Schule unterscheiden, so können wir für die Zeit um 1700 von einer französischen und italienischen Schule sprechen. Beide Schulen weichen in verschiedenen Detailpunkten voneinander ab, am augenfälligsten wohl in der Verwendung verschiedenartiger Bogen und in der abweichenden Bogenhaltung.[179]

Aber auch innerhalb dieser Großbereiche gab es verschiedene Schulen, Weiterentwicklungen und sogar gegenseitige Beeinflussung. Die nationalen Stile finden gegen Ende des 17. Jahrhunderts in den Lullisten und Corelli zwar ihre hervorragenden Exponenten; später aber entwickelt sich insbesondere die italienische Schule immer weiter (wohl durch die für Virtuosen typische Ausarbeitung einer eigenen Technik). Neben der international (auch in Frankreich) verbreiteten Tartinischule gab es verschiedene andere Auffassungen. In den überlieferten Schulwerken finden wir immer wieder Spuren solcher Polemiken; sie lassen jedoch kaum deutliche Abgrenzungen zu. Dennoch kann ein sorgfältiger Vergleich vieler Violinlehrbücher uns vieles lehren.

Im Vergleich zur heutigen Tendenz wird dem Vibrato in diesen Büchern nur wenig Bedeutung zugemessen. Gibt es heute gar ganze Bücher über das Violinvibrato,[180] so war ein solcher Gedanke im 17. und 18. Jahrhundert noch völlig abwegig. Dabei gab es, wie wir im folgenden sehen werden, viele verschiedene, zum Teil sogar verlorengegangene Vibratotechniken, sowohl mit der rechten *(Tremulant)* als auch mit der linken Hand. Das Vibrato gehörte jedoch nicht zur Basistechnik des Violinspiels (nur das kann erklären, daß es in so wichtigen Lehrbüchern wie diesen von Le Fils oder Herrando nicht vorkommt); alle Lehrer, die darüber schreiben, ordnen es den Verzierungen zu. Dabei ist zu bemerken, daß sich viele der erhaltenen Geigenschulen Anfängern zuwenden, für die eine Erwähnung des Vibratos schon zu weitgehend bzw. professio-

---
[179] Vgl. dazu D. D. BOYDEN, *The History of Violin Playing from Its Origins to 1761*, London 1965, passim.
[180] So z.B. S. EBERHARDT, *Violin-Vibrato*, New York 1911; W. HAUCK, *Das Vibrato auf der Violine*, Köln-Wien (1971); F. RAU, *Das Vibrato auf der Violine*, Leipzig 1922; B. SZIGETI, *Das Vibrato*, Zürich 1950; C. E. SEASHORE (Hrsg.), *The Vibrato (Studies in the Psychology of Music* 1), Iowa 1932, und DERS., *Psychology of Music*, Iowa 1937. Die Wissenschaftlichkeit von Seashores Studien ist nicht unumstritten.

nell ist.¹⁸¹ Nachdem wir wissen, daß sogar für professionelle Orchestergeiger das Vibrato nicht notwendigerweise erfordert war – wie wir weiter unten sehen werden –, kann man sich vorstellen, daß diese Technik keinen Platz im Anfangsunterricht hatte. Dazu kommt, daß die meisten dieser „Geigenschulen" nicht über elementares Wissen, wie Grifftabelle und einfache Stricharten, hinausgehen.

Dem heutigen Musiker, für den Vibrato und Expressivität geradezu identisch sind, und für den das Vibrato eine wichtige Rolle zur Verbesserung der Klangqualität eingenommen hat, mag eine solche Einstellung unbegreiflich sein. Die Funktion, die für ihn das Vibrato erfüllt, wurde im Zeitalter des Barock – und der Romantik, ja im ganzen „expressiven" 19. Jahrhundert – ausschließlich von der Bogentechnik wahrgenommen. *„Der Bogen ist die Seele der Musik"*; daß man zu einem schönen Klang auch ein Vibrato *benötigen* würde, war bei dieser Betrachtungsweise zumindest eigenartig. Erst ab etwa 1920 konnte das kontinuierliche Geigenvibrato Fuß fassen.¹⁸² Das bedeutet jedoch keinesfalls, daß überhaupt nicht vibriert wurde; im Gegenteil, es gibt zahlreiche Beschreibungen des Violinvibratos.

Die verschiedenen alten Violinvibrati der linken Hand kann man einteilen in Zweifingervibrato, Schwankungsvibrato und Druckänderungsvibrato. Ein Zweifingervibrato muß auf der Geige viel intensiver sein als auf der Gambe, so daß es wahrscheinlich richtiger ist, hier von einem Mikrotontriller zu sprechen. Das Druckänderungsvibrato, das nicht unbedingt auch von einer Handschwankung begleitet sein muß und heute nahezu völlig verschwunden ist, war zugleich deutlich ein Intensitätsvibrato, während durch Handschwankung vor allem ein Tonhöhenvibrato erzeugt wird. Wegen der gleichzeitig technisch bedingten Druckänderung ist natürlich auch eine gewisse Intensitätsschwankung vorhanden.

1. DAS ZWEIFINGERVIBRATO

Auf der Violine erzeugt das Zweifingervibrato eine weit deutlichere Tonhöhenschwankung als auf den tiefen Streichinstrumenten; es hat auf der Geige fast eine Art Vierteltontriller zur Folge. Der heute auch manchmal bei Volksmusikern gehörte *Gipsy trill* war für barocke Begriffe wahrscheinlich zu wild und zu intensiv; kein anderes der weiter unten beschriebenen Vibrati erzeugt einen so heftigen Affektwert. Allerdings schildert TARTINI in seiner Verzierungslehre einen ähnlichen Effekt, zwar nicht als Vibrato, sondern als Halbtontriller:¹⁸³

---

[181] Einige Beispiele aus einer ganzen Sammlung sind: J. PLAYFORD, *Apollo's Banquet*, London ²1678, aufgelegt bis 1701; nach ihm eine Reihe *Compleat Tutors* für die Violine (der erste bekannte: *Nolens Volens*, London 1695; der früheste erhaltene: J. LENTON, *The Gentleman's Diversion*, London 1684; dazu: M. BOYD – J. RAYSON, *The Genleman's Diversion. John Lenton and the first violin tutor*, in: EM 10,3 (1982), S. 329–332), alle von einfachen *Airs* gefolgt. Auch Instrumentenschulen wie etwa T. B(ROWN), *The Compleat Musick-Master*, London ³1722 (andere Auflagen verschollen), und (P. PRELLEUR) *The Modern Musick-Master*, London 1730, haben einen solchen, meist *Nolens Volens* nachempfundenen Abschnitt für Violine. Einige dieser Heftchen übernehmen – wie wir unten noch sehen werden – ab 1754 (J. SADLER, *The Muses Delight*, Liverpool 1754) die Geminianische Verzierungstabelle, zu der ja ein Vibrato gehört; die Erklärung fehlt jedoch meist, und die technischen Implikationen dieser Tabelle können in den überwiegenden Fällen nur zu einem geringen Teil erfüllt werden. Andere solche Geigenlehrbücher sind zu finden im *Compendiö Musicale* des Italieners B. Bismantova, der etwas gründlicher ist und vor allem deshalb interessant, weil er ungefähr die einzige Quelle dieser Art in Italien zu dieser Zeit ist; D. SPEER, *Grund-richtiger / Kurtz / leicht und nöthiger Unterricht der Musicalischen Kunst*, Ulm ¹1687, stark erweiterte zweite Auflage ebd. 1697, diese als Faks., Leipzig 1974; M. CORRETTE, *L'Ecole d'Orphée*, Paris 1738; P. MINGUET Y IROL, *Reglas, y advertencias generales que enseñan el modo de tañer todos los Instrumentos majores*, Madrid 1752, darin auch eine Geigenschule.

[182] Noch L. AUER, *Violin Playing As I Teach It*, New York ²1980 (¹1921), S. 22f, verurteilt kontinuierliches Vibrieren.

[183] G. TARTINI, *Regole per arrivare a saper ben suonare il Violino*, Hs., vor 1750, Faks. mit Einl. von E. R. JACOBI, Celle–New York 1961, S. 12. Was Tartini hier beschreibt, ist wohl technisch ein „Bockstriller"; man beachte jedoch das langsame Tempo (*„il suo moto è tardo"*).

Vi è finalmente una specie di Trillo, che da Suonatori può esser ottimamte eseguita la Nota di sopra, (ch'è la Nota precisa del Trillo) si congiunge con la Nota di sotto, (ch'è la Nota trillata) in tal modo, che le due dita del Suonatore non abbandonino mai intieramente la Corda: questo si fà non alzando il dito, che trilla; ma portando col polso tutta la mano, e assieme con la mano il dito del Trillo in una specie di moto ondeggiato velocemente con la forza del polso. Il Trillo in tal modo vien legato, e non battuto; e nelle cose affettuose ha ottimo effetto, il suo moto è tardo, e viene meglio in Trillo di Semituono.

[Schließlich gibt es noch eine Art Triller, der von den Spielern am besten ausgeführt wird, indem die Nebennote (die die eigentliche Trillernote ist) so mit der Hauptnote (die die getrillerte Note ist) verbunden wird, daß die beiden Finger des Spielers die Saite nie ganz verlassen. Das wird so gemacht, daß der trillernde Finger nicht aufgehoben wird, sondern die ganze Hand mit dem Handgelenk, und zugleich der Finger des Trillers mit der Hand in eine Art aus der Kraft des Handgelenks schnell schwankende Bewegung gebracht wird. Auf diese Art wird der Triller gebunden, und nicht geschlagen; in leidenschaftlichen Stücken hat er eine sehr gute Wirkung, sein Tempo ist langsam, und er tritt vorteilhaft an Stelle des Halbtontrillers.]

Im Abschnitt über das Violinspiel in der *Harmonie Universelle* von MERSENNE glaubt man ein Zweifingervibrato zu finden; dies wird aber nirgends verdeutlicht; es ist sogar die Frage berechtigt, ob bei Mersenne überhaupt von einem Vibrato die Rede ist:[184]

Or les beautez & les gentillesses que l'on pratique dessus sont en si grand nombre, que l'on le peut preferer à tous les autres instrumens, car les coups de son archet sont par fois si ravissans, que l'on n'a point de plus grãd mescontentement que d'en entendre la fin, particulierement lors qu'ils sont meslez des tremblemens & des flattemens de la main gauche, qui contraignent les auditeurs de confesser que le Violon est le Roy des instrumens.

[Nun sind die Schönheiten und Artigkeiten, denen man darauf frönt, so zahlreich, daß man ihr über allen anderen Instrumenten den Vorzug geben könnte, da ihre Bogenstriche manchmal so entzückend sind, daß es keinen größeren Verdruß geben kann, als ihr Ende hören zu müssen, insbesondere wenn ihnen Tremblemens und Flatemens der linken Hand untergemischt sind, die den Zuhörer dazu zwingen zuzugeben, daß die Violine die Königin der Instrumente sei.]

Und einige Seiten später schreibt er:[185]

---

[184] M. MERSENNE, *Harmonie Vniverselle*, Paris 1636, Liure I des instrumens a chordes, S. 177. Dieser Abschnitt wurde von S. N. REGER, *Historical Survey of the String Instrument Vibrato*, in: C. E. SEAHORE (Hrsg.), *The Vibrato* (*Studies in the Psychology of Music* 1), Iowa 1932, S. 291, so übersetzt: „*Now, the beautiful and charming harmonies which may be evoked from it are so numerous, that one may well prefer it to all other instruments; for the strokes of its bow, are sometimes so ravishing that one can think of no greater dissatisfaction than to hear the end of them, especially when they are mingled with quiverings and gentle motions of the left hand, which constrain the listeners to admit that the Violin is the King of Instruments.*" Eine solche Ungenauigkeit – dazu noch vom Autor durch Kursivdruck hervorgehoben – scheint schon deshalb verdächtig, weil der Text ansonsten gut übersetzt wurde. Reger wie Seashore wollten schließlich einen so früh wie möglichen Beleg für die Verwendung des Vibratos finden.

[185] M. MERSENNE, a.a.O., S. 183. Noch bei S. MILLIOT, *Le Violoncelle en France au XVIIIème Siècle*, Paris–Lille 1981, lesen wir, daß „Mersenne sehr wohl rate, ‚dem Finger wiederholte Vibrationen einzuprägen, um Ohr und Seele zu verzücken', aber sie nur bestimmten expressiven Noten vorbehalte (*„Mersenne conseille bien ‚d'imprimer au doigt des vibrations répétées pour que l'oreille et l'âme en soient ravies', mais il se réserve à certaines notes expressives seulement.*"). Laut Autorin steht dies bei Mersenne auf S. 183; diesen Abschnitt habe ich jedoch nicht finden können. Ich vermute, daß der als zitiert erwähnte Teil eine freie Interpretation der Autorin ist, eine Interpretation, die auf die hier gegebenen Abschnitte sowie auf die allgemeinen Anmerkungen Mersennes zur Violintechnik auf S. 183 fußt. Ähnliche Aussagen zum Vibrato findet man noch bei anderen (modernen) Autoren. Sowohl die Verbindung der *Tremblemens* mit Vibrato hier und auf S. 177, wie der Abschnitt auf S. 183 nur mit Zweifingervibrato, hat Tradition, etwa bei A. MOSER, *Die Geschichte des Violinspiels*, Berlin ²1923, S. 160–161. Eine solche Äußerung wurde vielfach unkritisch übernommen, oft auch wenn der betreffende Autor wissenschaftlich nicht sehr gut geschult war, so etwa von W. HAUCK, a.a.O., S. 5; dort auch ähnliche Beispiele. Auch der vorher schon erwähnte Text von Reger wurde manchmal (unter Seashores Namen) vorbehaltlos übernommen.

En second lieu, il faut addoucir les cordes par des tremblemens, que l'on doit faire du doigt qui est le plus proche de celuy qui tient ferme sur la touche du Violon, afin que la chorde soit nourrie. Mais il faut appuyer les bouts des doigts le plus fort que l'on peut sur la touche, afin que les chordes fassent plus d'harmonie, & les leuer fort peu de dessus le manche, afin d'auoir assez de temps pour les porter d'vne chorde à l'autre.

[Zum zweiten soll man die Saiten weicher klingen lassen, mit Verzierungen, die man mit dem Finger, der demjenigen, der feste auf dem Griffbrett der Violine steht, am nächsten ist, erzeugen muß, damit die Saite voll klinge („genährt sei"). Aber man soll die Fingerspitzen so feste wie nur möglich auf das Griffbrett drücken, damit die Saiten wohlklingender sind, und sie nur sehr wenig vom Hals abheben, damit man genug Zeit hat, um sie von der einen auf die andere Saite zu bringen.]

Keine dieser beiden Textstellen weist also unmißverständlich auf ein Zweifingervibrato oder auch auf ein Einfingervibrato hin. Was die *Flattements* angeht, so schließt man wohl aufgrund des späteren Gebrauchs dieses Namens bei Bläsern, Gambisten und Gitarristen auf eine Bezeichnung für Vibrato; ein solcher Rückschluß ist aber sehr gewagt, vor allem weil dafür keine Belege vorliegen. Der Terminus *Flattement* („Schmeichelung") muß auch im späten 17. Jahrhundert nicht unbedingt ein Vibrato bezeichnen - wie z.B. in der Musiklehre von LOULIE.[186]

Im zweiten Zitat könnte man nun ein Zweifingervibrato erläutert sehen *(„du doigt qui est le plus proche de celuy qui tient ferme sur la touche du violon")*; genauso gut kann aber auch ein Triller oder ein Mordent gemeint sein, wenn man *„le plus proche"* als „der nächste (Finger)" interpretiert. *Tremblement* steht bei Mersenne im Prinzip für verschiedene Verzierungen, oder er verwendet diese Bezeichnung überhaupt als Synonym für „Verzierung". Daß die Saite nur durch ein Vibrato „voller" *(„nourrie")* klinge, ist eine zu einfache Lösung. Noch über hundert Jahre später schlägt CORRETTE in seiner Violinschule vor, zur Erreichung eines volleren Klanges einen Mordent einzusetzen.[187]

---

[186] E. LOULIE, *Elements, ou Principes de Musique*, Paris 1696, S. 73:

FLATTE.
Le *Flatté* ou *Flattement* est un Tremblement simple ou de deux coulez suivy d'une Chute ☩

[Das Flatté oder Flattement ist ein Triller mit einem bzw. zwei Schlägen, gefolgt von einer Chute ☩.]

Dies ist jedoch nicht der Fall in seinen beiden Instrumentalschulen (für Blockflöte und Gambe); vgl. hiezu die betreffenden Kapitel S. 95ff. bzw. S. 61ff.

[187] M. CORRETTE, a.a.O., S. 3.

2. DAS EINFINGERVIBRATO

a) Druckänderung

Abhandlungen über diese Vibratotechnik finden wir hauptsächlich im deutschen Raum. Gegen Ende des 18. Jahrhunderts verschwindet es allmählich aus der Praxis. In seiner ursprünglichen Form wurde es nicht mit einer Handbewegung kombiniert. Eine sehr genaue technische Beschreibung gibt uns PRINTZ im zweiten Teil seines *Phrynis:*[188]

> § 3. Trilletto aber ist nur eine Bebung der Stimme / so viel linder als Trillo, und fast gar nicht angeschlagen wird.
>
> § 4. Auf denen Seiten geschicht er mit einem oft wiederholten Niderdrücken / und doch nicht gäntzlicher Auflassung der Seiten / von eben dem Finger / der sonsten denselben Thon verursacht: Hergegen wird Trillo verursacht durch ein oft wiederholetes Drücken und gäntzliches Auflassen der Seiten von dem nechst-folgenden Finger. Welches beydes auf denen Geigen unter wärung eines einzigen Strichs geschehen solle.

Ob hier auch eine Schwankung der Hand beabsichtigt ist, geht aus dem Text nicht klar hervor; es wird nur erklärt, daß der Finger zwar den Saitendruck ändert, jedoch so (im Gegensatz zum *Trillo*), daß man den Finger nie ganz von der Saite hebt. Hier freilich drückt Printz sich nicht ganz konsequent aus, denn nach seiner Definition ist der *Trillo* eine schnelle Tonrepetition.[189] Bei dem hier beschriebenen Violintriller handelt es sich aber um einen Triller mit Hilfsnote. Der *Trillo*, wie er ihn definiert – als Tonwiederholung –, ist eigentlich mit der rechten Hand auszuführen. Solche Tonwiederholungen auf dem Instrument nennt er aber *Bombi* oder *Schwermer*.[190]

Diese Praxis ist nur sehr selten belegt; die meisten Lehrbücher ziehen eben die normale (Schwankungs)Technik vor. Gut hundert Jahre nach Printz berichtet PETRI über Geiger, die ein Vibrato erzeugen, indem sie nicht nur diese Technik des Fingerdrucks anwenden, sondern sie auch mit einer Handschwankung kombinieren. Auf diese Weise entstehe ein gleichzeitiges Intensitäts- und Tonhöhenvibrato:[191]

> Endlich der Tremolo thut auch auf der Geige, wie auf dem Klaviere, gute Dienste, welche einige nicht blos durch den sanfteren oder stärkeren wechselweisen Eindruck auf dem Grifbrete verrichten, sondern zugleich den drükkenden und diese Schwebung auf der langen Note veranlassenden Finger so aufsetzen, daß er beim Eindrükken und Zittern um ein weniges vor und zurück drückt; wodurch der Ton, den der Bogen aushält, nicht nur tremulirt, sondern auch selbst zu schwanken scheint.

Auch Tartini weist, wie wir weiter unten sehen werden, bei seiner Vibratoanleitung deutlich auf diese Druckänderung hin; er betrachtet sie als ständige Begleiterscheinung des Schwankungsvibratos.[192] Petri jedoch scheint beide Komponen-

---

[188] W. C. PRINTZ, *Phrynis oder Satyrischer Componist* 2, Sagan 1677, S. J4r. In seinen anderen Schriften finden wir keinen Vergleich mit dem Insrumentalvibrato.
[189] Ebd. Ähnlich auch in DERS., *Compendium Musicae signatoriae et modulatoriae vocalis*, Dresden 1689, S. 47-48 und 51. Dort nur vokal.
[190] Ebd., S. 49.
[191] J. S. PETRI, *Anleitung zur Praktischen Musik*, Leipzig ²1782, S. 412. Jedoch nicht in der ersten Auflage, DERS., *Anleitung zur Practischen Musik*, Lauban 1767. Der Abschnitt über die Bebung ist in den beiden Auflagen nahezu identisch. Vgl. Clavichord, S. 128.
[192] Man beachte, daß die Druckänderung auch heute von manchen Geigern zur Ausführung des (normalen) Vibratos gelehrt wird.

ten – Druckänderung und Schwankung – für gleich wichtig zu halten (*„nicht blos..., sondern zugleich..."*).

b) Handgelenksvibrato

Für diese Technik existieren die meisten Belege. Allerdings im 17. Jahrhundert ist diese Variante nur selten beschrieben. So erwähnt 1642 der Niederländer BAN, daß die Instrumente beim colla-parte-Spiel den Gesang (nach Art der seconda prattica) ohne viel zu diminuieren mit lieblicher Fingerbebung (*„met lieffelijke vinger-bevinghe"*) begleiten sollen, damit der Sinn der Worte, der ja der einzige Zweck dieser Musik ist, nicht verschleiert werde (*„op dat het beduidzel der woorden, welke het enighste wit ende opmerk van dezen zangh is, niet en worde verhindert"*).[193] Zur Technik erfahren wir eigentlich nichts, auch nicht ob z.B. ein Handgelenks- oder Armvibrato gemeint ist.

Ein weiteres Quellenkonglomerat besteht aus Musiklehrbüchern für die deutsche Jugend, alle aus dem späten 17. und frühen 18. Jahrhundert. Falls sie ein Vibrato angeben,[194] wird die Verzierung – als solche wird es immer bezeichnet – fast immer mit dem Vibrato auf der Geige verglichen. Wohl um die Angelegenheit für den damaligen Schüler nicht allzu kompliziert zu machen, sind diese Hinweise meistens sehr einfach gehalten und wenig informativ.

Eine aussagekräftigere Erklärung finden wir in *Primae lineae musicae vocalis* von BEYER; er nennt das Violinvibrato *Tremulo* und vergleicht es mit dem Orgeltremulanten:[195]

> ... Wenn ich aber den Tremulo in der Orgel, oder auf einem Instrumento betrachte, so hebet der Organist seine Finger nicht auf, und hat doch seinen Tremulanten, der Musicus instrumentalis hebet seine Finger auf der Seite auch nicht auf, sondern beweget sie nur, und machet doch einen schönen Tremulo.

Auch FUHRMANN drückt sich in seinem Werk *Musicalischer-Trichter* klarer aus:[196]

> § 5 Tremoletto ist eine Bebung der Stimme / so gar nicht angeschlagen wird / und in Unisono oder in einem Clave nur geschiehet / wie auff der Geige am besten zu zeigen / wenn man den Finger auff der Seite stehen läst / und solchen doch mit Schütteln etwas beweget und den Thon schwebend macht / als:

Daß im Notenbeispiel von Fuhrmann anstelle des Tremulantzeichens nur Staccatopunkte gesetzt wurden, ist vermutlich auf einen Druckfehler zurückzuführen: der Bogen wurde wohl vergessen.

---

[193] J. A. BAN, *Zangh-Bloemzel*, Amsterdam 1642, f. ***r.
[194] Vgl. den Abschnitt über das Vokalvibrato.
[195] J. S. BEYER, *Primae lineae musicae vocalis*, Freiberg ²1730 (¹1703), S. 39. Ähnliches auch bei J. P. SPERLING, *Principia musica*, Budissin 1705, S. 68–69; S. 84. Dort (S. 84) auch eine Erklärung zum Unterschied zwischen *tremolante* und *Trillo*. Sperling, Beyer und M. FUHRMANN, *Musicalischer-Trichter*, Berlin 1706, notieren ♪♪♪♪ bzw. ♩♩♩♩, also die konventionelle Notation für das Bogenvibrato.
[196] M. FUHRMANN, a.a.O., S. 66.

Aus der zeitgenössischen Instrumentalmusik und aus – ausführlicheren – theoretischen Schriften geht deutlich hervor, daß man mit ♪♪♪ normalerweise ein Bogenvibrato (also einen Tremulanten) bezeichnet. Um den Effekt eines Fingervibratos darzustellen, kam diese Schreibweise wohl am ehesten in Frage – zumal wir dafür auch bei Autoren mit höherem Niveau kein eindeutiges Sigel finden. Ein Zeichen, wie es Merck verwendet (s. unten), wird nirgends erwähnt. Vibrati werden oft auch in Musikwerken mit dem Tremulantzeichen notiert; ob dieses Zeichen unter Umständen nicht nur für Bogenvibrato, sondern vielleicht auch für ein Vibrato der linken Hand stehen kann, müßte allerdings noch weiter untersucht werden, was bei der derzeitigen Quellenlage nicht ohne weiteres möglich ist.[197]

Auch MATTHESON beschreibt das Vibrato als eine *„blosse Lenckung der Fingerspitzen, ohne von der Stelle zu weichen"*, allerdings als Sammelbegriff für Vibrato auf *„Lauten, Geigen und Clavichordien"*, was wieder reichlich unzulänglich ist, um auf eine bestimmte Technik schließen zu können. Wie groß die Tonhöhenschwankung dabei ist, *„kan niemand beschreiben, noch messen; vielweniger mit gebräuchlichen Abzeichen vorstellig machen"*.[198] Ein Zeichen für das Vibrato verwendet er nicht.

All diesen Autoren ist gemeinsam, daß sie nur von einer Bewegung der Finger sprechen, und man deshalb nicht daraus schließen kann, ob ein Handgelenks- oder ein Armvibrato gemeint ist. Eine bloße Fingerbewegung wäre wohl nur bei einem reinen Druckänderungsvibrato möglich. MERCK dagegen erwähnt in seinem *Compendium* – es ist dies die einzige gedruckt erhalten gebliebene deutsche Geigenschule aus dem späten 17. Jahrhundert – auch eine Bewegung der Hand:[199]

> m. wo dises stehet / muß fest zugedruckt werden mit dem Finger / aber die gantze Hand beweget werden.

Eine Schwankung nur der Finger ist anatomisch nicht möglich. Vielleicht wollen diese Autoren, einem didaktischen Impuls folgend, nur andeuten, daß der Finger schwankt, ohne von der Saite zu weichen. Welche praktische Folgen eine solche Fingerschwankung für das Handgelenk oder für den Arm hat, ist, von diesem Standpunkt aus gesehen, relativ unwichtig.

Die oben zitierten Quellen enthalten also nicht genügend Informationen, um mit einiger Sicherheit auf eine bestimmte Technik schließen zu können. Am klarsten ist hier Merck, der anscheinend ein Handgelenksvibrato befürwortet. Ob von den anderen Autoren auch ein Impuls aus dem Arm gemeint sein kann, ist unklar. Eventuell könnte Fuhrmanns *„Schütteln"* darauf hinweisen, daß hier eine heftigere Bewegung gemeint ist. Dagegen spricht aber der Rest seines Textes: *mit Schütteln etwas* [!] *beweget;* meiner Ansicht nach kann hier kaum eine heftige Bewegung gemeint sein.

Ein weiteres Indiz für Handgelenksvibrato – und eher gegen einen Impuls aus dem Arm – ist für mich die Geigenhaltung, die gerade Vibrato und Lagenwechsel erheblich und wesentlich beeinflußt. „Die" barocke Violinhaltung gab es allerdings nicht. In den Geigenschulen kommen die verschiedensten Meinungen

---

[197] Vgl. auch den Abschnitt über den Tremulanten S. 136f.
[198] J. MATTHESON, *Der vollkommene Capellmeister*, Hamburg 1739, S. 114. Vgl. auch den Abschnitt über das Clavichordvibrato.
[199] D. MERCK, *Compendium musica instrumentalis chelica*, Augsburg 1695; sie dürfte zu den frühesten erhaltenen Geigenschulen überhaupt gehören, nimmt man Verzierungsanleitungen, Teile aus Kompendien, wie Mersenne oder Falck, aus. Die anderen frühen Geigenschulen sind zu bescheiden, um ein Vibrato zu erwähnen.

zutage. Der Tenor in den meisten Schulen ist, daß die Geige irgendwo zwischen Schulter und Brust frei aufgesetzt wird, also ohne das Instrument zusätzlich durch das Kinn zu stützen.[200] Dies schließt ein Armvibrato selbstverständlich aus, nicht aber auch ein Handgelenksvibrato. Das wird bestätigt von NORTH, der über Matteis berichtet, er halte seine Geige *„ag' his short Ribbs"*;[201] auch für die Engländer damals etwas ungewöhnlich, wie North uns wissen läßt. Gerade Matteis wurde von ihm aber wegen seines schönen Vibratos auf langen Noten *(arcata)* gerühmt; North nennt das Vibrato auf der Geige auch öfters *wrist-shake.*

Die meisten Quellen aus dem 17. und frühen 18. Jahrhundert verlangen eine Geigenhaltung ohne Stützen – z. T. auch wegen der Zuschauerästhetik. Um die Mitte des 18. Jahrhunderts beginnen Theoretiker dann ein gelegentliches Stützen beim Geigenspiel zu empfehlen, vor allem beim Passaggieren und beim Lagenwechsel.[202] Diese Haltung scheint sich im Laufe des 18. Jahrhunderts durchgesetzt zu haben. Ein kontinuierliches Stützen wird, außer von PRINNER,[203] erst sehr spät erwähnt. Es scheint, daß ein solches kontinuierliches oder doch auch gelegentliches Stützen vor allem in den Orchestern im 18. Jahrhundert praktiziert wurde – dies wird einigermaßen von der musikalischen Ikonographie bestätigt.

Die heute übliche Geigenhaltung wird es wohl – auch wegen des fehlenden Kinnhalters und der Schulterstütze – nicht gegeben haben. Deshalb glaube ich annehmen zu können, daß ein Vibrato mit dem Handgelenk erzeugt worden ist.

Es ist auffallend, daß bei den Erläuterungen des Vibratospiels nie zur Sprache kommt, ob dabei auch der Arm eine Bewegung ausführen soll. Das Vibrato wurde, den Beschreibungen zufolge, immer mit dem Finger bzw. mit dem Handgelenk *(wrist-shake)* hervorgebracht. Ein Geigenspiel ohne Stützen schließt jedenfalls eine Armbewegung aus.

NORTH nennt das Vibrato auf der Geige in verschiedenen Schriften *„the violin wrist-shake".*[204] Diese Umschreibung hebt deutlich die für den Zuschauer augenfällige Bewegung des Handgelenks hervor.

Die relativ geringe Bedeutung der Geige und der – mit wenigen Ausnahmen – relativ niedrige Entwicklungsstand der Geigentechnik in England während des 17. Jahrhunderts (vor allem im Vergleich mit der Gambe) sind wohl die Ursache dafür, daß North das Eintreffen Matteis' für den eigentlichen Anfang der „großen", virtuosen (italienischen) Violintechnik in England hält. Über sein Vibrato berichtet North, daß es *„slow"* war und nur an bestimmten Stellen

---

[200] Zur Geigenhaltung s. u.a. D. D. BOYDEN, a.a.O., passim. Dort auch einschlägige bibliographische Hinweise.
[201] GB Lbl, Add. ms. 32533: R. NORTH, *The Musicall Gramarian*, Hs., 1726, f. 178r. Vgl. auch J. WILSON, *Roger North on Music*, London 1959, S. 309. Dort auch der Hinweis, daß Matteis – ebenfalls laut North – die Geige „almost against his girdle" halte.
[202] Darunter wohl auch die „bequeme Geigenhaltung" in L. MOZART, *Gründliche Violinschule*, Augsburg ³1787 (¹1756), S. 54. Er sieht sie nicht als ideal, sondern als tauglich (bequem, ist gleich dem lateinischen apte); daß sie ein gelegentliches Stützen einschließt, wird u.a. bestätigt von J. S. PETRI, a.a.O., Leipzig ²1782, S. 384, der davor warnt, nirgends, außer beim Passaggieren und beim Lagenwechsel zu stützen. Es sieht so aus, als hätte man, zumindest seit dem 18. Jh., beim Violinspiel das Kinn doch gelegentlich als Stütze verwendet. Mehr zu diesem Problem auch diesmal bei D. D. BOYDEN, a.a.O., passim. Ein wirkliches Stützen wird befürwortet von G. S. LÖHLEIN, *Anweisung zum Violinspielen*, Leipzig–Züllichau ²1781 (¹1774), S. 12–13, eine fast moderne Geigenhaltung! Interessant ist, daß Löhlein sich u.a. auf Mozart beruft – und daß gerade er auch vor einem kontinuierlichen Vibrato warnt.
[203] US Wc, ML 95 P 79: J. J. PRINNER, *Musicalischer Schlissl*, Hs., 1677, f. 48r. Dies ist bei weitem die früheste Quelle, die ein kontinuierliches Stützen befürwortet.
[204] So u.a. in: GB Lbl, Add. ms. 32532: R. NORTH (ohne Titel). Hs., c. 1695/1701, f. 8r (hier noch ohne den Namen *Wrist-Shake*); GB Lbl, Add. ms. 32533, a.a.O., f. 111v; GB Lbl, Add. ms. 32537: DERS., *The Musicall Grammarian* (Skizzen und Entwürfe), Hs., vor 1726, f. 64r; GB Lbl, Add. ms. 32536: DERS., *An Essay of Musicall Ayre*, Hs., c. 1715/20, f. 38v.

angebracht wurde.²⁰⁵ Matteis' Nachfolger hätten jedoch diesen *wrist-shake* viel zu oft verwendet.²⁰⁶ Man kann also annehmen, daß Matteis sein langsames Handgelenksvibrato, das er sowohl nach oben als nach unten schwingen ließ,²⁰⁷ seinen englischen Schülern gelehrt hat. Er selber wandte es nur an Messa di voce-Stellen an; die spätere Generation hat (laut North) den Gebrauch (zu) sehr ausgedehnt.

Auch in Frankreich gibt es vereinzelt Beschreibungen des Violinvibratos, allerdings geben die technischen Erläuterungen sehr oft keine zufriedenstellende Auskunft. Die deutlichste Erklärung stammt von einem Nichtmusiker, vom Philosophen Ch. HEBERT; er nennt das Vibrato *Mordant* bzw. *Frissante:*²⁰⁸

> ... des mordants ou frissantes come on pratique particulierement sur les touches des violons en remuant le doigt sur la corde de l'intervalle de quelques commas, sans neanmoins le lever, le coup d'archet doit être bien nourri pour lors, douvient le son outre la müance qu'il souffre, forme encore un certain sifflement qui est de plus agreable, et qui fait connoitre l'habilete du bras qui conduit l'archet, et la fermete du doigt qui appuie sur la corde, ceux qui excellent en ce point trés rares, je n'en n'ai connù que deux ou trois en jtalie que je ne nomme point pour ne point faire tort aux autres.
>
> [... Mordants bzw. Frissantes, wie man besonders auf dem Griffbrett der Violine erzeugt, indem man den Finger auf der Saite in einem Intervall von einigen Kommas bewegt, ohne ihn aufzuheben. Der Bogenstrich sollte dabei sehr voll klingen, denn daher erfährt der Klang nicht nur eine Änderung, sondern bildet er auch ein gewisses Rauschen, das sehr angenehm ist und das die Geschicklichkeit des den Bogen führenden Armes sowie die Stärke des Fingers, der auf die Saite drückt, verrät. Nur sehr wenige beherrschen diesen Punkt vortrefflich; ich habe nur zwei oder drei in Italien gekannt, aber ich werde sie nicht nennen, um den anderen kein Unrecht anzutun.]

„En remuant" weist wohl nur auf das Wackeln, die Bewegung des Fingers hin,²⁰⁹ ohne daß damit eine bestimmte Richtung (wie vor und zurück) angegeben werden kann. Hébert teilt mit, daß die Tonhöhe schwanke *(„quelques commas")* und diese Schwankung kleiner sei als ein Halbton. Wie andere Quellen auch, hebt er den festen Druck des vibrierenden Fingers hervor. Aber im Gegensatz zu anderen Überlieferungen betont er gleichzeitig die Rolle der rechten Hand: *„le coup d'archet doit être bien nourri pour lors ... un certain sifflement qui est de plus agreable".* Vergleichbares findet man zwar bei L. MOZART, aber eher im Zusammenhang mit der Messa di voce. Während Hébert den Strich als wichtige Komponente beim Zustandekommen der typischen Brillanz *(„sifflement")* des Tones sieht, gibt L. Mozart eher einen zufälligen Zusammenhang an.²¹⁰

---

²⁰⁵ GB Lbl, Add. ms. 32532, a.a.O., f. 8r *(Graces in Playing)*.
²⁰⁶ Vgl. auch den zweiten Teil. – GB Lbl, Add. ms. 32533, a.a.O., f. 111v.
²⁰⁷ Zu den Schwingungsrichtungen des Vibratos, s. GB Lbl, Add. ms. 32506: R. NORTH, *Notes of Me*, Hs., c. 1695, f. 76v.
²⁰⁸ GB Lbl, Add. ms. 6137: C. HEBERT, *Traité de L'Harmonie des sons er de leurs rapports ou La Musique theorique, et pratique ancienne et moderne examineè dés son origine*, Hs., Boulogne 1733, S. 456 (= f. 258v). Meines Wissens ist dies die einzige Instanz, die das Wort *Frissantes* (elliptisch für Notes frissantes) verwendet. Ähnlich jedoch J. MOREL, *Nouvelle théorie physique de la voix*, Paris 1746, S. 16: „*deux tuyaux d'Orgue, qui frisent, pour ainsi dire l'unisson*", im Sinne des deutschen Schweben. *Frissant* ist das altfranzösische Verb *frire* (zittern) verwandt. F. POMAI, *Le grand Dictionaire Royal* 1, Köln ⁵1715, S. 438, verwendet noch das Wort *Frisson* im Sinne von Schaudern; *Frissoner*, als schaudern, zittern (z.B. vor Kälte oder Furcht), auf S. 437, *friser* als etwas kräuseln, vor allem in Zusammensetzungen wie: die Haare kräuseln. Verwandt noch auch *Frémissement*, als Beben und Zittern (vor Zorn), aber auch als: „*es wird auch vom Brummen der Glocken gesagt / wann man auffhöret sie zu läuten*" (ebd., S. 436).
²⁰⁹ F. POMAI, a.a.O., S. 806, übersetzt *remuer* im Sinne von Bewegen. Man beachte, daß Hébert sich nicht der unter Musikern gängigen Ausdrücke bedient.
²¹⁰ L. MOZART, a.a.O., S. 104, im fünften Kapitel, anläßlich der Erklärung des wechselnden Bogendrucks. Der Gedankengang ist aber bei ihm genau umgekehrt.

Das von Hébert beschriebene Vibrato verschönert den Klang *(„un certain sifflement, qui est de plus agreable")* und ist so mit dem dritten Geminianischen (Verzierungs-)Vibrato vergleichbar. Bezeichnenderweise erwähnt Hébert außerdem, daß nur italienische Geiger – noch dazu in sehr beschränkter Anzahl – alle Erfordernisse für ein gutes Vibrato erfüllten.

Im Gegensatz zu Hébert liefern andere französische Quellen fast nur schlechte oder gar keine Anleitungen zum Vibratospiel.[211] CORRETTE erwähnt das Vibrato erst im zweiten Teil seiner Violinschule, der 44 Jahre nach dem ersten erschien:[212]

> Pour enfler le son sur une note longue, il faut commencer par conduire avec douceur l'archet sur la corde ensuite le fortifier au milieu selon la valeur de la note et finir comme on a commencé en balançant un peu le doigt sur la corde.
>
> [Um den Ton auf einer langen Note anschwellen zu lassen, führe man einen sehr sanften Bogenstrich am Anfang; danach verstärke man ihn in der Mitte, je nach der Länge der Note; man beende ihn, wie man angefangen hat, während man den Finger auf der Saite etwas wiegt.]

Später noch übernimmt BAILLEUX in seiner Geigenschule die Erklärung des *Flaté,* wie sie schon Montéclair gegeben hatte,[213] allerdings mit Hinzufügung einiger violintechnischer Details:[214]

> Pour produire le balancement sur le Violon, il faut appuyer ferme avec le doigt sur la corde, et faire avec la main des petits mouvemens.
>
> [Um auf der Violine ein Balancement zu spielen, drücke man fest mit dem Finger auf die Saite und mache man kleine Bewegungen mit der Hand.]

Um eine wirklich detaillierte Beschreibung der Technik des Violinvibratos zu finden, müssen wir bis zur Mitte des 18. Jahrhunderts warten, und zwar auf die großen Lehrwerke von GEMINIANI, TARTINI und L. MOZART. Dabei ist festzuhalten, daß Mozart in der Tartinischen Tradition steht.[215] Es stehen uns also Zeugen zweier verschiedener italienischer Schulen – der Tartini- und der Geminiani-Schule – zur Verfügung. Geminiani war seinerseits früh nach England gekommen. Obgleich italienischer Schulung, wurde er dort sehr gut assimiliert – ähnlich wie Händel, obwohl beide zeitlebens als musikalische Kontrahenten galten. Der englische Einfluß auf seine Musikpraxis ist – sofern sie in seinen musikästhetischen Schriften überliefert ist – unleugbar, genauso wie der Erfolg

---

[211] Die Geigentechnik war auch noch nicht so hoch entwickelt im Sinne des Virtuosen, wie auf anderen Instrumenten (z.B. der Gambe). Man kann aber annehmen, daß auch die Franzosen vibrierten, wenn auch nicht so, wie Hébert es sich wünschte.

[212] M. CORRETTE, *L'Art de se perfectionner dans le Violon,* Paris 1782, S. 4–5. In DERS., *L'Ecole d'Orphée,* a.a.O., S. 34, hatte er, im Zusammenhang mit dem *Gout italien,* schon über diese Messa di voce geschrieben, ohne jedoch dort das Vibrato zu erwähnen.

[213] M. PIGNOLET DE MONTECLAIR, *Principes de Musique,* Paris 1736, S. 85, jedoch nur vokal. Vgl. den Abschnitt über die Vokaltechnik, S. 28f.

[214] A. BAILLEUX, *Méthode Raisonnée Pour apprendre à Joüer du Violon,* Paris 1798, S. 11, sub *Flatté.* Überhaupt ist vieles bei Bailleux fast wortwörtlich aus Montéclairs *Principes* übernommen, wobei nur geringfügige Änderungen vorgenommen wurden, damit die Erklärungen der Violintechnik angepaßt werden konnten.

[215] Tartinis Verzierungslehre wurde zwar erst um 1770 gedruckt; aber schon um die Mitte des 18. Jh.s gab es handschriftliche Kopien in ganz Europa. Vgl. dazu die Einleitung von E.R. JACOBI zum Faks. von G. TARTINI, a.a.O., Celle–New York 1961.

seiner Schriften gerade in England.[216] Heute wird der pädagogische Wert seiner Violinschule vielleicht zu niedrig eingeschätzt. Im 18. Jahrhundert wurde sie jedoch vielfach nachgeahmt. Die sehr interessanten technischen und ästhetischen Ausführungen von GEMINIANI enthalten einen wichtigen Abschnitt über das Vibrato. Ich zitiere diese Stelle in extenso:[217]

> *(Fourteenth)* Of the Close SHAKE.
>
> This cannot possibly be described by Notes as in former Examples. To perform it, you must press the Finger strongly upon the String of the Instrument, and move the Wrist in and out slowly and equally, when it is long continued swelling the Sound by Degrees, drawing the Bow nearer to the Bridge, and ending it very strong it may express Majesty, Dignity, &c. But making it shorter, lower and softer, it may denote Affliction, Fear, &c. and when it is made on short Notes, it only contributes to make their Sound more agreable and for this Reason it should be made use of as often as possible.
>
> [14. Über den Close Shake.
>
> Dies kann nicht, wie in den vorigen Beispielen, mit Noten erklärt werden. Um ihn auszuführen, drückt man den Finger fest auf die Saite des Instruments und bewegt das Handgelenk langsam und gleichmäßig vor und zurück (in and out); wenn er lange ausgehalten wird, während man den Klang allmählich anschwellen läßt, den Bogen immer näher zum Steg führt und sehr stark endet, mag er das Majestätische, die Würde usw. ausdrücken. Aber wenn man ihn kürzer, schwächer und sanfter ausführt, mag er Trauer, Angst usw. bezeichnen, und wenn er auf kurzen Noten gespielt wird, trägt er nur dazu bei, daß ihr Klang angenehmer wird, und deshalb sollte er möglichst oft angewendet werden.]

Das Vibrato ist auch hier, wie bei North, ein *Wrist-shake*, also ein Handgelenksvibrato. Daß ein Armvibrato gemeint sein könnte, halte ich, auch angesichts Geminianis Ausführungen zur Geigenhaltung, für sehr unwahrscheinlich. Die Vibrati Gemianianis erfordern eine gleichmäßige Bewegung des Handgelenks bei stärkerem Fingerdruck. Je nach Affekt kann das Vibrato jedoch variiert werden. GEMINIANI faßt drei Vibratoarten zusammen:

---

[216] Es erschienen schon kurz nach der Violinschule verschiedene Lehrbücher *(Tutors)*, oft für verschiedene Instrumente, die speziell seine Verzierungstabelle übernahmen, meist jedoch ohne den (vollständigen) Begleittext, wie wir unten noch sehen werden. Oft wurde dann dazugeschrieben „by Geminiani". Einige Beispiele dazu: J. SADLER, *The Muses Delight*, Liverpool 1754, der wohl der erste war und den ganzen Abschnitt, unter Nennung von Geminianis Namen, separat mitlieferte. Ferner noch: *The Compleat Tutor for the Violin*, London, C. & S. Thompson, c. 1770; *New and Compleat Instructions for the Violin*, London, Longman & Broderip 178?; *The Compleat Tutor for the Violin ... with some Useful Directions, Lessons, Graces, &c. by Geminiani*, London, J. Preston c. 1790; *The Entire New and Compleat Tutor for the Violin*, London, J. Preston c. 1790; sogar noch *Bates's Complete Preceptor for the Violin*, London, T. C. Bates c. 1845. (Angegebene Datierung laut British Library.) – Das Wichtigste aus Geminianis Texten zum Vibrato wird auch noch übernommen von J. HOYLE (= J. BINNS), *Dictionarium musica*, London 1770, S. 88, sub *Shake*. Er zitiert Geminiani für den *Close Shake*, läßt aber die dritte Vibratoart aus, so daß nur die zwei ersten, stark affektgebundenen Vibrati erhalten bleiben. Über Vibrato im Zusammenhang mit Geminiani schreibt auch R. BREMNER in seinem Vorwort zu J. G. C. SCHETKY, op. 6: *Some Thoughts on the Performance of Concert-Music*, London 1777. Er nennt das Vibrato nun *Tremolo*, wie es seinerzeit, wohl unter italienischem Einfluß, schon üblich war, obwohl er persönlich *Close Shake* vorziehe. Neueres oder Detaillierteres zur Technik findet sich bei ihm jedoch nicht.

[217] F. GEMINIANI, *The Art of Playing on the Violin*, London 1751, S. 8. Beispiel: *Essempio XVIII*, S. 26:

1. Vibrato auf langen Noten, bei andauerndem Crescendo, wobei der Bogen immer näher zum Steg geführt werden soll. Der Einsatz möge bei majestätischen, würdevollen Stellen erfolgen (*„Majesty, Dignity"*).
2. Vibrato auf langen Noten, jedoch mit kürzerer, schwächerer und sanfterer Bewegung der Hand (*„shorter, lower and softer"*). Die Anwendung erfolgt bei Stücken mit traurigem und ängstlichem Charakter.
3. Vibrato auf kurzen Noten (*„on short notes"*), als Klangverschönerung, ohne ausdrückliche Affektzuordnung.

Tabelle 4: Geminianis Vibratoarten

Die dritte Vibratoart wird manchmal als kontinuierliches Vibrato gesehen. Die Verwendung eines klangverschönernden Vibratos finden wir schon bei Hébert angedeutet. Geminiani fügt diesem Vibrato *„on short notes"* keinen Affektwert hinzu. Es sollte auf seiner Prioritätenliste auch eher unter den anderen rangieren. Jedenfalls wird genau diese Verbindung des *„as often as possible"* (in einer anderen Schrift: *„on any Note whatsoever"*)[218] mit der allgemeinen Definition oder mit der ersten Vibratoart von den englischen Geminianisten gepriesen.

Wie schon erwähnt, wurde Geminianis Name für verschiedene Anfängerschulen verwendet. Diese Lehrbücher sind an sich nicht besonders wichtig, sie zeugen aber von der großen Wirkung Geminianis. Meist wurde nur seine Verzierungstabelle übernommen,[219] ohne dabei die Verzierung selbst zu erklären.

Für den *Close shake,* der sicherlich über das Niveau des Interessentenkreises, an den sich diese Schulen gerichtet haben, hinausgeht, wurde jedoch eine Ausnahme gemacht. Im Lehrbuch von SADLER, das am Beginn dieser Publikationen steht, finden wir mehr Information, als später üblich sein wird, obwohl auch er anfangs nur eine verkürzte Variante von Geminianis Text anführt:[220]

> The Close Shake cannot be described by Notes, as in the above Example. To perform it you must press the Finger strongly upon the String, and move the Wrist in and out slowly and equally: It may be made on any Note that is long enough to allow it.

Sadler verweist dabei im Text deutlich auf Geminiani (*„See Mr. Geminiani's Art of Playing on the Violin, published in 1751, Price a Guinea"*).[221] Darüber hinaus hat er zwischen den Seiten 11 und 12 seines Werkes sämtliche Ausführungen Geminianis wortgetreu aufgenommen.[222] Meist finden wir einfach das Notenbeispiel zusammen mit dem Beginn der technischen Erklärung abgedruckt:[223]

---

[218] DERS., *Rules for Playing in a true Taste*, London c. 1746, Preface. Vgl. auch den zweiten Teil zur Ästhetik.
[219] Es mag sein, daß sich der Hinweis „by Mr. Geminiani" nur auf „a Table of Graces" bezieht (s. oben). Die späteste Wiedergabe habe ich in Bates's Preceptor a.a.O., S. 14, gefunden: *„The close Shake, which is marked thus ⁕, cannot be described by Notes, to do it, press the fingers strongly on the String, & move the wrist in & out equally, swelling the sound & playing closer to the Bridge."*
[220] J. SADLER, a.a.O., S. 12.
[221] Ebd.
[222] Ohne Seitenzahl; die Verzierungstabelle von Geminiani ist dort ebenfalls eingefügt.
[223] *The Entire New and Compleat Tutor* (anonym), a.a.O., S. 10. – Nahezu identisch auch in den *New and Compleat Instructions*, a.a.O., S. 12. Vgl. auch *The Compleat Tutor*, a.a.O., S. 13. Abweichungen zwischen diesen Quellen betreffen nur die Rechtschreibung.

> The close Shake cannot possibly be described by notes as in the former examples. To perform it you must press the finger hard upon the String, and move the wrist in and out equally, swelling the sound by degrees, drawing the Bow nearer to the Bridge.

Richtiger übernommen – doch auch nur, was das erste und zweite Vibrato angeht – wird der Text in Hoyles Wörterbuch.

Diesen Werken kann man allesamt eine Vereinfachung des Geminianischen Textes entnehmen, die ihn teilweise so entstellt, daß vor allem die ästhetischen Implikationen völlig anders erscheinen, wie wir im zweiten Teil dieser Studie noch sehen werden. Das Wichtigste aus den technischen Anleitungen wird zwar immer genau übernommen; ob die Anfänger, an die sich diese Texte ja richten, daraus die Technik des Vibratos erlernen, ist jedoch sehr fraglich. Bei Sadler folgt nach der allgemeinen technischen Anweisung noch der Rat, das Vibrato auf allen Noten, die lang genug sind, anzuwenden. Dies kann mit der beschriebenen Technik übereinstimmen, entsprach aber nicht Geminianis Meinung. Später wird dann seine erste Vibratoart *(Majesty, Dignity)* bei der technischen Anweisung eingeschlossen, so daß es aussieht, als verlange notwendigerweise die Bewegung der linken Hand auch ein Bogencrescendo. In diesem Sinne wird der Bogen als notwendige Komponente in das Vibrato einbezogen, ähnlich wie es von Hébert schon beschrieben wurde.[224]

Nun zu den wichtigen Violinschulen von TARTINI und L. MOZART. Wegen der Ähnlichkeiten – zumindest was das Vibrato betrifft – werden beide Schulen zusammen behandelt. Zunächst zitiere ich in extenso TARTINI:[225]

> Questo è modo, che per natura appartiene più al Suono, che al Canto; sebbene nelle voci Umane si trove alle volte questo Tremolo dato dalla natura. La natura del Suono per se, si nelle corde di Cembalo, si nelle Campane, si nelle Corde vuote di qualche ottimo Stromento d'Arco lascia dopo di se una spezie d'ondeggiamento nell'aria percossa; quest'ondeggiamento procede dal tremore delle piciole parti componenti il Metallo, e dalla continuazione delle vibrazioni della Corda dopo la sua percossa o dell'Arco, ne Stromenti d'Arco, o del Saltarello ne' Cembali; ad imitazion di questo effetto si fa artificialmente sopra il Violino, Viola, Violoncello &c questo Tremolio con il dito, che sta sopra la Corda: imprimendo il tremore al dito colla forza del polso, senza che il dito abbandoni la Corda, alzando però un poco il dito dalla Corda. Se il tremore del dito è tardo, tardo sarà l'ondeggiamento, o Tremolio del Suono, se veloce, veloce sarà il Tremolio del Suono, e però si può andare per gradi in questo tremore, cominciando dal lento, e prosseguindo per gradi al veloce. Si esprimerà qui sotto in esempj con il segno sopra a picioli semicircoleti, quali a misura della loro grandezza, e piciolezza indicheranno la lentezza, o la velocità, e nello stesso modo li gradi, come segue.

---

[224] Nur sind die *Tutors* wirklich für Anfänger, und man soll dem eine nicht zu große Bedeutung zumessen; vermutlich sind die Implikationen einer solchen Aussage zu gering.

[225] G. TARTINI, *Regole* a.a.O., S. 15–16. In der französischen Übersetzung: G. TARTINI – P. DENIS, *Traité des Agrémens de la Musique*, Paris ²1775, S. 27–32. Diese französische Übersetzung ist zwar mit dem Original sinngemäß identisch, aber nicht immer idiomatisch in Ordnung und deswegen stellenweise schlecht verständlich.

... Procede l'ottimo effetto dalla natura stessa del Suono, perché data l'ultima percossa, o ad una Corda di Cembalo, o ad una Campana, o ad una Corda vuota di Stromento d'Arco, la natura stessa del Suono continua, e mantiene il Tremolio per qualche spazio di tempo.

Parimenti ha ottimo effetto nelle note ferme di qualunque Composizione in qualunque tempo, quando le note siano distribuite nel modo seguente; e questo dev'esser sempre eguale, e talmente a Battuta perfetta, che il Tremolio Forte cada sopra la seconda delle due note legate, segnata cal num.º 2; e il Piano sopra la prima segnata num.º 1, è regola generale Segue l'esempio con il Tremolio espresso

Finalmente ha ottimo effetto a due Corde di nota ferma nel seguenti modo; ma si avverta che in Tempo Ordinario il Forte cade sopra il num.º 1; il Piano sopra il num.º 2, ma in Tripola il Forte cade sopra il ñ. 2, il Piano sopra il ñ. 1. segue l'esempio col Tremolio espresso

La regola generale del Tremolio si è, che il Forte cada sempre sopra la p$\overline{\text{ma}}$ del $\overline{4\text{to}}$, o dell'$8\overline{\text{vo}}$, o del sedicesimo &c.

[Diese Art von Verzierung paßt ihrer Natur nach besser für Instrumente als für Stimmen. Wenn sie sich manchmal bei einer menschlichen Stimme vorfindet, so kommt das von der Naturanlage dieser Stimme her. Der natürliche Ton der Cembalosaiten, der Glocken und der leeren Saiten irgendeines sehr guten Streichinstrumentes hinterläßt eine Schwingung in der von ihnen in Erregung gesetzten Luft; diese Schwingung rührt vom Vibrieren der kleinen Teilchen her, aus denen das Metall besteht, oder von der Fortsetzung der Vibrationen der Saite, welche, im Falle eines Streichinstrumentes, von einem Bogen, im Falle einer Cembalosaite, von einem Springer hervorgerufen wird; um diese Erscheinung nachzuahmen, bringt man auf der Violine, der Bratsche und dem Cello dieses Beben (Tremolio) künstlich hervor mit dem Finger, der auf der Saite steht, indem man mit der Kraft des Handgelenks die Bebung auf ihn überträgt, ohne daß er die Saite losläßt, wenn man ihn auch ein wenig anhebt. Wenn die Fingerbebung langsam ist, wird die Schwingung bzw. das Beben des Tones langsam; wenn sie schnell ist, wird die Bebung schnell; man kann sogar die Geschwindigkeit der Schwingung allmählich zunehmen lassen, indem man sie langsam beginnt und nach und nach bis zur Schnelligkeit steigert. Im Beispiel unten ist dies durch kleine Halbkreise bezeichnet, deren Größe bzw. Kleinheit die Langsamkeit und Schnelligkeit und demzufolge die Zunahme angeben, z.B.:

(Notenbeispiel)

... Die beste Wirkung entsteht aus der Natur des Tones selbst, denn wenn man eine Cembalosaite, eine Glocke oder eine leere Saite eines Streichinstrumentes zum letztenmal zum Tönen gebracht hat, so dauert der Ton auf natürliche Weise an und behält während einer gewissen Zeit das Beben bei.

Es wirkt gleichfalls sehr gut auf langen Noten in beliebigen Kompositionen im beliebigen Tempo, wenn die Noten in der folgenden Weise angeordnet sind; in diesem Fall muß es immer gleichmäßig sein und so regelmäßig im Takt ausgeführt werden, daß der betonte Teil des Vibratos auf die zweite der beiden gebundenen Noten – mit einer 2 bezeichnet – fällt und der unbetonte Teil auf die erste Note, die

mit einer 1 bezeichnet ist; das ist eine allgemeine Regel. Hier folgt das Beispiel mit der Bebung aufgezeichnet
(Notenbeispiel)

Schließlich ergibt sich eine sehr gute Wirkung bei langen Noten in Doppelgriffen, wie unten gezeigt; aber man beachte, daß im Vierviertaltakt der betonte Teil auf die Nummer 1 und der unbetonte Teil auf die Nummer 2 fällt; jedoch im Tripeltakt fällt der unbetonte Teil auf die Nummer 1. Hier folgt das Beispiel mit der Bebung
(Notenbeispiel)

Die allgemeine Regel der Bebung ist, daß der betonte Teil immer auf der ersten Note einer Viertel, Achtel oder Sechzehntel fällt.]

Bei L. MOZART lauten die betreffenden Anweisungen im Prinzip gleich;[226] in extenso werden hier also nur ergänzende oder abweichende Stellen zitiert:[227]

> Man bemüht sich diese natürliche Erzitterung auf den Geiginstrumenten nachzuahmen wenn man den Finger auf eine Seyte stark niederdrücket, und mit der ganzen Hand eine kleine Bewegung machet; die aber nicht nach der Seite sondern vorwärts gegen den Sattel und zurück nach dem Schnecken gehen muß: wovon schon im fünften Hauptstücke einige Meldung geschehen ist. Denn gleichwie der zurück bleibende zitternde Klang einer angeschlagenen Seyte oder Glocke nicht rein in einem Tone fortklinget; sondern bald zu hoch bald zu tief schwebet: eben also muß man durch die Bewegung der Hand vorwärts und rückwärts diese zwischentönige Schwebung genau nachzuahmen sich befleissigen.

Es folgen dann Abschnitte über die Geschwindigkeit und Stärke der Bewegung[228] und über den Nachdruck des Fingers,[229] die mit den Tartinischen, sogar in den Musikbeispielen, gleichlautend, wenn nicht identisch sind.

Im fünften Kapitel seiner Violinschule greift L. MOZART dem elften („Über den Tremolo") gewissermaßen vor:[230]

> Bey dieser ersten Abtheilung sonderheitlich, wie auch bey den folgenden: soll der Finger der linken Hand eine kleine und langsame Bewegung machen; welche aber nicht nach der Seite, sondern vorwärts und rückwärts gehen muß. Es muß sich nämlich der Finger gegen dem Stege vorwärts und wie er gegen der Schnecke der Violin zurück, bey der Schwäche des Tones ganz langsam, bey der Stärke aber etwas geschwinder bewegen.

Die Abhandlungen von Tartini und Mozart sind im 18. Jahrhundert wohl die detailliertesten Beschreibungen des Geigenvibratos überhaupt. Für Tartini ist das Vibrato deutlich ein *wrist-shake* („*colla forza del polso*"). Auch Mozart schließt sich dem an: Der Finger macht die Bewegung, jedoch nicht ohne die Hand mit einzubeziehen (Kap. XI). Mozart nennt die Bewegung „*klein*", Tartini spricht sich nicht sosehr darüber aus. Je nach Umständen kann das Vibrato langsam, geschwind oder beschleunigend sein.

Einen wichtigen Abschnitt widmen beide Autoren dem Nachdruck des Fingers bei der Bewegung. Tartini weist schon bei der ersten Beschreibung des Vibratos darauf hin, daß der Druck des Fingers auf der Saite nicht gleichbleibend sein soll: „*senza che il dito abbandoni la Corda, alzando però un poco il dito dalla Corda*", was normal ist, wenn man die Richtung (vor- und rückwärts) ändert.

---

[226] Die rein ästhetischen Ausführungen Mozarts werden im 2. Teil behandelt.
[227] L. MOZART, a.a.O., S. 243.
[228] Ebd., S. 244.
[229] Ebd., S. 244–246. Die Beispiele in einer anderen Tonart, außer für das Doppelgriffvibrato; ansonsten drei Beispiele statt zwei.
[230] Ebd., S. 104.

Auf die Stärke der Bewegung kommen beide Autoren noch zurück, indem sie am Beginn eines Taktteils eine größere „*Stärke der Bewegung*"[231] fordern.

Zusammenfassend kann nun gesagt werden, daß Tartini und L. Mozart ein Handschwankungsvibrato vertreten, dessen Ausführungsgeschwindigkeit der Bewegung, der Notenlänge und der Dynamik angepaßt ist.

Die Erläuterungen Mozarts finden später einen Anhänger in LÖHLEIN, dessen Violinschule viele Ähnlichkeiten mit jener Mozarts aufweist. Über das Vibrato schreibt er u.a.:[232]

> Sie gehört über lange haltende oder Schluß-Noten, und wird auf folgende Art ausgeübt: man hält den Finger auf dem Tone, worauf man die Bebung machen will, fest, jedoch wenn die Bebung anfängt, etwas los, und so wie diese ins geschwindere gehet, den Finger immer fester, und macht mit der Hand eine Bewegung vorwärts nach dem Stege, und rückwärts nach der Schnecke zu, so, daß zwischen dem bestimmten Tone eine Schwebung nach der Höhe und Tiefe zu gehöret werde, welches durch das Wort ondeggiamento, welches eine wellenförmige Bewegung heißt, angedeutet ist.

Auch er macht weiters noch darauf aufmerksam, daß die Geschwindigkeit der Handbewegung dem Charakter des Stückes angepaßt sein soll.[233]

In Italien widmet GALEAZZI dem Vibrato einige Zeilen in seiner höchst interessanten Violinschule. Auch hier handelt es sich um ein Handvibrato:[234]

> Non manca chi a' suaccenati artificj ne aggiunge un altro detto tremolo: fan questo consistere, nel calcare bene il dito sopra la corda per fare la tenuta, e poi imprimendo alla mano un certo moto paralitico, e tremolante, fan sì che il dito si pieghi or da questa or da quella parte, e ne risulti un intonazione vacillante, ed un certo tremolio per costoro non ingrato, ma questo sono vere verissime stonature, che non posson piacere se non a chi vi è avvezza, e che devono affatto dalla Musica proscriversi presso chiunque di buon gusto è fornito.

> [Man verfehle nicht, den obenerwähnten Verzierungen noch eine andere, die man Tremolo nennt, hinzuzufügen; sie führen ihn folgendermaßen aus: den Finger gut auf die Saite drücken, um den Ton zu greifen, und dann der Hand eine gelähmte, bebende Bewegung zu geben; sie machen es so, daß der Finger sich hin und her beugt, und daher kommt eine wankende Intonation, und ein gewisses Gezitter, das sie nicht unangenehm finden; aber das sind wirklich falsche Töne, die nur jenen gefallen können, die sich daran gewöhnt haben, aber die gänzlich aus der Musik verbannt werden sollten bei jedem, der mit gutem Geschmack versehen ist.]

---

[231] Ebd., S. 245.
[232] G. S. LÖHLEIN, *Anweisung zum Violinspielen*, Leipzig-Züllichau ²1781 (¹1774), S. 51.
[233] Ebd.
[234] F. GALEAZZI, *Elementi teorico-pratici di musica con un Saggio sopra l'arte di suonare il violino* 1, Roma 1791, S. 183. Man beachte die Ähnlichkeiten mit Tartinis Beschreibung; ich vermute, daß Galeazzi sich gegen Tartinis Schule wendet.

V

Das Vibrato auf Holzblasinstrumenten

1. DAS 17. JAHRHUNDERT

Obwohl die Quellenlage zum Holzbläservibrato im 17. Jahrhundert – wie übrigens auch für andere Instrumente – lückenhaft ist,[235] finden sich doch vereinzelt Hinweise darauf, daß die Technik des *Fingervibratos*, die für das 18. Jahrhundert ausführlich dokumentiert ist, auch schon im Jahrhundert davor bekannt war. Auch wissen wir, daß daneben ein mensuriertes *Atemvibrato* für die Ausführung der Tremulantfigur eingesetzt wurde.[236]

Ein Atemvibrato zur Verbesserung oder Belebung der Tonqualität wird im 17. Jahrhundert überhaupt nicht erwähnt. Hypothesen, die den Gebrauch des Atemvibratos – etwa ausgehend von AGRICOLA[237] – auch für diese Zeit unterstellen, sind nicht belegbar. Wie bereits im Abschnitt über die Vokaltechnik dargestellt wurde, wird das *„Zittern"* und *„Beben"* des Atems fast nur im deutschen Raum erwähnt, und dort auch nur im Zusammenhang mit Knabenstimmen, nicht mit Bläsern. Im 16. Jahrhundert wird für Bläser nur das Fingervibrato genannt, und zwar in zwei voneinander abhängigen Quellen.[238] Allerdings wurde dieses Fingervibrato mit einer anderen Technik erzeugt als später im 17. Jahrhundert.

a) Niederlande

Aus dem 17. Jahrhundert blieben uns bekannte Quellen aus den Niederlanden (BLANCKENBURGH) und England (HUDGEBUT, SALTER, CARR) erhalten, deren Bedeutung für die Kenntnis des Vibratos aus dieser Zeit von der

---

[235] Es sei insbesondere auf das Fehlen von Angaben in den großen Kompendien des 17. Jh.s, wie M. MERSENNE, *Harmonie Vniverselle*, Paris 1636 (wo das Lautenvibrato beschrieben wird), M. PRAETORIUS, *Syntagma Musicum* 3, Wolfenbüttel 1619 (trotz seiner Angaben zum Vokalvibrato) usw. hingewiesen.

[236] Zur Verwendung des Atemvibratos für die Tremulantfigur, s. unten, S. 137.

[237] M. AGRICOLA, *Musica Instrumentalis deudsch,* Wittenberg 1529, f. 23 (im Abschnitt über die Querflöten, „Schweitzerpfeiffen"):

    Auch wiltu haben den grund und bodem
    So lern pfeiffen mit zitterndem odem
    Denn es den gesang gantz sere zyret
    Auff allen pfeiffen wie man hofiret.

In der vierten Auflage ⁴1545, f. 26r:

    Auch sey im Pfeiffen darauf gsind
    Das du blest mit zitterndem wind /
    Dann gleich wie hernach wird gelahrt
    Von der Polnischen Geigen art
    Das / das zittern den gesang zirt
    Also wirds auch allhie gespürt.

[238] S. GANASSI, *Opera intitulata Fontegara*, Venezia 1535, und H. CARDANUS, *De Musica*, Hs., Roma 1546, in: C. A. MILLER, *Hieronymus Cardanus (1501–1576) Writings on Music, Translated and Edited with an Introduction (Musicological Studies and Documents* 32), Roma 1973. Zur Diskussion über das Bläservibrato im 16. Jh. wäre auch noch die Bezeichnung *Fifaro* (Querflöte) für ein bebendes Register auf norditalienischen Orgeln dieser Zeit (die spätere *Voce Umana*) heranzuziehen. Diese Diskussion liegt jedoch außerhalb des Rahmens dieser Arbeit.

Forschung erst vor kurzem erkannt worden ist. 1978 hat Dickey darauf hingewiesen, daß in den Spielanweisungen und Tabulaturbeispielen dieser Lehrbücher verschiedene Vibrati „versteckt" sind.[239]

Die früheste dieser Quellen ist die Spielanweisung für die Blockflöte (in c") von G. van BLANCKENBURGH aus 1654.[240] Er beschreibt für jeden Ton die Griffweise sowie eine oder mehrere Möglichkeiten, eine trillernde Verzierung *(trammelant)* anzubringen. Bei den Tönen, wo dies möglich bzw. nicht allzu schwer ist, wird an erster Stelle ein Trammelant *aufwärts* vorgeschlagen, in manchen Fällen sogar mit zwei verschiedenen Griffvarianten *(b", c'", cis'")*. Bei einigen diatonischen Tonschritten folgen dann alternative Verzierungen abwärts (zwei verschiedene bei g"/g'", eine bei e"/e'", a" und d'", n u r abwärts bei a'" und c'''').

Aufgrund der Angaben von Blanckenburgh habe ich nun die Griffe optisch in den Tabellen 5a–5e dargestellt, wobei ich im jeweils unteren Notensystem den Klangeffekt der Verzierung annähernd notiert habe:

Tabelle 5a

Tabelle 5b

---

[239] B. DICKEY, *Untersuchungen zur historischen Auffassung des Vibratos auf Blasinstrumenten*, in: *Basler Jahrbuch für historische Musikpraxis* 2 (1978), S. 77–142. Der Artikel umfaßt die Zeitspanne vom frühen 16. Jh. bis etwa 1830. Für eine nähere Besprechung der Quellen aus dem 16. und 19. Jh. sei dorthin verwiesen.

[240] G. VAN BLANCKENBURGH, *Onderwyzinghe Hoemen alle de Toonen en halve Toonen, die meest gebruyckelyck zyn, op de Hand-Fluyt Zal konnen t'eenemael zuyver Blaezen*, Amsterdam 1654. Blanckenburghs Fingersätze finden sich ebenfalls in *'t Uytnement Kabinet*, Amsterdam ²1655.

Tabelle 5c

Tabelle 5d

Tabelle 5e

Anmerkungen zu den Tabellen 5a–5e:

～ = Trillerbewegung auf einem ganzen Loch.
～ K = Trillerbewegung am Rande des Lochs.
◐ bzw. ◓ = Halbdeckung bzw. Halböffnung des Lochs;
zusammen mit + bzw. mit –: mehr bzw. weniger als halb geöffnet.

(1) Triller zu hoch; Trillerton zwischen *f"* und *fis"*.

(2) „*... ofte met de achterste vinger van d'onderste hant tegen de kant van 't gat.*" (f.2v.) [... oder mit dem Ringfinger der unteren Hand gegen den Rand des Lochs.]

(3) Trillerton tiefer als *ges"*; wahrscheinlich als Triller intendiert, jedoch im Klangeffekt einem Fingervibrato nicht unähnlich.

(4) „*Noch een zeer goedt trammelant kanmen maken met de voorste vinger van de onderste handt tegen de kant van dat gat aen, doch dan moetmen die vinger op 't laetste van het trammeleren oplichten, of het zoude te laegh zyn.*" (f.3v.) [Noch einen sehr guten Triller kann man mit dem ersten Finger der unteren Hand gegen den Rand des Lochs schlagen, doch dann muß man den Finger am Ende des Trillerns aufheben, oder es wäre zu tief.]

(5) Trillerton etwas höher als *c'''*.

(6) Trillerton auf den meisten Flöten etwas tiefer als *cis'''*.

(7) Trillerton auf den meisten Flöten etwas tiefer als *des'''*.

(8) „*c met een* ✖ *dan doet alle de vingeren op, maer den duym wat meer als half, ofte ten naesten by toe, want den duym heel toe, (gelyck deze halve toon gemeenlyck van een yeder gespeelt wordt) is meest op alle fluyten een weynigh te laegh: oock wordt deze halve toon noch wel op een ander manier gespeelt, dat ick hier achter noch zeggen zal; trammeleert met den duym.*" (f.5r.) [Für *cis* alle Finger hoch, jedoch den Daumen etwas mehr als halb, oder fast ganz zu, denn mit dem Daumen ganz zu (wie dieser Halbton gemeinhin von allen gespielt wird) ist auf den meisten Flöten etwas zu tief; dieser Halbton wird auch noch auf eine andere Art, die ich hier weiter unten erklären werde, gespielt; trillern mit dem Daumen.]

Weiter, unter *des'''*: „*Dit zelfde wordt oock van velen gedaen, en is oock redelijk goedt. Alsse die tweede c met een* ✖ *willen blaezen, daer van ick hier voren zeyde yets meer van te willen aenwyzen.*" (f.5v.) [Das gleiche wird auch von vielen gemacht, und ist auch ziemlich gut, wenn sie das zweite *cis* blasen wollen, von dem ich vorher sagte, ich würde es noch etwas weiter erklären.]

Siehe auch bei *des'''*. Beide Triller sind etwas zu groß; der erste mehr als der zweite.

(9) „*... tremmelerende met de middelste vinger van de bovenste handt; ofte men kan hier oock een trammelandt maecken met de voorste vinger van de bovenste handt, doch dan moet men die vinger op 't laetste van het trammeleren weder op lichten, ofte die toon zoude te laegh zyn.*" (f.5v.) [... trillernd mit dem Mittelfinger der oberen Hand; man kann hier auch einen Triller mit dem ersten Finger der oberen Hand schlagen, dann muß man aber diesen Finger am Ende des Trillers wieder aufheben, sonst wäre der Ton zu tief.]

Letzteres deutet schon an, daß die zweite Form, obwohl vielleicht als Fingervibrato gemeint, einen sehr tiefen Nebenton hat; eigentlich ist sie ein Mordent.

(10) Die Griffe der zweiten Oktave (von *dis'''* bis *as'''*) sind, abgesehen vom Daumen, mit denen der ersten identisch; man siehe die Anmerkungen dort.

(11) Kein Triller auf *a'''*.

(12) Kein Triller auf *c''''*. „*... trammeleerende met de achterste vinger van de onderste handt tegen de kant van dat gat aen; doch van het trameleren af laetende, moet men die zelve achterste vinger weder op lichten.*" (f.5r.) [... trillernd mit dem Ringfinger der unteren Hand gegen den Rand des Lochs; doch wenn man aufhört zu trillern, muß man diesen Ringfinger wieder aufheben.]

Bei näherer Durchsicht dieser Griff- und Verzierungstabellen[241] stellt man eine auffallende Diskrepanz fest zwischen der ziemlich peniblen Intonation der Grundgriffe und dem Bestreben, die Trillergriffe möglichst einfach zu gestalten, indem bei den Trillern aufwärts immer nur mit einem Finger und fast immer auf dem „letzten" (halb-)gedeckten Loch getrillert wird. Da Blanckenburgh für die chromatischen Töne keine Gabelgriffe, sondern Halbdeckung des jeweiligen Fingerlochs verwendet (Gabelgriffe gibt es nur für *b"* und *des'''*), ergibt sich folgendes:

---

[241] Vgl. auch die Grifftabelle in E. HUNT, *The Recorder and Its Music*, London 1962, S. 122, und die Trillertabelle in B. DICKEY, a.a.O., S. 121.

1. Auf allen chromatischen Tönen bewegt sich der Triller einen Halbton aufwärts;
2. auf den meisten diatonischen Tönen bewegt sich der Triller einen Ganzton aufwärts, auch z.B. auf *b"* (*b"–cis'''*, das *cis'''* etwas zu tief), nicht aber auf *b'''* (*b'''–c''''*).

Ausnahmen von der zweiten Regel sind:

f" und *f'''*. Da diese Noten mit Halbdeckung des rechten Mittelfingers gespielt werden, also auch mit diesem Finger getrillert wird, ergibt sich ein Trillerintervall, das kleiner als ein Halbton ist.

b" mit *Gabelgriff*. Dieser ermöglicht die Differenzierung des Trillers je nach Tonart; es gibt einen Triller *b"–ces'''* und *b"–c'''* (letzterer etwas zu groß).

d'''. Da bei diesem Griff nur ein Finger Verwendung findet (der linke Mittelfinger),[242] wird auch mit diesem getrillert.[243] Das ergibt eine Schwankung, die bedeutend kleiner als ein Halbton ist und im Klangeffekt eigentlich ein Vibrato aufwärts ergibt.

Wenden wir uns nun den *abwärts* gehenden Verzierungen zu. Wie bereits erwähnt, werden diese angewendet auf *e"/e'''*, *g"/g'''* (zweimal), *a"/a'''*, *d'''* und *c''''*. Mit einer Ausnahme, die weiter unten besprochen wird, sind sie kleiner als ein Halbton.

Es ist dies der früheste Beleg für Fingervibrato in der Form, wie wir es später in der französischen Schule antreffen werden; sowohl Vibrati mit völliger Deckung eines Lochs als auch solche, wo nur am Rande abgedeckt wird, sind bereits repräsentiert. In den meisten Fällen stimmen die Griffe sogar mit denen von Hotteterre überein oder sind zumindest verwandt – nämlich dort, wo dies angesichts der unterschiedlichen Flötenmensur möglich ist.

Dickey erklärt das Fehlen von Fingervibrati für chromatische Töne wieder aus technischen Gründen, *„da in diesen Fällen das Loch, das für die Ausführung des Vibratos erforderlich wäre, bereits halb bedeckt ist"*.[244] Dies würde zutreffen für Vibrati *aufwärts*; Vibrati *abwärts* wären jedoch auch mit Blanckenburghs Griffen auf vielen chromatischen Tönen möglich.[245]

Für *d'''* nennt Blanckenburgh, neben der oben genannten Verzierung aufwärts, noch einen *trammelant* abwärts, der eindeutig über einen Halbton geht, also als Mordent anzusehen ist.[246] Das legt die Vermutung nahe, daß nicht nur das Trillerintervall noch nicht genau definiert war, sondern auch die Differenzierung zwischen Fingervibrato (abwärts) und Mordent noch nicht vollzogen war.[247]

---

[242] Blanckenburghs Griff für *d'''* ist zwar erstaunlich „modern" (man vergleiche etwa mit J. J. VAN EYCK, *Der Fluyten Lust-Hof* 1, Amsterdam 1646, Vorrede); das darf aber kein Grund sein, die Präzision seiner Angaben zu bezweifeln; auch andere Griffe sind ja eher ungewöhnlich. Zu diesem Problem vgl. auch T. DART, *Four Dutch Recorder Books*, in: GSJ 5 (1952), S. 57–60.

[243] Der Trillergriff *d'''–e'''* mit dem Ringfinger der linken und eventuell dem Zeigefinger der rechten Hand ist aus dieser Zeit nicht überliefert. Später wird er bei I REm, 12 E 166/4: B. BISMANTOVA, *Compendio Musicale*, Hs., Ferrara 1677, f. 49v, als *Trillo alla francese* apostrophiert und bei H. SALTER, *The Genteel Companion*, London 1683, S. 6 und 9, als *Double shak* offensichtlich noch als etwas Besonderes empfunden.

[244] B. DICKEY, a.a.O., S. 88.

[245] Vermutlich sah Blanckenburgh die Vibrati als „sanfte" Alternative neben den „harten" Ganztontrillern der diatonischen Töne, während auf den chromatischen Tönen bereits „sanfte" Halbtontriller vorhanden waren. Diese prinzipielle Unterscheidung zwischen „sanften" und „harten" Trillern gibt es auch bei S. GANASSI, a.a.O., Kap. 24, und H. CARDANUS, a.a.O., S. 116.

[246] Eine Verzierung mit kleinerem Intervall wäre durchaus möglich, etwa mit dem linken Ringfinger und/oder am Rande des Lochs.

[247] Diese Hypothese wird auch von der allgemeinen terminologischen Unsicherheit im 17. Jh. erhärtet. Man vgl. hiezu auch die Kapitel über die Laute (Mordant) und die Gambe (Pincé) sowie das Glossar der historischen Fachausdrücke.

Die Unterscheidung zwischen Triller an sich (nach oben, Intervall variabel) und Vibrato/Mordent (nach unten) ist jedoch wenigstens ideell durchgeführt, ohne daß hiermit irgendwelche interpretatorische Konsequenzen – etwa hinsichtlich des Affektwertes – verbunden wären.

b) England

Weitere Anzeichen für die Verwandtschaft von Fingervibrato und Mordent finden wir in einigen englischen Blockflötenschulen des späten 17. Jahrhunderts. Es handelt sich an erster Stelle um zwei der frühesten englischen Blockflötenschulen überhaupt: das *Vade mecum* von HUDGEBUT[248] und der *Genteel Companion* von SALTER.[249] Beide bezeichnen eine trillernde Verzierung aufwärts als *Beat*, abwärts als *Shake*.[250] Hudgebut erklärt die Verzierung nicht mit Worten, sondern nur mit einem Tabulaturbeispiel:[251]

Salter schreibt, daß ein *Shake* erzeugt wird, indem man den Finger auf dem angegebenen Loch trillern läßt und ihn am Ende wieder aufhebt („*a Shak ... is performed by shaking your finger on the hole directed and leaving it off*".[252]) und führt zur Illustration folgende Beispiele an:[253]

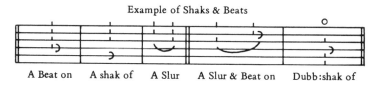

Dieser *Shak of* ist ein Fingervibrato auf *d"* mit dem gleichen Griff, dem wir später bei Hotteterre begegnen werden. Hudgebut und Salter notieren den Shake mit zwei Schrägstrichen (//), das ist bei den englischen Cembalisten das übliche Zeichen für den Triller. Hudgebut verwendet dieses Zeichen auch für den *Double shake*, den „besonderen" Triller auf dem *g"*. Der Grund dafür ist, daß er nicht vom klingenden Resultat, sondern von der Tabulatur[254] ausgeht: Wesentliches Merkmal der Shakes ist für Hudgebut der aufgehobene Finger am Ende der Verzierung.[255] Diese Praxis ist allerdings sehr verwirrend: in den Tabulaturbei-

---

[248] J. HUDGEBUT, *A Vade mecum For the Lovers of Musick*, London 1679 (WARNER 7).
[249] H. SALTER, *The Genteel Companion*, London 1683 (WARNER 13).
[250] Diese merkwürdige Verwechslung der üblichen Terminologie ist bisher ungeklärt.
[251] J. HUDGEBUT, a.a.O., f. 4v. Dieser *Shake* ist ein Mordent *c"–h'*.
[252] H. SALTER, a.a.O., S. 6.
[253] Ebd., S. 9.
[254] Das Tabulatursystem für die Blockflöte ist den frühesten Flageolettschulen entnommen, nämlich Th. GREETING, *The Pleasant Companion*, London ³1675 (¹1661?) (WARNER 6). Auch die Terminologie – *Beat* für Triller, *Shak* für Mordent – ist die gleiche. Es gibt hier jedoch keine Vibrati.
[255] Salter erkennt die hiedurch verursachte Verwirrung und entwirft ein eigenes Zeichen für den Double Shake, nämlich ein modifiziertes *Beat*-Zeichen (ʊ statt ʋ).

spielen von Hudgebut steht das Shake-Zeichen // auf *g''* für drei verschiedene Ornamente:

a) für *Triller*, b) für *Halbtonmordent* und c) für *Fingervibrato*:²⁵⁶

Diese verwirrende Zeichensetzung ist hin und wieder auch in Übungsstücken anzutreffen:²⁵⁷

Monsieur Baptist.

Außer auf dem oben genannten *g''* finden wir bei Hudgebut Vibrati nur noch auf dem *d''*, und zwar mit dem gleichen Griff wie bei Salter. Sonst bedeutet das Zeichen // einen *Ganztonmordent* (auf *a'*, *c''*, *d''*, *e''*) bzw. einen *Halbtonmordent* (auf *b'*, *c''*, *f''*, *g''*, *a''*, *b''*, *c'''*),²⁵⁸ wobei die Wahl zwischen Halbton- und Ganztonmordent nicht von der Tonart abhängig zu sein scheint.²⁵⁹

---

²⁵⁶ Mit dem Griff wie bei Hotteterre.
²⁵⁷ J. HUDGEBUT, a.a.O., S. 9.
²⁵⁸ Der Fall des *b'* bzw. *b''* ist etwas unklar. Hudgebut schreibt in der Tabulatur ⸻ bzw. ⸻ , was in der ersten Oktave einen Mordent mit der kleinen Terz *b'*–*g'*, in der oberen Oktave einen Ganztonmordent *b''*–*as''* ergäbe. Es ist jedoch durchaus möglich, daß Hudgebut den Halbtonmordent meint, wobei beim Trillern der Ringfinger aufgehoben bleibt; das kann er mit seinem Tabulatursystem aber nicht darstellen.
²⁵⁹ Alle Stücke Hudgebuts stehen entweder in C-Dur oder in g-Moll. In C-Dur finden wir z.B. die beiden Mordente *c''*–*b'* und *c''*–*h'*. Druckfehler sind allerdings nicht auszuschließen: Das Büchlein ist höchst unsorgfältig gestochen.

Auch bei SALTER ergeben nur die Griffe auf *d"* und *g"* ein Vibrato,[260] alle übrigen sind Halbtonmordente.

Hudgebut und Salter wenden sich mit ihren Lehrbüchern an Anfänger, die sich selbst das Blockflötenspiel beibringen wollen, und haben daher auch eine ziemlich elementare Darstellungsweise gewählt. Rückschlüsse auf die gehobene Spielpraxis sind also nur sehr bedingt möglich. Auch wenn wir annehmen, daß im Prinzip die Fingervibrati nur „zu klein geratene" Sonderformen des Halbtonmordents sind bzw. daß der *Shake* eine trillernde Verzierung abwärts mit unbestimmtem Intervall (jedoch nicht größer als ein Ganzton) ist, darf angesichts des Auftretens von Alternativformen doch vermutet werden, daß das Fingervibrato auch als solches bekannt war.

Bei CARR finden wir erstmals die „normale" Terminologie: *Beat* für (Halbton-)Mordent und *Shake* für Triller:[261]

> A Beat is fetcht from the half Note below the Note it stands over; and a Shake is fetcht from, or shaked in the proper Note above it...
>
> [Ein Beat wird aus dem Halbton unter der Note, auf der er steht, genommen; und ein Shake wird aus der (tonleiter-)eigenen Note über ihr genommen bzw. mit ihr getrillert.]

Wo Carr in seinen Tabulaturbeispielen das Zeichen für *Beat* (⌣) auf *f"* verwendet, wird augenscheinlich mit dem zweiten Finger getrillert; das ergibt einen Triller aufwärts mit einem etwas zu tiefen *ges"*. DICKEY schließt hieraus auf ein Fingervibrato aufwärts, insbesondere dann, wenn der Finger nur sehr wenig vom Loch abgehoben wird.[262] Er verwirft die Möglichkeit eines Irrtums, weil es einerseits unwahrscheinlich sei, daß dieser so konsequent auftreten würde und andererseits

> ...diese Verzierung in allen Stücken nur auf *f"* erscheint, als hätte Carr einen besonderen Effekt gewollt, der nur auf diesem Ton zu erreichen war.[263]

Dazu ist folgendes zu sagen: Die Verzierung tritt nicht nur auf *f"* auf. Auf S. 7 kommt sie gleich zweimal auf *b"* vor, und zwar mit dieser Griffbezeichnung:[264]

---

[260] B. DICKEY, a.a.O., S. 89–90, interpretiert auch den *Shake* auf dem *c"* als Vibrato, den Salter notiert.

Er übersieht hierbei jedoch, daß Salter in der Tabulatur durchweg den Stützfinger (Ringfinger der rechten Hand) wegläßt, wenn er keinen Einfluß auf die Tonhöhe hat. Ein Blick auf die Grifftabelle und auf die übereinstimmenden Stellen bei Hudgebut zeigt deutlich, daß der Stützfinger unterstellt wird, was den Mordent *c"*–*h'* ergibt.

[261] R. CARR, *The Delightful Companion*, London ²1686 (WARNER 15), S. 4.
[262] B. DICKEY, a.a.O., S. 90f.
[263] Ebd.
[264] Das einzige Exemplar von Carrs Flötenschule, das sich in GB Lbl (K 4 b 16) befindet, ist auf merkwürdige Weise zusammengestellt. Nach den theoretischen Ausführungen folgen 8 Seiten mit Übungsstücken in Tabulatur. Darauf die Seiten A bis H mit Musikstücken in normaler Notation, jedoch von der Hand eines anderen Stechers. Hierauf folgen noch *Lessons for the Recorder*, numeriert von 20 bis 53 (der 3. und 4. Bogen eines anderen Buchs). Nach Nr. 48 ist noch ein Stück handschriftlich hinzugefügt (eine Bearbeitung von *Sefauchi's Farewell* von Purcell in *Musick's Hand-Maide 2*, London 1689). In den beigebundenen Übungsstücken (alle ohne Tabulatur) kommt das Zeichen ⌣ auf allen Tönen vor.

Auch hier steht das Trillerzeichen also offensichtlich auf der fünften Linie – das ergibt jedoch einen Ganzton aufwärts. Nimmt man an, daß das Zeichen auf der sechsten Linie steht, dann bedeutet es, wie bei Hudgebut und Salter, einen Halbtonmordent.[265] Trillert man mit dem Ringfinger beim *f"*, erhält man einen Halbtonmordent *f"–e"*. Bei Carr kommt demnach kein Vibrato vor.

Eine neue Generation von Lehrheften für die Blockflöte beginnt 1695 mit *The Compleat Flute-Master*.[266] Dessen Verzierungsanweisungen werden noch einmal, vermutlich 1699, ergänzt[267] und ab dann unverändert – wenigstens bis etwa 1765! – übernommen.[268] In dieser Reihe finden wir folgende Anweisung:[269]

> The marks & Rules for graceing are these. Viz: a close shake thus ⫽ an opon (sic!) shake beat or sweetning thus + the Double shake which is only on G sol re ut in alt thus ⫽ʸ a slur thus ⌒ or thus ⌣ (…)
> an open shake or sweetning is by shaking your finger over the half hole immidiately below ẙ note to be sweetned ending with it off.

[Die Zeichen und Anleitungen für die Verzierungen sind folgende. Nämlich: Ein close shake so ⫽ ein open shake beat bzw. sweetning so + , der double shake, den es nur auf dem hohen g gibt so ⫽ʸ , ein Bindebogen so ⌒ oder so ⌣ .
Für einen open shake bzw. sweetning trillert man mit dem Finger auf dem halben Loch sofort unter dem Ton, den man vibrieren will; am Ende hebt man den Finger auf.]

Es folgt dann noch ein Beispiel auf *d"* sowie die Anleitungen für einige Noten, bei denen die Regel nicht buchstäblich zutrifft.[270]

Hier sehen wir also eine besonders einfache Form des Fingervibratos – den technischen Möglichkeiten auch des untalentiertesten Anfängers angepaßt: das Trillern mit dem nächsten Finger auf dem halben Loch. Diese Verzierung heißt *Open shake* oder *Sweetning* und wird mit einem Kreuz (+), dem Zeichen für *open shake beat or sweetning*, notiert. Das läßt zwei Interpretationen zu:

1. *Beat* ist gleichbedeutend mit *Open shake* und *Sweetning*, wohl ein Relikt der früheren Verwandtschaft von Mordent und Fingervibrato;
2. *Beat* bedeutet Mordent, dieser hat aber dasselbe Zeichen wie das Fingervibrato.

---

[265] Zur Problematik dieser Griffbezeichnung s. oben (S. 89) bei den Beispielen von Hudgebut.
[266] *The Compleat Flute-Master Or The whole Art of Playing on ẙ Rechorder*, London 1695 (WARNER 18). Laut Warner verschollen; ein Exemplar befindet sich jedoch in GB Lbl, mit der Signatur K 5 b 32.
[267] Die Ergänzungen finden wir erstmals in *The Fifth Book of the New Flute Master*, London 1706 (WARNER 39), dessen Anleitung jedoch vermutlich aus *The New Flute master*, London c. 1699 (WARNER 29), der ersten Ausgabe der Reihe, stammt. Diese sowie die dazwischenliegenden Auflagen (WARNER 34, 37) sind jedoch verschollen.
[268] Die späteste Kopie, die ich gesehen habe, ist *The Compleat Tutor for the Flute*, London, R. Bremner c. 1765 (WARNER 103a). Das jetzt bekannteste Beispiel aus der Reihe ist *Directions for Playing on the Flute*, in: (P. PRELLEUR?) *The Modern Musick-Master*, London 1730 (1731?) (WARNER 59). – Die gleiche Verzierungsanleitung finden wir auch in Flageolettlehrbüchern, so z.B. *The Bird Fancyer's Delight*, London, I. Walsh und I. Hare c. 1717, c. ²1730? (WARNER 49). Eine gleichnamige Flageolettschule wurde ebenfalls um 1717 von R. Meares verlegt (WARNER 48). Weitere Beispiele für Blockflötenschulen aus dieser Tradition: T. B[ROWN], *The Compleat Musick-Master*, London ³1722 (WARNER 56); *Directions for Playing on the Flute*, London, B. Cooke c. 1735 (WARNER 67); D. WRIGHT, *The Compleat Tutor for yᵉ Flute*, London c. 1735 (WARNER 69); *The Compleat Tutor for the Flute*, London, Thompson & Son c. 1760 (WARNER 95).
[269] *The Compleat Flute-Master*, a.a.O., S. 5. Der gleiche Text, lediglich mit orthographischen Unterschieden, in allen späteren Ausgaben. Man beachte die neuerliche terminologische Verwirrung: *Close Shake*, hier für Triller, ist die Bezeichnung der englischen Gambisten für das Zweifingervibrato (s. den Abschnitt über die Gambe); später finden wir sie bei Geminiani als Bezeichnung für das Vibrato auf der Violine und der Querflöte. *Open Shake* ist die Gambistenbezeichnung für den Triller; im Zusammenhang mit der Flöte soll es wohl darauf hindeuten, daß das Trillerloch am Ende geöffnet bleibt.
[270] *f"* und *g"* mit dem linken Zeigefinger, *b'* und *b"* mit dem rechten Mittelfinger, *h'* und *h"* mit dem rechten Zeigefinger, *es"* mit dem linken Mittelfinger. Eigentlich trifft auch hier die Regel zu, wenn man die weiter unten liegenden Finger als „Gabel" betrachtet. B. DICKEY, a.a.O., S. 124, gibt noch Vorschläge für im Text nicht eindeutig bestimmte Griffe.

Gegen die zweite Annahme spricht natürlich die Stellung des Wortes *beat* zwischen den beiden anderen Verzierungsnamen sowie die Konjunktion *or;* doch ist diese Auslegung nicht völlig abwegig. Im weiteren Text des *Compleat Flute-Master* kommen *Open shake* bzw. *Sweetning* nicht mehr vor, wir finden jedoch Anweisungen, wo der *Beat* anzubringen sei, und zwar an zwei Stellen, die wir eher mit einem Mordent als mit einem Vibrato in Verbindung bringen würden:[271]

> If 3 Crotchets come together in one key, beat ⨍ first, sigh the 2ᵈ the 3ᵈ play plain. if 3 Crotchets gradually descend, beat the 1ˢᵗ shake on ⨍ 2ᵈ the 3ᵈ plain.
>
> [Wenn 3 Viertel nacheinander auf einer Tonhöhe stehen, spielt man auf dem ersten ein Beat, auf dem zweiten ein Sigh, auf dem dritten nichts. Wenn 3 Viertel stufenweise abwärts gehen, auf dem ersten ein Beat, auf dem zweiten ein Shake, auf dem dritten nichts.]

Erst in der Ergänzung der *New Flute Master*-Reihe wird empfohlen, daß alle „*ascending long notes (must be) sweetned*",[272] eine übliche, wenn auch vereinfachte Regel für die Ausführung des Vibratos.

In einer Handschrift, die ungefähr zur selben Zeit wie der *Complete Flute-Master* entstanden ist, finden wir ähnliche *Rules for Gracing on the Flute.*[273] Nachstehend jene Abschnitte, die sich auf *Beat* und *Sweetning* beziehen:[274]

> ... Never shake nor beat 2 notes in the same place. all Ascending Prickt notes are Beaten. ... Raise all Long Beats afterwards sweeten –. if you meet wᵗʰ 3 Crotchetts Descending Beat ⨍ first shake ⨍ second & play the third plaine. ... – Naturall [Sharpes] when they are made flatt must be raised when they are beaten – all shakes are taken from ⨍ Note aboue, after a shake keep ⨍ finger, downe, All Beats are taken from ⨍ Note below, after a beat keep the finger up, F. Fa, Ut & G. Sol, Re, Ut in alt are allwaies Beaten with the fore finger. (...)
>
> [... Niemals zwei Noten auf derselben Tonhöhe mit shake oder beat verzieren. Alle aufsteigende punktierte Noten mit Beat ... Alle Beats auf langen Noten mit Vorschlag von unten; nachher vibrieren. Wenn man 3 absteigenden Vierteln begegnet, ein Beat auf dem ersten, ein Shake auf dem zweiten, auf dem dritten nichts ... Wenn „Naturall Sharpes" erniedrigt werden, müssen sie einen Vorschlag von unten haben, wenn auf ihnen ein Beat gespielt wird. Alle Shakes werden aus der oberen Nebennote genommen; nach einem Shake den Finger niederlegen. Alle Beats werden aus der unteren Nebennote genommen; nach einem Beat den Finger aufheben. Das Beat auf dem hohen F und G wird immer mit dem Zeigefinger gemacht ...]

Dieser Text enthält einige unklare Stellen. Die letzte Regel ist ein merkwürdiges Echo der Anweisung

> F-fa-ut und G-sol-re-ut in alt are both to be sweetned with the fore finger of your left hand.
>
> [Die Sweetnings auf dem hohen F und G werden beide mit dem Zeigefinger der linken Hand gemacht.]

aus *The Compleat Flute-Master*[275] – nur lesen wir hier in dieser Handschrift „*Beaten with the fore finger*" anstatt „*sweetned ...*". Außerdem werden wir noch mit der ziemlich unpräzisen Regel „*Raise all Long Beats afterwards sweeten*" konfrontiert.

---
[271] *The Compleat Flute-Master* a.a.O., S. 6.
[272] *The Fifth Book* a.a.O., S. 6.
[273] GB Lbl, Add. ms. 35 043: *(Music by John Channing)*, Hs., c. 1694/7, f. 125r.
[274] Ebd.
[275] *The Compleat Flute-Master* a.a.O., S. 5.

Man ist geneigt, sie als Aufforderung zu interpretieren, bei langen Mordenten den Trillerton allmählich zu erhöhen, bis der Mordent in ein Fingervibrato übergeht. *Beat* und *Sweetning* wären demnach unterschiedliche Begriffe: Mordent und Vibrato. Dieser Schluß erscheint mir jedoch voreilig. Das Vokabel *raise* könnte auch mit der Verzierung *Rise* (Vorschlag von unten)[276] zusammenhängen. Der Satz wäre dann wie folgt zu lesen:

> Lange Beats (bzw. vielleicht: Beats auf langen Noten) sind mit einem Vorschlag vorzubereiten und erst nachher zu schlagen.

So wird auch die Stelle

> Naturall [Sharpes] when they are made flatt must be raised when they are beaten.[277]

verständlich. Das würde aber auch bedeuten, daß *Beat* und *Sweetning* sich noch immer auf e i n e Verzierung beziehen.

Auch diese Quelle ist also zu vieldeutig, um auf eine Differenzierung zwischen Mordent und Vibrato schließen zu können. Man wird festhalten müssen, daß die Quellenlage zur Blockflöte in England in der zweiten Hälfte des 17. Jahrhunderts auf eine weitgehende Verwandtschaft zwischen beiden Verzierungen hinweist, daß aber auch die Qualität des Quellenbestandes es nicht zuläßt, diesen Befund verallgemeinernd auf die professionelle Musizierpraxis zu übertragen.

Italien

Wenn in italienischen Quellen des 17. Jahrhunderts im Zusammenhang mit Holzblasinstrumenten von *il tremolo* die Rede ist, so ist meistens damit der Tremulant, das mensurierte Atemvibrato gemeint.[278] Andererseits bedeutet *il tremolo* für den Italiener natürlich einfach „das Zittern", „die Bebung", umfaßt also prinzipiell alle Vibratoarten – und auch, besonders im 16. und Anfang des 17. Jahrhunderts, gewisse Triller.[279]

Ein Hinweis dafür, daß *il tremolo* auch ein Fingervibrato sein kann, finden wir im *Compendio Musicale* (Kapitel Zink) von BISMANTOVA.[280] Er gibt als Alternative für die (nicht spielbaren) Triller auf *ais"*, *b"* und *a'* ein Fingervibrato an:[281]

---

[276] So z.B. bei C. SIMPSON, *The Division-Viol*, London ²1665, S. 10.
[277] *Sharpes* ist meine Interpretation eines fast unleserlichen Wortes. Unter *Naturall Sharps* versteht der Autor *a'*, *h'* und *e"*: „There are but 3 notes Naturally sharp. Viz. A La Mi Re – B fa Be Mi & E la" (GB Lbl, Add. ms. 35 043, a.a.O., f. 125r).
[278] Beispiele im Abschnitt über den Tremulanten, s. S. 137, 261ff.
[279] Tremolo für Triller: z.B. bei S. GANASSI, a.a.O.; H. CARDANUS, a.a.O.; G. DIRUTA, *Il Transilvano*, Venezia 1597?; M. PRAETORIUS, a.a.O.; W. C. PRINTZ, *Phrynis Oder Satyrischer Componist 2*, Sagan 1677; DERS., *Musica modulatoria vocalis*, Schweidnitz 1678; DERS., *Compendium Musicæ Signatoriæ & Modulatoriæ Vocalis*, Dresden 1689; W. C. MYLIUS, *Rvdimenta Mvsices*, Mühlhausen 1685; S. DE BROSSARD, *Dictionaire de Musique*, Paris 1703 *(assez improprement)*; J. G. WALTHER, *Musicalisches Lexicon*, Leipzig 1732, verweist auf Brossard.
[280] I REm, 12E 166/4: B. BISMANTOVA, *Compendio Musicale*, Hs., Ferrara 1677, f. 52r-55v.
[281] Ebd. Er gibt keine Grifftabelle für den Zink; er weist nur darauf hin, daß man zuerst Blockflöte spielen soll (wegen Zunge und Griffe), bevor man mit dem Zink anfängt. D. SPEER, *Grund-richtiger / Kurtz- Leicht und Nöthiger / jetzt Wol-vermehrter Unterricht der Musicalischen Kunst*, Ulm ²1697, S. 232-241, spricht sich über eventuelle Vibratotechniken nicht aus. Er gibt eine Grifftabelle, ist in puncto Trillern aber sehr vereinfachend: „*Alle Triller werden mit der lincken Hand geschlagen / und zwar die meiste mit dem Gold-Finger / außgenommen das e, so mit dem Mittel-Finger / das f. und fis aber wird mit dem Zeig-Finger geschlagen*" (S. 233).

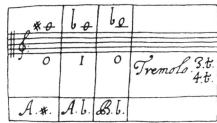

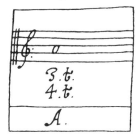

(Notenbeispiel)
[Beim Ais bzw. B sind alle Fingerlöcher geöffnet; und bei diesen Noten spielt man das Tremolo, da ein Trillo nicht möglich ist.
Um auf dem Zink das Tremolo auf dem mittleren A zu spielen, da man keinen Trillo anbringen kann.
Zum Beispiel   (Notenbeispiel)
Diese zwei Finger schlägt man zugleich statt des Trillers.]

Die Tatsache, daß von *il* Tremolo die Rede ist, könnte darauf hindeuten, daß die Technik des Fingervibratos bekannt war. Andererseits versperren drei Gründe den Weg zu weiteren Schlußfolgerungen, etwa in die Richtung, ob nun das Fingervibrato zur gängigen Technik des Zinkenisten gehörte: 1. wird das Tremolo nur in diesem Zusammenhang (d.h. als Trillerersatz) erwähnt; 2. gibt es weder eine Tremolo- noch eine Trillertabelle – auch nicht im Abschnitt über die Flöte; 3. ist der Begriff Tremolo nur an dieser einen Stelle des *Compendio Musicale* zu finden. Den Gebrauch des Atemvibratos scheint Bismantova, wohl angesichts der heiklen Intonation, eher abzulehnen. Er hebt die Bedeutung des gleichmäßigen Atems hervor:[281a]

> Auertendo ancora, che nel suonare, di non dare spintoni con il Fiato al Stromento del Cornetto; e cercare di suonare con il Fiato pari; e di cauare buon' Stromento; e al più, che si può; imitarè la uoce Humana.
>
> [Man hüte sich auch beim Zinkspielen, keine heftigen Atemstöße zu geben, und man versuche mit gleichmäßigem Atem zu spielen, und ein gutes Instrument zu wählen, und soviel wie möglich die menschliche Stimme nachzuahmen.]

Zwar wendet er sich besonders gegen heftige Atemstöße (allzu starkes Markieren des Notenanfanges) – eine Warnung, die man in mehreren Bläserschulen findet;[282] jedoch soll ein gleichmäßiger Atemstrom *("il Fiato pari")* wohl auch im allgemeinen berücksichtigt werden, um jeder Beeinträchtigung der Intonation vorzubeugen.

2. DAS 18. JAHRHUNDERT

a) Die Blockflöte

Um 1700, etwa gleichzeitig mit den ersten gedruckten Bläsersonaten, werden in Frankreich einige Lehrbücher für Bläser verfaßt.[283] Das bekannteste Werk ist sicher die Flötenschule von HOTTETERRE;[284] sieben Jahre früher hatte jedoch bereits FREILLON PONCEIN seine Oboen-, Blockflöten- und Flageolettschule herausgegeben – allerdings erwähnt er keine einzige Vibratoart.[285] Die Blockflötenschule, die LOULIÉ teilweise als Reaktion auf Freillon Poncein entwarf, blieb – vielleicht durch seinen Tod um 1707 – unveröffentlicht. Verschiedene Skizzen und Entwürfe von Louliés Hand befinden sich jedoch in der Sammlung Brossard, die in der Bibliothèque Nationale zu Paris aufbewahrt ist.[286] Von LOULIÉ haben wir die erste ausführliche französische Beschreibung des Fingervibratos; vom Kapitel über das *Balancement ou flatté que quelques uns appellent tremblement min*[eur][287] finden sich im Autograph drei verschiedene Entwürfe, die nur geringfügige, nicht sinnentstellende Unterschiede aufweisen:

[281a] B. BISMANTOVA, a.a.O., f. 54v.
[282] So z.B. bei J. P. FREILLON PONCEIN, *La veritable maniere d'apprendre à jouer en perfection du haut-bois, de la flûte et du flageolet*, Paris 1700, S. 13. – J. J. QUANTZ, *Versuch einer Anweisung die Flöte traversiere zu spielen*, Berlin 1752, S. 51.
[283] Ich behandle sie an dieser Stelle, weil sie im 18. Jh. veröffentlicht wurden. Man darf jedoch annehmen, daß die hier beschriebene Vibratopraxis aus dem späten 17. Jh. stammt, da sie für andere Instrumente – zum Teil mit der gleichen Bezeichnung *Flattement* (so bei F. CORBETTA, *La Guitarre royalle*, Paris 1671, und M. MARAIS, *Pièces a vne et a deux Violes*, Paris 1686, u.a.) – belegt ist. Daß aus dem 17. Jh. keine Bläserschulen vorliegen (außer C.-E. BORJON DE SCELLERY, *Traité de la Mvsette*, Lyon 1672), ist wohl der Entwicklung der Mode zuzuschreiben.
[284] J. M. HOTTETERRE, *Principes de la Flute Traversiere, ou Flute d'Allemagne. De la Flute a Bec, ou Flute Douce, et du Haut-Bois*, Paris 1707. Zitiert wird nach der Auflage Amsterdam c. 1728, Faks. Kassel-Basel ²1958.
[285] J. P. FREILLON PONCEIN, a.a.O. Ob seine Bemerkung, die Blockflöte erfordere „*beaucoup de douceur à l'égard du vent qu'on lui donne & une grande égalité*" (S. 13), auch das Atemvibrato ausschließt oder nur zur Bescheidenheit in der Dynamik mahnen soll, ist nicht eindeutig.
[286] F Pn, Fonds fr. n. a. 6355: S. DE BROSSARD, *Mélanges de musique*, Hs., c. 1700/1707, f. 170r–209v: E. LOULIÉ, *Methode pour apprendre a jouer de la flute douce*. Die Anleitung Freillon Ponceins wird mehrmals, manchmal auch kritisch, erwähnt (z.B. f. 177r, 179r).
[287] Ebd., f. 182r.

Pour faire le flatter ou balancement il faut commencer par jouer la notte sur laquelle est marqué le flatté, battre aussitot lentement le bord du trou le plus haut de ceux qui restent ouuerts, exceptez le 1er et le 2e qu'on ne bat jamais ensorte que le 1er son ne soit point changé.[288]

Il y a pourtant quelques flattez ou l'on bat d'autres trous.[289]

[Um ein Flatter bzw. Balancement zu spielen, spielt man erst die Note, auf der das Flatté steht; dann schlägt man langsam auf den Rand des nächsten offenen Lochs, mit Ausnahme des 1. und des 2., die man niemals schlägt, damit der erste Ton nicht geändert werde.

Es gibt jedoch einige Flattés, die man auf anderen Löchern schlägt.]

Loulié kennt also nur Vibrati, die durch Randabdeckung des Fingerlochs erzeugt werden. Grundsätzlich soll auf dem nächsten offenen Loch vibriert werden; es gibt jedoch Ausnahmen. Die wenigen Unterschiede zu den englischen Quellen des 17. Jahrhunderts sind signifikant: Man beachte insbesondere die Vibrati auf f'' und g'' mit dem Ringfinger, der bedeutend kleinere Tonhöhenschwankungen verursacht als der von den Engländern verwendete Zeigefinger.

Hier muß auch die Frage gestellt werden, ob die Formulierungen „auf dem halben Loch" der englischen Quellen und „am Rande des Lochs" von Loulié gleichbedeutend sein sollen. Die englische Regel bedeutet wohl eine „normale" Trillerbewegung, wobei der Finger etwas mehr gekrümmt wird, damit ein Teil des Fingerlochs unbedeckt bleibt. Bei Loulié wäre auch die Möglichkeit eines Vibratos mit gestrecktem Finger – wie Corrette es später für die Querflöte beschreibt[290] – zu berücksichtigen. Wie auch immer die konkrete Technik von Loulié ausgesehen haben mag, sie sollte eine minimale – Loulié sagt: keine – Tonhöhenschwankung erzeugen. Das wurde von den Engländern nicht intendiert, da ihre Vibrati sozusagen Alternativen zum Mordent waren.

Das Vibrato wird bei Loulié langsam ausgeführt. In der Folge werden wir sehen, daß auf die Frage nach der Ausführungsgeschwindigkeit des Vibratos sehr unterschiedliche Antworten gegeben werden.

LOULIE verwendet für das Vibrato ein wellenlinienähnliches (⌇) Zeichen:[291]

Le flatté se marque par un caractere fait apeupres comme la lettre m aussi ⌇ on le met au dessus de la notte pour marquer qu'il la faut flatter

Balancement ou flatté

[Das Flatté wird mit einem Zeichen angegeben, das in etwa wie der Buchstabe m aussieht, ⌇. Man setzt es über die Note, um anzugeben, daß auf ihr ein Flatté auszuführen ist.]

Zeichen dieser Art oder in geringen Abwandlungen werden wir noch öfters beggenen, in erster Linie aber in theoretischen Anweisungen – in den Musikwerken selbst sind sie nur selten notiert.

---

[288] Ebd., f. 181r.
[289] Ebd., f. 202r.
[290] M. CORRETTE, *Methode Pour apprendre aisément à joüer de la Flute Traversiere*, Paris–Lyon c. 1739/40. Vgl. auch den Abschnitt über die Querflöte.
[291] E. LOULIE, a.a.O., f. 182r.

LOULIE hat zwei Grifftabellen zusammengestellt: eine für die diatonischen und eine für die chromatischen Töne; ich habe beide in den Tabellen 6a–6c kombiniert.

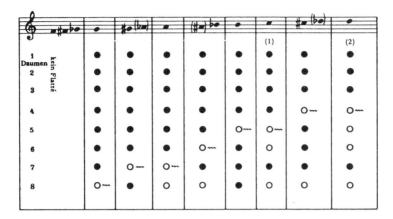

Tabelle 6a

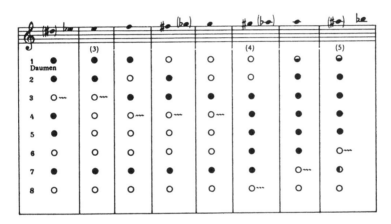

Tabelle 6b

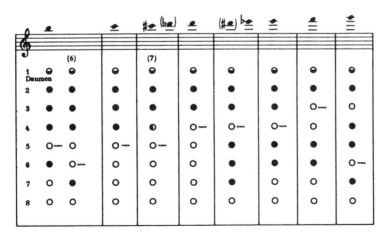

Tabelle 6c

Anmerkungen zu den Tabellen 6a–6c:

᭜ = *Flatté* am Rande des bezeichneten Fingerlochs.
(1) Auf f. 202v. ein Flatté mit dem sechsten Finger gestrichen.
(2) Auf f. 182v. ein Flatté mit dem fünften Finger gestrichen.
(3) Auf f. 202v. ein Flatté mit dem vierten Finger gestrichen.
(4) Auf f. 202v. ist auch das zweite Fingerloch geschlossen; vgl. Hotteterre.
(5) Auf f. 202v. ein Flatté mit dem achten Finger gestrichen.
(6) Die erste Version auf f. 182v., dort ein Flatté mit dem siebten Finger gestrichen. Auf f. 202v. die zweite Version, nach Streichung der ersten.
(7) Auf f. 202v. ein Flatté mit dem sechsten Finger gestrichen.

Etwas später greift HOTTETERRE die kompliziertere Technik des Fingervibratos, der wir bereits bei Blanckenburgh begegnet sind, wieder auf und erweitert ihr Anwendungsgebiet auf nahezu den gesamten Umfang der Blockflöte. Die Technik erklärt Hotteterre in den *Principes* (Kapitel Querflöte):[292]

> Le Flattement ou Tremblement Mineur, se fait presque comme le Tremblement ordinaire: Il y a cette difference, que l'on releve toûjours le Doigt en le finissant, excepté sur le *Ré*; De plus on le fait sur des trous plus éloignez, & quelques-uns sur le bord ou l'extremité des trous; Il participe d'un son inférieur ce qui est le contraire du tremblement.

> [Das Flattement bzw. Tremblement Mineur wird fast wie der gewöhnliche Triller gemacht; es gibt nur diesen Unterschied, daß man am Ende immer den Finger aufhebt, außer auf dem D. Auch wird es auf weiter entfernten Löchern geschlagen, und einige auf dem Rand bzw. am äußersten Ende des Lochs. Es hat einen tieferen Ton in sich, im Gegensatz zum Triller.]

Er verwendet für das *Flattement* (Fingervibrato) das Zeichen ᭜ , stellt jedoch die dafür notwendigen Griffe im einzelnen nicht in einer Tabelle dar, sondern begnügt sich mit einer theoretischen Beschreibung. Zur besseren Übersicht habe ich daher seine Ausführungen in Grifftabellen (Tabelle 7a–7d) umgesetzt:

᭜   = Trillerbewegung auf dem ganzen Loch.
᭜ ½ = Trillerbewegung auf dem halben Loch.
᭜ B = Trillerbewegung am Rande des Lochs.

Tabelle 7a

---
[292] J. M. HOTTETERRE, a.a.O., S. 29f.

Tabelle 7b

Tabelle 7c

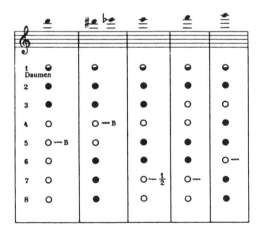

Tabelle 7d

Zu den *Flattements* auf *f'*, *fis'* und *ges'* bemerkt HOTTETERRE folgendes:[293]

> Pour commencer par le Flattement du *Fa* naturel, (suivant toûjours l'ordre de la premiere Planche,) on ne le peut faire qu'en ébranlant la Flute avec la Main d'en bas: ainsi que je l'ay expliqué sur le premier Ton de la Flute Traversiere, Il en est de même du *Fa Diézis*, ou *Sol Bemol*.
>
> [Um mit dem Flattement auf dem F anzufangen (noch immer nach der Reihenfolge der ersten Tabelle): es kann nur gemacht werden, indem man die Flöte mit der unteren Hand bewegt, wie ich es auch für den ersten Ton der Querflöte erklärt habe. Das gleiche gilt für Fis bzw. Ges.]

Um den tiefen Tönen trotz der Tatsache, daß alle Finger schon beschäftigt sind, ein Vibrato verleihen zu können, empfiehlt Hotteterre also, die Flöte mit der rechten Hand zu bewegen. Geschieht dies in gekonnter Weise, wird dadurch tatsächlich ein vibratoähnlicher Effekt – vorwiegend ein Intensitätsvibrato – erzeugt. Es darf als bezeichnend gelten, daß Hotteterre, um diese Schwierigkeit zu bewältigen, nicht auf die Möglichkeit des Atemvibratos zurückgreift, sondern vielmehr dieser in unseren Augen eher ungewöhnlichen Art den Vorzug gegeben hat.

Der Effekt der Fingervibrati ist eine Tonhöhenschwankung nach unten, was Hotteterre – im Gegensatz zu Loulié – auch hervorhebt. Die Größe der Tonhöhenschwankung ist variabel, bei einigen Alternativgriffen (etwa beim *c"*) sind deutliche Unterschiede zu erkennen. Hotteterre gibt jedoch keine Auskunft darüber, ob solche Alternativen für verschiedene Gelegenheiten oder für verschiedene Flöten – bei gleichbleibendem Effekt – gedacht sind. Im großen ganzen scheint seine Vorliebe, wie aus den vielen Flattements am Rande des Lochs ersichtlich ist, nach eher kleinen Schwankungen auszugehen.

An anderer Stelle, im Vorwort zu seinem *Premier Livre*, gibt HOTTETERRE noch einen interessanten Hinweis auf die Ausführungsgeschwindigkeit der Flattements:[294]

> ...il les faut faire, aussi bien que les tremblements et battements, plus lents ou plus précipités, selon le mouvement et le caractere des Pieces.
>
> [Genau wie Triller und Mordente sollte man sie langsamer oder schneller machen, je nach Zeitmaß und Charakter des Stücks.]

Diese beiden französischen Lehrwerke von Loulié und Hotteterre sind unsere einzigen Quellen zum Blockflötenvibrato im 18. Jahrhundert. Die vielen englischen Unterrichtswerke wiederholen nur, wie gesagt, die bereits im 17. Jahrhundert aufgestellten Regeln und sind ohnedies nur „*for Learners to obtain a Proficiency*".

Bedauerlich ist natürlich das Fehlen von deutschen Quellen, da dort auch im 18. Jahrhundert noch sehr viel und bedeutende Blockflötenmusik komponiert wurde.[295] Von MATTHESON wissen wir, daß das Werk Hotteterres eine gewisse Verbreitung in Deutschland erfuhr.[296] Dürfen wir annehmen, daß bei den Holzblasinstrumenten in Deutschland die französische Technik maßgeblich war?

---

[293] Ebd., S. 41.

[294] J. M. HOTTETERRE, *Premier Livre de Pieces pour la Flûte traversiere*, Paris ²1715 (¹1708), Vorrede. Ausführungsgeschwindigkeit anders als bei Loulié.

[295] J. C. SCHICKHARDT, *Principes de la Flûte*, Amsterdam c. 1720, enthält keine Anweisungen zum Vibrato. Die Kompendien, wie z.B. J. F. B. C. MAJER, *Museum musicum*, Schwäbisch-Hall 1732, und (J. P. EISEL,) *Musicus αὐτοδίδακτος*, Erfurt 1738, beinhalten nur Grifftabellen.

[296] J. MATTHESON, *Der vollkommene Capellmeister*, Hamburg 1739, S. 459.

Die französischen Dilettanten scheinen jedenfalls das ganze Jahrhundert hindurch die Technik Hotteterres angewendet zu haben.[297]

Aus verschiedenen Gründen darf das Fehlen von Quellen über das Blockflötenspiel uns aber doch nicht zu sehr wundern: Deutschland und Italien kannten keine große Tradition von Lehrwerken, und in England und Frankreich reichten die früheren Methoden für die Unterweisung der Dilettanten anscheinend aus. Die Blockflöte verschwand ja Anfang des 18. Jahrhunderts (zuerst in Frankreich) rapide aus dem professionellen Musikleben und wurde zu einem reinen Liebhaberinstrument.

b) Die Querflöte

Fingervibrato

Frankreich (Hotteterre, Corrette, Mahaut)
Als die früheste Quelle im 18. Jahrhundert für die Vibratotechnik auf der Querflöte gelten die Anleitungen zum Fingervibrato von HOTTETERRE.[298] Was das Prinzip und die Geschwindigkeit der Ausführung dieses Vibratos angeht, kann ich auf den vorigen Abschnitt über die Blockflöte verweisen. Es sind hier also nur noch die Griffe in einer Tabelle zusammenzufassen. Das Flattement für *ges'* wird von Hotteterre nicht erwähnt, ich habe es daher in der Griffübersicht auf den folgenden Seiten sinngemäß ergänzt. Die Flattements für *d''*, *dis''* bzw. *es''*, *d'''* und *dis'''* bzw. *es'''* unterscheiden sich dadurch, daß sie auf einem geschlossenen Fingerloch ausgeführt werden:[299]

> Le Flattement du *Ré* naturel, se forme sur le deuxiéme trou. Il est different des autres, en ce qu'il faut tenir le trou bouché en le commençant, & en le finissant. On doit observer de ne pas beaucoup lever le Doigt.
>
> [Das Flattement auf dem D wird auf dem zweiten Loch erzeugt. Von den anderen weicht es insofern ab, als man das Loch zu Beginn und am Ende der Verzierung abdecken muß. Man achte ferner darauf, den Finger nicht zu sehr abzuheben.]

Genauso wie bei der Blockflöte rufen auch auf der Querflöte die Fingervibrati eher kleine Tonhöhenschwankungen hervor. Bei manchen Tönen – z.B. beim *dis''* – ist praktisch kein Tonhöhenunterschied festzustellen. Für eine solche delikate Ausführung spricht ja schon der Name *Flattement*, den man ungefähr mit Schmeichelung übersetzen könnte.

---

[297] Hotteterres *Principes* werden noch 1798 in einem Katalog des Verlegers Le Duc angeboten. Vgl. dazu: C. JOHANSSON, *French Music Publisher's Catalogues of the Second Half of the Eighteenth Century* (Publications of the Library of the Royal Swedish Academy of Music 2), Stockholm 1955, Faks. 77.
[298] Auch hier ist es merkwürdig, daß vor Hotteterre nirgends ein Hinweis auf irgendwelche Vibratoart zu finden ist. Im Vorwort von M. DE LA BARRE, *Pièces pour la flute traversière*, Paris 1703, der frühesten in Frankreich gedruckten Querflötenmusik, kommt das Vibrato nicht in der Verzierungsliste vor, obwohl de la Barre sich auf Marais als Vorbild beruft, der selbst in seinem ersten Buch der *Pieçes a vne et a deux Violes*, Paris 1686, ein Vibrato beschreibt.
[299] J. M. HOTTETERRE, *Principes* a.a.O., S. 31.

⁓ = Trillerbewegung auf dem ganzen Fingerloch.
⁓ ½ = Trillerbewegung auf dem halben Fingerloch.
⁓ B = Trillerbewegung am Rande des Fingerlochs.

Tabelle 8a

Tabelle 8b

Tabelle 8c

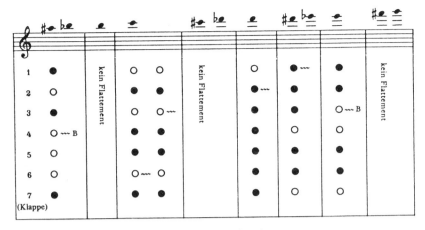

Tabelle 8d

Für die Flattements der tiefsten Töne *(d', dis', es')* gilt wieder das bereits im Abschnitt über die Blockflöte Gesagte: Da für sie kein Finger mehr vorhanden ist, werden sie erzeugt, indem man die Flöte mit der rechten Hand bewegt:[300]

> Pour commencer par le Flattement du *Ré* naturel en bas, suivant l'ordre de la première Planche; je diray qu'il ne se peut faire que par artifice. Comme l'on ne peut se servir d'aucun Doigt pour le faire, (puisqu'ils sont tous occupez à boucher les trous,) on ébranle la Flute avec la main d'enbas, ensorte que l'on puisse imiter par ce moyen le flattement ordinaire.
>
> [Um nach der Reihenfolge der ersten Tafel mit dem Flattement des tiefen D zu beginnen, so sage ich, daß es sich nur künstlich erzeugen läßt. Weil man keinen Finger hat, um es zu bilden (da alle damit beschäftigt sind, die Löcher zu decken), bewegt man die Flöte mit der unteren Hand, um mit diesem Hilfsmittel das gewöhnliche Flattement nachahmen zu können.]

Jedoch wie man die Flöte bewegen soll, darüber sagt das Wort „*ébranler*" nur wenig aus.

Nicht ganz dreißig Jahre später finden wir das *Flattement* wieder in der Flötenschule von CORRETTE.[301] Inzwischen hat sich auch der Bau der Flöte geändert: Das Instrument, für das Corrette sein Lehrbuch schreibt, ist die vierteilige Flöte, deren Bohrung und somit auch Griffweise sich von der dreiteiligen Flöte Hotteterres leicht unterscheidet. Daher weichen auch bestimmte Vibrati – und auch manche Triller – von jenen Hotteterres ab. Corrette schreibt:[302]

> Cette Methode renferme non seulement la vraye maniere d'apprendre les premiers Elemens de la Flute traversiere, mais aussi plusieurs tons et Cadences dont les Methodes précédentes n'ont point parlé et même la pluspart des tons et Cadences que ces Methodes veulent enseigner étant mal doigtez empêchent de jouer juste.
>
> [Dieses Lehrbuch enthält nicht nur die wahre Art, die Grundbegriffe des Querflötenspiels zu erlernen, sondern auch verschiedene Töne und Triller, über die ältere Lehrbücher nichts sagten. Mit der Mehrzahl der Töne und Triller, die diese Lehrbücher unterweisen wollten, konnte man übrigens nicht rein spielen, da sie die falschen Griffe hatten.]

---

[300] Ebd., S. 30.
[301] M. CORRETTE, *Methode* a.a.O., Paris–Lyon c. 1739/40.
[302] Ebd., Préface.

Aber nicht nur die Griffweise unterscheidet sich manchmal von der, die Hotteterre vorgeschlagen hat; höchst interessant ist auch, wie Corrette die Technik des *Flattements* erklärt:[303]

> Le Flattement se fait avec un doigt qu'il faut bien allonger sur le bord, ou audessus du trou et audessous de ceux qui sont bouchés. Il faut observer que le doigt ne bouche point le trou sur lequel se fait le flattement, mais le baisser doucement et le tenir en l'air en finissant excepté sur le second ré.
>
> [Das Flattement macht man mit einem Finger, den man gut ausstrecken soll, auf dem Rand oder über einem Loch unter den geschlossenen. Man beachte, daß dieser Finger das Loch, auf dem das Flattement gemacht wird, nicht schließt, sondern nur sanft abgesenkt und am Ende aufgehoben wird, außer auf dem zweiten D.]

Das *Flattement* wird also nicht wie ein Triller geschlagen, sondern mit gestrecktem Finger, der das Loch nicht bedeckt, sondern nur leicht anstreift. Auf diese Weise wird eine noch kleinere Tonhöhenschwankung erreicht, die dem schmeichlerischen Charakter dieser Verzierung („*extremement touchant*")[304] gut gerecht wird. An anderer Stelle, bei der Beschreibung des Flattements auf *cis"*, verwirft Corrette eine Tonhöhenschwankung von einem Komma (s. weiter unten, S. 106).

Corrette ist auch der erste, der das Fingervibrato in Verbindung mit der Messa di voce erwähnt: „*Le flattement se fait pour enfler et diminuer le son.*"[305] Wir finden bei ihm ein ähnliches Zeichen wie bei Hotteterre, das allerdings nach seiner Aussage nur selten verwendet wird: „... *il se marque par ce Signe* ~ , *mais rarement.*"[306] Die Griffe für das *Flattement* sind in den Tabellen 9a–9d zusammengestellt.

~ = Flattement (Vibrato).
~ B = Flattement am Rande des Loches.

Tabelle 9a

---
[303] Ebd., S. 30.
[304] Ebd.
[305] Ebd. Über diese Praxis wird im zweiten Teil noch ausführlich gesprochen.
[306] Ebd.

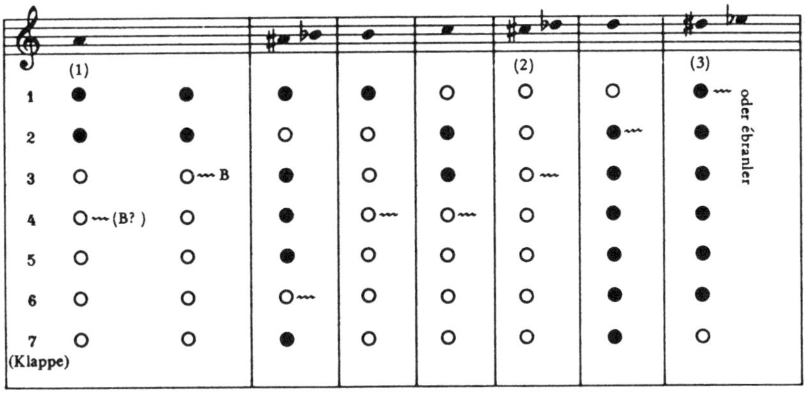

Tabelle 9b

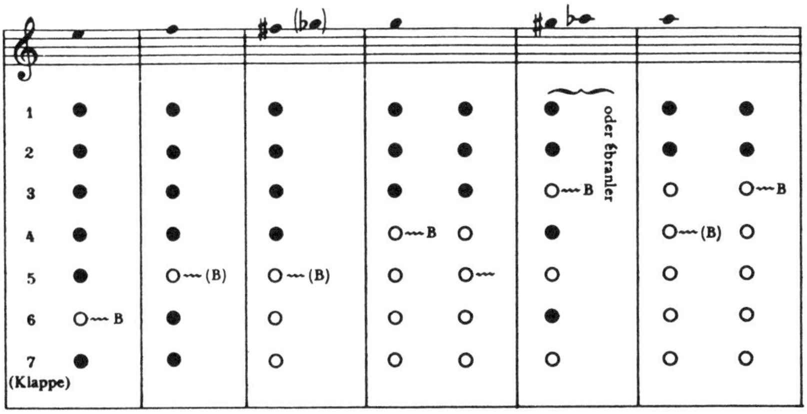

Tabelle 9c

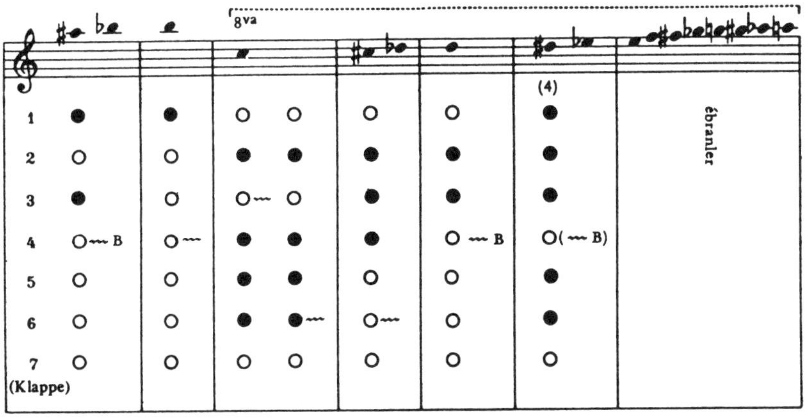

Tabelle 9d

105

Anmerkungen zu den Tabellen 9a–9d:

(1) Auf S. 31: „*Pour le la naturel H, sur le bord du 4ᵉ trou plein: on peut le faire sur le 3ᵉ trou, mais il n'est pas si aisé.*" [Für das a, auf dem Rand des ganzen 4. Lochs: Man kann es auch auf dem 3. Loch erzeugen, aber das ist nicht so bequem.]
(2) Ebd.: „*. . . les anciens le faisoient sur le 2ᵉ trou mais il ne vaut rien et baisse le ton d'un Comma.*" [Die Alten spielten es auf dem 2. Loch, aber es taugt nichts und erniedrigt den Ton um ein Komma.]
(3) Ebd.: „*Il faut le commencer et finir en bouchant le trou.*" [Man beginne und beende es mit geschlossenem Loch.]
(4) Ebd.: „*sur le bord du 3ᵉ trou*" – deutlich ein Schreibfehler.

Ein nächster Schritt wird von MAHAUT unternommen, indem er *Flattements* auch für die ersten Noten der dritten Oktave *(e'''–a''')* entwickelt. Das Bewegen der Flöte erachtet er – außer bei den tiefsten Tönen[307] – für überflüssig. Die meisten Fingersätze gleichen denen Correttes; einige erzeugen eine größere (tiefere) Tonhöhenschwankung: das *h'*, die Alternativen mit zwei Fingern auf *g'*, *a'* und *c''*, eventuell auch die Alternativen mit gestrecktem Finger auf *h''* und *cis'''/des'''*. Weiters gibt es noch eine (heikle) Alternative für *d''* mit dem ersten Finger und ein eigenes Flattement für *ais'* und *his''* (Mahaut hat einen eigenen *his''*-Griff, der sich vom *c'''*-Griff unterscheidet).

Die Griffe, die ich nach Mahauts Angaben erstellte, sind in den Tabellen 10a–10e dargestellt.

O〰 = Flattement auf dem ganzen Loch.
O〰B = Flattement am Rande des Lochs.
●〰 = Flattement auf dem ganzen vorher geschlossenen Loch.
◉ = Klappe geöffnet oder geschlossen.

Tabelle 10a

[307] A. MAHAUT, *Nouvelle Methode Pour Aprendre en peu de tems a Joüer de la Flute Traversiere*, Paris-Lyon 1759. Im Text nennt Mahaut nur *dis'* und *es'*; in der Tabelle ist jedoch auch das *d'* enthalten: „*Le Flatement du Ré diesis, et de Mi bemol d'en bas ne se fait qu'artificiellement tous les trous etant bouchés on ebranle la Flute avec la main den* (sic!) *bas* (S. 21). [Das Flattement auf dem tiefen Dis bzw. Es wird, da alle Löcher geschlossen sind, nur künstlich erzeugt: Man bewegt die Flöte mit der unteren Hand.]

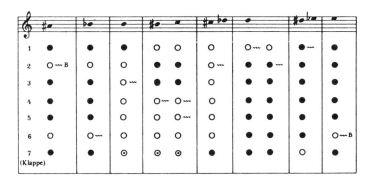

Tabelle 10b

Tabelle 10c

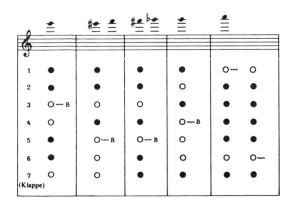

Tabelle 10d

Tabelle 10e

MAHAUT hat in seiner Spieltechnik jene Hotteterres und Correttes vereint:[308]

> Quelques uns le battent sur l'Extremité ou bord des trous en allongeant le doigt qui fait le battement, d'autres le battent sur un trou plein et même sur deux a la fois selon la force et l'Expreßion qu'on veut donner ...
>
> [Einige schlagen es auf dem äußersten Ende bzw. dem Rand der Löcher, während sie den trillernden Finger strecken; andere schlagen es auf einem ganzen Loch bzw. sogar auf zwei zugleich, je nach der Kraft und dem Ausdruck, den sie daran geben wollen.]

In der Tabelle kommen die drei Formen vor. Man beachte, daß Mahaut explizite den Ausdrucksunterschied hervorhebt. Was die Geschwindigkeit betrifft, so erfahren wir nur, daß die Flattements langsamer als die Triller ausgeführt werden: „*Le Flattement est un battement plus lent que le tremblement.*"[309] Beim Triller handelt es sich um eine sehr schnelle (*„avec beaucoup de rapidité"*)[310] Verzierung. Von verschiedenen Geschwindigkeiten (wie bei Hotteterre) oder von Beschleunigung (wie etwas später bei De Lusse) ist also nicht die Rede. Wie Corrette verbindet MAHAUT aber das Vibrato mit der Messa di voce:[311]

> ... cet agrément se fait le plus souvent sur une notte longue quand on enfle ou diminue le son.
>
> [Diese Verzierung wird meist auf einer langen Note, auf der man den Ton an- bzw. abschwellen läßt, ausgeführt.]

England (Prelleur, Gunn)
Die Querflötenschule von HOTTETERRE wurde in England erstmals um 1729 übersetzt.[312] Seitdem, vor allem nach dem Erscheinen des Kompendiums *The Modern Musick-Master* von PRELLEUR,[313] der in seinem Querflötenteil diese Übersetzung einfach kopierte, erfreute sich Hotteterres Methode großer Beliebtheit: Bis spät ins 18. Jahrhundert wird sie von mehreren Verlegern unter verschiedenen Namen immer wieder neu aufgelegt. Die Technik bleibt wenigstens sinngemäß unverändert. Hingewiesen sei nur darauf, daß Hotteterres Formulierung „Flattement am Rande ... des Loches" (vgl. auch oben S. 98).

> De plus on le fait sur des trous plus éloignez, & quelques-uns sur le bord ou l'extremité des trous ...[314]
>
> [Auch wird es (das Flattement) auf weiter entfernten Löchern geschlagen, und einige auf dem Rand bzw. am äußersten Ende des Lochs.]

in der englischen Übersetzung „... am halben Loch ..."

> ... for the most part they are made on holes more distant, and some on the edge or half [!] the hole only ...[315]

lautet. Der erste Unterschied (de plus ... / for the most part ...) ist wahrschein-

---

[308] Ebd., S. 21.
[309] Ebd.
[310] Ebd., S. 11.
[311] Ebd., S. 21.
[312] J. M. HOTTETERRE, *The Rudiments or Principles of the German Flute*, London (1729) (WARNER 58).
[313] (P. PRELLEUR?,) *The Modern Musick-Master*, London 1730 (WARNER 59, 61, 62).
[314] J. M. HOTTETERRE, *Principes* a.a.O., S. 30.
[315] P. PRELLEUR, a.a.O.: *The Newest Method for Learners on the German Flute*, a.a.O., S. 9.

lich ein einfacher Übersetzungsfehler, da alle Griffe von Hotteterre übernommen worden sind; die zweite Diskrepanz in der Übersetzung (sur le bord ou l'extremité / on the edge or half the hole) könnte eine Konzession an die (bei der Blockflöte beschriebene, s. S. 88f.) englische Dilettantenpraxis sein. In den Grifferläuterungen kommt jedoch das halbe Loch nicht häufiger vor als bei Hotteterre.

In den Lehrbüchern, die Hotteterre nicht kopieren, wird das Vibrato nicht erwähnt.[316] Und es ist auch nicht festzustellen, wie der von GEMINIANI besprochene *Close shake*[317] technisch auszuführen ist; der englischen Tradition zufolge wäre ein Fingervibrato anzunehmen; eine andere Variante wird jedoch von DE LUSSE angeboten.[318]

Das Fingervibrato in seiner einfachsten Form taucht jedoch viel später unerwartet wieder auf: 1793 in der Flötenschule von GUNN. Zu diesem Zeitpunkt rechnet der Autor es aber zu den veralteten und außer Gebrauch geratenen Verzierungen. Gunn nennt es wiederum *Sweetening* und berichtet, daß es erzeugt wird

> ... by approaching the finger to the first or second open hole, below the proper note that is sounded, and moving it up and down over the hole, approaching it very near each time, but never entirely upon it; thus occasioning an alternate flattering and sharpening of the note, and, like the dumb shake, producing a trembling palsied expression, inconsistent with just intonation, and not unlike that extravagant trembling of the voice which the French call *chevrotter*, to make a goat-like noise ...[319]

> [... indem der Finger näher zum ersten oder zweiten geöffneten Fingerloch unterhalb der gespielten Note gebracht und über dem Loch auf und ab bewegt wird, wobei er jedesmal sehr nahe gebracht wird, aber nie ganz drauf. Dadurch wird eine wechselweise Erniedrigung und Erhöhung des Tons verursacht und, wie bei dem Dumb Shake, ein bebender, zittriger Ausdruck erzeugt, der mit sauberer Intonation unvereinbar und jenem zügellosen Beben der Stimme, welches die Franzosen *chevrotter*, meckern wie eine Ziege nennen, nicht unähnlich ist ...]

Daraus geht aber nicht ganz klar hervor, ob Gunn meint, daß der Finger die Flöte nicht berühren,[320] oder daß er, etwa wie bei Corrette, das Loch nur leicht anstreifen soll. Im ersten Fall wäre der Vergleich mit dem *Chevrotement* jedoch ungewöhnlich.

Deutschland (Quantz, Ribock, Tromlitz)
Auch in Deutschland fand das *Flattement* seine Anhänger.[321]
Darüber berichtet uns QUANTZ:[322]

---

[316] Auch nicht in den besseren Lehrbüchern. Die Reihe der Dilettantenhefte, die nicht auf Hotteterre zurückgeht, nennt das Vibrato nicht.
[317] F. GEMINIANI, *Rules For Playing in a true Taste*, London c. 1746, Preface.
[318] Vgl. unten S. 121f.
[319] J. GUNN, *The Art of Playing the German-Flute*, London 1793 (WARNER 180), S. 18.
[320] So interpretiert von B. DICKEY, a.a.O., S. 93; er fügt folgerichtig hinzu, daß dies „*eine winzige Schwankung in der Tonhöhe erzeugt*", zitiert jedoch nicht den Teil ab „*thus occasioning ...*".
[321] Ein Passus, der zu Verwechslung mit dem Fingervibrato Anlaß geben könnte, findet sich noch bei J. P. EISEL, a.a.O., S. 86. Da ist die Rede von *Tremuliren*, wobei man „*schläget zugleich etlichemal mit dem Finger nur halb und halb auf das Loch*". Das Ganze ist aber eine sehr ungeschickte Übersetzung von Hotteterres Abschnitt über die Triller.
[322] J. J. QUANTZ, *Versuch einer Anweisung die Flöte traversiere zu spielen*, Berlin 1752; zitiert nach der dritten Auflage Berlin 1789, S. 136. In der gleichzeitig erschienenen, von Quantz selbst betreuten französischen Ausgabe, *Essai d'une methode pour apprendre à jouer de la Flute traversiere*, Berlin 1752, S. 138, heißt es, fast gleichlautend: „*des agrémens essentiels, comme sont les ports de voix, les simples & les doubles tremblemens, les mordants, les battemens, les flattemens &c.*". Es ist merkwürdig (oder zufällig?), daß in der niederländischen Übersetzung von J. W. LUSTIG, *Grondig Onderwys Van den Aardt en de regte Behandeling der Dwarsfluit*, Amsterdam 1754, S. 93, das Flattement aus der Liste verschwunden ist.

> Man kann das Adagio, in Ansehung der Art dasselbe zu spielen, und wie es nöthig ist, mit Manieren auszuzieren, auf zweyerley Art betrachten; entweder im französischen, oder im italiänischen Geschmacke. Die erste Art erfodert einen netten und aneinander hangenden Vortrag des Gesanges, und eine Auszierung desselben mit den wesentlichen Manieren, als Vorschlägen, ganzen und halben Trillern, Mordanten, Doppelschlägen, battemens, flattemens, u.d.gl. (...)

Nach diesem Zitat mag es verwundern, daß die nächste Erwähnung eines Fingervibratos sich in einem Abschnitt findet, der nicht mehr spezifisch über den französischen Stil handelt:[323]

> Hat man eine lange Note entweder von einem halben oder ganzen Tacte zu halten, welches die Italiäner *messa di voce* nennen; so muß man dieselbe vors erste mit der Zunge weich anstoßen, und fast nur hauchen; alsdenn ganz piano anfangen, die Stärke des Tones bis in die Mitte der Note wachsen lassen; und von da eben wieder so abnehmen, bis an das Ende der Note: auch neben dem nächsten offenen Loche mit dem Finger eine Bebung machen. Damit aber der Ton in währendem Zu- und Abnehmen nicht höher oder tiefer werde, (welcher Fehler aus der Eigenschaft der Flöte entspringen könnte;) so muß man hier die im 22. §. des IV. Hauptstücks gegebene Regel in Uebung bringen: so wird der Ton mit den begleitenden Instrumenten in beständig gleicher Stimmung erhalten, man blase stark oder schwach.

Ich habe diesen Paragraphen in extenso zitiert, weil er auf Technik und Funktion des Fingervibratos ein bezeichnendes Licht wirft. Es wird hier die Technik des Fingervibratos deutlich erklärt: Die französische Formulierung von QUANTZ

> ...au trou ouvert le plus proche, un flattement avec le doigt.[324]

lautet in der deutschen Fassung

> ...neben [!] dem nächsten offenen Loche mit dem Finger eine Bebung...[325]

Man beachte einerseits, daß Quantz nur das Flattement auf dem nächsten Loch kennt, nicht auch das mit voller Deckung weiterliegender Löcher, und andererseits, daß für ihn die Bezeichnung *Flattement* identisch ist mit dieser Technik. Darüber hinaus muß hier hervorgehoben werden, daß das Fingervibrato bei gleichzeitiger Messa di voce n i c h t die Funktion des Erniedrigens eines zu hoch geratenen Tones hat. Diese Funktion wird ja von der *„im 22. §. des IV. Hauptstücks gegebenen Regel"* erfüllt, die über die Korrektur der Intonation mittels der Lippen und des Drehens der Flöte handelt. Das bedeutet zugleich, daß die Tonhöhenschwankung bei diesem Vibrato nur minimal sein kann, wie das ja durch die Technik *(„neben [!] dem ... Loche")* schon angedeutet wurde.

Abgesehen von diesem Fingervibrato gibt es in der Anweisung von Quantz noch zwei Stellen, die manchmal auf das Vibrato bezogen werden.

Die erste Stelle betrifft eine als Tremulant notierte Figur, die im Effekt einem mensurierten Atemvibrato gleichkommt.[326] Man beachte jedoch, daß es Quantz nicht darauf ankommt, eine eigene Notierungsweise für das Atemvibrato einzuführen, sondern daß er vielmehr die traditionelle Tremulantnotation (♫) rein spieltechnisch erklärt; auf die kompositionstechnische Bedeutung geht er

---

[323] J. J. QUANTZ, *Versuch* a.a.O., S. 140. In der französischen Ausgabe steht (S. 142) statt *Bebung* der Terminus *Flattement*. Die niederländische Übersetzung (S. 96) stimmt sinngemäß mit dem deutschen Text überein. Der Terminus *Messa di voce* ist jedoch weggelassen.
[324] DERS., *Essai* a.a.O., S. 142.
[325] DERS., *Versuch* a.a.O., S. 140.
[326] Ebd., S. 65.

nicht ein. (Weiteres darüber sowie über die entsprechenden Passagen bei den Epigonen s. unten S. 128, Kapitel über den Tremulanten.)

Die zweite Stelle betrifft einen der zusammenfassenden Paragraphen des Kapitels *„Von dem Ansatze"*.[327]

> Mit Bewegung der Brust kann man dem Tone in der Flöte auch viel helfen. Sie muß aber nicht mit einer Heftigkeit, nämlich zitternd; sondern mit Gelassenheit geschehen. Thäte man das Gegentheil, so würde der Ton zu rauschend werden. Eine proportionirliche Oeffnung der Zähne und des Mundes, und Ausdehnung der Kehle, verursachen einen dicken, runden, und männlichen Ton. Das Hin- und wiederziehen der Lippen machet den Ton zugleich schwebend und annehmlich. Man hüte sich, in der zweyten Octave, die Oberlippe der untern vorzuschieben.

Auf den ersten Blick scheint es sich hier um Anweisungen zum Atemvibrato und Lippenvibrato zu handeln.

Beginnen wir mit dem vermeintlichen Lippenvibrato. Vor allem die Formulierung, daß der Ton durch das Hin- und Widerziehen der Lippen schwebend gemacht werde, läßt den Gedanken an ein Vibrato aufkommen. Daß hier keine kontinuierliche Lippenbewegung gemeint sein kann, geht aus seinem vorhergehenden Kapitel hervor, das er hier in diesem kleinen Absatz gewissermaßen zusammengefaßt hat. Wenn man diesen Paragraphen in seinem Zusammenhang sieht, kann man die These, hier sei ein Lippenvibrato gemeint, nicht länger aufrechterhalten. Über diese Lippenbewegung äußert sich Quantz schon einige Seiten vorher:[328]

> Das Kinn und die Lippen müssen sich im Blasen beständig, nach dem Verhalte der steigenden und fallenden Noten, vor- oder rückwärts bewegen.

Hier bezieht sich das Wort „beständig" eindeutig nicht auf ein Vibrato, sondern auf die Tonhöhenkorrektur; in den folgenden Abschnitten geht Quantz noch näher darauf ein, und beschreibt ausführlich diese Bewegungen und ihren Effekt auf Tonhöhe und Klangqualität. Falls man noch Zweifel hegen könnte, werden diese wohl völlig durch die Anmerkung beseitigt, man brauche diese Lippenbewegung, um die *„über sich schwebenden Octaven, zu ihrer vollkommenen Reinigkeit zu bringen"*.[329] Das Attribut „schwebend" bleibt aber bestehen. Die *„über sich schwebenden Octaven"* sind im akustischen Wortsinn als Schweben zweier nicht ganz gleich hoher Töne verstanden. Nun gebraucht Quantz aber im ersten von mir zitierten Abschnitt (s. oben) das Wort „schweben" auch in Verbindung mit genau dieser Bewegung der Lippen. Allerdings liest man in der französischen Ausgabe:[330]

> ... & on fait en avancant & en retirant les levres, le ton en meme temps juste [sauber intoniert] & agreable.

„Schwebend" wird hier also, wie man der von Quantz selbst autorisierten Übersetzung entnehmen kann, durchaus nicht in diesem akustischen Sinn verwendet. *„Die über sich schwebenden Octaven"*, die er aber wohl im akustischen Sinn auffaßt, heißen auf französisch: *„un peu trop hautes"* oder auch *„naturellement trop hautes"*.[331] Ich kann in diesem Abschnitt kein Indiz für ein Lippenvibrato sehen;

---

[327] Ebd., S. 51.
[328] Ebd., S. 44.
[329] Ebd., S. 46f.
[330] DERS., *Essai* a.a.O., S. 52.
[331] Ebd., S. 48. Zu den verschiedenen Bedeutungen des Begriffes *Schweben* s. Glossar.

daß Quantz zur Klangcharakterisierung die Worte *„schwebend und annehmlich"* *(„juste & agreable")* wählt, mag vor allem für uns heute etwas ungewöhnlich erscheinen.

Aber auch schon im 18. Jahrhundert gab es Mißverständnisse. LUSTIG, der das Werk ins Niederländische übersetzte, sah in dieser Textstelle – wie manche heutige Interpreten – ebenso einen Hinweis auf ein Vibrato. Er fand jedoch ein solches „Lippenvibrato" ästhetisch nicht wünschenswert und änderte kurzerhand den Text ab:[332]

> ... terwyl het waggelen [!] der lippen hem [= den Ton] teffens zweevende en onbevallig [!] maakt.

Die Bewegung der Lippen wird auf „Wackeln" degradiert, der Ton wirke dadurch „schwebend" – also vibrierend – und „unangenehm" *(„onbevallig")*.

Nun zum ersten Teil des obigen Quantz-Zitates, bei dem man zunächst an ein Atemvibrato denken muß. Aus dem Text geht nicht klar hervor, ob Quantz den Flötenton durch ein Atemvibrato verschönert haben will.

Die Formulierung *„Bewegung der Brust"* weist nicht nur auf das *Hauchen*, sondern auch auf dynamische Abstufungen hin. In der französischen Version desselben Abschnittes schreibt Quantz *Intonation* statt Ton:[333]

> Le mouvement de la poitrine contribue aussi beaucoup à la bonne intonation [!] sur la Flute; mais il faut que ce mouvement se fasse avec tranquilité & non pas avec violence, en tremblant. Car en faisant ceci, le ton devient trop bruyant.

Und die niederländische Übersetzung von LUSTIG lautet:[334]

> Door 't beweegen der borst vermag men insgelyks den fluittoonen ongemeen te hulp te komen, mits dat het niet hevig of trillende geschiede, maar gemaatigd.

Beide Stellen bringen keine zufriedenstellende Lösung. In der niederländischen Version fehlt der Satz über den *„zu rauschenden"* Ton, ohne jedoch dadurch den Sinn zu verzerren.

SCHLEGEL drückt sich in seiner Flötenschule gemäßigter aus:[335] Nach ihm trägt die Bewegung der Brust nur *„einigermaßen"* zum guten Ton bei. Das Zittern des Tones bei zu heftiger Bewegung wird nicht erwähnt; dafür könne man jedoch „der Brust selbst schädlich werden". Vielleicht ist es im Sinne von TROMLITZ zu verstehen, nämlich, daß es zu einer unkontrollierten Gewohnheit wird (der Flötist *„verwöhnt sich die Brust"*), mit der Folge, daß er *„alsdenn keinen festen und reinen Ton halten kann"*.[336]

Meines Erachtens ist insgesamt die Hypothese, Quantz hätte ein zu heftiges Stoßen mit dem Atem oder einen zu starken Atemdruck gemeint, am plausibelsten; dadurch entstünde nämlich ein unkontrolliertes Atemvibrato *(„nämlich zitternd")*, das sicher vermieden werden sollte. Wünschenswert sei vielmehr eine ruhige, *„gelassene"*, aber abwechslungsreiche Atemunterstützung.

---

[332] J. J. QUANTZ – J. W. LUSTIG, *Grondig onderwys* a.a.O., S. 44.
[333] J. J. QUANTZ, *Essai* a.a.O., S. 52.
[334] J. J. QUANTZ – J. W. LUSTIG, a.a.O., S. 44.
[335] F. A. SCHLEGEL, *Gründliche Anleitung die Flöte zu spielen, nach Quanzens Anweisung*, Graz 1788, S. 133.
[336] J. G. TROMLITZ, *Ausführlicher und Gründlicher Unterricht die Flöte zu spielen*, Leipzig 1791, S. 239.

Zum Vergleich dazu auch noch eine Parallelstelle, in der QUANTZ über den Bogenstrich schreibt:[337]

> Hierzu kann nebst andern oben beschriebenen Erfordernissen auch das Ab- und Zunehmen der Stärke des Tones viel beytragen; wofern es nämlich mit Gelassenheit, und nicht durch ein heftiges und unangenehmes Drücken, geschieht.

Nach sorgfältigem Vergleich analoger Stellen in Quantzens *Versuch* bin ich zu der Überzeugung gekommen, daß im oben auf S. 111 wiedergegebenen Absatz kein Atemvibrato gemeint ist.[338] Die Warnung, die *„Bewegung der Brust"* müsse *„aber nicht mit einer Heftigkeit, nämlich zitternd"* geschehen, ist meiner Ansicht nach eine Analogie zur obigen Aussage zum Bogenstrich, in der Quantz vor einem zu *„heftigen und unangenehmen Drücken"* mit dem Bogen auf der Violine warnt.

Diesen Absatz, wo Quantz über das Atmen und über die Lippenbewegung schreibt, kann man also nicht als sicheren Beleg für ein Vibrato sehen. Ein Lippenvibrato ist eindeutig nicht gemeint. Und die *„Bewegung der Brust"* bezieht sich eher auf die Dynamik. Abgelehnt wird aber auf jeden Fall ein unkontrolliertes Vibrato, das durch eine zu heftige Bewegung entstehen kann.

Mit RIBOCK und TROMLITZ kommen zwei Autoren zu Wort, die eigentlich den zeitlichen Rahmen dieser Arbeit überschreiten. Das geschieht aus zwei Gründen. Zum einen soll der Eindruck vermieden werden, es handle sich beim *Fingervibrato* um eine etwas skurille Technik aus düsteren, „barocken" Zeiten, die dann im aufgeklärten, „klassischen" Zeitalter endgültig dem „eigentlichen", „modernen" Atemvibrato weichen mußte.[339] Zum anderen soll gezeigt werden, daß das Fingervibrato noch weiter perfektioniert und den neuen technischen und ästhetischen Gegebenheiten angepaßt werden konnte.

Die Bemerkungen über die Flöte von RIBOCK[340] beinhalten zum Großteil technische Verbesserungen – wie z.B. zusätzliche Klappen – beim Flötenbau. In diesem Zusammenhang erörtert er auch, welche neue Möglichkeiten zur Gestaltung der *„Schwebung"* diese Klappen bieten. Bei den meisten von ihm vorgeschlagenen Schwebungen handelt es sich nicht um Fingervibrati sensu stricto, sondern um Klappenvibrati, die durch *„gelindes Auf und zu thun"*[341] erzeugt werden. Ihre geringe Tonhöhenschwankung kann dann und wann auch zur Intonationskorrektur herangezogen werden:[342]

---

[337] J. J. QUANTZ, *Versuch* a.a.O., S. 200.
[338] Ebd., S. 91, 116, 140, 249. – Vgl. auch F. A. SCHLEGEL, a.a.O., S. 133 (vor allem mit Quantz S. 91). – Das Zitat bei Quantz auf S. 116 über das Spielen von Synkopen könnte man vgl. mit DE LUSSE, *L'Art de la Flûte traversière*, Paris c. 1760, S. 4 (Text), S. 10 (Notenbeispiel).
[339] Als Alternative zum (ebenfalls ornamentalen) Atemvibrato, manchmal auch als dessen Ergänzung, war das Fingervibrato noch bis weit ins 19. Jh. üblich. So z.B. bei E. MILLER, *The New Flute Instructor*, London c. 1799 (WARNER 197); C. NICHOLSON, *Nicholson's Complete Preceptor for the German Flute*, London c. 1816 (WARNER 350); DERS., *Preceptive Lessons, for the Flute*, London (1821) (WARNER 384). Bei Nicholson heißt die Verzierung *Vibration* (sowohl das Finger- als das Atemvibrato), bei Miller *Close Shake*. Ebenfalls bei A. B. FÜRSTENAU, *Flöten-Schule*, Leipzig c. 1826 (WARNER 418), *Klopfen*, im Gegensatz zu *Bebung* für Atemvibrato. Dieses Thema wird ausführlich behandelt bei B. DICKEY, a.a.O.
[340] J. J. H. RIBOCK, *Bemerkungen über die Flöte*, Stendal 1782.
[341] Ebd., Tab. II.
[342] Ebd., S. 20.

Was die Schwebungen anbetrift, so scheint es fast überflüssig ausdrücklich zu bemerken, daß durch Oefnung der Klappe, die die Schwebung machen soll, dem Tone die meistenmahle gar bequem seine richtige Höhe im haltenden Pianissimo oder Smorzando erhalten werden könne. Das $\overline{E}$ gewinnet ohnedem noch an Klarheit, welche selbst oftmahls, durch Hülfe der Schwebung, im Forte demselben erhalten werden kann, ohne daß die Höhe das Ohr eben beleidiget; denn ein guter Ansatz kann es, auch ohne die Illusion der Schwebung, fast tief genug halten.

In den Tabellen 11a–11e habe ich nun alle Griffe für Schwebungen aus Ribocks Tabelle neu zusammengestellt.

〰 = Fingervibrato.
○/● = offenes/abgedecktes Fingerloch.
□/■ = offene/geschlossene Klappe.

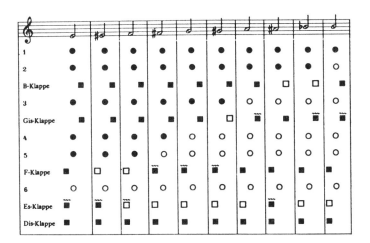

Tabelle 11a

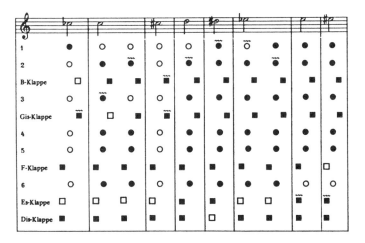

Tabelle 11b

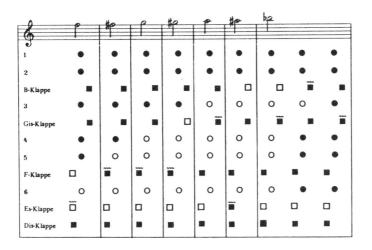

Tabelle 11c

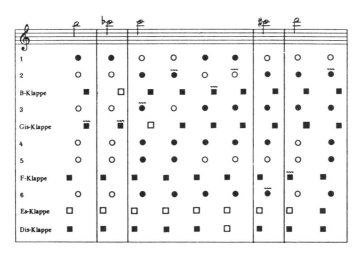

Tabelle 11d

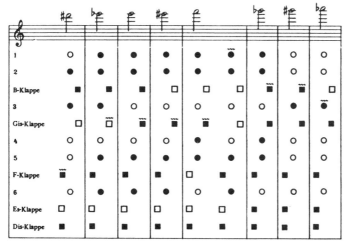

Tabelle 11e

Auch TROMLITZ setzt sich eingehend mit dem Fingervibrato auseinander. Nirgendwo anders finden wir diese Technik so minuziös beschrieben und begründet wie in seiner Flötenschule. Er nennt das Vibrato, wie es seit der Mitte des 18. Jahrhunderts in Deutschland üblich ist, *Bebung*:[343]

> Die Bebung ist eine auf einer langen haltenden Note hervorgebrachte wellenförmige, schwebende Bewegung, welche langsam, oder geschwinde, einförmig oder wachsend und abnehmend seyn kann. Sie entsteht auf der Flöte, wenn man mit dem Finger das der langen Note zunächst darunter liegende Loch ein wenig oder halb, oder auch ein ander Loch ganz, nach Erforderniß der Umstände, wechselweise bedecket und öffnet. Mit dem Athem macht man sie auf der Flöte nicht, es macht keine gute Wirkung, es heult; und wer es tut, verwöhnt sich die Brust, und verderbet sein ganzes Spiel, denn er verlieret die Festigkeit, und kann alsdenn keinen festen und reinen Ton halten; er zittert alles mit der Brust heraus. (...)
> Sehr geschwinde Bebungen sind meines Erachtens, eine schlechte Zierde.

Diesem Absatz läßt dann Tromlitz die Anleitung folgen, mit welchen Fingern die Bebung zu spielen sei. In den Tabellen 12a–12f sind nun die Griffe aufgrund seiner Ausführungen zusammengestellt:[344]

Ö = Bebung (Vibrato) mit teilweiser Lochabdeckung.
ÖG = Bebung mit gänzlicher Lochabdeckung.
☐ = Bebung auf Klappen.

Tabelle 12a

Tabelle 12b

---
[343] J. G. TROMLITZ, a.a.O., S. 239.
[344] Vgl. hiezu den Text von Tromlitz.

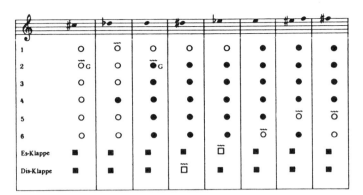

Tabelle 12c

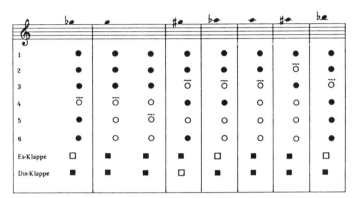

Tabelle 12d

Tabelle 12e

Tabelle 12f

TROMLITZ schreibt weiter:[345]

> Obgleich eben nicht alle Töne zu Bebungen gebraucht werden, so habe ich sie doch hieher gesetzt, um sich bei vorfallender Gelegenheit helfen zu können. Die Zahl unter den Noten bedeutet den Finger, womit die Bebung, indem man die Noten nach der diesem Werke beygefügten Fingerordnung greift, gemachet werden soll. Ein gewisses Maaß, wie weit der Finger das Loch bedecken solle, hier beyzubringen, ist nicht möglich. Da der Ton bey der Bebung sich wechselsweise ein wenig unterwärts und wieder aufwärts ziehen und schwebend erhalten muß, so wird das Ohr leicht entscheiden können, wie weit bey jeder Bewegung der ausgestreckte und an die Seite des Loches gelegte Finger dasselbe bedecken müsse. Bey einigen wird nur der vierte Theil, bey andern die Hälfte, auch wohl drey Viertheile, und bey manchem wird das Loch ganz zugedecket. Zu diesen letztern gehören: b̄, h̄is, c̄is, d̄, c̄, dieses letztere mit 2, 4, 5, 6, 7 gegriffen, wobey der dritte Finger die Bebung machet; und mit 2, 4, 5, wo der sechste Finger die Bebung macht; dēs, dīs, ēs, und ā.
>
> § 5
>
> Ich erinnere noch einmahl, daß man auf der Flöte die Bebung nicht mit der Brust machen möge, weil man sich sonst sehr leicht zum Zittern gewöhnen könne, woraus ein elender Vortrag entstehet. Wollte man aber doch die Brust zu Hülfe nehmen, so müßte es mit der Bewegung des Fingers zugleich geschehen, indem man beym Aufheben des Fingers den Wind ein wenig verstärkte, und beim Niederlegen nachließe, so würde die Bebung etwas stärker und deutlicher. Eine vorzügliche Schönheit auf der Flöte, ist ein fester, körnichter und gleicher Ton; ob er gleich schwer aus diesem Instrument zu bringen, und also selten ist, so muß man sich doch bemühen, ihn zu erlangen, und dabey die Brust feste und stark gewöhnen, daß sie durchaus nicht zittere.

Fassen wir kurz zusammen:
1. Das Fingervibrato wird erzeugt, indem man, je nach den Erfordernissen, das angegebene Loch mehr oder weniger wechselweise abdeckt und öffnet. Über das Maß *„muß das Ohr entscheiden"*. Als Maßstab hiefür können die Bebungen, die durch gänzliche Lochabdeckung entstehen, dienen. Man wird bemerken, daß in all diesen Fällen – wie Tromlitz auch ausdrücklich hervorhebt – eine deutliche, wenn auch geringe Tonhöhenschwankung entsteht.
2. Die Geschwindigkeit des Vibratos kann langsam, schnell, zu- und abnehmend sein; allzu schnelle Vibrati werden jedoch abgelehnt.
3. Der trillernde Finger wird ausgestreckt und an die Seite des Lochs gelegt (vgl. Corrette).
4. Atemvibrato lehnt Tromlitz prinzipiell ab, da es a) nicht gut klingt (*„heult"*) und b) zu Schlampigkeit in der Atemtechnik führt und einen schönen Ton – Tromlitz versteht darunter einen *„gleichen"*, also nicht vibrierten – unmöglich macht. Höchstens will er ein Atemvibrato zugleich mit dem Fingervibrato, als dessen Verstärkung, dulden. Aus dem Text geht aber hervor, daß er sich für diese Praxis nicht begeistern kann.
5. Andere Arten des Vibratos werden nicht genannt, auch nicht als Substitut wie bei Hotteterre und Corrette. Für *d'* gibt es keine Bebung; auf *dis'*, *es'*, *dis''* und *es''* wird mit der Klappe vibriert – eine Technik, die viel Beherrschung erfordert, um einen Mordent zu vermeiden.

Diese ausführliche Behandlung eines Autors, der zeitlich außerhalb des in diesem Buch abgegrenzten Bereiches liegt, ist meiner Ansicht nach deshalb

---
[345] J. G. TROMLITZ, a.a.O., S. 240.

gerechtfertigt, da hier deutlich die Möglichkeit demonstriert wird, wie durch geschickte, differenzierte und äußerst beherrschte Anwendung des Fingervibratos ein voll befriedigendes Resultat erzielt werden kann.

Andere Vibratotechniken

De Lusse

Völlig neue Wege des Vibratos auf der Flöte zeigte jedoch schon dreißig Jahre früher die Schule von DE LUSSE:[346] Das Fingervibrato verliert viel von seiner Bedeutung; De Lusse entschließt sich aber auch nicht für den Gebrauch des Atemvibratos als Mittel des Ausdrucks oder zur Tonbelebung. Auf seine Ausführungen zum Tremulanten werde ich später zu sprechen kommen, hier interessieren uns zunächst zwei seiner Verzierungen: das *Martellement* und das *Tremblement flexible*. Unter *Martellement* ist allem Anschein nach ein Fingervibrato zu verstehen:[347]

> *Du Martellement.*
> Ce qu'on entend par Martellement est un mouvement de doigt continu sur un trou qui produit à peu près le même effet que celui qu'on met en usage sur le violon (...)
>
> [Vom Martellement
> Unter Martellement versteht man eine ununterbrochene Fingerbewegung auf einem Fingerloch, die in etwa die gleiche Wirkung hat als diejenige, die man auf der Violine macht.]

Bezeichnet wird diese Verzierung mit ƈ:[348]

De Lusse hat die Griffe für das Martellement in einer Tabelle[349] zusammengestellt, die mir als Grundlage für die umseitige Griffübersicht gedient hat (Tabellen 13a–13b).

---

[346] DE LUSSE, *L'Art de la Flûte Traversière*, Paris c. 1760. De Lusse zeigt sich stark von Geminiani beeinflußt, adaptiert jedoch dessen Ästhetik ziemlich frei für das Flötenspiel.
[347] DE LUSSE, a.a.O., S. 10. – Die Erklärung des *Martellements* ist nicht völlig eindeutig; insbesondere ist mir kein Fingervibrato aus dieser Zeit unter diesem Namen bekannt. Vibrati mit ähnlichem Effekt sind jedoch aus einigen Violinschulen (etwa J. S. PETRI, *Anleitung zur Praktischen Musik*, Leipzig ²1782) bekannt, jedoch mit anderem Namen *(Bebung, Tremolo)*. In dem vokalen Bereich wird einmal das *Vibrato* als eine Abart des *Martellement* bezeichnet, und zwar bei J. LACASSAGNE, *Traité Général des Elémens du Chant*, Paris 1766, S. 65. Die Fingertabelle De Lusses beseitigt jeglichen Zweifel, und auch an den Stellen, wo es in den Übungsstücken vorkommt, ist Vibrato durchaus einleuchtend.
[348] Ebd., Pl. 9.
[349] Ebd., Pl. 12.

○⌒ = Martellement auf offenem Loch bzw. offener Klappe.
●⌒ = Martellement auf abgedecktem Loch bzw. auf geschlossener Klappe.

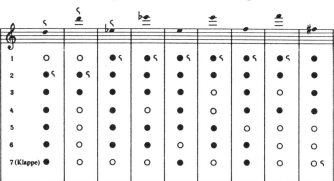

Tabelle 13a

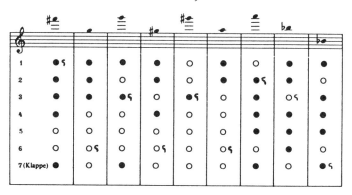

Tabelle 13b

Bemerkenswert an dieser Griffübersicht ist nun folgendes:
1. Martellements sind nicht auf allen Tönen notiert, sondern nur auf *b'*, *d"* bis *b"* und *d'''* bis *a'''*.[350]
2. Vibriert wird nur auf ganzen Löchern. Das Vibrato mit Halb- oder Randdeckung der Löcher ist verschwunden.
3. Sowohl Vibrati mit Deckung eines offenen Lochs als auch solche mit Öffnung eines geschlossenen Lochs sind vertreten. Ausführungsanleitungen gibt De Lusse nicht; in der Praxis ist es jedoch selbstverständlich, daß man mit dem Grundgriff, wie er in der Tabelle angegeben ist, anfängt und endet.
4. Die Martellements werden auf verschiedene Art erzeugt:
   a) durch leichtes Erniedrigen des Tones *(fis", g", gis"* und *a");*
   b) einmal durch leichtes Erhöhen *(b');*
   c) meistens durch das Öffnen oder Schließen von Luftlöchern, wodurch in einigen Fällen die Intonation leicht beeinflußt wird, in anderen Fällen sich jedoch nur die Klangfarbe ändert: entweder durch Abschneiden oder Hervorhebung von Obertönen oder durch Zufügen eines geringen Rauschens.
5. Insgesamt besteht die Tendenz nach Minimierung der Tonhöhenschwankung; das Martellement kann als wenigstens intendiertes *Klangfarbenvibrato* angesehen werden.

---

[350] Das kann teilweise aus Punkt 2 erklärt werden. Für manche Töne, insbesondere in der tiefen Oktave, wäre ein Vibrato auf einem ganzen Loch nicht möglich. Ein ästhetischer Grund scheint mir aber ebenfalls mitzuwirken.

Man sieht, daß das Fingervibrato seine ursprüngliche Bedeutung verloren und eine neue Funktion erhalten hat. Wie ich im zweiten Teil noch darlegen werde, ist auch seine Verwendung stark eingeschränkt.

Das *Tremblement flexible* ist für DE LUSSE die normale Form des Vibratos:[351]

> Du Tremblement flexible.
> Pour l'exécuter, il faut que le pouce gauche agisse par gradation de vîtesse, en roulant le corps de la Flûte, sans perdre l'embouchure.
>
> [Vom Tremblement flexible („geschmeidigen Triller").
> Um es auszuführen, soll der linke Daumen mit sich steigernder Geschwindigkeit bewegen, indem er den Korpus der Flöte rollt, ohne den Ansatz zu verlieren.]

Dieses Vibrato wird also erzeugt, indem man mit dem linken Daumen die Flöte hin und her rollt und so durch die Veränderung des Ansatzwinkels eine leichte Tonhöhenschwankung erreicht. Ansätzen zu einem solchen Vibrato sind wir schon bei Hotteterre und Corrette begegnet, dort dienten sie jedoch nur als Ersatz bei solchen Tönen, auf denen kein Fingervibrato ausführbar war. Auch war die Technik anders und schwerer kontrollierbar: Die Flöte wurde mit der rechten Hand in Bewegung gebracht. Obwohl auch De Lusse noch davor warnen muß, den Ansatz nicht zu verlieren, ist seine Technik – das Rollen mit dem linken Daumen – viel leichter zu beherrschen, insbesondere dann, wenn der linke Zeigefinger die Flöte fest gegen die Unterlippe drückt. Voraussetzung ist natürlich die richtige Plazierung des Daumens:[352]

> ... le pouce, servant de support, doit être placé audessous, entre les deux premiers trous, de façon qu'il ait la liberté d'agir pour servir dans les cas nécessaires dont il sera parlé.
>
> [Der Daumen, der als Stütze dient, soll unter (der Flöte), zwischen den beiden ersten Löchern, aufgesetzt werden, so daß er frei tätig werden kann in den notwendigen Fällen, von denen noch die Rede sein wird.]

Ausgeführt wird das *Tremblement flexible* mit sich steigernder Geschwindigkeit („*par gradation de vîtesse*") und manchmal, insbesondere auf langen Noten, auch mit *Messa di voce*.[353] Das Zeichen für das *Tremblement flexible* ist bei DE LUSSE eine kleine Wellenlinie,[354]

er weist jedoch darauf hin, daß diese Verzierung in Musikwerken nie damit gekennzeichnet wird. Auch in den Übungsstücken am Ende seiner Schule ist das Tremblement flexible nur sehr selten ausdrücklich mit dieser Wellenlinie notiert.

---

[351] DE LUSSE, a.a.O., S. 9.
[352] Ebd., S. 3.
[353] Vgl. hiezu auch den zweiten Teil, S. 235ff.
[354] DE LUSSE, a.a.O., Pl. 9.

DE LUSSE erwähnt in seinem Flötenlehrbuch schließlich noch eine dritte Vibratoart:[355]

> Il est encore une autre sorte de Tremblement flexible que les Italiens nomment *Tremolo*, qui prête beaucoup à la mélodie, lorsqu'on l'emploie à propos. Il ne se fait que par un mouvement actif des poumons en soufflant ces syllabes *Hou, hou, hou, hou,* &c.
>
> [Es gibt noch eine andere Art des Tremblement flexible, die die Italiener Tremolo nennen und die viel zur Melodie beiträgt, wenn man sie am rechten Ort anwendet; sie wird einfach von einer aktiven Bewegung der Lungen, indem man die Silben Hou, hou, hou, hou &c. bläst, erzeugt.]

Es läge nahe, hier an ein normales Atemvibrato zu denken. Es ist jedoch auch möglich, hierin eine Spätform des Tremulanten (zu diesem Begriff s. unten S. 129ff.) zu sehen. Französische Quellen bringen sehr oft den italienischen Terminus *Tremolo* mit dem Tremulanten in Verbindung.[356] Auch die viermalige Wiederholung des Atemstoßes *Hou* ist ein typisches Merkmal für den Tremulanten (♪♪♪♪). Gegen diese Hypothese könnte nun der Verweis auf die ad-libitum-Verwendung dieser Art von Atemvibrato sprechen. Ein stärkeres Argument gegen die Tremulant-Hypothese wäre der Gebrauch des Begriffes Tremolo durch Geminiani,[357] dem De Lusse in vielem folgt. Allerdings muß dazu gesagt werden, daß Geminianis Tremolo-Funktion bei De Lusse durch das *Tremblement flexible* erfüllt wird. Endgültig ist dieses Problem wohl nicht zu lösen, nur sollte festgehalten werden, daß das „Atemvibrato" – was immer es auch sein mag – eher eine Ausnahme ist und nur zum italienischen Stil gehört. Die normale Vibratoform bei De Lusse ist das *Tremblement flexible,* also die Erzeugung des Vibratos durch das Rollen der Flöte mit dem linken Daumen. Der ansonsten interessante Beleg für ein Atemvibrato im italienischen Stil ist, als Unikum, leider nirgendwo nachprüfbar.

Niederlande
Ein ähnlicher Fall, bei dem eine Entscheidung schwerfällt, ob es sich um ein nicht unbedingt mensuriertes Atemvibrato oder um einen Tremulanten handelt, liegt im 1754 erschienenen Buch *Muzykaale Spraakkonst* von LUSTIG vor.[358] Bei ihm stehen Vokalvibrato mit dem Kehlkopf, Atemvibrato bei allen Bläsern, Vibrato der linken Hand und Bogenvibrato bei den Streichern sowie der Orgeltremulant auf derselben Ebene. Es liegt nahe zu vermuten, daß er eben jene *„zagte beeving van eenen zelfden toon"* als *Tremolo* betrachtet.[359] Jedenfalls erwähnt Lustig keine andere Form des Bläservibratos, was an sich schon eine interessante Feststellung ist.

---

[355] Ebd., S. 9. Der auf S. 4 erklärte und auf Pl. 10 illustrierte *Tac aspiré* ist, wenn er auf Tonwiederholungen vorkommt, notationsmäßig nicht von einem Tremulanten zu unterscheiden; er ist aber kein Tremulant, sondern eine Artikulation mit dem Atem. Die Differenzierung zwischen *Tremulant* und *Portato* wird unten S. 138ff. ausführlich behandelt.

[356] So z.B. S. DE BROSSARD, *Dictionaire de Musique*, Paris 1703, o. S. – M. CORRETTE, *Le parfait Maitre à Chanter*, Paris 1758, S. 50. – J. J. ROUSSEAU, *Dictionnaire de Musique*, Paris 1768, S. 523, er fügt hinzu, daß weder der Name noch die Sache selbst noch gebräuchlich seien („*le nom ni la chose ne sont plus en usage aujourd'hui"*). – Trotzdem kommt es auch weiterhin vor, z.B. bei A. BAILLEUX, *Méthode Raisonnée Pour apprendre à Joüer du Violon*, Paris 1798, S. 11, sub *Balancement*. Sein Text ist jedoch eine Kopie von M. PIGNOLET DE MONTECLAIR, *Principes de Musique*, Paris 1736, S. 85. Montéclair unterscheidet zwischen *Flaté* (Vibrato) und *Balancement* (Tremulant).

[357] In den Musikbeispielen seiner Violinschule und anderer Werke. Vgl. z.B. F. GEMINIANI, *The Art of Playing on the Violin*, London 1751, Pl. 26, Essempio XVIII (frz. Übersetzung als DERS., *L'Art de jouer le violon*, Paris 1752).

[358] J. W. LUSTIG, *Muzykaale Spraakkonst*, Amsterdam 1754, S. 94f.

[359] Ebd.

Das heißt jedoch nicht, daß andere Vibratoformen in den Niederlanden in Vergessenheit geraten sind. In der 1772 erschienenen anonymen Schrift *Verhandeling over de muziek*³⁶⁰ wird ein Fingervibrato auf dem Rande des Loches erwähnt („op de kanten der gaten"):³⁶¹

> En eindelyk is er een soort van triller, die de Franschen *Flattement* of *Tremblant,* en wy Beeving noemen; op de stryk instrumenten wordt dezelve voortgebragt door den vinger, die de noot maekt, wat naer achter en voor over te buigen, en op de blaes instrumenten slaet men hem doorgaens op de kanten der gaten; het is eene nabootzing van den *tremulant* op het orgel, en wordt byna by alle lange uit te houden nooten gebruikt; zommige zetten boven denzelven het teken van den *mordant* om de beeving, die ze *Tremblement serré* noemen, aen te wyzen, doch het schynt duidelyker te weezen, in plaetse van eene *m,* die eenen korten triller van onderen naer boven aenwyst, een golvend strookje 'er dwars boven te haelen; dit streekje wordt door zommige, doch ten onrechte, gebruikt, om aen te toonen, dat de telnooten, welke deeze lange nooten bevatten, in den zelven streek of adem, onderscheiden behooren te worden voorgedraegen, waer toe anderen zich van stipjes bedienen ...
>
> [Und endlich gibt es noch eine Art Triller, die die Franzosen Flattement oder Tremblant und wir Beeving nennen. Auf Streichinstrumenten wird er erzeugt, indem man den Finger, der die Note greift, etwas vor- und rückwärts biegt, und auf Blasinstrumenten wird er meistens auf dem Rand der Löcher geschlagen; er ist eine Nachahmung des Tremulanten auf der Orgel und wird auf fast allen lang zu haltenden Noten verwendet, manche setzen über diese (Noten) das Zeichen des Mordents, um die Bebung, die sie tremblement serré nennen, zu bezeichnen, aber es scheint deutlicher, statt eines „m", das einen kurzen Triller von unten nach oben bezeichnet, eine kleine Wellenlinie quer über der Note zu ziehen; diese Linie wird von manchen jedoch fälschlich verwendet, um zu bezeichnen, daß die Unterteilungen dieser langen Noten in einem Strich bzw. Atem getrennt vorgetragen werden sollen, wozu andere Punkte verwenden ...]

Das Fingervibrato steht auf der gleichen Ebene wie das linkshändige Streichervibrato. Als klanglicher Bezugspunkt wird der Orgeltremulant herangezogen. Aus dem Kontext geht jedoch sehr deutlich hervor, daß es sich um ein normales Vibrato handelt.

c) Oboe und Fagott

Im Gegensatz zu den zahlreichen Quellen, die uns das Vibrato auf der Block- und Querflöte beschreiben, finden wir derartige Anleitungen für die Oboe nur sehr selten. Nicht einmal die englischen Dilettantenschulen geben uns darüber Auskunft. Somit ist HOTTETERRE der einzige, der uns – wenn auch nur spärliche – Informationen hinterlassen hat:³⁶²

> A l'égard des Cadences, coups de langue, Flattements, &c. On lira les Explications que j'ay données sur ces agréments, au Traité de la Flute Traversiere.
>
> [Bezüglich der Triller, Zungenschläge, Flattements usw. lese man die Erklärungen, die ich über diese Verzierungen im Abschnitt über die Querflöte gegeben habe.]

---

³⁶⁰ *Verhandeling over de muziek,* anonym, 's Gravenhage 1772; ich zitiere hier nach der Auflage 's Gravenhage ²1784.
³⁶¹ Ebd., S. 88. – *Tremblement serré* kommt in der frz. Übersetzung von Geminiani vor; auch bei J. B. CARTIER, *L'Art du Violon,* Paris 1798, als Zitat nach Geminiani.
³⁶² J. M. HOTTETERRE, *Principes* a.a.O., S. 46. Vgl. auch Grifftabellen oben S. 98f., 101f.– Das gleiche gilt für die Musette, den höfischen französischen Dudelsack des 18. Jh.s; auch hier ist J. M. HOTTETERRE, *Methode pour la Musette,* Paris 1737, S. 62–63, unsere einzige Quelle.

Oboisten werden ohne Schwierigkeiten auch für Griffe, die sich von denen der Querflöte unterscheiden, analoge Fingervibrati finden können.

Spezifische Angaben über das Oboenvibrato sind selten. In einem Brief an seinen Vater vom 4. April 1787 schreibt W. A. MOZART über den deutsch-englischen Oboisten Johann Christian Fischer, neben anderer scharfer Kritik:[363]

> ... sein Ton ist ganz aus der Nase – und seine temata ein tremulant auf der Orgel.

Leider ist diese Aussage nicht ganz eindeutig. Vermutlich lehnt Mozart (exzessives) Vibrato auf langen Noten ab. Der Vergleich mit dem Orgeltremulanten könnte auf (mensuriertes) Atemvibrato hinweisen. Es wäre aber auch denkbar, daß er einfach Fischers Einfallslosigkeit im Spiel rügt.

Einen Hinweis auf ein Fagottvibrato könnte man eventuell in einer Stelle in der Flötenschule von QUANTZ sehen:[364]

> Einige, besonders die Bassonisten, haben die Art, daß sie das Rohr etwas schief zwischen die Lippen nehmen; um die hohen Töne desto leichter zu haben. Dieses verursachet aber nicht allein einen schlechten und pfuschenden Ton; sondern es machet auch, daß man das unangenehme Pfeifen des Windes, welcher an der Seite des Rohres heraus geht, öfters von weitem hören kann. Es ist also viel besser, daß man das Rohr ganz platt zwischen die Lippen nehme: um einen schwebenden und angenehmen Ton aus dem Instrumente zu ziehen.

Der letzte Satz lautet in der französischen Fassung:[365]

> „Il vaut mieux tenir l'anche tout droit entre les lévres, pour faire sortir de l'instrument un ton soutenu [!] & agreable."

Obwohl auch hier der Ausdruck „schwebend und angenehm" verwendet wurde, glaube ich nicht an ein Vibrato; ich möchte zu Quantz' diesbezüglicher Terminologie auf den Abschnitt über die Querflöte verweisen (s. oben S. 111f.). Nun könnte auch *soutenu* (getragen, gestützt, gehalten) unter Umständen auf ein Vibrato hinweisen – man vergleiche die entsprechenden Aussagen von Dodart und Baillon.[366] Ich sehe aber keinen logischen Zusammenhang zwischen dem Rest des Zitats und einem eventuellen Vibrato.

Im übrigen kann ich nur noch auf die beiden niederländischen Quellen des 18. Jahrhunderts hinweisen, die ich am Ende des vorigen Abschnitts besprochen habe und die für alle Blasinstrumente gedacht sind.[367] Das *Fremissement de lévrès* von GARNIER ist, obwohl der Name auf ein Lippenvibrato hinzuweisen scheint, wohl kein echtes Lippenvibrato. Garnier selbst beschreibt das *Fremissement* als einen „*Coup de langue*", eine Artikulationsart; ich sehe bestenfalls im Klangeffekt eine Verwandtschaft zur Imitation des Orgeltremulanten.[368]

---

[363] W. A. MOZART, *Brief an den Vater, Wien 4. April 1787*, in: W. A. BAUER – O. E. DEUTSCH (Hrsg.), *W. A. Mozart, Briefe und Aufzeichnungen* 4, Kassel–Basel 1963, S. 41.
[364] J. J. QUANTZ, *Versuch*, a.a.O., S. 72.
[365] DERS., *Essai*, a.a.O., S. 7?.
[366] Vgl. den Abschnitt über das Vibrato auf den Zupfinstrumenten (s. oben S. 50f.) sowie *Sons Soutenus* als Vibrato bei P. J. BAILLON, *Nouvelle Methode de Guitarre*, Paris 1781, S. 9.
[367] J. W. LUSTIG, *Muzykaale Spraakkonst*, a.a.O., sowie *Verhandeling*, a.a.O., S. 88.
[368] F. J. GARNIER, *Methode raisonnée Pour le Haut-Bois*, Paris c. 1798, S. 11.

VI

Das Vibrato auf Blechblasinstrumenten

Die Blechbläser, vor allem die Trompeter, waren zunftmäßig stark organisierte Berufsmusiker. Das Instrumentalspiel wurde innerhalb dieser Zunft von Person zu Person gelehrt, folglich waren auch keine Unterrichtswerke für Dilettanten notwendig. Aus diesem Grund sind nur sehr wenige Quellen vorhanden, die etwas über das Blechbläservibrato berichten.[369]

Auf einen Triller scheint BENDINELLI hinzuweisen, wenn er von einer Bewegung des Kinns spricht. Seine Aussagen sind jedoch zu fragmentarisch und nicht eindeutig interpretierbar:[370]

> Doue trouerà le seguenti notti 〰 ○ con li ponti sotto, menerà il barbozzo per accentare...
>
> [Wo man folgende Noten (...) mit Punkten darunter findet, führe man das Kinn, um zu akzentuieren.]

FANTINI hingegen scheint mit *Trillo* wohl ein Vibrato zu meinen:[371]

> E trouando il groppo si deue battere con lingua puntata, ma il trillo va fatto a forza di petto, e battuta con la gola, e si forma in tutte le note di detto strumento.
>
> [Und wenn man dem Groppo begegnet, so muß man mit der Zungenspitze schlagen, aber der Trillo wird mit der Kraft der Brust erzeugt und mit der Kehle geschlagen, und er kann auf allen Noten dieses Instruments gespielt werden.]

Aber auch hier sind Zweifel berechtigt: „*battuta con la gola*" kann ebenso auf einen Tonwiederholungstriller hindeuten. Und „*in tutte le note*" heißt nur, daß man jede spielbare Note auch trillern kann, es sagt aber nichts über die Häufigkeit aus.

Daß es womöglich, zumindest im 17. Jahrhundert, auf der Trompete ein sehr häufig angewandtes (Atem-)Vibrato gegeben hat, fand ich ganz anderweitig bestätigt: Bei der Beschreibung der *Wavee* (eine Messa di voce mit langsamem Vibrato ab dem Höhepunkt) erklärt NORTH den Klangeffekt anhand eines Vergleichs mit der Trompete:[372]

> Such as trumpett's use, as If y̆ Instrument were a litle shaken with y̆ wind of its owne Sound...

---

[369] Vgl. dazu D. ALTENBURG, *Untersuchungen zur Geschichte der Trompete im Zeitalter der Clarinblaskunst (1500–1800)* (Kölner Beiträge zur Musikforschung 75), Regensburg 1973; D. L. SMITHERS, *The Music and History of the Baroque Trumpet before 1721*, London 1973. Für das Horn gilt dies in etwas geringerem Maße, es gab auch dafür in England im 18. Jh. ziemlich viele Schulen für Dilettanten, jedoch keine dieser Publikationen erklärt die Ausführung des Vibratos.

[370] C. BENDINELLI, *Tutta l'Arte della Trombetta*, Hs., 1614, Faks. mit Nachwort von E. TARR, Kassel-Basel 1972, Vorrede. Auch der Herausgeber sieht keine eindeutige Lösung für dieses Problem.

[371] G. FANTINI, *Modo per imparare a sonare di tromba*, Frankfurt a. M. 1638, Vorrede. Vgl. dazu auch B. DICKEY, *Untersuchungen zur historischen Auffassung des Vibratos auf Blasinstrumenten*, in: Basler Jahrbuch für historische Musikpraxis 2 (1978), S. 81, 84, 105.

[372] GB Lbl, Add. ms. 32506: R. NORTH, *Notes Of Me*, Hs., c. 1695, f. 76v.

Hier wird nur ein klangliches Ergebnis, keine Technik beschrieben. Daß auch Trompeter kaum kontinuierlich (mit dem Atem) vibriert haben, zeigen auch jene für dieses Instrument oft notierte Tremulanten – etwa in J. S. Bachs Musik –, die ein mensuriertes Atemvibrato verlangen. Jedenfalls weist eine Vibratobeschreibung von J. E. ALTENBURG nicht auf eine permanente Anwendung hin, denn er bezeichnet es als eine *Manier*. Er bezieht sich dabei wohl auf ein Atemvibrato:[373]

> Die Bebung oder Schwebung ist eigentlich eine anhaltende Verstärkung und Verschwächung eines gewissen Tons, welchen man nach seinem Werthe aushält. Sie wird gewöhnlich durch Punkte mit Bogen über der Note bezeichnet. Z.B.

[373] J. E. ALTENBURG, *Versuch einer Anleitung zur heroisch-musikalischen Trompeter- und Pauker-Kunst*, Halle 1795, S. 118.

VII

Das Vibrato auf dem Clavichord

Das Clavichord ist das am meisten verbreitete Tasteninstrument, auf dem ein Vibrato erzeugt werden kann.[374] Man übt dabei mit dem Finger, der auf der betätigten Taste liegenbleibt, einen wiederholten Druck aus und erhält so – wenn die Druckbewegung ohne Heftigkeit geschieht – eine sehr sanfte *Bebung* (= terminus technicus dieser Verzierung). Als erster hat MATTHESON darauf hingewiesen, allerdings bezeichnet er diese Verzierungstechnik noch wenig ausführlich als eine *„blosse Lenckung der Fingerspitzen"*.[375]

Schon etwas eingehender beschreibt diese Verzierung C. Ph. E. BACH:[376]

> Eine lange und affectuöse Note verträgt eine Bebung, indem man mit dem auf der Taste liegen bleibenden Finger gleichsam wiegt; das Zeichen darvon sehen wir bey Fig. IV. (a).

Hier haben wir die präziseste Erklärung, denn obwohl MARPURG die Bebung in seinen zwei Klavierschulen behandelt, ist eine Ausführungsanweisung in der ersten überhaupt nicht vorhanden,[377] und in der zweiten nur eine ziemlich

---

[374] Es ist dies zwar auch noch auf dem *Geigenwerk* und dem *Bogenflügel* möglich, aber da diese beiden Instrumente bei weitem nicht so gebräuchlich waren wie das Clavichord, werden sie hier nicht eingehender behandelt; die Technik ist zweifellos der Clavichordbebung sehr verwandt. – Über das Geigenwerk informiert uns M. PRAETORIUS, *Syntagma Musicum* 2, Wolfenbüttel 1618, S. 70, kopiert nach H. HAIDEN (HEYDEN), *Musicale instrumentum reformatum*, Nürnberg 1610: „*8. Zum achten | wie man sonsten in die Pfeiffwerck mit einem sonderlichen Register Tremulanten macht | so kan dasselbig auff diesem Clavier ohn einig Register | allein durch eine freye Hand langsam oder geschwind | tremulirent vnd zitterend gemacht werden.* – Bei C. Ph. E. BACH, *Versuch über die wahre Art das Clavier zu spielen* 2, Berlin 1762, S. 1, und F. W. MARPURG, *Historisch-Kritische Beyträge* 1, Berlin 1754, S. 170, wird ein Bogenklavier beschrieben, auf dem man eine Bebung erzeugen kann. Marpurg schreibt (meine Hervorhebung): „*Wie man vermittelst des verschiednen schwächern oder stärkern Druckes mit dem Finger alle nur mögliche Grade des forte und piano, nebst der Bebung, ohne die geringste Abänderung des Tones in Ansehung der Höhe oder der Tiefe, haben kann: so kann man ebenfals, weil der Bogen nichts von seiner geraden Spannung nachgiebet, die allerlängsten Töne bey fortdauerndem gleichen Druck, in gleich starkem oder schwachem Anschlage beständig erhalten.*" – Ähnliche Klangqualitäten wurden auch schon dem Geigenwerk zugeschrieben.
[375] J. MATTHESON, *Der vollkommene Capellmeister*, Hamburg 1739, S. 114. Der Satz gilt gleichermaßen für „*Lauten, Geigen und Clavichordien*". (Ebd.)
[376] C. Ph. E. BACH, a.a.O. 1, Berlin 1753, S. 126, Bsp. auf Tab. VI.
[377] F. W. MARPURG, *Die Kunst das Clavier zu spielen*, Berlin 1750, enthält eigentlich nur eine Beschreibung des Namens, keine Anweisung zur Ausführung (zitiert nach der 3. Auflage, Berlin 1760, S. 21-22): „*Die Bebung (franz. balancement) kann nur auf dem Clavichord und Bogenflügel &c. nicht aber auf dem ordentlichen Flügel gemachet werden.*"

oberflächliche. Nach einer allgemeinen Beschreibung der Verzierung (als solche bezeichnet er die Bebung) und auch nach einer allgemeinen Anweisung dafür, wie sie gemeinhin auf anderen Instrumenten ausgeführt wird, fährt er fort:[378]

> ... Auf unsern gewöhnlichen Flügeln ist diese Manier gar nicht zu machen, und auf wenig Clavichorden bringet man sie erträglich heraus. Hingegen kann man sie auf dem **hohlfeldischen Bogenflügel** auf das vollkommenste ausüben. Das Zeichen dieser Manier ist bey Fig. 10. Tab. III. zu sehen, und pfleget man allezeit so viele Punkte über die Note zu setzen, als Bewegungen mit dem Finger gemacht werden sollen, oder so viele Noten hinzuschreiben, als Bewegungen gemacht werden sollen, wie man eben daselbst sieht. Doch ist diese letztere Schreibart nicht so gebräuchlich für das Clavichord. Ihre Wirkung kann man nicht in Noten vorstellen.

(Tab. III)

Das einzige, was wir dazulernen, ist, daß die Zahl der Punkte die Anzahl der Schwingungen festlegt. Eine so exakte Notierung hat C. Ph. E. Bach wahrscheinlich nicht gemeint, sonst hätte er in seinem Notenbeispiel wohl nicht fünf Punkte über die Note gesetzt.

In seiner *Anleitung zur Practischen Musik* versteht PETRI unter Bebung „*ein starkes und zitterndes Eindrükken mit den Fingern auf die Saite, bey einem langen Tone, oder bey einer tenute*".[379] In der zweiten, stark erweiterten Ausgabe[380] beschreibt er die Bebung noch ausführlicher als

> ... ein stärkeres und zitterndes Eindrükken mit den Fingern auf die Saite bey einem langen Tone, wodurch der Ton der Saite schwebend gemacht wird und schwankend zittert.

Wie bei Mattheson ist dies auf „*Clavieren, Geigen, Lauten, Cithern &c.*"[381] üblich.

---

[378] DERS., *Anleitung zum Clavierspielen*, Berlin 1755, S. 46.
[379] J. S. PETRI, *Anleitung zur Practischen Musik*, Lauban 1767, S. 32.
[380] DERS., *Anleitung zur Praktischen Musik*, Leipzig 1782, S. 155.
[381] Ebd. *Clavier* hier in der engen Bedeutung von *Clavichord*. Von allen genannten Instrumenten ist diese Beschreibung jedoch am wenigsten für das Clavichord zutreffend.

VIII

Der Tremulant – vokal und instrumental

Der Tremulant ist eine mechanische Vorrichtung bei der Orgel. Er befindet sich im Windkanal nahe vor der Windlade und kann den sonst gleichmäßig fließenden Orgelwind durch rhythmische Stöße in Bewegung versetzen. Das Ergebnis sind „bebende" Töne, die nach dieser Vorrichtung Tremulanten genannt werden.

Solche bebenden Töne wurden auch von den Vokalisten und Instrumentalisten imitiert. In der Folge bezeichne ich diese Imitation des Orgeltremulanten gleichfalls als *Tremulant*. Ab dem 17. Jahrhundert waren dafür verschiedene Notierungsformen gebräuchlich, z.B.:

Mitunter fehlen die Bögen, auch wurden die Tremulanten mit nur zwei, drei bzw. auch mit mehr als vier Notenwerten auf derselben Tonstufe notiert. Bei längeren Notenwerten finden wir auch nur Vermerke wie *Tremulant, Tremolo, Trm:, Trem:* usw. Von den Theoretikern wird diese Notierung mit dem Orgeltremulanten assoziiert. Für die Ausführung würde dies bedeuten, daß diese „Tremulant-Imitation" wie ein mensuriertes Vibrato bzw. wie eine rhythmisch vibrierte lange Note klingen soll, deren notierte Unterteilungen Schwingungszahl und Mensur angeben. Das Zeitmaß richtet sich in etwa nach der Mensur des normalen Orgeltremulanten: entweder MM = 60 oder MM = 120 für eine Schwingungseinheit von vier Noten.[382]

Zwar ist beim Orgeltremulanten auch eine gelinde Tonhöhenschwankung festzustellen (dies wird auch regelmäßig als Erklärungsmodell für den Klangeffekt des normalen Vibratos herangezogen), für die ausgeschriebene Imitation aber war vor allem der Rhythmus ausschlaggebend. Der Rhythmus ist oft auch das einzige Kriterium für die Unterscheidung, ob es sich um einen Tremulanten oder um ein gewöhnliches Vibrato handelt.

Es bleibt nun die Frage, wie eindeutig diese Notierungen sind und ob die verschiedenen Schreibarten auch auf Ausführungsunterschiede hindeuten. Die Unterscheidung zwischen einem vibrierten langen Ton und der Wiederholung kürzerer Notenwerte auf derselben Stufe mag müßig erscheinen, sie ist m.E. aber aus einigen Gründen zu vertreten und auch hin und wieder in den Quellen vorzufinden. Wie ich schon in der Einführung erwähnt habe, ist gerade dieser feine Unterschied für mich ein entscheidender Punkt: Er impliziert verschiedene Techniken, die wiederum den Zuhörern verschiedene Klangerlebnisse vermitteln. Natürlich sind diese Übergänge fließend, alleine schon durch den Einfluß der Raumakustik etwa (man denke z.B. an das schnelle Orchestertremolo des

---

[382] Vgl. dazu M. MERSENNE, *Traicté de l'Orgve*, Paris 1635, S. 72.

19. Jahrhunderts). Es ist jedoch nicht der Unterschied legato – staccato, der uns hier beschäftigt, sondern es sind die kleinen Klangunterschiede, welche die verschiedenen Notierungsarten

anzeigen könnten und manchmal, vor allem in der 2. Hälfte des 18. Jahrhunderts, auch bedeuten: vom tremulantähnlichen Vibrato bis hin zur Portato-Tonwiederholung. Letztere wurde aber nicht mehr als Tremulant angesehen, sondern als Artikulationsart (,,Tragen der Töne", ,,Tac aspiré").[383]

1. DER VOKALTREMULANT

Der Vokaltremulant wird meist als ein mensuriertes Atemvibrato dargestellt. Zwischen diesen beiden zu unterscheiden ist jedoch nicht immer leicht, denn gerade für die klangliche Beschreibung des Vokalvibratos wird oft der Orgeltremulant als Vergleich herangezogen. Der Unterschied ist am ehesten erkennbar, wenn Vokaltremulanten mit dem normalen Vibrato verglichen werden. Das geschieht jedoch nur sehr selten. Dazu ein Beispiel von PIGNOLET DE MONTECLAIR:[384]

Balancement.

Le Balancement, que les Italiens appellent, Tremolo, produit l'effet du tremblant de l'Orgue.

Pour le bien executer, il faut que la voix fasse plusieurs petites aspirations plus marquées et plus lentes que celles du Flaté.

La Sillabe qui se rencontre sur la premiere des notes balancées sert pour toutes les autres notes que ce Signe, ⁓ embrasse.

[Das Balancement, das die Italiener Tremolo nennen, ergibt die Wirkung des Orgeltremulanten.
Um es gut auszuführen, soll die Stimme verschiedene kleine Atemstöße geben, die nachdrücklicher und langsamer sind als jene des Flaté.
Die Silbe der ersten „gebebten" Note gilt für alle anderen Noten unter diesem Zeichen ⁓ .]

---

[383] Steht das *Portato* für eine Folge verschieden hoher Töne, geht der Unterschied zum *Tremulanten* aus der Notation hervor; steht jedoch das *Portatozeichen* – wie es in vielen Quellen der Fall ist – für eine Folge gleich hoher Töne, ist aus der Notation dieser Unterschied oft nicht mehr ersichtlich.

[384] M. PIGNOLET DE MONTECLAIR, *Principes de Musique*, Paris 1736, S. 85. Das „gewöhnliche" Vokalvibrato heißt bei ihm *Flaté*. Ähnliche Unterscheidungen auch bei seinen Nachfolgern: RAPARLIER, *Principes de Musique*, Lille 1772, S. 24; A. BAILLEUX, *Méthode pour apprendre facilement la Musique*, Paris 1770; DERS., *Méthode de guitare par musique et tablature*, Paris 1773, S. 4; DERS., *Méthode Raisonnée Pour apprendre à Joüer du Violon*, Paris 1798, S. 11.

Hier fällt auf, daß der Tremulant, vor allem dem normalen Vibrato gegenüber, als langsamer und nachdrücklicher empfunden wird. Vermutlich will der Autor auf diese Weise aber auch die Mensur hervorheben – der Begriff „mensuriertes Vibrato" war ihm ja nicht bekannt. In den Notenbeispielen ist außer der Geschwindigkeit auch die Technik angezeigt: Ich nehme an, daß hier, wie bei den Bläsern, ein mensuriertes Atemvibrato gemeint ist.

Die technischen Beschreibungen aus dem 17. und 18. Jahrhundert sind im allgemeinen sehr unklar. Normalerweise wird nur auf den Tremulanten verwiesen, ohne auch eine technische Erläuterung dazu zu liefern. Gibt es eine solche dennoch, so ist sie meist viel dürftiger als jene von Montéclair, wie etwa bei DARD:[385]

> Tremblement d'Orgue qui se fait avec la voix suivant que la viteße des nottes l'exige...
>
> [Orgeltremulant, der mit der Stimme, je nachdem es die Notengeschwindigkeit erfordert, gemacht wird.]

Gerade beim Vokaltremulanten stellt sich die Frage nach der Austauschbarkeit mit dem Vokalvibrato sehr stark. In verschiedenen Quellen wird nur e i n e Vibratoart beschrieben, manchmal als normale Bebung, manchmal als Tremulant. Oder, aber das ist sehr selten, es wird das Vokalvibrato zugleich als Tremulant und als gewöhnliches Vibrato gesehen.

Vor allem in Deutschland gibt es dazu noch eine terminologische Verwirrung, so daß es sehr schwer festzustellen ist, ob sich die Beschreibungen auf normales Vibrato oder auf einen Tremulanten beziehen. Im ganzen 17. Jahrhundert kann der Terminus *Tremulant* beides bezeichnen. Auch die *langsamen Tremulanten* als Vorstufe zur Trillerfertigkeit bei QUIRSFELD lassen keinen eindeutigen Schluß auf eine bestimmte Art des Vibratos zu.[386] SPERLING beschreibt und notiert im Musikbeispiel zum Vibrato zwar deutlich einen Tremulanten, jedoch in der beigefügten Liste einiger Termini weitet er diese Auslegung (unter Bezugnahme auf Quirsfeld) auch auf Vibrato im allgemeinen aus. Sperling verwendet in jedem Fall die Bezeichnung *Tremolante* oder *Tremolo*.[387]

Später wird MARPURG den Aspekt der Tonhöhenschwankung der von ihm beschriebenen Schwebung mit dem Orgeltremulanten vergleichen: „*In Ansehung der ungleichen Grösse des Thones hat die Schwebung gar viele Aehnlichkeit mit dem Orgeltremblanten.*"[388]

Für Marpurg ist also gerade der dem Orgeltremulanten inhärente Tonhöhenunterschied ein wesentliches Merkmal der Bebung, oder besser: Der Tonhöhenunterschied dient ihm als Erklärungsmodell für das normale Vibrato. Nun spielt aber nicht primär der Tonhöhenunterschied, sondern vielmehr die rhythmische Bewegung bei der Tremulant-Imitation eine wichtige Rolle. Der mensurierte Vokaltremulant Montéclairs ist dem Bogenvibrato der Streicher vergleichbar. Aus den wenigen Quellen, die eine technische Beschreibung des Tremulanten beinhalten, ist lediglich zu erfahren, daß man darunter eigentlich ein mensuriertes Atemvibrato verstand.

---

[385] DARD, *Nouveaux principes de Musique*, Paris 1769, S. 17.
[386] D. QUIRSFELD, *Breviarium Musicum*, Dresden ²1683 (¹1678), Nachbericht. Desgleichen auch in der dritten Auflage, Dresden 1717. Zum Problem *Trillo – Trilletto – Vibrato* s. Exkurs 2, S. 34ff.
[387] J. P. SPERLING, *Principia musica*, Budissin 1705, S. 84, Nr. 123.
[388] F. W. MARPURG, *Des Critischen musicus an der Spree erster Band*, Berlin 1750, S. 56. Unter *Größe* versteht er Tonhöhenschwankung, die Intensitätsschwankungen nennt er *Stärcke* und *Schwäche* (ebd.).

2. DER GAMBENTREMULANT

Wie auf allen Streichinstrumenten wird der Tremulant auch auf der Gambe mit einem Bogenvibrato erzeugt. Der Grund dafür ist, daß die für die Tremulant-Imitation typische gleichmäßige Mensur auf Streichinstrumenten viel leichter und besser mit dem Bogen auszuführen ist als mit der linken Hand. In England gibt es im 17. Jahrhundert gleich drei Quellen, die dies bestätigen, sie sind aber alle reichlich ungenau: Im *Ms. Egerton 2971* heißt es „shake with ẙ bowe",[389] in *The Division Viol* von SIMPSON „a Shake or Tremble with the Bow, like the Shaking-Stop of an Organ"[390] und im *Musick's Monument* von MACE lesen wir von einem „Organ Shak, with the Bow".[391] Keine dieser Quellen informiert uns über die Ausführungsgeschwindigkeit. Maces Musikbeispiel enthält nur größere Notenwerte mit der senkrechten Wellenlinie (⸮), dasselbe Zeichen, das wir schon im Ms. Egerton vorfinden.

Wie soll nun eine solche Verzierung technisch ausgeführt werden? Dazu erfahren wir nicht nur von Simpson zuwenig, auch alle französischen Gambenschulen lassen uns im Stich. Ich kann also nur plausible Hypothesen aufstellen:[392] Der zweite Finger (manchmal kombiniert mit dem dritten) spielte jedenfalls bei der Bogentechnik eine große Rolle. Es ist daher naheliegend, daß auch der Tremulant und die mit ihm einhergehende Schwankung der Tonintensität mit wechselndem Fingerdruck auf die Bogenhaare erzeugt wurde. Bei MARAIS finden wir dazu folgenden Hinweis:[393]

> Les points marqués ainsy au dessus ou au dessous des nottes auec Liaison (Exemple, page 1re, Prélude 1er:
>
>
>
> Signifient qu'il faut d'un seul coup d'archet articuler plusieurs nottes comme si elles etoient de coups d'archet differens, et cela en appuiant un peu le doigt qui touche en dessus le crin de l'archet.
>
> [Die Punkte, die folgendermaßen über bzw. unter gebundenen Noten stehen (z.B. S. 1, Prelude 1), bedeuten, daß man verschiedene Noten in einem Bogenstrich spielen soll, als ob sie mit verschiedenen Bogenstrichen gespielt würden, und zwar, indem man ein wenig mit dem Finger, der auf dem Bogenhaar liegt, nachdrückt.]

Man kann also mit großer Wahrscheinlichkeit annehmen, daß Tremulanten mit dem zweiten Finger erzeugt wurden, indem durch Spannen der Bogenhaare der Beginn jeder neuen Schwankung markiert wurde.

Probleme ergeben sich nur, wenn Tremulanten im Akkordspiel vorkommen, wie in einem Beispiel von MACE:

---

[389] GB Lbl, Ms. Egerton 2971, Hs., c. 1625/1630, f. 36r.
[390] C. SIMPSON, *The Division-Viol*, London ²1665, S. 10.
[391] Th. MACE, *Musick's Monument*, London 1676, S. 264.
[392] Ein ausführlicher Exkurs über die Gambentechnik würde hier allerdings den gesteckten Rahmen sprengen, ich verweise daher auf H. BOL, *La basse de viole du temps de Marin Marais et d'Antoine Forqueray*, Bilthoven 1973.
[393] M. MARAIS, *Second Livre de Pieces de Viole*, Paris 1701, Vorrede.

Das Zeichen steht zwar nur vor der mittleren Akkordnote, den Tremulanten aber nur auf der mittleren Note zu spielen, ist technisch absurd; ebenfalls unmöglich ist es, einen Tremulanten im vollen Akkordspiel zu erzeugen. Denkbar wäre, dann und wann – bei entsprechender Saitenlage am Steg – die drei Akkordnoten simultan zu streichen, oder, wohl öfter, den Tremulanten auf den beiden oberen Noten zu spielen und die untere(n) Akkordnote(n) hineinzuarpeggieren. Diese Hypothese wird noch dadurch bestärkt, daß Mace selbst empfiehlt, die untere Note deutlich anzuspielen und erst danach die anderen Akkordnoten erklingen zu lassen:[394]

> Therefore I Advise, ever when you come to a Full Stop, be sure to give the Lowest String a good Full Share of your Bow, (Singly, by It self, before you Slide It upon the Rest) and Leave It likewise with a little Eminency of Smartness, by swelling the Bow a little, when you part with That String.
>
> [Deshalb rate ich, daß man bei jedem vollen Akkord erst der unteren Saite eine gehörige Portion des Bogens gebe (allein, bevor man auf die übrigen gleitet) und sie gleichermaßen mit etwas scharfer Hervorhebung verlasse, indem man den Bogenstrich etwas anschwellen läßt, wenn man diese Saite verläßt.]

Voraussetzung ist allerdings, daß (in dreistimmigen Akkorden) während einer Tremulantfigur die Baßnote identisch bleibt, wenn auch die Oberstimmen variieren können. Maces Notation bezeichnet wohl deutlich ein Bogen*vibrato*; die Frequenz der Bebungen scheint mir in einem solchen Fall nicht eindeutig festzuliegen und wohl auch relativ unwichtig.

Keine der französischen Gambenschulen erwähnt den Tremulanten; er ist jedoch hin und wieder in Musikstücken vorzufinden. Akkordtremulanten sind nur äußerst selten. Etwas häufiger ist der Tremulant in der deutschen Gambenmusik notiert, aber auch hier finden wir nie eine technische Erklärung.

---

[394] Th. MACE, a.a.O., S. 249. Dies stimmt nahezu überein mit der Empfehlung von C. SIMPSON, a.a.O., S. 9. – Das von Mace angeführte Beispiel für das Bogenvibrato wird im zweiten Teil der Ausgabe von J. JAQUOT – A. SOURIS, *Thomas Mace's Musick's Monument* 2, Paris 1966, S. 79, nicht als ein solches transkribiert; auf das Problem der Ausführung wird folglich nicht eingegangen. Die von ihnen vorgeschlagene Transkription *(Stimmung: Harp-Way Tuning Sharp)*:

Sie interpretieren dabei die Ziffer 1 als I, das Zeichen für den Mordent. Daß es sich dabei lediglich um einen Fingersatz für die linke Hand handelt, ist jedoch klar – auch musikalisch ist die Kombination *Mordent–Bogenvibrato* hier zumindest merkwürdig: in demselben Abschnitt (Th. MACE, a.a.O., S. 255, Takt 2) kommt einmal die Ziffer 3 vor, die auch diesmal fälschlich als Mordent transkribiert wurde. Zu der Verwendung von Ziffern, um den Fingersatz zu bezeichnen, vgl. Th. MACE, a.a.O., S. 86–88. Beim Akkordspiel steht der Fingersatz vor den Noten (ebd.). Für die Tremulantfigur bieten Jacquot und Souris, wie schon gesagt, keine Lösung; sie transkribieren lediglich den von Mace angegebenen Notenwert.

3. DER GEIGENTREMULANT

Schon die ersten (italienischen) Violintremulanten deuten auf ein Bogenvibrato hin: MARINI spricht von einem „*Tremolo con L'arco*",[395] und nur wenig später berichtet FARINA:[396]

> So wird das Tremulieren mit pulsierender Hand / darinnen man den Bogen hat / auff Art des Tremulanten in den Orgeln imitiret.

Hier haben wir eine der eindeutigsten Aussagen, die dazu überliefert sind. Auch NORTH stellt fest, daß der Tremulant mit einer „*trembling Hand*" ausgeführt wird.[397] Aber die Erklärung von BROSSARD, die nachher in Deutschland, England und auch in Frankreich öfters übernommen wurde, ist schon gar nicht mehr so klar: Er schlägt vor, mehrere Noten einer Tonstufe mit einem einzigen Bogenstrich zu spielen, um so den Orgeltremulanten zu imitieren („*sur le même degré plusieurs Notes d'un seul, coup d'Archet, comme pour imiter le Tremblant de l'Orgue*"[398]). Über 60 Jahre später fügt DARD noch hinzu, daß dies mit einer Druckänderung des Bogens („*en appuyant peu et beaucoup*"[399]) geschehe. Noch später erfahren wir von BAILLEUX, daß man dabei den Bogen nicht von der Saite heben soll („*sans quitter la corde*"[400]). Diese Grundregeln finden in allen Quellen, sofern sie detailliert genug sind, Zustimmung.[401] Noch 1800 schreibt CAMBINI:[402]

> Lorsque l'on rencontrera, soit dans l'accompagnement, soit dans les pieces récitantes, plusieurs notes tracées sous la même ligne, sous les quelles le Compositeur aura mis le signe caracteristique Piano, dolce, ou P:° dol.: il ne faut pas tirer et pousser à chaque note, il faut en faire d'un seul coup d'archet, huit, dix, douze, ce qu'on pourra, et ne jamais quitter la corde, en donnant à chaque note un petit coup pour la faire vibrer, quand même on auroit négligé de placer au dessus des notes le signe indicatif suivant.

> Observez que quelque fois on se sert des abréviations ou une seule note en indique quatre, quelque fois huit.

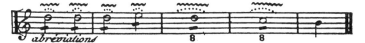

---

[395] B. MARINI, *Affetti Mvsicali*, Venezia 1617, Faks. mit Einleitung von M. CASTELLANI (*Archivum musicum* 7), Firenze 1978, Canto primo, S. 7 (LA FOSCARINA, Sonata. A 3. Con il Tremolo Doi Violini ò Cornetti e Trombone ò Fagotto). Notiert in ○. Im *Basso Principale*, S. 5: Metti il Tremolo, was die Ausführungsart der Oberstimmen zugleich ziemlich genau festlegt.
[396] C. FARINA, *Ander Theil Newer Padvanen, Gagliarden, Couranten, Frantzösischen Arien, benebenst einem kurtzweiligen Quodlibet*, Dresden 1627, Vorrede (canto). Vgl. auch: N. HARNONCOURT, *Musik als Klangrede*, Salzburg–Wien 1982, S. 145.
[397] R. NORTH, *The Musicall Grammarian* 2, Hs., 1728, zit. nach J. WILSON, *Roger North on Music*, London 1959, S. 186.
[398] S. DE BROSSARD, *Dictionaire de musique*, Paris 1703. Vgl. auch J. G. WALTHER, *Musicalisches Lexicon*, Leipzig 1732, S. 461; vgl. J. MATTHESON, *Der vollkommene Capellmeister*, Hamburg 1739, S. 114 (mit Hinweis auf Brossard); J. GRASSINEAU, *A Musical Dictionary*, London 1740, o.S.; J. J. ROUSSEAU, *Dictionnaire de Musique*, Paris 1768, S. 523. – Walther und Grassineau sind Übersetzungen des Brossardtextes; Rousseau fügt hinzu, „*le nom ni la chose ne sont plus en usage aujourd'hui*", offenbar unzutreffend.
[399] DARD, a.a.O., S. 17.
[400] A. BAILLEUX, *Méthode Raisonnée* a.a.O., S. 11.
[401] Vgl. z.B. auch J. W. LUSTIG, *Muzykaale Spraakkonst*, Amsterdam 1754, S. 95–95: „*zeekere beeving des strykstoks*"; G. S. LÖHLEIN, *Anweisung zum Violinspielen*, Leipzig-Züllichau ²1781 (¹1774), S. 84; J. F. P. DEYSINGER, *Compendium musicum oder Fundamenta partitura*, Augsburg 1763, S. 11, etwas undeutlich: „*gleichsam betschend oder zitternd*".
[402] G. G. CAMBINI, *Nouvelle Methode Theorique et Pratique Pour le Violon*, Paris c. 1800, S. 23.

[Wenn man, entweder in der Begleitung oder in einem Solostück, verschiedenen Noten unter einer Linie begegnet, unter denen der Komponist das Ausdruckszeichen Piano, dolce, oder P° dol. gesetzt hat, dann muß man nicht bei jeder Note auf- und abstreichen, sondern in einem Bogenstrich acht, zehn, zwölf bzw. so viele Noten spielen, wie man kann, und den Bogen nicht von der Saite nehmen, während man jeder Note einen kleinen Nachdruck gibt, um sie schwingen zu lassen, sogar wenn man das folgende Zeichen nicht über die Noten gesetzt hat.

(Notenbeispiel)

Man beachte, daß bisweilen Abkürzungen verwendet werden, bei denen eine Note deren vier, bisweilen auch acht bezeichnet.]

(Notenbeispiel)

Auch HILLER scheint sich, wohl aus praktischen Gründen, nicht an eine etwaige Vierergruppierung gebunden zu fühlen:[403]

... doch suche man immer so viel Noten auf einen Strich zu nehmen, als die Länge des Bogens gestattet. Wenn der Ton nach 4 oder 8 Noten sich ändert kann auch der Bogenstrich geändert werden. (...)

Fest steht also, daß der Tremulant mittels Druckunterschieden mit dem Bogen erzeugt wird. Diese Bewegung wird vermutlich vor allem von einem Impuls aus dem Zeigefinger ausgegangen sein. Leider spricht sich keine der alten Schulen darüber aus.[404] Nur die Bewegung der Hand, die dabei entstehen kann, wird erwähnt.

Daß das Bogenvibrato nicht immer wie ein mensuriertes Vibrato klang, sondern es damals doch auch verschiedene Abstufungen zum Portato hin gegeben hat, wird u.a. sehr deutlich von NORTH dargestellt:[405]

There is another mode of the *Grave* that frequently occurs in our Itallianized sonnatas, which I have knowne intituled *Tremolo,* and is now comonly performed with a tempered *stoccata*. And that [method] I take to be an abuse, and contrary to the genius of that mode, which is to hold out long notes inriched with the flowers of harmony and with a trembling hand, which of all parts together resembles the shaking stop of an organ; whereas the breaking the notes with repeated stroks doth not well consist with the best of harmony, and of itself (out of consort) hath not so much as melody in it, but rather a *fastidium,* like the ticks of a spring pendulum; nor is there any humane action to which it may be referred, unless it be stabbing often in the same place, or the *andante* or walking and not moving one stepp forwards, which is absurd ...

[Es gibt noch eine andere Art des *Grave*, das in unseren italienisierenden Sonaten öfters vorkommt. Ich habe es als *Tremolo* überschrieben gesehen, und es wird heutzutage meistens mit einem gemäßigten *Stoccata* ausgeführt. Das halte ich für einen uneigentlichen Gebrauch, und der Eigenheit dieser Spielweise entgegengesetzt, die darin besteht, daß man lange Noten, ausgeschmückt mit den Blumen der Harmonie und mit bebender Hand aushält, was in allen Stücken dem Tremulantzug der Orgel ähnlich ist; während die Zerhackung der Noten mit getrenntem Strich nicht gut mit dem Besten der Harmonie vereinbar ist, und auf sich gestellt (nicht im Ensemble) nicht eigentlich Melodie in sich hat, sondern eher ein *Fastidium,* wie das Ticken einer

---
[403] J. A. HILLER, *Anweisung zum Violinspielen*, Leipzig 1781, S. 41–42.
[404] Eine eingehende Beschreibung des Bogenvibratos findet man aber bei L. CAPET, *La technique supérieure de l'archet*, Paris 1916.
[405] J. WILSON, *Roger North on Music*, London 1959, S. 186.

Federuhr; auch gibt es keine menschliche Bewegung, mit der es in Verbindung gebracht werden könnte, es sei denn öfter an demselben Ort stechen, oder das *Andante* oder Gehen und nicht einen Schritt weiter kommen, was absurd ist ...]

North hält von seinen ästhetischen Vorstellungen her das „tempered stoccata" für einen Fehler. Die Zeichen für Bogenvibrato und Portato können einander jedoch sehr ähneln. Inwiefern ein Bogenvibrato im Orchester als Ersatz für Vibrato der linken Hand verwendet wird, ist eine Frage, auf die unten näher eingegangen wird.

Tremulant, Bogenvibrato, Vibrato der linken Hand

Daß die Frage, ob u.U. ein Tremulant auch mit der linken Hand erzeugbar ist, überhaupt gestellt werden kann, hat vor allem mit der deutschen Terminologie im Barock zu tun. Das Vibrato heißt gerade in einigen deutschen Quellen *Tremulant*, z.B. bei den Lautenisten Radolt und Hinterleithner, die den sonst auf der Laute geläufigen Vibratonamen *Mordant* vermeiden. Und CRÜGER schreibt, es wäre gut, wenn sich die Geiger „*eines steten | ausgedehnten langen Strichs mit feinen Tremulanten auf Violinen befließen und gebrauchten*";[406] ich glaube, hier handelt es sich doch eher um ein Vibrato der linken Hand, denn wie vereint sich ein steter Strich mit einem Bogenvibrato?

Ein kleines Problem bilden einige Quellen aus dem beginnenden 18. Jahrhundert, die alle für Anfänger gedacht sind. Zur besseren Begriffserklärung wird das Vokalvibrato mit dem Orgeltremulanten verglichen; einmal wird dazu als Vergleich auch das normale Violinvibrato herangezogen, ein anderes Mal geschieht dies weniger direkt, und ein drittes Mal wird ein Violinvibrato der linken Hand nur mit der Tremulant*notation* erläutert,[407] vermutlich auch hier nur der Erklärung wegen. Daß ein normales Violinvibrato mit dem Tremulanten verglichen wird, mag eigentlich einleuchten, schließlich ist der Orgeltremulant eine bekannte Größe. Das Gleichsetzen von Tremulanten mit Vibrato der linken Hand bei Beyer und Sperling geschieht wohl auch nur aus didaktischen Überlegungen, um den Schülern klarzumachen, was ein Vibrato überhaupt ist. Man kann sich natürlich fragen, ob nicht einige der unzähligen Tremulanten, denen wir um die Jahrhundertwende in deutschen Musikwerken begegnen, wie normales Vibrato gespielt wurden. Da in den Lehrbüchern das normale Vibrato so oft mit der Tremulant*notation* dargestellt wird, könnte man auf diese Idee kommen. Aber: Wir haben es ja mit Unterrichtsliteratur für Anfänger zu tun!

Vermutlich ist auch der Vergleich in der *Verhandeling over de Muziek* – Violinvibrato, Tremulant, Fingervibrato bei Bläsern, Atemvibrato und Bogenvibrato! – ähnlich aufzufassen:[408] Der Autor beschreibt zuerst normales Vibrato und vergleicht es dann mit dem Klang des Orgeltremulanten; danach behandelt er die Notierung des Orgeltremulanten und weist dann darauf hin, daß diese mit Bogen- bzw. mit Atemvibrato auszuführen (also zu imitieren) sei.

---

[406] J. CRÜGER, *Synopsis Musica*, Berlin ²1654, S. 190.
[407] J. S. BEYER, *Prima linea musica vocalis*, Freiberg ²1730 (¹1703), S. 39; J. P. SPERLING, *Principia musicæ*, Budissin 1705, S. 68 und 84; M. FUHRMANN, *Musicalischer-Trichter*, Berlin 1706, S. 66.
[408] *Verhandeling over de Muziek*. 's Gravenhage ²1784 (¹1772), S. 88. Zitat s. oben S. 123.

4. DER TREMULANT AUF HOLZBLASINSTRUMENTEN

Schon ab dem frühen 17. Jahrhundert sind Bläsertremulanten belegbar. Ihre Notierungsweise läßt den Schluß zu, daß der *Tremulant* durch ein mensuriertes Atemvibrato erzeugt wurde, nicht durch ein Fingervibrato. Leider sind darüber aus dieser Zeit keine theoretischen Abhandlungen überliefert, die Theoretiker beginnen erst im 18. Jahrhundert auf dieses Thema näher einzugehen. So weist DARD darauf hin, daß der Tremulant nicht durch Zungenschlag, sondern durch an- und abschwellendes Anblasen auszuführen sei, also durch mensuriertes Atemvibrato („*sans coup de langue, mais en forçant et diminuant le vent tant que le paßage dure*"[409]). Über den Einsatz dieser Atemtechnik berichten nahezu alle Quellen, die den Tremulanten beschreiben. Daneben erfahren wir aus der Oboenschule von GARNIER noch von einer Art Lippenvibrato („*frémissement des lévrès*"[410]), mit dem ebenfalls ein tremulantartiger Effekt zu erzielen ist. In vielen Quellen aus der zweiten Hälfte des 18. Jahrhunderts wird das Tremulantzeichen oft auch als Artikulationszeichen benützt, sodaß seine ursprüngliche Bedeutung allmählich verlorenging; schließlich steht es als Zeichen für *Portato,* eine bei den Bläsern nicht durch Zungenstoß, sondern durch stoßweises Anblasen ausgeführte Artikulation. Schon QUANTZ stellt keinen Bezug mehr zum Orgeltremulanten her, wenn er in seiner Flötenschule das Wesen des Tremulanten erläutert:[411]

> Wenn über Noten die auf einerley Tone stehen, ein Bogen befindlich ist, s. Fig. 8; so müssen selbige durch das Hauchen, mit Bewegung der Brust, ausgedrücket werden. Stehen aber über solchen Noten zugleich Puncte, s. Fig. 9; so müssen diese Noten viel schärfer ausgedrücket, und, so zu sagen, mit der Brust gestoßen werden.

Das erste Beispiel kommt im Endeffekt noch einem Orgeltremulanten nahe, das zweite Beispiel zeigt dann deutlich, wie weit sich Quantz schon von der ursprünglichen Figur entfernt hat: Sie ist zur frei modifizierbaren Artikulationsart geworden. An ein Vibrato wird Quantz wohl kaum gedacht haben. Man kann beide Figuren allerdings (als Zerlegung e i n e s Tons) als Grenzwert des Vibratos oder Tremulanten betrachten.

5. DER TREMULANT AUF BLECHBLASINSTRUMENTEN

Auch in der Literatur für Blechbläser stößt man regelmäßig auf Tremulantfiguren. Aber es verhält sich hier so wie bei den Holzbläsern: Es mangelt an theoretischen Ausführungsanweisungen. Sind Beschreibungen überliefert, so gel-

---

[409] DARD, *Nouveaux Principes de Musique,* Paris 1769, S. 17.
[410] F. J. GARNIER, *Methode raisonnée Pour le Haut-Bois,* Paris c. 1798, S. 11.
[411] J. J. QUANTZ, *Versuch einer Anweisung die Flöte traversiere zu spielen,* Berlin ³1789, S. 65; DERS., *Essai d'une methode pour apprendre à jouer de la Flute traversiere,* Berlin 1752, S. 66. Vgl. auch J. J. QUANTZ – J. W. LUSTIG, *Grondig Onderwys Van den Aardt en de regte Behandeling der Dwarsfluit,* Amsterdam 1754, S. 47–48; A. LORENZONI, *Saggio per ben sonare il flautotraverso,* Vicenza 1779, S. 57, dort sogar drei Abstufungen!

ten sie sowohl für Holz- als auch für Blechbläser.⁴¹² Eine sehr späte Definition des Tremulanten haben wir von J. E. ALTENBURG, er nennt ihn *schwebende Haue*:⁴¹³

> Die zweyte [Haue] nennt man deswegen die s c h w e b e n d e, weil der Ton, auf welchem man sie bläst, mit einer Schwebung oder Bebung bald stark, bald schwach, angegeben wird. Z.E.

Altenburg kennzeichnet diese *schwebende Haue*, die laut seiner Anweisung durch ein (mensuriertes) Atemvibrato zu erreichen ist, mit *untergesetzten Pünktchen* ( ).⁴¹⁴ Typisch für diese Artikulationsart – als solche will er die Haue verstanden wissen – ist die Dynamik: „Man kann sie [die Haue], *laut der Bezeichnung, ab- und zunehmend ausdrücken.*"⁴¹⁵

Die spärlich überlieferten theoretischen Quellen, vor allem aber die Notentexte scheinen also darauf hinzuweisen, daß die Blechbläser ihre Tremulanten durch ein mensuriertes Atemvibrato erzeugt haben.

Exkurs

TREMULANT UND „TRAGEN DER TÖNE"

Die *Bebung* beim Clavichord, der *Tremulant* und das *Tragen der Töne*⁴¹⁶ wurden mit mehr oder weniger ähnlichen Zeichen notiert. Deshalb ist es auch nicht verwunderlich, daß es im Laufe der Zeit immer schwieriger wurde, zwischen diesen drei Ausdrucksformen aufgrund der Notierung zu unterscheiden: Mit diesem Problem werden wir schon in der Klavierschule von TÜRK,⁴¹⁷ aber auch noch heute⁴¹⁸ konfrontiert.

Den zeitgenössischen Überlieferungen zufolge verstand man unter Tragen der Töne eine Art *Portato* – und zwar sowohl bei Tonwiederholungen als auch bei einer Folge von verschiedenen Tönen. So erfahren wir z.B. von C. Ph. E. BACH:⁴¹⁹

> Die bey Fig. IV. befindlichen Noten werden gezogen und jede kriegt zugleich einen mercklichen Druck. Das Verbinden der Noten durch Bogen mit Puncten nennt man bey dem Claviere eigentlich das Tragen der Töne.

---

⁴¹² So DARD, a.a.O., S. 17; J. W. LUSTIG, *Muzykaale Spraakkonst*, Amsterdam 1754, S. 94–95; s. auch oben.
⁴¹³ J. E. ALTENBURG, *Versuch einer Anleitung zur heroisch-musikalischen Trompeter- und Pauker-Kunst*, Halle 1795, S. 94. Die *Bebung oder Schwebung* wird auf S. 118 als *Manier* beschrieben; das Notenbeispiel, das die Ausführung verdeutlichen soll, sieht aus wie ein Tremulant. Ich glaube nicht, daß einer intendiert ist. Ob Altenburg ein mensuriertes Atemvibrato meint, geht nicht hervor.
⁴¹⁴ Ebd., S. 94.
⁴¹⁵ Ebd.
⁴¹⁶ Das *Tragen der Töne* ist die alte Bezeichnung (nach *Portamento di voce*), moderner wäre wohl *Portato*.
⁴¹⁷ D. G. TÜRK, *Klavierschule*, Leipzig-Hall 1789, S. 88. Vielleicht wollte er mit der von ihm beschriebenen Klavierbebung die Clavichordbebung imitieren.
⁴¹⁸ So z.B. von R. DONINGTON, *Art. Ornaments*, in: Grove 6, ⁵1954, S. 399.
⁴¹⁹ C. Ph. E. BACH, *Versuch über die wahre Art das Clavier zu spielen* 1, Berlin 1753, S. 126. Das Notenbeispiel dazu ebd., Tab. IV, Fig. IV.

Auch bei den Bläsern tritt ein Problem auf, vor allem ab dem Moment, wenn das *Tragen der Töne* als Artikulationsart angesehen wird und der Tremulant sich von seinem ursprünglichen Modell loslöst und sich ebenfalls zu einer Artikulationsart wandelt. So beschreibt z.B. PETRI für Bläser das Portato mit tremulantähnlicher Notation folgendermaßen:[420]

> Endlich das Tragen der Töne oder das mit dem Abstoßzeichen verbundene Schleifzeichen wird mit dem bloßen Athem aus der Brust herausgehaucht, ohne die Zunge dabey anzuwenden, außer beim ersten Tone. Z.E.

Hier ist also deutlich eine Verwandtschaft zur zweiten Artikulationsart (s. oben S. 137, Fig. 9) von Quantz festzustellen. Ähnliches wird auch von DE LUSSE beschrieben: er nennt es *tac aspiré*. Es kommen sowohl Noten auf einer Stufe als auch auf verschiedenen Tonhöhen vor. Die Notierung ähnelt der des Tremulanten. Zur Ausführungsart hält er fest:[421]

> On fait celui-ci par la seule action des poumons, en articulant la syllabe HU. Il est aussi désigné par des petits points couverts d'une liaison sur les notes qui l'exigent; mais il n'est jamais d'usage que dans les mouvements lents & tendres.
>
> [Man macht dies nur mit Bewegung der Lungen, indem man die Silbe HU ausspricht. Es wird auch mit Pünktchen unter einem Bindebogen über die betreffenden Noten bezeichnet; aber es ist nur in langsamen und lieblichen Sätzen gebräuchlich.]

Man vergleiche dies mit dem von ihm mit „*Hou, hou, hou, hou*"[422] beschriebenen Atemvibrato (s. oben S. 122)!

Es ist auf jeden Fall schwierig, auf Anhieb zu erkennen, wie sehr eine Tremulantnotation noch als Vibrato aufzufassen ist. Da vor allem für Bläser der Tremulant schon zu einer einfachen Artikulationsart geworden ist, muß man hier unbedingt mit fließenden Übergängen rechnen.

---

[420] J. S. PETRI, *Anleitung zur Praktischen Musik*, Leipzig ²1782, S. 478–479.
[421] DE LUSSE, *L'Art de la Flûte Traversiere*, Paris c. 1760, S. 4.
[422] Ebd., S. 9.

Teil II

Vibrato und Interpretation

Einführung

1. Die Verschiedenartigkeit der Vibrati

Im ersten Teil habe ich versucht, die vielgestaltigen Vibratoarten technisch zu erklären. Dabei war festzustellen, daß es eine beachtliche Anzahl unterschiedlicher, z.T. von der heutigen Musizierpraxis recht abweichender Möglichkeiten gab, Vibrati auszuführen, und daß dabei auch, im Vergleich zum heutigen Vibrato, stellenweise erhebliche Klangunterschiede erzielbar waren. Wir müssen davon ausgehen, daß der Begriff Vibrato in seiner heutigen Bedeutung dem Barock völlig fremd war. Man hatte folglich für diese Verzierung auch keinen eindeutigen Terminus: D a s Vibrato gab es nicht. Man hatte jedoch verschiedenartige Techniken entwickelt, mit denen verschiedenartige Schwankungen erzeugbar waren. Der Einfachheit halber nenne ich diese hier Vibrato – das sagt zugleich mehr u n d weniger aus als der moderne Vibratobegriff.

Im folgenden will ich nachgehen, wie die verschiedenen Vibrati im Barock eingesetzt wurden und ob die Unterschiede ihrer Anwendung denen der Spieltechnik entsprachen. Schon aus dem, was im ersten Teil dargelegt wurde, und nicht zuletzt aus den verschiedenen Techniken selbst, geht hervor, daß nahezu sämtliche Vibratobeschreibungen auf ein Verzierungsvibrato hinweisen. Manche Techniken sind gar nicht kontinuierlich einsetzbar. Einige Beschreibungen rücken das Vibrato in die Nähe des Trillers oder des Mordents; stellenweise handelt es sich klanglich gesehen auch um Zwischenformen. Immer wieder treten aber auch Unklarheiten, Verwirrungen und fließende Übergänge auf.

2. Kontinuierliches Vibrato im Barock?

Abgesehen vom Vokalvibrato, das laut einigen Quellen zur Natur der Stimme gehört, wird im Barock kein kontinuierliches Vibrato beschrieben, es sei denn, man lehnt es als Unsitte ab. Einige Vibratotechniken schließen jedoch ständiges Vibrato nicht a priori aus. Dies gilt vor allem für das Sängervibrato und für das Vibrato auf Instrumenten der Violinfamilie. Ein kleineres Naturvibrato beim Sänger wurde gewiß akzeptiert; dem maß man keine allzu große Bedeutung zu. Jedoch kann ein häufig angewandtes Verzierungsvibrato auch zur Gewohnheit werden, es kann gewissermaßen in die Natur der Stimme eingehen. Und das wird einige Male – meist ablehnend – beschrieben. Das gleiche Problem finden wir bei den Geigern: Auch hier kann ein am Anfang noch bewußt angewandtes Verzierungsvibrato zur Gewohnheit werden. Ein auf diese Weise entstandenes permanentes Vibrato wird aber in den Schriften ausnahmslos abgelehnt. Diese Ablehnung deutet indirekt darauf hin, daß es in der Praxis hin und wieder ein kontinuierliches Vibrato gegeben haben muß.

Auch das Fehlen von Beschreibungen oder Anweisungen für den Einsatz von Non-Vibrato als Darstellungsmittel könnte auf eine im Prinzip vibratofreie Klangauffassung hinweisen. Ich will aber nachdrücklich betonen, daß eine Klangauffassung, die ständiges Vibrato ablehnt, auf keinen Fall ein (auch häufig angewandtes) Verzierungsvibrato ausschließt.

3. Arbeitsmethode

Meine Behandlung dieses Themas geht von der alten Ästhetik aus. Ich gebe eine historische Beschreibung, keine Gebrauchsanweisung für den heutigen Musiker. Ich halte es für einen Fehler, aus dem heutigen Interpretationssubjektivismus Schlüsse auf frühere Praktiken ziehen zu wollen. Die barocke Interpretationslehre war eher objektivierend. Das schließt natürlich (vielleicht auch recht große) Subjektivität von seiten des Interpreten nicht aus. Die Interpretation beruhte aber deutlich auf der Ratio. Es gibt einen gewissermaßen objektiven Rahmen, der nicht gesprengt werden soll. Der „gute Geschmack" war eine faßbare, meßbare Größe. Sie geht u.a. von einigen für das Barock objektiven wissenschaftlichen Gegebenheiten aus. Sehr wichtig ist der Affekt. Auch er ist bekannt und somit festlegbar. Für barocke Wissenschaftsinterpretationen führten objektive, medizinisch feststellbare Gegebenheiten unweigerlich zu bestimmbaren Affektwirkungen auf den Zuhörer.

Eine erste Erörterung gilt deshalb den Beziehungen zwischen Vibrato und Affekt. Hier wird die Interpretation grundsätzlich aus ihrem Stellenwert im rhetorischen Gefüge betrachtet: Interpretation als rhetorische Pronunciatio. Dieser Bezug auf die literarische Rhetorik wurde im Barock selbst hervorgehoben. Die Regeln der musikalischen Pronunciatio sind grundsätzlich denen der literarischen nachempfunden. Alle Anweisungen haben das Ziel, *die affectus zu moviren*. Beim Redner gehört das Überzeugen auch zur Aussprache. Sie hat einen Kanon, dem gefolgt werden soll. Auch die literarische Rhetorik kennt das Vibrato als affekterzeugendes Mittel von größter Ausdrucksstärke. Im folgenden gehe ich nach, inwiefern das Vibrato in der Musik als Affekterzeuger eingesetzt wird. Dabei wird auch auf die engen Beziehungen zwischen Affektentheorie und Medizin kurz eingegangen.

Den allgemeinen ästhetischen Darstellungen folgen einige Capita selecta, in denen die praktischen Konsequenzen der ästhetischen Theorie untersucht werden. Die Auswahl dieser Abschnitte richtet sich ausschließlich nach dem vorhandenen Quellenmaterial und dessen Seriosität. Soviel wie möglich wurde versucht, von der Musik selbst auszugehen; es ist aber nicht möglich, aus den allzu selten vorhandenen Vibratobezeichnungen allgemeingültige Schlüsse zu ziehen. Eine Ausnahme bilden die französischen Gambisten; ihnen wird folglich ein separater Abschnitt gewidmet. Vibratobezeichnungen finden wir auch in vielen Lauten- und Gitarrentabulaturen; auch sie werden besprochen.

I

Vibrato und Affekt

1. AFFEKTBEDINGTER EINSATZ DES VIBRATOS

Die Mehrzahl der Quellen berichten, daß man das Vibrato den Verzierungen zurechnete. Im Gegensatz zur heutigen Praxis wurden also die verschiedenen Vibratoarten im Idealfall ganz bewußt eingesetzt,[423] und zwar dann, wenn es dem ausführenden Musiker sinnvoll erschien, weil diese Verzierung einen ganz bestimmten Ausdruckswert hat. Dieser Ausdruckswert wird im Sinne der Affektentheorie erklärt. So schreibt SIMPSON zur Anwendung des *Close shake*, des Zweifingervibratos auf der Gambe:[424]

> ... Others (Graces), more smooth and Feminine, as your *Close-shake* and plain Graces, which are more natural to the *Treble*, or upper parts. Yet when we would express Life, Courage, or Cheerfulness upon the *Treble*, we do frequently use both *Shaked Beats* and *Back-falls*, as on the contrary, smooth and swelling Notes when we would express Love, Sorrow, Compassion, or the like; and this, not only on the *Treble*, but sometimes also upon the *Bass*.
>
> [... andere, sanftere und weiblichere (Verzierungen), wie der Close Shake oder die Vor- und Nachschläge, die eher für die Oberstimmen natürlich sind. Andererseits, wenn wir in der Oberstimme Leben, Mut oder Fröhlichkeit ausdrücken wollen, verwenden wir oft Mordente bzw. Triller mit Vorschlag, wie auch im Gegenteil sanfte und anschwellende Noten, wenn wir Liebe, Sorge, Mitleid u.dgl. ausdrücken wollen; und dies nicht nur in den Oberstimmen, sondern bisweilen auch im Baß.]

In sehr ähnlichem Sinn äußert sich auch DANOVILLE in seiner Gambenschule: Er nennt das Zweifingervibrato auf der Gambe *Battement*; es sei lieblich und erfülle das Ohr mit trauriger und schmachtender Süße („*de la tendresse & remplit l'oreille d'une douceur triste & languissante*"[425]). Und J. ROUSSEAU beschreibt das Einfingervibrato als sehr angenehm, vor allem in lieblichen Stücken („*fort agreable, particulierement dans les Pieces tendres*"[426]). Später schreibt CORRETTE in seiner Flötenschule, es sei höchst rührend in lieblichen Stücken auf langen Noten („*extremement touchant dans les pieces tendres sur des notes longues*"[427]).

Auch BERNHARDs *Ardire* (heftiges Vibrato) ist eindeutig affektgebunden. Man vergleiche seine Aussagen mit jener Simpsons: Der Gedankenhinter-

---

[423] „Bewußt" ist hier natürlich nicht im eng psychologischen Sinne zu verstehen, als würde der Musiker jedes Vibrato reflektiert einsetzen. Vielmehr sehe man es so, daß er es (immer im Idealfall) nie willkürlich, sondern immer sinnvoll innerhalb des für ihn natürlich selbstverständlichen, bereits in seinem musikalischen Bewußtsein eingebundenen (also affektbedingten) Rahmens anbringt.
[424] C. SIMPSON, *The Division-Viol*, London ²1665, S. 12.
[425] DANOVILLE, *L'Art de toucher le Dessus et Basse de Violle*, Paris 1687, S. 41.
[426] J. ROUSSEAU, *Traité de la Viole*, Paris 1687, S. 106.
[427] M. CORRETTE, *Méthode pour apprendre aisément à joüer de la Flute traversiere*, Paris c. 1739/40, S. 30.

grund ist zwar ähnlich, die Anwendungsbereiche sind jedoch grundverschieden:[428]

> Hingegen bey traurigen, sanftmüthigen, und solchen Worten ist besser, daß man gelindere Stimme gebrauche, die Noten ziehe und schleife, oft die je gedachten Kunststücke der *Manier* anbringe, hingegen der *Forte, Ardire, Trillo* etwas weniger alß bei den heftigen *affecten*, daneben muß man in dieser Art *affecten* eine langsamere *Battuta*, in jenen aber eine geschwindere, gebrauchen. Ein mehrers wird ein guter Sänger aus Anleitung seines *judicii*, und anderer Sänger *Exempel* entlehnen.

Aus diesen und ähnlichen Beispielen geht hervor, daß der Einsatz des Vibratos nach ganz bestimmten Affekten erfolgen soll.

2. VIBRATO ALS KLANGBELEBUNG

Wie es sich mit dem Affektgehalt des Vibratos verhält, ist aus den Quellen jedoch nicht immer unmißverständlich herauszulesen. Mitunter wird auch, oft zugleich mit dem Affektwert (wie etwa bei Geminiani), auf die klangverschönernde Komponente des Vibratos hingewiesen; und das vor allem von Lautenisten und Gitarristen, die sehr oft ein Vibrato empfehlen, damit der Klang länger anhält. So ist z.B. in einer Vorrede von GRANATA zu lesen:[429]

> Ottauo, trouandosi il Diesis, quale sarà questo ♯♯, si dourà spiccar affatto la mano dalla Chitarra, ponendo il dito più commodo al numero, che mostrerà, e squassando, e premendo la mano, procurerà quanto sià possibile di far risonare a poco, a poco la voce di detta corda, il che seruirà per regola generale.
>
> [Achtens. Wenn man ein Kreuz wie dieses ♯♯ findet, nehme man die Hand von der Gitarre, und indem man den geeignetesten Finger auf den angezeigten Bund setzt, und mit der Hand schüttelt und drückt, versuche man soviel wie möglich den Klang dieser Saite allmählich nachklingen zu lassen; dies gilt als allgemeine Regel.]

Auch der Name *Sons soutenus* könnte auf Klangverlängerung hinweisen.[430] Diese Überlegungen schließen, wie wir bei Mace sehen können, den Affektgehalt als wichtige Komponente des Vibratos nicht aus. So sind die beiden ersten Vibratoarten, die GEMINIANI in seiner Violinschule nennt, eindeutig affektgesteuert, während das dritte Vibrato nur der Klangbelebung dient (vgl. oben S. 78):[431]

> Of the CLOSE SHAKE
> This cannot possibly be described by Notes as in former Examples. To perform it, you must press the Finger strongly upon the String of the Instrument, and move the Wrist in and out slowly and equally, when it is long continued swelling the Sound by Degrees, drawing the Bow nearer to the Bridge, and ending it very strong it may

---

[428] C. BERNHARD, *Von der Singe-Kunst oder Manier*, Hs., c. 1648/64, hrsg. von J. MÜLLER-BLATTAU, *Die Kompositionslehre Heinrich Schützens in der Fassung seines Schülers Christoph Bernhard*, Kassel–Basel ²1963, S. 37. Die Nr. 31, ebd.: „*Aus den verstandenen Worten sind die a f f e c t e n abzunehmen, so darinnen fürkommen, die vornehmsten a f f e c t e n aber, so man in der M u s i c a r e p r a e s e n t i r e n kann, sind Freude, Traurigkeit, Zorn, Sanftmuth und dergleichen.*" Nr. 32: „*In Freude, Zorn und dergleichen heftigen a f f e c t e n muß die Stimme starck, muthig und herzhaftig seyn, die Noten nicht sonderlich geschleift, sondern mehrentheils wie sie stehen, gesungen werden, denn die übrige Anbringung der M a n i e r, und fürnehmlich das Piano, das C e r c a r d e l l a N o t a, A n t i c i p a t i o n e d e l l a S y l l a b a und d e l l a n o t a, etwas melancholischer, alß diese a f f e c t e n erfordert, lauten würden.*"
[429] G. B. GRANATA, *Capricci Armonici Sopra la Chittarriglia Spagnuola*, Bologna 1646, Vorrede. – Vgl. (G. P. FOSCARINI,) *Le Cinqve Libri della Chitarra alla Spagnola*, Roma 1640, Faks. mit Einl. von P. PAOLINI (*Archivum Musicum* 20), Firenze 1979, Vorrede. Hier schon sinngemäß der gleiche Text. Für eine Besprechung dieser Äußerungen vgl. den Abschnitt über die Anwendung des Vibratos bei den Lautenisten und Gitarristen (s. S. 47).
[430] P. J. BAILLON, *Nouvelle Methode de Guitare*, Paris 1781, S. 9.
[431] F. GEMINIANI, *The Art of Playing on the Violin*, London 1751, S. 8.

express Majesty, Dignity, &c. But making it shorter, lower and softer, it may denote
Affliction, Fear, &c. and when it is made on short Notes, it only contributes to make
their Sound more agreable and for this Reason it should be made use of as often as
possible.
[Übersetzung s. oben S. 77.]

Tartini und L. Mozart dagegen beschreiben kein affektgesteuertes Vibrato; zwar geht aus ihren Ausführungen hervor, daß Geschwindigkeit und Charakter des Vibratos dem musikalischen Kontext angepaßt werden sollen, es spielt aber andererseits auch die Komponente der Klangbelebung eine Rolle. Der große Unterschied zur heutigen Auffassung liegt darin, daß für Tartini und L. Mozart das Vibrato immer noch eine Verzierung ist – und folglich kein Kontinuum sein kann. Das schließt natürlich eine häufige Anwendung nicht aus.[432] Die Art der Anwendung ist zum einen vergleichbar mit jener anderer Verzierungen, zum anderen dürfte die dadurch erreichte Klangveränderung einen Einfluß auf die Praxis ausgeübt haben: Mehrere Quellen empfehlen ein Vibrato *„auf langen Noten"*. Was auf den ersten Blick wie eine Vereinfachung aussieht, erscheint in diesem Licht als überaus logisch. Vereinfachungen in diesem Sinne gab es schon lange vorher, und zwar meist in Publikationen für den Anfangsunterricht. Dabei haben wir es aber mit Pauschalvorschlägen zu tun, da ein Erklären des Affektgehaltes für den in Frage kommenden Interessentenkreis ein zu schwieriges Unternehmen war. Man beschränkte sich daher auf Anweisungen wie z.B. *„all ascending long notes must be sweetned"*.[433] Solche Aussagen haben aber nichts (mehr) mit Affektbindung und (noch) nichts mit Klangvorstellung zu tun, es sind lediglich einfache Formulierungen für den Anfänger. Vielleicht kann man in dieser Erklärung eine Verwandtschaft mit dem Vibrato auf einer Climax sehen, die Anweisung „sollen" (*„must be sweetned"*) ist aber doch sehr verallgemeinernd, wenn nicht gleich dogmatisch.

Den Hinweis, man solle auf langen Noten vibrieren, finden wir später im 18. Jahrhundert aber gerade in anspruchsvolleren Lehrwerken. Es ist hier festzustellen, daß sich das Vibrato von seinem barocken, rhetorischen Unterbau immer weiter zu einer neuen Ästhetik hin entfernt, aber immer noch als Ornament angesehen wird; es scheint sich jedoch zu jenen Verzierungen zu gesellen, die sich eher früh aus dem affektiv-rhetorischen Gefüge loslösen. Ein Zeugnis dafür gibt uns in der zweiten Hälfte des 18. Jahrhunderts KÜRZINGER in seinem ansonsten nicht immer so ergiebigen Unterrichtswerk:[434]

> Darf man die Manieren ohne Unterschied brauchen?
> Nichts minders. Das also genannte Cantabile muß zwar durchaus in allen Gesängen herrschen (ausser im Staccato nicht) und die meiste, vor allen die haltbare Noten im Tremolo mit schneidenden Zügen hervorbringen, die andere Manieren aber sind gänzlich nach der Leidenschaft des Textes einzurichten.

---

[432] Auch GB Lbl, Add. ms. 6137: C. HEBERT, *Traité de L'Harmonie des sons et de leurs rapports ou La Musique théorique, et pratique ancienne et moderne examineé dés son origine*, Hs., Boulogne 1733, S. 456 (= f. 258v), rechnet noch das Vibrato zu den Verzierungen, wiewohl er es zugleich an erster Stelle als Klangverschönerung sieht. Über die Häufigkeit der Anwendung spricht er sich nicht aus, nur: *„ceux qui excellent en ce point sont trés rares, je n'en n'ai connu que deux ou trois en jtalie que je ne nomme point pour ne point faire tort aux autres."* [Nur sehr wenige beherrschen diesen Punkt vortrefflich; ich habe nur zwei oder drei in Italien gekannt, aber ich werde sie nicht nennen, um den anderen kein Unrecht anzutun.] – Daß es aber bei einigen Spielern kontinuierliches (?) Vibrato gab, erfahren wir u.a. von L. Mozart und Löhlein, und gewissermaßen von Quantz und Tromlitz. Dieses ständige Vibrieren wird aber auf jeden Fall als Unsitte stärkstens abgelehnt.
[433] Etwa in *The Fifth Book of the New Flute Master*, London 1706 (WARNER 39), S. 6. Nach ihm gibt es die gleiche Anweisung in einer ganzen Reihe *Flute Tutors*, mindestens bis 1765.
[434] F. X. KÜRZINGER, *Getreuer Unterricht zum Singen mit Manieren, und die Violin zu spielen*, Augsburg ²1780 (¹1763), S. 46.

Seine Erklärung des Begriffes *Tremolo* geht auf Mattheson zurück, ist jedoch mit einem wichtigen Zusatz versehen:[435]

> ... so, wie auf der Violin die blosse Lenkung der Fingerspitzen, ohne von der Stelle zu weichen, eben dies ausrichtet, *wenn man recht cantabile spielen will.*

Wenn dies auch auf eine anscheinend fast kontinuierliche Anwendung des Vibratos (im Cantabile) hinweist, so muß man dennoch im Auge behalten, daß auch von Kürzinger das *Tremolo* immer noch als eine Verzierung angesehen wird.

Aus dem von mir gesichteten Quellenbestand geht deutlich hervor, daß – von ganz wenigen Ausnahmen abgesehen – sich das Vibrato als Klangbelebung erst spät durchsetzt. Eine solche Tendenz ist bei Gitarristen und Lautenisten festzustellen, aber auch hier handelt es sich nie um ein kontinuierliches Vibrato. Vielleicht könnte man die Sänger als Ausnahme betrachten, ein erwünschtes Naturvibrato (etwa bei Praetorius) hielt sich jedoch immer in solchen Grenzen, daß man darauf noch ein Verzierungsvibrato aufbauen konnte.

3. WELCHES VIBRATO FÜR WELCHEN AFFEKT?

Der Terminus *Vibrato* war im Barock noch nicht bekannt. Es waren dafür aber andere Begriffe gebräuchlich, aus denen hervorgeht, daß man diese Art von Verzierung bei bestimmten Affekten einsetzte. Die verschiedenen Umschreibungen beziehen sich entweder auf die Technik (z.B. *Pincé, Battement* für das Zweifingervibrato auf der Gambe), auf den Effekt (z.B. *Balancement, Schwebung*) oder aber auf den Charakter, den Affekt (z.B. *Sweetening*).

Spezifische Affektkonnotationen, auch wenn manche sich auf die Technik beziehen, finden wir am häufigsten im 17. Jahrhundert. Mersenne verwendet z.B. den eigenartigen Ausdruck *verre cassé* oder auch *souspir* – Seufzer. Anklänge an einen affektgebundenen Einsatz finden wir in den bei italienischen Gitarristen üblichen Bezeichnungen wie *tremolo (trillo) sforzato* oder bei Hinweisen wie *Sting* (Stich; wohl verwandt mit dem deutschen Mordant, Beißer) der englischen Lautenisten. In Deutschland werden, vor allem im 17. Jahrhundert, die technischen Anweisungen *Schweben* oder *Beben* oft mit *lieblich, sonderbar lieblich* kombiniert.

Auf Affekte, bei denen man üblicherweise ein Vibrato eingesetzt hat, weisen Termini wie *Sweetening* (Lieblichkeit) oder *Flattement* (Schmeichelei) hin. Vor allem *Flattement* findet ab dem späten 17. Jahrhundert häufige Anwendung. Wir stoßen zwar schon bei Mersenne auf diesen Ausdruck, jedoch wird er hier noch nicht deutlich definiert. In den Instrumentalschulen von Loulié wird das Vibrato mit *Flatté* umschrieben, in seiner Musiklehre dagegen meint er damit eine bestimmte Trillerart. Eindeutig im Sinne von Vibrato aufzufassen ist das *Flattement* in Corbettas *Guitarre Royalle*; seine Schüler verwenden aber weiterhin das klangnachahmende *Miaulement* (von Miauen).

In den Bereich heftiger Affekte ist das *Ardire* von Bernhard einzuordnen. Anklänge an eine solche Auffassung findet man in der italienischen Spätrenaissance. DONI deutet an, daß Sänger auf jeder längeren Note vibrieren, um „*con brio, cioè con grazia, e vivacità*"[436] zu singen. Dieser zu häufige Vibratoeinsatz wird

---
[435] Ebd., S. 35; S. 92 (Register). (Meine Hervorhebung.)
[436] G. B. DONI, *Trattato della musica scenica*, Hs., Firenze c. 1633/35, hrsg. von A. F. GORI (*Trattati di Musica di Gio. Batista Doni* 2), Firenze 1763, S. 133.

allerdings von Bernhard und auch von Doni keineswegs befürwortet; beide sind sich über einen Einsatz nach streng rhetorischen Gesichtspunkten einig – verwenden jedoch völlig entgegengesetzte Affektkonnotationen.

Mit Vibrato sollen eher „weiche", „sanfte" Affekte ausgedrückt werden, in manchen Extremfällen auch Todesangst und tiefe Trauer. In französischen Quellen spielen sehr oft Komponenten des Lieblichen und Sanften eine Rolle. So heißt es z.B. bei DANOVILLE „*une douceur triste & languissante*"[437] (eine traurige und schmachtende Süße) – *triste* und *languissante* aber *douceur*! Der Theoretiker RAPARLIER umreißt mit zwei Notenbeispielen ziemlich genau die Grenzen der Verwendungsbereiche des Vibratos in Frankreich: Das eine hat den Text „*Sombres forêts, asyle redoutable*" (Dunkle Wälder, beängstigender Unterschlupf), das andere „*Zéphyrs, aimables fleurs*" (Zephyre, liebliche Blumen).[438] SIMPSON umschreibt „sanfte" Affekte mit „*more smooth and Feminine*" (eher sanft und weiblich), mit „*Love*" (Liebe), „*Sorrow*" (Sorge, Kummer, Leid), „*Compassion or the like*" (Mitleid und dergleichen).[439] Und NORTH versteht unter Vibrato eine sanfte (ruhige) und langsame Schwebung *(„a gentle and slow wavering")*.[440] Hinweise auf den „lieblichen" Charakter des Vibratos finden wir in zahlreichen Quellen, vor allem in deutschen Schriften.

4. RÜCKGANG DES AFFEKTBEDINGTEN EINSATZES

Wenn sich später im 18. Jahrhundert die alte Musiktheorie und insbesondere ihr rhetorisches Gerüst allmählich auflösen, bleibt von den ursprünglichen Affektbindungen des Vibratos nur noch eine vage und allgemeine Beziehung zum Lieblichen und Sanften übrig, und auch diese Assoziation wird wohl eher vom typischen Klang des vibrierten Tones als durch rhetorisch dargestellte Affekte hervorgerufen. Oft vermißt man sogar in anspruchsvollen theoretischen Schriften jede Charakterisierung und findet nur noch lapidare, pauschale Spielanweisungen: man solle auf langen Noten, auf Schlußnoten etc. vibrieren.

Natürlich mußte die Grammatik immer ihren Platz in diesem Gefüge haben; sie bildete sozusagen den sprachtechnischen Unterbau. Jetzt hatte sie aber nicht mehr die alte Rhetorik über sich. Wenn nun aber die Rhetorik die Verwendungsbereiche des Vibratos nicht mehr genau festlegt, kann man das Vibrato einsetzen, um der Musik einen angenehmeren, sanfteren, „kantableren" Charakter zu verleihen. Etwaige spezifische Merkmale eines affektgebundenen, rhetorisch eingesetzten Vibratos gingen somit verloren. Dieses Problem muß in der Praxis manchmal schon recht früh aufgetreten sein, spätestens aber dann, als das Vibrato bei Musikern *„sich einschleicht"* und zu einem Usus geworden war.

5. KONSEQUENZEN

Ein ständiges Vibrato schmälert allerdings seinen Affektgehalt erheblich, ja macht ihn unter Umständen sogar zunichte. Das weist wohl auch auf eine

---

[437] DANOVILLE, a.a.O., S. 41.
[438] RAPARLIER, *Principes de Musique*, Lille 1772, S. 24. Die Erklärung im Text nach M. PIGNOLET DE MONTECLAIR, *Principes de Musique*, Paris 1736, S. 85. Vgl. auch die Notenbeispiele bei J. BERARD, *L'Art du Chant*, Paris 1755.
[439] C. SIMPSON, a.a.O., S. 12.
[440] GB Lbl, Add. ms. 32506: R. NORTH, *Notes Of Me*, Hs., c. 1695, f. 76v; GB Lbl, Add. ms. 32533: DERS., *The Musicall Gramarian*, Hs., 1726, f. 111v (= S. 195).

vibratofreie „Basisklangproduktion" (ausgenommen sind hier natürliche Schwingungen) im Barock hin, sonst würden Verzierungsvibrati sowie ihre Zweckgebundenheit zu wenig erkennbar sein. Wenn ein „hintergründiges", kontinuierliches Vibrato bei intensiven Verzierungsvibrati zwar noch denkbar wäre, wird es aber doch von jenen Autoren, die ein Verzierungsvibrato fordern, abgelehnt. Bei sanfteren Formen, die insbesondere in der französischen Musik vertreten sind, wäre durch den zu kleinen Kontrast die Verwirrung unvermeidlich.

Auch die Ausführungsart des Vibratos richtet sich nach dem jeweiligen Affekt. Am augenfälligsten ist dies vielleicht beim Unterschied Vibrato – Tremulant, aber auch das „normale" Vibrato kann, je nach beabsichtigter Ausdrucksweise, auf verschiedene Weise erzeugt werden. HOTTETERRE weist darauf hin, daß die Geschwindigkeit des Vibratos der Bewegung und dem Charakter des Stückes anzupassen sei (*„plus lents ou plus précipités, selon le mouvement et le caractere des Pieces"*[441]). Eine ähnliche Meinung vertritt LÖHLEIN in seiner Violinschule: „*Diese Bebung muß dem Inhalt des Stückes angemessen seyn.*"[442] Und Bernhards und Mylius' *Ardire* ist nicht als ein schwebender oder bebender, sondern als ein „*zitternder Tremel*"[443] zu verstehen. Die meisten Theoretiker begnügen sich aber damit, nur den allgemeinen Charakter des Vibratos zu beschreiben, ohne auch genauer auf Interpretationsprobleme einzugehen.

Das bekannteste Beispiel eines nach Affekt sich ändernden Vibratos finden wir bei GEMINIANI. In seiner Violinschule von 1751 (Einleitung zum Kapitel Vibrato) empfiehlt er, man solle das Handgelenk langsam und gleichmäßig hin und her bewegen (*„move the Wrist in and out slowly and equally"*[444]). Dies wurde offensichtlich von anderen als ausreichende Anleitung für die Ausführung des Vibratos angesehen, was schließlich zur Folge hatte, daß sich dann vielfach ein Vibrato ohne jegliche affektbedingte Änderungen einbürgerte. So beschwert sich NORTH, daß ein in jeder Taktart auf gleiche Weise und mit gleicher Geschwindigkeit ausgeführtes Vibrato auf die Dauer anekelt (*„allwais ỹ same in manner & measure, whatever time ỹ musick bears it must breed some fastidium"*[445]).

Auch GEMINIANI spricht sich gegen dieses abwechslungslose, nicht dem Musikwerk angepaßte Vibrato aus. In seiner Violinschule beschreibt er zwei Arten affektgebundener Vibrati: Das erste soll in seiner Art majestätisch und würdevoll (*Majesty, Dignity, &c.*) sein und unter andauerndem Crescendo erzeugt werden, indem der Bogen näher am Steg geführt und das Vibrato mit markanter Tongebung beendet wird (*„drawing the Bow nearer to the Bridge, and ending it very strong"*); das zweite soll Leiden und Furcht (*Affliction, Fear, &c.*) ausdrücken, und sei kürzer, abgeschwächter und sanfter (*shorter, lower and softer*) auszuführen. Bei der dritten Art handelt es sich nicht um ein affektgebundenes, sondern um ein klangverschönerndes Vibrato, das bei kurzen Noten zur Anwendung kommen soll (*„it is made on short notes"*).[446] Diese Anleitungen finden wir auch in der ein Jahr später erschienenen französischen Ausgabe seiner Violinschule.[447]

---

[441] J. M. HOTTETERRE, *Premier Livre de Pieces pour la Flute traversiere*, Paris ²1715 (¹1708), Avertissement.
[442] G. S. LÖHLEIN, *Anweisung zum Violinspielen*, Leipzig–Züllichau ²1781 (¹1774), S. 51.
[443] W. MYLIUS, *Rvdimenta mvsices*, Mühlhausen 1685, S. D3v.
[444] F. GEMINIANI, *The Art of Playing on the Violin*, London 1751, S. 8.
[445] GB Lbl, Add. ms. 32533, a.a.O., f. 111v (= S. 195).
[446] F. GEMINIANI, *The Art* a.a.O., S. 8.
[447] DERS., *L'Art de jouer le Violon*, Paris 1752, S. 8.

	GEMINIANI Violinschule		DE LUSSE Flötenschule
	engl. Ausg.	franz. Ausg.	
1. Vibrato	*Majesty* Majestät *Dignity* Würde	*la majesté* Majestät *la dignité* Würde	*la gravité* Würde, Gemessenheit, Ernst *la frayeur* Angst, Schrecken, Schauder
2. Vibrato	*Affliction* Kummer, Betrübnis, Gram, Trauer, Schmerz *Fear* Furcht, Befürchtung, Grund zur Furcht	*l'affliction* Kummer, Betrübnis, Gram, Trauer, Schmerz *la crainte* (berechtigte) Furcht, Befürchtung, Angst	*Affliction* Kummer, Betrübnis, Gram, Trauer, Schmerz *Langueur* Mattheit, Schwachheit, Sehnsucht, Wehmut
3. Vibrato	klangverschönerndes Vibrato: *it is made on short notes*	klangverschönernd: *sur des notes courtes*	klangverschönernd lieblich: *sur des notes breves*

Tabelle 14: Gegenüberstellung der affektgebundenen Vibratoarten von Geminiani und De Lusse

Die Neuadaption von DE LUSSE weicht davon allerdings etwas ab: Der wesentliche Unterschied besteht zunächst einmal in der Übertragung der Geminianischen Violintechnik auf die Flötentechnik. Auch soll nicht mehr, wie Geminiani es vorschlägt, *„slowly and equally"* vibriert werden, sondern gleichmäßig beschleunigend, *„par gradation de vîtesse"*:[448]

> Du Tremblement flexible.
> Pour l'exécuter, il faut que le pouce gauche agisse par gradation de vîtesse, en roulant le corps de la Flûte, sans perdre l'embouchure.
> Lorsque le Tremblement est continué en enflant graduellement le son & finissant avec force, il exprime la gravité, la frayeur; le faisant plus court, plus doux, il exprime l'affliction, la langueur; & lorsqu'il se fait sur des notes breves, il contribue à rendre

---

[448] DE LUSSE, *L'Art de la Flûte traversière*, Paris c. 1760, S. 9. Er beschreibt außerdem im Artikel über das Tremblement flexible noch eine andere Art, die durch eine aktive Bewegung der Lungen erzeugt wird, indem man die Silben Hou, hou, hou, hou usw. bläst (*„par un mouvement actif des poumons en soufflant ces syllabes Hou, hou, hou, hou, &c."*). Über eventuelle Affektkonnotationen gibt er keine direkten Auskünfte, nur daß das Vibrato viel zur Melodie beiträgt, wenn man es am rechten Ort anwendet (*„prête beaucoup à la mélodie, lorsu'on l'emploie à propos"*). Vgl. dazu die Abschnitte über Holzbläservibrato, Holzbläsertremulanten sowie den Abschnitt über das Vibrato in Frankreich im 18. Jh.

la mélodie plus agréable & plus tendre. On doit le mettre en usage le plus souvent qu'il est possible; c'est par cette raison qu'il n'est jamais marqué dans la Musique, le goût seul l'inspire.

[Vom Tremblement flexible.
Um es auszuführen, soll der linke Daumen mit sich steigernder Geschwindigkeit bewegen, indem er den Korpus der Flöte rollt, ohne den Ansatz zu verlieren.
Wenn das Tremblement angehalten wird, während man allmählich den Ton anschwellen läßt und kräftig endet, dann drückt es Ernst und Schrecken aus; wenn man es kürzer, sanfter macht, drückt es Betrübnis, Schwäche aus; und wenn man es auf kurzen Noten macht, trägt es dazu bei, die Melodie angenehmer und lieblicher zu machen. Man soll es so oft wie möglich anwenden; deshalb wird es in der Musik nie bezeichnet; nur der (gute) Geschmack gibt es ein.]

Geminianis erste Vibratoart *(Majesty, Dignity)* wurde in der französischen Ausgabe seiner Violinschule wörtlich mit „*la majesté, la dignité, &c.*" übersetzt und das zweite Vibrato mit „*l'affliction, la crainte, &c.*",[449] hier werden also im zweiten Fall die Affekte *l'affliction* (Kummer, Betrübnis, Jammer, Trauer, Schmerz) und *la crainte* (Furcht, Befürchtung, Angst) nebeneinandergestellt; nun ist aber *Crainte* für französische Begriffe wohl zu aktiv und paßt in der französischen Ästhetik nicht zu *Affliction*.

De Lusse ordnet deshalb seiner ersten Vibratoart die Affekte *Gravité* (Würde, Gemessenheit, Ernsthaftigkeit) u n d *Frayeur* (Schrecken, Angst, Schauder) zu. Entspricht das *Gravité* noch dem ersten Vibrato Geminianis, so erfährt nun das englische *Fear*, wie wir es von Geminianis zweitem Vibrato her kennen, im französischen *Frayeur* gewissermaßen eine Steigerung, etwa im Sinne von Entsetzen oder Grauen.[450] Folglich wird auch das zweite Vibrato modifiziert: De Lusse stellt nun neben Geminianis Affektbestimmung *Affliction* (Kummer, Gram etc.) den Affekt *Langueur* (Mattheit, Sehnsucht etc.), was sicher der französischen Ästhetik entgegenkommt. *Langueur* war übrigens lange vor De Lusse bereits eine Bezeichnung für Vibrato[451] und paßt – vom Affektgehalt her gesehen – wohl eher zu *Affliction*, aber auch zu dem in Frankreich üblichen *douce, tendre*, eventuell auch zu *douceur triste & languissante*[452] und dergleichen.

Auch wenn De Lusse stellenweise italianisierend wirkt, hat er doch die Geminianische Lehre an eine französisch untermauerte Ästhetik angepaßt.

Außer bei Geminiani sind die affektbedingten Änderungen in der Ausführung des Vibratos nur ungenau dokumentiert. Falls Autoren die Verzierungen *Vibrato* und *Tremulant* theoretisch behandeln, werden Affekte kaum in die Erklärung mit einbezogen, sondern sie begnügen sich meist damit, den technischen Unterschied zu erläutern. Am ehesten wird noch geraten, die Ausführung des Vibratos dem Charakter der Musik anzupassen. Hin und wieder wird die Affektbindung des Vibratos in einem Notenbeispiel angedeutet, z.B. von DAVID, der ein schnelles Vibrieren auf dem Wort „*hélas*" (ach!, o weh!) vorschlägt.[453]

---

[449] F. GEMINIANI, *L'Art* a.a.O., S. 8.
[450] Vgl. F. POMAI, *Le Grand dictionaire Royal* 1, Köln–Frankfurt ⁵1715, S. 436. – Die Gegenüberstellung der Begriffe *Gravité* und *Frayeur* erscheint mir nicht recht logisch. Mir sind keine direkten Zusammenhänge im Sinne von Ehrfurcht, Gottesfurcht o.ä. bekannt.
[451] J. ROUSSEAU, *Traité* a.a.O., S. 101.
[452] DANOVILLE, a.a.O., S. 41. Ähnliche Affektbeschreibungen finden wir in Frankreich recht häufig.
[453] F. DAVID, *Methode nouvelle ou Principes généraux pour apprendre facilement la Musique et l'Art de Chanter*. Paris 1737, S. 132. Auf das Vibrato wird nur im Notenbeispiel, nicht auch im Text hingewiesen.

6. ZUSAMMENFASSUNG

Rückblickend können wir über die Anwendung des Vibratos nun folgendes festhalten: Sein Einsatz erfolgt
a) am häufigsten bei Musik mit traurigem, sanftem oder lieblichem Charakter (nicht aber in oberflächlicher, graziöser Musik); vibrierte Töne an sich wurden oft als lieblich empfunden;
b) sehr oft bei Musik, die Angst, Schrecken oder Schauder darstellen soll;
c) bei Reizwörtern im Sinne von a) und b);
d) als betonendes Ausdrucksmittel (bei Höhepunkten, rhythmischen Betonungen, dramatischen Momenten, auf isolierten Noten, am Ende einer Climax etc.); in dieser Funktion besonders häufig.

Daraus ist ersichtlich, daß eine kontinuierliche Anwendung des Vibratos verpönt war, weil dadurch die beabsichtigte Wirkung stark geschmälert würde. Mit ganz wenigen Ausnahmen gilt folgende Regel: Je rhetorischer die Musik, desto gezielter wird das Vibrato angewendet – ein klangverschönerndes Vibrato wurde in solcher Musik vermieden. Dennoch gibt es regelmäßig Klagen über und Warnungen vor allzu häufigem Vibrato, das sich nicht an die Regeln der Affektentheorie hält. Kurz nach 1750 scheint sich die Tendenz, „auf allen langen Noten" zu vibrieren, durchgesetzt zu haben. Wie lange diese Tendenz andauerte, bin ich nicht nachgegangen. Tatsache ist allerdings, daß der Vibratoeinsatz im frühen 19. Jahrhundert wieder zurückging.

Exkurs:

DAS VIBRATO ALS PROBLEM DER MUSIKALISCHEN PHYSIOLOGIE[454]

Die musikalisch-physiologischen Beschreibungen des Vibratos beziehen sich (wahrscheinlich) auf ein unfreiwilliges und/oder unkontrolliertes – also nicht unbedingt künstlerisches – Vibrato. Diese Beschreibungen eines medizinischen Tatbestandes im barocken Sinn waren aber für die musikalische Praxis nicht unwichtig. Es gibt den Zusammenhang zwischen „großer Angst" und „bebender Stimme" übrigens nicht nur beim Sänger, sondern auch beim Redner: GOTTSCHED schreibt ausdrücklich, daß Angst und bebende Stimme beim

---

[454] Zu diesem Terminus sowie zum ganzen Themenkomplex vgl. R. DAMMANN, *Der Musikbegriff im deutschen Barock*, Köln 1967, S. 241-295; dort auch weitere Bibliographie. – Ein exemplarischer Fall der Verbindung Musik–Medizin war die Heilung mittels des Tanzes der von einer Tarantel gebissenen Menschen; es erschienen während des ganzen Barock darüber verschiedene Traktate. – Daß dieser Themenkomplex, obwohl nicht immer wissenschaftlich einwandfrei beweisbar, für das Barock doch sehr wichtig war, zeigt wohl die Tatsache, daß sogar Mersenne ihn in seiner *Harmonie Vniverselle*, Paris 1636, erwähnt. Dies fällt umso mehr auf, da Mersenne ansonsten nicht zum Spekulativen neigt. – Vgl. dazu auch die Schriften (u.a.) von S. HAFENREFFER, *Monochordon Symbolico-Biomanticum*, Ulm 1640; A. KIRCHER, *Mvsvrgia Vniversalis*, Roma 1650 (eine auszugsweise Übersetzung in: A. HIRSCH, *Artis magna de Consono & Dißono Ars Minor; Das ist Philosophischer Extract*, Schwäbisch-Hall 1662); C. G. JÖCHER, *Disputatio Effectus Musicæ*, Leipzig 1714; E. A. NICOLAI, *Die Verbindung der Musik mit der Artzneygelahrtheit*, Halle 1745; J. M. SCHMIDT, *Musico-Theologia*, Bayreuth-Hof 1754. In nahezu jedem größeren und wichtigen musiktheoretischen Werk wird auf diesen Komplex näher eingegangen. Die Verbindung Musik–Medizin galt als sehr reell; für den barocken Menschen galt sie auch als wissenschaftlich bewiesen.

Redner einhergehen.⁴⁵⁵ Ein Beispiel einer solchen Beschreibung, die sich auf den Gesang bezieht, finden wir bei RIVAULT:⁴⁵⁶

> Car ceux qui chantēt le mieux sont plus chaleureux, ont le coeur plus grand (ceux qui craignent ont la voix casse & tremblante) & de la ont plus de pointes à l'amour: Et neanmoins il y a certaine Musique qui rabat les fumees & les esteint & est le vray remede contre les fureurs de Cypris: Il y en a d'autre qui emporte comme trop violente, que les Muses enseignerent à Hesiode.
>
> [Denn die besten Sänger sind wärmer und haben ein größeres Herz (die Ängstlichen haben eine gebrochene und zitternde Stimme) und haben mehr Neigung (?) zur Liebe: Und dennoch gibt es eine gewisse Musik, welche die Dünste niederschlägt und löscht, und eine, die wahre Arznei gegen die Liebessucht ist; es gibt eine andere, die, da sie zu ungestüm ist, hitzig macht; diese lehrten die Musen Hesiod.]

Dies gehört, streng genommen, in den (barocken) medizinischen Bereich, in die Lehre der Temperamente. Das Beben der Stimme ist ein Zustand, der bei richtiger Einwirkung auf den Menschen gar nicht anders sein k a n n : Er m u ß bei großer Angst eine gebrochene und zitternde Stimme („*la voix casse & tremblante*") haben. Das ist auch der Grund, weshalb die Darstellung des Schrekkens, der Furcht, der Angst im Musikalischen das Vibrato geradezu erfordert. In sehr vielen Fällen wird dazu der Tremulant vorgeschrieben, der ja den Dauerzustand dieser Affekte am besten darstellt. Bei der Verwendung des Tremulanten fällt der ad-libitum-Effekt des normalen Verzierungsvibratos weg, er betont die medizinische Notwendigkeit, das pathologische Gesetz.⁴⁵⁷ Die Darstellung der Furcht wird also in die musikalische Darstellung – das k u n s t v o l l e Beben der Stimme – einbezogen; das Beben bekommt einen künstlerischen Wert, es überträgt auch die Affektwirkung. Beispiele, die das explizite erwähnen, gibt es u.a. in England und Italien. In seinem Gedicht über die Wirkung der Musik, ein erstes Mal 1655 verlegt, drückt dies SOUTH folgendermaßen aus:⁴⁵⁸

> Accedit Fidicen trepidans, timideq; labanti
> Voce loquens, (tanquam Tremor hic quoq; Musicus esset
> Artis enim saepe est tremulas effingere Voces;)
>
> [Zitternd und mit wankender Stimme hub er an,
> und dennoch schien auch dieses Beben musikalisch,
> da es oft kunstvoll ist, bebende Stimmen nachzuahmen.]

---

⁴⁵⁵ J. C. GOTTSCHED, *Grundriß zu einer vernunftmäßigen Redekunst*, Hannover 1729, S. 127–140.
⁴⁵⁶ D. DE RIVAULT, *L'Art d'embellir*, Paris 1608, *Troisiesme Discovrs De la beauté de la Voix*, f. 83r. – Vgl. auch mit Z. TEVO, *Il Musico Testore*, Venezia 1706, S. 36: „*Il moto vehementi genera l'acuto, il debole il grave, dall'angusto meato l'acuto; dal largo il grave; li calidi per il dilatamento hanno voce grande; i frigidi per il restringimento, poca, e debole; il timore fà la voce poca, tremola, e spezzata.*" [Heftige Bewegung verursacht das Hohe, schwache das Tiefe; aus der Enge kommt das Hohe, aus der Breite das Tiefe; durch die Erweiterung haben die Warmen eine große Stimme und durch die Verengung die Kalten eine kleine und schwache; Angst macht die Stimme klein, bebend und gebrochen.] – M. VOGT, *Conclave thesauri magnæ artis musicae*, Prag 1719, S. 154, gibt in seiner Auflistung der *particulae affectionales*, die dazu dienen „*Ut figura ideales suum faciant effectum, & affectum*", u.a. auch: „*largo, tremulo, prigliante, timoris*". – Vgl. dazu die verschiedenen Aussagen zum Vibrato in G. B. DONI, *Trattato della musica scenica*, Hs., Firenze c. 1633/35, hrsg. von A. F. GORI (*Trattati di Musica di Gio. Batista Doni* 2), Firenze 1763. Vgl. dazu eine nicht eindeutige Aussage von M. MERSENNE, *Harmonie Vniverselle*, Paris 1636, *Liure Second des Chants*, S. 173: „*car la voix des airs tristes represente la langueur & la tristesse, par sa continuation, par sa foiblesse & par ses tremblemens.*" [Denn die Melodie der traurigen Lieder widerspiegelt durch ihre Dehnung, ihre Schwäche und ihre Verzierungen Sehnsucht und Trauer.]
⁴⁵⁷ Ein sehr gutes Beispiel dafür ist der Baß des Accompagnato *O Schmerz!* aus Bachs Matthäus-Passion (Nr. 25). Vgl. dazu das Kapitel über den Tremulanten, s. S. 253ff.
⁴⁵⁸ R. SOUTH, *Musica Incantans*, Oxford ²1667, S. 14. In der englischen Übersetzung, DERS., *Musica Incantans*, London 1700, S. 15:
With fault'ring speech and trembling he begins;
And yet ev'n *Musical* that *Trembling* seems,
For artfully he shook, as when he sung, ...
(Dieses *Trembling* aus Angst vor dem Gericht.)

Er weitet den Anwendungsbereich der zitternden Sprechstimme auf den kunstvollen musikalischen Gesang aus. Man vergleiche diese Stelle mit einer Aussage DONIs über die antiken Schauspieler:[459]

> ... se vogliono dimostrare timore di morte, o uno, che compassionevolmente si raccomandi con una voce, e tuono flebile, e tremante, e con le mani giunte, e i ginocchi piegati, imitano il costume di chi supplichevolmente chiede la vita.
>
> [Wenn sie Todesangst darstellen wollen oder einen, der sich erbärmlich mit schwacher und bebender Stimme, händeringend und niedergekniet empfiehlt, ahmen sie das Verhalten eines Menschen, der flehentlich um sein Leben bittet, nach.]

Für das Verständnis des Vibrato-Einsatzes sind diese auf die *Medicina* beruhenden Überlegungen überaus wichtig, weil sie auch dem damaligen Musiker und dem gebildeten Publikum bekannt waren. Man war aber auch von der Realität dieser Einwirkung auf ein ungebildetes Publikum überzeugt.

---

[459] G. B. DONI, a.a.O., S. 75.

II

Ältere Traditionen

Noch um 1600 findet man häufig die Forderung nach einem – leider meist nicht näher umschriebenen – (kontinuierlichen) natürlichen Vibrato, vor allem da, wo die alten Unterrichtsmethoden weiterlebten. Dieses Vibrato wird – im Gegensatz zu vielen späteren, aber auch zeitgenössischen moderneren Anwendungsformen – nicht (nur) als Verzierung oder des Affekts wegen, sondern rein als Klangverschönerung eingesetzt. Davon zeugt schon die Forderung, daß es „natürlich" sei. Dies gilt anscheinend vor allem für die Chorpraxis; am besten belegt ist es im deutschen Raum,[460] dort wird jedoch nicht auf das (solistische) Instrumentalspiel eingegangen. Andeutungen dieser Art finden wir u.a. bei Mersenne und Mace: Beide berichten, daß „früher" viel häufiger vibriert worden und aus diesem Grund das Vibrato etwas in Verruf gekommen sei.

Das Barock scheint sich gegen diese ältere Praxis schon ziemlich früh abgesetzt zu haben: Dieses nahezu überall *(„presque par tout")* angewendete Vibrato sei nämlich genauso verwerflich *(„aussi vitieux")*, man solle es also nach Maß verwenden *(„user de mediocrité")*[461] oder wie MACE sagt: Es ist *„not Modish in These Days"*.[462] Diese Einschränkungen, beide in bezug auf die Laute, scheinen aber nicht unbedingt auf jedem Gebiet zu gelten. Bei der Beschreibung des Orgeltremulanten stellt MERSENNE fest, daß der Tremulant auf der Orgel das Beben der Singstimme imitiert *(„il face imiter le tremblement des voix aux ieux de l'Orgue")*.[463]

Ein deutlich vom Affektwert des Musikstückes gesteuertes Vibrato (im barocken Sinn) wird gleichzeitig von Theoretikern wie DONI und DELLA VALLE vertreten und ab der Jahrhundertmitte auch von Deutschen wie BERNHARD und MYLIUS, die feststellen, daß das Vibrato *„mehr ein Vitium, als ein Kunst-Stück"*[464] sei.

Solche Kontroversen zum Gebrauch des Vibratos deuten zumindest schon an, daß es wenigstens im alten Stil anders ausgesehen haben kann. Ein weiteres Indiz dafür ist, daß dort, wo noch mehrstimmige Traditionen vorherrschten, das Vibrato ungewöhnlich oft hochgelobt wurde, und dies ungefähr bis zur Mitte des 17. Jahrhunderts. Dort war Naturvibrato auch in der „neuen" Musik üblich. Tatsächlich aber finden sich in dieser Zeit fast nur in deutschen Lehrbüchern für

---

[460] Meist jedoch in Publikationen für den Anfangsunterricht (Knaben), s. unten S. 158ff. Mit L. ZACCONI, *Prattica di Musica* 1, Venezia 1592, erweitert sich diese wohlwollende Haltung dem Vibrato gegenüber auch auf den professionellen Bereich. Er war eine Zeitlang in München tätig.
[461] M. MERSENNE, *Harmonie Vniverselle*, Paris 1636, Liure II Traité des instrumens a chordes, S. 81.
[462] T. MACE, *Musick's Monument*, London 1676, S. 109. Ähnliches auch in (J. ROGERS?,) *The Burwell Lute Tutor*, Hs., c. 1660/1672, Faks. mit Einl. von R. SPENCER, Leeds 1974, f. 35r; s. auch unten, S. 207ff.
[463] M. MERSENNE, *Harmonie Vniverselle* a.a.O., Liure Premier des Orgues, S. 379; DERS., *Traicté de l'Orgve*, Paris 1635, S. 72.
[464] Zu den Italienern s. den nächsten Abschnitt. – C. BERNHARD, *Von der Singe-Kunst oder Manier*, Hs., c. 1648/64, hrsg. von J. MÜLLER-BLATTAU, *Die Kompositionslehre Heinrich Schützens in der Fassung seines Schülers Christoph Bernhard*, Kassel–Basel ²1963, S. 31; W. MYLIUS, *Rvdimenta mvsices*, Mühlhausen 1685, f. E4v, Nr. 9.

Sängerknaben Forderungen nach einer schönen, bebenden Stimme. Dieses „von der Natur gegebene Zittern" und was dann daraus wurde, habe ich von 1598 bis 1685 verfolgen können. Die erste Andeutung ist QUITSCHREIBERs „*Tremula voce optime canitur*"[465] (mit bebender [?] Stimme singt man am besten), die letzte ist Mylius' Modifizierung eines Grundsatzes von Praetorius. Zuerst PRAETORIUS:[466]

> Erstlich muß ein Sänger von Natur eine Stimme haben: In welcher drey Requisita vnd drey vitia zu mercken.
> Die Requisita sind diese: daß ein Sänger erstlich eine schöne liebliche zittern- vnd bebende Stimme (doch nicht also / wie etliche in Schulen gewohnet seyn / sondern mit besonderer moderation) vnd einen glatten runden Hals zu diminuiren habe ...

Und bei MYLIUS lesen wir:[467]

> Erstlich soll ein Knabe oder Sänger von Natur eine schöne / liebliche / bebende und zum trillo bequeme Stimme und glatten runden Hals haben.

Die letzte Schule, die z.T. wörtlich auf Praetorius fußt – die *Idea boni cantoris* (1688) von FALCK –, erhebt diese Forderung nicht mehr.[468]

Aber auch Traktate, die nicht von Praetorius abhängig sind, beschreiben das „Beben" oft in ähnlichen Worten wie Praetorius. So findet z.B. FRIDERICI, daß die Stimme „*wo müglich fein zitterend / schwebend oder bebend / in gutture, in der Kehlen oder im Halse*"[469] geformt werden soll.

Die Vorrede zu den *Cento Concerti Ecclesiastici* von VIADANA wurde 1609 von STEIN ins Deutsche übersetzt. Hier begegnen wir einer scheinbar auch von Anhängern des neuen italienischen Stils erhobenen Forderung nach einem natürlichen Vibrato:[470]

> Dann es werdē offtmals Symphonisten gefunden / welche auß Freygebigkeit der Natur jre Stimmen mildiglicher mit bebender vnd zitternder Stimm brauchen / vnd an die Regel der Music sich nicht binden lassen wollen: Dahero dann erfolgt / daß dieselben Cantores fast zu jeder Zeit die limites deß Gesangs oder Music vberschreiten ...

Dieser Abschnitt scheint in sich nicht ganz logisch, denn es ist eine Frage, inwiefern man „*mit bebender und zitternder Stimm ... fast zu jeder Zeit die limites deß Gesangs oder Music*" überschreiten kann. Nur mit einer auf Vibrato aufgebauten Koloratur – eine Möglichkeit, die von ZACCONI angegeben wurde[471] – wäre dies möglich. Aber im italienischen Text von VIADANA ist nicht von Vibrato, sondern nur von Koloratur die Rede:[472]

---

[465] G. QUITSCHREIBER, *De Canendi elegantia, Octodecim Præcepta*, Jena 1598, f. 2v, Nr. 5. Vgl. auch T. DART, *How they sang in Jena in 1598*, in: MT 108, 4 (1967), S. 316–317.
[466] M. PRAETORIUS, *Syntagma Musicum* III, Wolfenbüttel 1619, S. 231.
[467] (W. MYLIUS,) a.a.O., f. D5r. Eigentlich *belebende*; in der zweiten Auflage durch eine versuchte Korrektur unleserlich geworden; in den Errata zu dieser Auflage in *bebende* korrigiert (D Mbs). Zu seinen Äußerungen über Verzierungsvibrato s. unten S. 178f.
[468] G. FALCK, *Idea boni cantoris*, Nürnberg 1688, S. 90.
[469] D. FRIDERICI, *Musica Figuralis*, Rostock ⁴1649 (¹1618), Caput VII, *Von etlichen Reguln zierlich zu singen*, Regula 2.
[470] L. GROSSI DA VIADANA, *Cento Concerti Ecclesiastici*, Frankfurt a. M. 1609, *Basso Continuo per suonar nell'organo*, Vorrede, S. 15. Der Herausgeber (N. Stein) deutet an, daß er zugleich der Übersetzer der Vorrede ist. Es gibt auch eine lateinische Übersetzung (f. AAAAA3v): „*Nam sæpenumero reperiuntur Symphonistæ, qui naturæ beneficientia largiter cumulati, luxuriantem tremuli gutturis in modulando facultatem agnoscentes, ad librorum astringi quasi dedignantes, nunquam non Cantus seu Musices sibi obiecæ limites transgrediuntas.*"
[471] L. ZACCONI, *Prattica di Musica* I, Venezia 1592, f. 55r, 60r. Vgl. unten eine Besprechung seiner Auffassungen.
[472] L. GROSSI DA VIADANA, a.a.O., S. 10.

> ... percioche vi sono tal hora certi Cantanti, i quali, perche si trouano fauoriti dalla natura d'vn poco di gargante, mai cantano nella maniera che stanno i Canti, non si accorgendo essi, che hoggidi questi tali non sono grati ...

Es ist also deutlich, daß nur auf ein Übermaß an Koloratur gezielt wird, wie auch die lateinische Übersetzung verdeutlichte: *„luxuriantem ... in modulendo facultatem"*. Nur fügte er hinzu, daß dies mittels *„tremuli gutturis"* geschehe, auf deutsch: *„mit bebender vnd zitternder Stimm"*. Aus dem Vorhergehenden weiß man aber, daß der Autor sich gegen die Koloratur richtet.

Bleibt also die Frage, ob Stein Viadana falsch verstanden oder ob er an etwaige spezifische deutsche Praktiken gedacht hatte. Andere Entlehnungen aus Viadana beschreiben nicht unbedingt ein Vibrato in diesem Abschnitt. So erwähnt z.B. AICHINGER:[473]

> ... das auch die Cantores müssen darnach beschaffen sein / vnd ein discretion brauchen im singen / damit manß nicht lieber sehe vnd höre wann sie auffhören / alls wanns anfangen / in masser er Viadana solches selbst auch in Italienischer Sprach / weitläuffig vnd mit vile vmbstenden vermeldet ...

Aus diesem sowie aus dem obigen italienischen Text und dem Sinn des Satzes bei Viadana muß ich schließen, daß Stein mit der Formulierung *„bebender und zitternder Stimm"* nicht (n u r) ein Vibrato gemeint haben kann. Die Sache war aber offenbar schon zu seiner Zeit ein Problem, denn PRAETORIUS, der diese Textstelle von Stein in seinem *Syntagma* einbaute, versuchte schon die Übersetzung zu korrigieren:[474]

> Sintemal die jenigen gar nicht zu loben / welche von Gott vnd der Natur / mit einer sonderbahren lieblichen zitterten vnd schwebenden oder bebenden Stimm / auch einem runden Halß vnnd Gurgel zum diminuiren begabet / sich an der Musicorum leges nicht binden lassen / sondern nur fort vnnd fort / mit ihrem allzu viel colorirn, die im Gesang vorgeschriebene limites vberschreiten / vnnd denselben dermassen verderben vnd verdunckeln / daß man nicht weiß was sie singen ...

Er versteht unter Viadanas Begriff *gargante* (s.o.) einerseits Vibrato und anderseits Koloratur. Das allzuhäufige Kolorieren wird verurteilt, die vibrierende Stimme – die anscheinend mit einem *„runden Halß vnnd Gurgel"* liiert ist – aber wird als *„sonderbahr lieblich"* umschrieben. Damit man sich nicht irre, ist bei Praetorius die Stimme nicht nur *„zitternd und bebend"*, sondern auch *„schwebend"*, was unmöglich auf die Koloratur bezogen werden kann. Wer eine solche Stimme habe, könne auch mit rundem Hals und Gurgel diminuieren, was also die Verbindung zwischen Vibrato und Koloratur herstellt, ähnlich wie Zacconi das schon angedeutet hatte.

Daß Praetorius diese von Natur schwebende Stimme durchaus als eine positive Eigenschaft wertete, wird nicht nur aus der Erklärung, sie sei *„sonderbahr lieblich"*, sondern auch aus der anderswo zitierten Stellungnahme, es gehöre zur Natur einer guten Stimme, daß sie vibriere, deutlich. Der große Unterschied zu Zacconi besteht darin, daß für Praetorius das Vibrato schon am Anfang zur Natur der Stimme gehört, während Zacconi es zuerst einmal als Koloraturbeihilfe sieht, die dann eventuell zur Gewohnheit *(„conuertito in habito")*[475] wird.

---

[473] G. AICHINGER, *Cantiones Ecclesiasticæ*, Dillingen 1607, Vorrede.
[474] M. PRAETORIUS, a.a.O., S. 229–230. Dies ist deutlich eine Modifizierung des Steinschen Textes. Praetorius mag seine Lesart als Erklärung oder aber als Korrektur gesehen haben.
[475] L. ZACCONI, a.a.O., f. 60r., s. auch unten.

Doch auch diese Interpretation von Praetorius blieb nicht unumstritten. 1654 wandelte CRÜGER den Text noch einmal ab:[476]

> Vnd sind die jenigen gar nicht zu loben / welche von GOtt und der Natur zwar mit einer sonderbaren und lieblichen Stimme / auch einen guten Hals zum diminuiren, begabet seyn / Sich aber an der Musicorum leges nicht hindern lassen / sondern nur fort und fort mit ihrem allzuviel coloriren die im Gesang vorgeschriebene limites überschreiten / und denselben dermassen damit verderben / uñ verdunckeln / daß man nicht weiß waß sie singen / auch weder den Text noch die Noten / so der Componist gesetzet / vernehmen / viel weniger verstehen kan. Welches die Auditores fürnemlich die der Kunst in etwas Wissenschafft haben / wenig afficiret und erlustiget / ja vielmehr ihnen zu zuhören verdrossen machet. Zu solcher bösen und verdrießlichen Art gewehnen sich auch viel Instrumentales Musici / sonderlich / auf Cornetten und Violinen / da es doch viel zierlicher / Ihnen auch rühmlicher und den Zuhörern weit angenehmer würde seyn / wenn sie sich eines steten / ausgedehnten langen Strichs mit feinen Tremulanten auf Violinen beflissen und gebrauchten.

Hier ist, zumindest im Vokalen, von einem Vibrato nicht mehr die Rede.

Die Probleme der deutschen Bearbeitung dieses Textes dürften hiermit deutlich gemacht sein. Ich möchte nun noch kurz auf das „*tremuli gutturis*" zurückkommen. Oben habe ich die These aufgestellt, es könne ein Vibrato als Einstieg in die oder Hilfe bei der Koloratur gemeint sein. Es ist wohl deutlich, daß der lateinische und der deutsche Text zusammengehören. Allerdings ist doch bei der Erklärung des Terminus *tremulus* einiger Zweifel berechtigt. Noch POMAI deutet in seinem Wörterbuch den Ausdruck *Cantus tremulus* als „*ein Gesang dabey man Coloriret*".[477] Auch *tremula vox,* dem wir u.a. bei Quitschreiber begegnet sind, bedeutet nicht unbedingt immer vibrierende Stimme; so verwendet ihn Cardanus im Sinne von Triller.[478] *Tremulus* oder *tremolo* ist in Deutschland (u.a. bei Praetorius) im 17. Jahrhundert fast immer ein Alternieren zweier verschiedener Töne. Eine eindeutige Lösung für dieses Übersetzungsproblem wird es vor allem wegen der nicht feststehenden Terminologie wohl nicht geben.

So häufige Forderungen nach einem natürlichen Vibrato scheinen nur in Deutschland im frühen 17. Jahrhundert vorzukommen. Ein Parallelfall ist aber vielleicht die *Voce umana* auf italienischen Orgeln und der Hinweis Mersennes auf den *Tremblant*. Eine etwas unklare und an die Forderungen Viadanas erinnernde Textstelle finden wir in einem 1636 erschienenen Werk von BUTLER:[479]

> Hartꝺey may goſ along wiꞇ ꝺem in likᵉ devotion. Tꝏ muᵉ qeint Diviſion, tꝏ muᵉ ſaking and qavering of ꝺe Notᵉs, all harſ ſtraiting of ꝺe Voices beyond ꝺeir naꞇurall piꞇeˌ as ꝺey ar odious and offenſivᵉ to ꝺe ear ; ſo doſ ꝺey droun ꝺe rigꞇ ſound of ꝺe wordsˌ and ꝺerᵉby deprivᵉ ꝺe Hearers of ꝺe ſens and meaning derᵉof. Ðe rudᵉnes and vaniti of ꝺoſᵉ

---

[476] J. CRÜGER, *Synopsis Musica*, Berlin 1654, S. 189-190. Zum zweiten Teil dieses Abschnitts: s. unten, S. 161. Ein Echo dieser Aussage auch noch bei E. GRUBER, *Synopsis Musica*, Regensburg 1673, f. Bijv: „*5. Sollen sie die Sänger dazu alles Fleissen anhalten | und diese sollen auch von selbsten solches wol beobachten | daß Sie doch die Text im Singen recht deutlich und verständlich pronuncirn, und exprimirn, und mit allzu vielen colorirn, tremulirn, quintiliren nicht verzwicken | verdrehen und unvernehmlich machen | damit doch der Zuhörer wissen möge | was gesungen wird | und sich dadurch in seiner Andacht | Geist und Christenthumb desto besser erbauen könne.*" – Ähnliches gibt es im ganzen Barock, besonders deutlich z.B. auch bei J. A. VOCKERODT, *Gründlicher Musicalischer Unter-Richt*, Mühlhausen 1698, der schreibt: „*das Gehör wird sehr gekränket (1) von denen sängern so wol in defectû als excessû, die entweder so undeutlich und bäurisch pronunciiren | das dadurch die christliche Gemeine wenig oder gar nichts erbauet werde. oder so viel coloraturen | die den gesang mehr verderben als zieren | nach ihrer eingebildeten phantasie ausschreien* (s. W. SALMEN, *Geschichte der Musik in Westfalen*, Kassel etc. 1963, S. 202).

[477] F. POMAI, *Magnum Dictionarium Regium* 2, Köln–Frankfurt ⁵1715 (¹1661), S. 326. Die französische Übersetzung als „*un chant où l'on fait des tremblemens*" (ebd.).

[478] Vgl. den Abschnitt über Holzbläservibrato, S. 83.

[479] C. BUTLER, *The Principles of Musik*, London 1636, S. 116.

[Allzu viele grillige Diminutionen, allzuviel Trillern und Kolorieren der Noten, jedes scharfe Zwingen der Noten über ihre natürliche Tonhöhe, da dies alles dem Ohr widerwärtig und beleidigend ist, überstimmt es den Klang der Wörter und bringt die Hörer um ihre Bedeutung.]

Daß aber mit „*shaking and quavering*" kein Vibrato gemeint ist, wird aus anderen Quellen deutlich. Schon BACON weist in seinem *Sylva Sylvarum* darauf hin, daß unter „*quavering*" kolorieren zu verstehen sei;[480] dies bleibt auch so bis spät ins 18. Jahrhundert. „*Shaking*" bezieht sich wohl auf (trillernde) Verzierungen; es könnte unter diesem Sammelbegriff auch ein Vibrato gemeint sein; ich vermute aber, daß die beiden Begriffe mehr oder weniger synonym verwendet werden.

Mit „bebenden und zitternden Stimmen" beschäftigt man sich also vorwiegend im deutschen Raum.[481] Wahrscheinlich ist hier einfach das Naturvibrato gemeint. Dies könnte auch Bernhards ausdrückliche Abneigung gegen das Sängertremolo erklären, etwa als Entartung dieses Vibratos bei alten Sängern. Wie das von Friderici und Praetorius etc. beschriebene Vibrato klang, kann man nicht rekonstruieren, es sei denn, man fände Parallelfälle bei Instrumentalanleitungen. Dies ist aber nur bedingt der Fall und bezieht sich wohl nicht auf kontinuierliches Vibrato. Außer dem schon zitierten Abschnitt bei Crüger fand ich noch eine sehr gleichlautende Textstelle bei BAN: Er verwendet den Begriff „*lieffelyke vingerbevinghe*",[482] ohne die Instrumente, worauf er sich bezieht, näher zu nennen. Beide Aussagen handeln also über ein freizügig angewandtes Vibrato. Crügers Tremulant muß nicht unbedingt ein Vibrato der rechten Hand sein, denn *Tremulant* bedeutet zu dieser Zeit – und manchmal auch noch später – wohl nur Bebung oder Schwebung. Ich glaube, daß Crüger einfach lange Noten *(„eines steten / ausgedehnten langen Strichs")* mit (linkshändigem) Vibrato den allzuhäufigen Verzierungen vorzieht. Beide Texte sind einander dann sehr ähnlich: auch Ban spricht sich für Vibrato und gegen häufiges Diminuieren aus.

Das Vibrato wird hier – wie in vielen anderen Fällen, jedoch noch ohne weitere Einschränkungen – mit „*lieblich*", „*fein*", „*schön*", „*sonderbahr lieblich*", „*lieffelyk*", „*zonder geweldt*" näher beschrieben bzw. charakterisiert. Seine Anwendungsfrequenz scheint für die hier angegebene Praxis weitaus größer gewesen zu sein als für die nächsten Generationen. Und die Umschreibungen seines Charakters sind sicher nicht so genau zu nehmen wie etwa die – schon gleichzeitigen – vom platonischen Gedankengut beeinflußten Erörterungen zum Affektwert des Vibratos von Doni. Hauptsächlich werden die hier beschriebenen Vibrati ganz allgemein wegen der Klangschönheit gewählt oder sind in Einzelfällen ein wesentlicher Bestandteil der Vokaltechnik. Eine Änderung dieses Standpunkts tritt in Italien schon am Ende des 16. Jahrhunderts auf; im hier beschriebenen deutschen Raum dauerte es etwas länger, bis dieser Aspekt der neuen Welle Eingang fand: Erst Mitte des 17. Jahrhunderts wird in einer professionellen Gesangsschule darauf eingegangen.

---

[480] F. BACON, *Sylva Sylvarum*, London 1627, S. 38; in demselben Sinn noch J. HOYLE (= J. BINNS), *Dictionarium musica*, London 1770, S. 79.

[481] U.a. noch bei J. A. HERBST, *Musica Practica*, Nürnberg 1642, S. 2–3, nach Praetorius. Nicht unbedingt die Viadana-Abwandlungen! So u.a. noch J. CRÜGER, *Synopsis Musica*, Berlin 1630, f. O3v–Q4r. (Dieses Werk ist nicht identisch mit dem gleichnamigen aus 1654.)

[482] J. A. BAN, *Zangh-Bloemzel*, Amsterdam 1642, f.***r.

III

Der italienische Späthumanismus.
Das Vibrato und die Seconda prattica

Zur Zeit der ersten Vertreter des neuen Stils wird nicht nur die Komposition, sondern auch die Interpretation stark von einer humanistisch fundierten Ästhetik hergeleitet. Auf einer solchen ästhetischen Auffassung fußt auch die Interpretationskritik. Ein extremes Beispiel dieser Richtung, die sich auch, und vor allem, mit der Wiederbelebung des antiken, sprich griechischen Dramas befaßte, findet man in der Person von Giovanni Battista DONI, der seine Interpretationslehre im *Trattato della musica scenica* zusammenfaßte.[483]

Da der Affektausdruck für die Interpretation neuer Musik von überragender Wichtigkeit war, mußte die reine Koloratur der Affektdarstellung weichen; sie galt bald als veraltet. Ich habe schon oben den Zusammenhang zwischen Vibrato und Koloratur erwähnt; eine solche Verbindung war den Vertretern des neuen Stils wohl a priori verdächtig. Man bemerkt denn auch im neuen Stil eine deutlich andere Einstellung dem Vibrato gegenüber. Galt es für Zacconi noch als ideale Koloraturbeihilfe, so war es bei Doni vor allem ein musikalisches Ausdrucksmittel; folglich konnte bei ihm nicht von einem kontinuierlichen Vibrato die Rede sein.

Die letzten Vertreter der Prima prattica heben ihrerseits die hervorragende Bedeutung der Verzierungen, der Virtuosität hervor. Auch das Vibrato wird vor allem vom verzierungstechnischen Standpunkt gesehen; in diesem Sinne beschreibt es ZACCONI. Ein Vibrato sei zwar nicht unbedingt notwendig, aber es erleichtere die Koloratur. Auf die Ästhetik selbst geht er nicht ausführlich ein.[484]

(fol. 55r.:)
... Il tremolo nella Musica non è neceßario; ma facendolo oltra che dimostra sincerità, et ardire; abellisce le cātilene...

[Das Tremolo ist in der Musik nicht notwendig, doch wenn man es macht, stellt es nicht nur Aufrichtigkeit und Kühnheit dar, sondern es verschönert auch die Melodien.]

---

[483] G. B. DONI, *Trattato della musica scenica*, Hs., Firenze c. 1633/35, hrsg. von A. F. GORI (*Trattati di Musica di Gio. Batista Doni* 2), Firenze 1763; einiges auch in DERS., *Annotazioni Sopra il Compendio de' Generi, e de' Modi della Musica*, Roma 1640, passim. Zur Historik der neueren Tendenzen in der italienischen Musik des späten Cinquecento und des frühen Seicento gab es in letzter Zeit mehrere interessante Studien, etwa N. PIRROTTA-E. POVOLEDO, *Li due Orfei* (*Saggi* 566), Milano ³1981, oder B. R. HANNING, *Of Poetry and Music's Power. Humanism and the Creation of Opera* (*Studies in Musicology* 13), Ann Arbor 1980, dort auch weitere bibliographische Hinweise. Ich will hier nicht weiter die historischen Grundlagen dieser Strömung erklären, das ist nicht das Ziel meiner Studie. Der Leser möge aber die Wichtigkeit der verschiedenen literarisch-humanistischen und philosophischen Strömungen beachten. Höchstes Gebot bleibt für den Komponisten wie für den Interpreten das „*movere l'affetto*". – Bei der konkreten Wiederbelebung der antiken Tragödie fielen dem melodischen und rhythmischen Sprachakzent, somit aber auch der Verstehbarkeit des Textes eine große Rolle zu. Die Musik wurde als imitative (im platonischen Sinne) und expressive Kunst betrachtet. Bei der schließlichen Theoriebildung ging man allerdings viel weniger von mittelalterlichen zahlensymbolischen und mathematischen Deutungen – wie etwa in Deutschland –, sondern eher von der Galenschen medizinischen Theorie aus. Im Ganzen war vieles pragmatischer und moderner als etwa im deutschen Barock. Die Präpotenz der Melancholie am Ende des 16. Jh.s in der poetischen Theorie wurde von der Musik zu einem nicht unwichtigen Teil übernommen.

[484] L. ZACCONI, *Prattica di Musica* I, Venezia 1592, f. 55r und f. 60r.

(fol. 6or.:)
Questo tremolo deue essere succinto, & vago; perche l'ingordo, & forzato tedia, & fastidisce: Et è di natura tale che vsandolo, sempre vsar si deue; accioche l'uso si conuerti in habito; perche quel continuo mouer di uoce, aiuta, & uolontieri spinga la mosse delle gorgie, & facilita mirabilmente i principij di passaggi . . .

[Dieses Tremolo soll kurz und anmutig sein, denn ein gieriges und gezwungenes ist anödend und langweilig; und es ist solcherart, daß man es, wenn man es einsetzt, immer verwenden muß, und somit wird der Gebrauch zur Gewohnheit, denn diese ständige Bewegung der Stimme unterstützt die Bewegung der Koloratur und treibt sie gut voran, und sie erleichtert wunderbar den Einstieg in die Passaggien.]

Solche Aussagen müssen für einen Sänger im neuen Stil zumindest fremdartig erscheinen, denn die neue Ästhetik beschäftigte sich viel weniger mit abstrakter Schönheit als mit Zweckgebundenheit, und darin kommt der Koloratur allenfalls ein marginaler Platz zu. Die ästhetische Theorie eines Zacconi ist mit dem *recitar cantando* unvereinbar. Das Vibrato wird von Zacconi durchaus auch als integrierter Bestandteil der Stimmbildung angesehen. Vielleicht wird diese Auffassung nicht nur von ihm vertreten; einen möglichen Parallelfall könnte man in der Voce umana sehen. Dieses Orgelregister hatte schwebende Pfeifen, mit denen man eine Art Vibrato erzeugen konnte. Es wurde vor allem im venezianischen Raum mit der menschlichen Stimme in Verbindung gebracht. Vielleicht bezieht sich der Name auf ein der Singstimme inhärentes Naturvibrato. Zacconi beschreibt ein „gelerntes" Vibrato, das nicht als angeboren anzusehen ist, wohl aber im Laufe der Zeit zur Gewohnheit wird. Auch vermerkt er ausdrücklich, daß nicht alle Sänger dieses Vibrato beherrschen.

Zacconis Ästhetik bezieht sich auf ein Belcanto, wohingegen der Gesang für die Seconda prattica viel weniger ein Singen als ein *„favellare"*, wenn auch *„in harmonia"* ist.[485] Als Vorbild figuriert also nicht an erster Stelle der gute Sänger des polyphonen Stils, sondern der Schauspieler und der gebildete – d. h. in der antiken Philosophie bewanderte – Gesangsinterpret, für den die richtige Ausarbeitung des Affekts oberstes Ziel ist.

Obwohl es verschiedene Beschreibungen des Ferrareser *concerto delle dame* und auch von späteren Berühmtheiten wie Vittoria Archilei, Jacopo Peri, Francesco Rasi oder der Familie Caccini gibt, bei denen die Sängerverzierungen bzw. -effekte erwähnt werden, gibt es keine brauchbaren Aussagen zum Vibrato.[486] Die wichtigste Gesangsschule dieser Richtung, verfaßt von Caccini, erwähnt das Vibrato nicht. Allerdings beschreibt er auch kein Non-Vibrato, etwa als besonderen Effekt, das auf Verwendung des Vibratos an anderen Stellen schließen ließe. Wir erfahren also nichts über ein Vibrato, das bewußt, ornamentartig und affektvoll eingesetzt wird. Nur DONI klärt uns über die (theoretischen) Ansichten der Reformierer in diesem Punkt auf; für ihn als Wissenschafter, der einen Idealfall beschreibt, ist der Einsatz des Vibratos nur bei traurigen und sanften Affekten statthaft, da es sich dabei um eine „weiche" (molle) Verzierung handelt:[487]

Ma quel tremolamento di voce, che fanno alcuni (che è come un Trillo imperfetto) non è da usare, se non in soggetti rimessi, e femminili; perche ha troppo dell'effeminato, e non conviene a parto nessuno a Musiche virile, ed eroiche.

---

[485] So im Vorwort bei G. CACCINI, *Le Nvove Mvsiche*, Firenze 1602.
[486] Derartige Beschreibungen sowie Gedichte über ihre Singkunst sind zahlreich. Allerdings habe ich bis jetzt kein direkte Erwähnung des Vibratos finden können, bis auf eine Ausnahme, die unten (s. S. 214f.) besprochen wird.
[487] G. B. DONI, a.a.O., S. 72.

[Aber jenes Tremolieren der Stimme, wie es einige machen (und das wie ein unvollkommener Trillo ist), sollte nur in matten und weiblichen Themen verwendet werden; denn es hat zu viel Weibliches in sich und paßt überhaupt nicht zur männlichen und heroischen Musik.]

Ein paar Seiten weiter gibt er einen konkreten Ausführungsvorschlag:[488]

E così in quel passo dell'Euridice

Tra le labbra sonar fredd', e tremanti.

non sarà disdicevole cantando fuori di Scena tremolare un poco la voce in quell'ultime note, e nella Scena sarà convenevole il farlo.

[Und an dieser Stelle der Euridice: „Durch die Lippen klingen, kalt, und bebend." wird ein geringes Zittern mit der Stimme auf den letzten Noten abseits der Bühne (= im Konzert?) nicht unangebracht, und auf der Bühne sehr wohl angebracht sein.]

Wir finden bei Doni Formulierungen wie *„tremolamento di voce"*, *„tremolare … la voce"* und auch *„voce, e tuono tremante"*.[489] Vereinzelt schreibt er auch *„il tremolo"*, eindeutig im Sinne einer vokalen Verzierung (*„altri ornamenti, o condimenti del canto, come Trilli, Accenti, Strascini, e Tremoli"*).[490] Auch hier tritt er – wie bei der Anweisung *„tremolare"* – für einen maßvollen Einsatz ein.

Doni berichtet von Sängern, die der Ansicht waren, daß ein Gesang *„con brio, con grazia e vivacità"* nur mit Vibrato zu erreichen wäre. Diesen häufigen Gebrauch verurteilt Doni, sein Idealbild war wohl der vibratofreie Klang mit gelegentlichem Vibrato auf einzelnen Worten bei weiblichen, sanften und traurigen Affekten oder bei Bitten und Flehen; dabei soll das Vibrato mit passender Gestik unterstrichen werden. Leider scheint dies nicht immer so gewesen zu sein:[491]

Alcuni si servono del tremolo similmente in ogni nota lunghetta, il che dicono cantare con brio, cioè con grazia, e vivacità, e con applauso anco del volgo ignorante; il quale non sa discernere il leggiadro, e grazioso, dal molle, ed effeminato, quale è veramente questo modo di cantare, che come dicevo di sopra, è dicevole solo per esprimere istrionicamente certi affetti molto teneri, o il costume femminile; ma nelle communali melodie sommamente si disdice, e molte più quando il soggetto fosse di materie eroiche, e generose.

[Manche bedienen sich des Tremolos gleicherweise auf jeder längeren Note, und nennen das mit Schwung singen, das heißt mit Anmut und Lebhaftigkeit, und mit dem Beifall gar des unwissenden Pöbels; denn dieser kann nicht das Anmutige und Graziöse vom Weichen und Verweichlichten unterscheiden, was diese Art des Singens aber wirklich ist. Sie ist, wie ich schon sagte, eben nur dazu geeignet, bestimmte sehr sanfte Affekte bzw. weibliches Verhalten schauspielerisch darzustellen; aber in gewöhnlichen Melodien ist sie absolut abzulehnen, und noch viel mehr, wenn das Thema heroischen und nobeln Stoffen entnommen ist.]

Er war eigentlich ein Dogmatiker. Ihn interessierte lediglich der wissenschaftliche Versuch einer Rekonstruktion der antiken Tragödie. Er ist also wohl eher an

---

[488] Ebd., S. 76. Das Beispiel aus: J. PERI, *L'Euridice*, Firenze 1601, S. 16. Ein Parallelbeispiel bei G. CACCINI, *L'Euridice*, Firenze 1600, S. 15.
[489] G. B. DONI, a.a.O., S. 72; S. 76; und auch S. 75, über die antiken Schauspieler.
[490] Ebd., S. 69. Ähnliches auch S. 87.
[491] Ebd., S. 133. Was Doni vielleicht als Ornament sieht, ist für die von ihm genannten Sänger wohl Technik *(conuerti in habito)*.

den Idealvorstellungen des Kreises um den Grafen Bardi interessiert als an den musikalischen Entwicklungen eines Monteverdi. Insofern sind seine Anmerkungen eher für die strengere, antikisierende Richtung wichtig; ich denke hier vor allem an Peri und an die dramatischen Werke der frühen Monodisten. Dort ist auch mehr die Rede von auf Tonhöhen rezitiertem Theater als von Musikwerken. Bei Monteverdi ist das Musikalische gegenüber diesen Versuchen eindeutig wichtiger.

Daß also (hörbares) kontinuierliches Vibrato nicht in Übereinstimmung mit der Ästhetik der Camerata war (diese richtete sich auch nicht an ein *"volgo ignorante"*, sondern an ein hochgebildetes Publikum), erfahren wir auch von DELLA VALLE:[492]

> Però nell'istesso tempo, o poco dopo, fiorì anche Giuseppino tenore, il quale per la medesima ragione di conoscere il suo talento e valersene, faceva tutto il contrario. La voce di Giuseppino non era buona, ma aveva egli grandissima disposizione e dell'arte non sapeva tanto che finisse il mondo: ma i passaggi gli erano naturali. Cantava egli perciò con giudizio quanto a sè stesso, perchè si valeva del proprio talento: non si sentiva da lui quasi mai una nota lunga, se non era con trillo tremolante; tutto il suo cantare erano passaggi: ma quanto agli altri, non cantava con giudizio: perchè più delle volte metteva i passaggi, dove non andavano: non si sapeva mai se il suo cantare era allegro o malinconico, perchè era sempre di una sorte, o, per dir meglio, in ogni cosa, o a proposito o a sproposito che fosse, era sempre allegro per la velocità delle note, che egli di continovo profferiva; senza sapere, credo io, egli stesso quali note fossero.

> [Doch zur selben Zeit, oder etwas später, florierte auch der Tenor Giuseppino, der aus demselben Grund, nämlich sein Talent zu kennen und es auszunutzen, genau das Gegenteil tat. Giuseppinos Stimme war nicht gut, aber er hatte eine sehr große Disposition; von der Kunst verstand er zwar nicht soviel, daß die Welt unterginge, aber die Koloratur besaß er von Natur aus. Er sang daher, was ihn selbst betraf, intelligent, denn er machte von seinen Talenten guten Gebrauch: es war von ihm kaum eine lange Note ohne Tremolo zu hören; sein ganzer Gesang bestand aus Passagien. Aber was die anderen betraf, sang er nicht intelligent, denn meistens brachte er Passagien an, wo sie nicht hingehörten; man wußte nie, ob sein Gesang heiter oder melancholisch war, denn es war immer einerlei, oder besser: ob es nun angebracht war oder nicht, es war immer heiter durch die Geschwindigkeit der Noten, die er andauernd hervorbrachte, ohne, glaube ich, selbst zu wissen, welche Noten es waren.]

Ein Grund für die Ablehnung eines nicht deutlich affektgebundenen Vibratos liegt in der poetisch-antikisierenden Interpretationsweise selbst: Die Bewirkung der Katharsis beim Zuhörer geht über bestimmte Formeln, deren erstes Gebot richtige Textinterpretation ist, bei der die richtigen – stets im philosophischen (platonischen) Sinne von *giusto*[493] – Verzierungen angewandt werden. Auch das Vibrato gehört dazu. Der Idealfall eines Doni trifft theoretisch zu, weil hier das Vibrato hilft, durch Weinen die Katharsis hervorzurufen; ich vermute, daß ein solcher Vorschlag den Wunsch der Komponisten wiedergibt, zumal auch dafür Schauspieler Modell standen. Die Wirklichkeit hat hin und wieder sicher anders ausgesehen: Sänger mit vibrierender Stimme haben sich, z.T. auch ihrer Virtuosität wegen, wohl von der Mehrheit des Publikums die Gunst „ersungen".

---

[492] P. DELLA VALLE, *Della musica dell'età nostra*, Hs., Firenze 1640, hrsg. von A. F. GORI, in: *Trattati di Musica di Gio. Batista Doni* 2, Firenze 1763, S. 255. Zu Giuseppino (Giuseppe Cenci?): N. FORTUNE, *Italian 17th-Century Singing*, in: ML 35,3 (1954), S. 206-219.

[493] Dieser Begriff gilt natürlich auch für die Komposition! – Dergleichen im Brief dd. 9. 12. 1616 von Monteverdi an A. Striggio, wo die Rede ist von *un giusto lamento* (Arianna) und *una giusta preghiera* (Orfeo); so war es auch (vom platonischen Standpunkt aus) gerechtfertigt, sie musikalisch zu behandeln.

Wirklich brauchbare Hinweise über die Ausführung des Vibratos findet man zu Beginn des 17. Jahrhunderts eher selten. Öfters liest man von Tonwiederholungen, die als Verzierung eingesetzt wurden; inwiefern hier auch Vibrati miteinzubeziehen sind, wurde für die Gesangstechnik schon oben im Abschnitt über das Vokalvibrato besprochen. Die Quellen über das Vibrato in der Instrumentalpraxis sind auch nicht allzu aufschlußreich. Im ersten Drittel des 17. Jahrhunderts kannte man zwar Instrumentaltremulanten, die deutlich als eine Art von Vibrato zu verstehen sind. Isolierte Verzierungsvibrati konnte ich bis jetzt allerdings nur in Gitarren- und Lautentabulaturen ab den 40er Jahren finden, denen ist jedoch ein eigener Abschnitt gewidmet.

IV

Das Vibrato in England

Weder die Musiktheoretiker noch die Komponisten der vorrevolutionären Zeit scheinen das Vibrato zu den üblichen Verzierungen gerechnet zu haben. Jedenfalls kommt es in den Lehrbüchern ebensowenig vor wie in den vielen Lauten- und Lyra-Viol-Tabulaturen. Ob die von Dowland in seiner Übersetzung der Lautenschule von Bésard genannten *Sweet relishes* Vibrati sind, kann ich nicht mit Sicherheit sagen – außerdem weiß man nicht, wo sie angebracht werden können oder sollen.[494] Das Zeugnis des Herzogs von Pommern und Stettin über den Knaben, der *„cum voce tremula"* sang (1602), ist ebenfalls zu vage, um bindende Schlüsse ziehen zu können.[495]

Das alles ist umso verwunderlicher, da spätere Quellen aussagen, daß das Vibrato auf der Laute *(Sting)* nicht mehr modisch sei; sie legen also nahe, daß es früher öfter verwendet wurde. Dies braucht aber nicht unbedingt kontradiktorisch zu sein. Das Schweigen der Quellen muß ja nicht darauf deuten, daß das Vibrato unbekannt war, sondern es sagt nur aus, daß es nicht zu den bezeichneten Verzierungen gehörte. Es ist also möglich, wenn auch nicht beweisbar, daß die Lautenisten der englischen Renaissance sehr frei mit dem Vibrato umgingen, d.h. es nicht als kodifizierte Verzierung, sondern als ad libitum zu verwendenden Klangeffekt betrachteten.

Kurz nach der Jahrhundertmitte erscheinen zugleich verschiedene Traktate, die allerdings nur wenig über das Vibrato und seine Anwendung Auskunft geben; einiges findet sich in Traktaten für Laute und Gambe. Das 1655 erschienene und schon mehrmals erwähnte Gedicht über die Wirkung der Musik von Robert South gibt einen Hinweis auf Sängervibrato, jedoch ohne weitere Spezifizierungen. Der lateinische Text scheint eher ein Verzierungsvibrato als besonderen Effekt nahezulegen *(„artis enim saepe est tremulas effingere voces"),* während die spätere englische Übersetzung *(„for artfully he shook, as when he sung")* keine Einschränkungen macht.

In der frühen Restaurationszeit erschienen einige sehr gute Lehrbücher, darunter die Gambenschule von Simpson und die Lautenschule von Mace. Beide behandeln das Vibrato ziemlich ausführlich. So schreibt SIMPSON, vielleicht etwas kryptisch, daß das Gambenzweifingervibrato *„may be used where no other Grace is concerned"*.[496] Das deutet jedoch keinesfalls auf ein kontinuierliches oder

---

[494] R. DOWLAND, *Varietie of Lute Lessons*, London 1610, f. 6v. Vgl. auch D. POULTON, *Graces of play in renaissance lute music*, in: *EM* 3,2 (1975), S. 107–114, sowie den Abschnitt über das Lautenvibrato, s. S. 207.

[495] Zit. nach J. Q. ADAMS, *Shakespearean Playhouses. A History of English Theatres from the Beginnings to the Restoration*, Boston–New York 1917, S. 208. Der Reisebericht des Herzogs Philipp Julius von Pommern-Wolgast (die Reise fand von 1601 bis 1603 statt) wurde nach seinen Wünschen von seinem Lehrer Friedrich Gerschow verfaßt.

[496] C. SIMPSON, *The Division-Violist*, London 1659, S. 9; DERS., *The Division-Viol*, London ²1665, S. 11. Die Anwendungsbeschreibung entfällt völlig im lateinischen Text.

exzessives Vibrato hin, denn Simpson betrachtet es noch immer als ein Ornament und nicht als eine Klanggestaltung. Außerdem schreibt er nicht, daß es oft angewandt werden soll, sondern „*where no other Grace is concerned*", d.h. vor allem: nicht in Verbindung mit anderen Verzierungen. Daß er tatsächlich keinen wahllos häufigen Gebrauch des Vibratos befürwortete, wird deutlich aus einem anderen, schon vorher von mir zitierten Abschnitt über den Charakter der Verzierungen; dort wird der Gebrauch des *Close-shake* deutlich eingeschränkt: Er ist „*more smooth and Feminine*", paßt eher zum Sopran und wird vor allem gebraucht, „*when we would express Love, Sorrow, Compassion, or the like*".[497] Auch Mace sagt, daß der *Sting*, wie er das Vibrato nennt, „*for some sorts of Humours, very Excellent*" ist.[498] Er fügt aber hinzu, die Verzierung sei „*not Modish in These Days*". Dies wird vom *Burwell Tutor* bestätigt: „*noo more in use*".[499] Mace nennt allerdings noch einige Charaktereigenschaften des *Sting* (vielleicht ist auch sein Name schon eine solche?): Die Verzierung sei „*Neat, and Pritty*", jedoch nur „*for some sorts of Humours*", sie gibt „*much Contentment, upon Cases*".

Sowohl Mace als auch Simpson betonen also den Affektwert der Verzierung; für Simpson gehört sie deutlich zur *Musica pathetica*; Mace geht da nicht so sehr ins Detail. Auch er ordnet das Vibrato den sanften, wehmütigen, melancholischen oder lieblichen Bereichen zu, ist aber deutlich pragmatischer als Simpson und schlägt als seine Anwendung „*upon a Long Note, and a Single String*" vor.

Neben dem normalen Vibrato war zu dieser Zeit in England auch ein Verzierungstremulant verbreitet, der nicht vom Komponisten vorgeschrieben war, sondern vom Spieler selbständig eingesetzt werden konnte. Dies wird auch von drei Quellen bestätigt;[500] ich behandle diese Verzierung im einschlägigen Abschnitt (s. S. 267f.).

Gegen Ende des 17. Jahrhunderts mehren sich in England die Berichte über ausländische Einflüsse auf die Praxis. Was das Vibrato betrifft, so habe ich zwei Arten von Quellen gefunden: Die einen beschreiben die professionelle Praxis, die anderen sind als Anleitungen für Anfänger gedacht, die noch auf der untersten Stufe stehen. Diese Lehrwerke bespreche ich nur der Vollständigkeit halber; sie haben nahezu keinen Aussagewert für die professionelle Praxis. Das Vibrato wird nur in der Unterrichtsliteratur für Bläser besprochen, weil einerseits eine Verwandtschaft zum Trillerschlagen besteht und andererseits es auch vom Anfänger ausführbar ist. Die Spielanleitungen, an welchen Stellen vibriert werden kann, sind sehr oberflächlich. Der *Compleat Flute Master* aus dem Jahre 1695 gibt noch keine derartige Hinweise, wir finden aber eine Andeutung, daß ein Kreuz (+) als Bezeichnung für „*opon* (sic!) *shake beat or sweetning*" üblich war.[501] Im *Add. Ms. 35043* der British Library, das ungefähr zur gleichen Zeit wie der *Compleat Flute-Master* entstanden ist, heißt es: „*Raise all Long Beats afterwards sweeten.*"[502]

---

[497] DERS., a.a.O., ²1665, S. 12. Latein: „*Inter has elegantias aliæ sunt Masculinæ, ut Assurectio & Delapsus, Bassoque potissimùm conveniunt: aliæ Femininæ, quæ scilicet Tremore leni vel nullo fiunt; Superiorique seu Netodo inserviunt maximè: tametsi pro varietate affectuum, Amoris, Doloris, Audaciæ, Timoris, ubilibet comparere queant.*" Vgl. auch oben, S. 145.
[498] Th. MACE, *Musick's Monument*, London 1676, S. 109.
[499] (J. ROGERS?,) *The Burwell Lute Tutor*, Hs., c. 1660/72, Faks. mit Einleitung von R. SPENCER, Leeds 1974, f. 35r.
[500] Alle für Gambe: GB Lbl, *Ms. Egerton 2971*, c. 1625/30, f. 36r („*shake with ỹ bowe*"); C. SIMPSON, a.a.O., ²1665, S. 10 („*a Shake or Tremble with the Bow, like the Shaking-Stop of an Organ*"); Th. MACE, a.a.O., S. 264 („*the Organ Shak, with the Bow*").
[501] *The Compleat Flute-Master*, London 1695 (WARNER 18), S. 6.
[502] GB Lbl, Add. ms. 35 043: *(Music by J. Channing)*, Hs., c. 1694/7, f. 125r. Vgl. auch den Abschnitt über Holzbläservibrato. Dort auch eine technische Beschreibung und eine eingehende Analyse des Problems *Open Shake – Beat*.

Die „klassische" Regel finden wir im *Fifth Book of the New Flute Master* (1706), dessen frühere Bände nicht mehr erhalten sind:[503]

> All descending long notes must be close shook, ascending long notes sweetned.

Diese Regel wird noch bis mindestens 1765 übernommen, ein Zeugnis für das geringe Niveau dieser Lehrbücher. Das einzige, was man diesen Schriften entnehmen kann, ist eine gewisse Beliebtheit des Vibratos gegen Ende des 17. Jahrhunderts.

Die Aussagen über Vibrato als geeignetes Ornament für *the Pathetick* finden vielleicht ihr (vereinfachtes) Äquivalent in den *„ascending long notes"*. Der musikalische Wert dieser *Tutors* ist aber so gering, daß Schlüsse auf die professionelle Praxis, wie schon gesagt, nicht statthaft sind.

Über die professionelle Praxis dieser Zeit informieren paradoxerweise Schriften eines Dilettanten: Roger NORTH. Gerade bei ihm ist der Übergang von der altenglischen Musikpraxis zum – vor allem aus Italien kommenden – Professionalismus nachvollziehbar. Für beide Musikpraktiken ist bei ihm ein Vibrato belegt: Er nennt den *Close beat* der Gambe und rühmt Matteis' *Arcata* auf der Violine. Norths erste Schriften datieren aus dem späten 17. Jahrhundert, seine letzten sind um 1730 entstanden. In fast all seinen musikalischen Schriften wird das Vibrato behandelt. Seine ästhetischen Urteile bleiben dabei merkwürdig konstant. Man kann aber gleichzeitig den Wandel des Geschmacks seiner Zeitgenossen, auch in Sachen Vibrato, sehen. Zum ersten Mal äußert NORTH seine Ansichten über den Klang in seiner Autobiographie:[504]

> Then Next I would have them learne to ffill, & soften a sound, as shades in Needlework, Insensatim, so as to be like also a gust of wind, wᶜʰ begins with a soft air, & flls by degrees to a strength, as makes all bend, & then softens away againe into a temper, & so vanish. And after this to superInduce a gentle & slow wavering, not into a trill, upon ẏ swelling ẏ Note. Such as trumpetts use, as If ẏ Instrument were a litle shaken with ẏ wind of its owne sound, but not so as to vary ẏ tone, wᶜʰ must be Religiously held to its place, like a pillar on its base, without ẏ least loss of ẏ accord. This waving of a note, is not to be described but by example. but as wee often use odd' simile's to expres our meaning & help ẏ Imagination, take these Images of sound by lines; wᶜʰ Rep(re)sent ẏ humour of sound

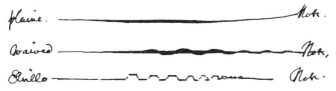

[Als nächstes würde ich sie lernen lassen, einen Klang unmerklich an- und abschwellen zu lassen, wie Abstufungen in Stickerei, so daß er auch einer Windbö ähnlich sei, die mit einem sanften Luftzug beginnt und dann allmählich zu einer Stärke anwächst, die alles biegen läßt, und dann wieder zur Ruhe kommt und ausstirbt. Und als nächstes, auf dieses Anschwellen der Note eine sanfte und langsame Schwingung

---

[503] *The Fifth Book of the New Flute Master*, London 1706 (WARNER 39), S. 6 *(Close Shake* = Triller). Diese Regel war wohl auch schon früher bekannt, vielleicht sogar im *Compleat Flute-Master* (wo vermutlich eine Seite fehlt) und wahrscheinlich bereits im *First Book* diese Reihe (1699) enthalten (vgl. WARNER 29). Dieselbe Regel findet man auch in allen späteren Blockflötenpublikationen: z.B. (P. PRELLEUR?,) *The Modern Musick-Master*, London 1730; J. SADLER, *The Muses Delight*, Liverpool 1754; *The Compleat Tutor for the Flute*, London c. 1765 (WARNER 103a). Ebenfalls in Flageolettschulen, etwa *The Bird Fancyer's Delight*, London 1717 (WARNER 49), u.a. Vgl. auch den Abschnitt über Holzbläservibrato.
[504] GB Lbl, Add. ms. 32506: R. NORTH, *Notes Of Me*, Hs., c. 1695, f. 76v.

anzubringen, aber nicht bis zum Triller. So wie auf Trompeten gemacht wird, als wenn das Instrument ein wenig durch den Wind seines eigenen Klangs geschüttelt wird, aber nicht so, daß die Tonhöhe sich ändert, denn diese sollte gewissenhaft unverrückbar gehalten werden, wie eine Säule auf ihrem Sockel, ohne die Harmonie auch nur im geringsten zu beeinträchtigen. Diese Schwingung einer Note kann nur am lebenden Beispiel erklärt werden. Aber da wir oft wunderliche Gleichnisse verwenden, um unseren Sinn auszudrücken und unserer Phantasie zu helfen, betrachte diese Abbildungen des Klangs mit Linien; sie stellen die Beschaffenheit des Klangs dar.]

Hier sehen wir die ästhetischen Prinzipien Norths: Das Vibrato soll auf Messa di voce, also auf langen Noten, eingesetzt werden; dabei wird auf dem Höhepunkt bis zum Ende des Notenwertes ein *langsames* Vibrato gefordert. Er vergleicht hier das Vibrato mit einem Klangeffekt, der mit der Trompete erreicht werden kann: *„as If ȳ Instrument were a litle shaken with ȳ wind of its owne sound"*; an anderen Stellen verwendet er ähnliche Umschreibungen, die auch wohl das Ausklingen und vielleicht die Größe des Vibratos andeuten sollen, wie *„as if ȳ bird sat at the end of a spring, as he sang ȳ spring waived her up & downe. or as if ȳ wind wch brought ȳ sound shaked, or a small bell wer struck, & ȳ sound Entrivuing waived too & againe"*.[505] Oder auch *„as of a tree waiving in ȳ air, to & fro"*.[506]

Auch hier wird also die vibrierte Messa di voce mit dem Klang der Glocken verglichen. Derartige Vergleiche findet man im 18. Jahrhundert regelmäßig. Das bekannteste Zeugnis in diesem Sinn gibt uns wohl Tartini, der auch etwas über Größe und Geschwindigkeit aussagt.

North betrachtet das Vibrato auf Messa di voce nicht nur als Verzierung, sondern er schlägt hier den Einsatz des Vibratos zugleich auch der Klangqualität wegen vor (*philomelian tone*,[507] *supra-philomelian sound*[508]). In Zusammenhang mit dem von ihm so bewunderten Violinvirtuosen Nicola Matteis schreibt er auch über *Arcata:*[509]

> ... the arcata or long bow, with wch they will begin a long Note, clear, not wth rube, & draw it forth swelling lowder & lowder, and at ȳ ackme take a slow waiver...
> ... but this swelling waived sound, is to f^{ll} by degrees, & then after ȳ height to sink waving till it dy as slowly, or more then it began. & then it is in perfection.

[Die Arcata bzw. der lange Bogenstrich, mit dem sie eine lange Note beginnen, rein, ohne zu kratzen, und den sie immer lauter anschwellend weiterführen, und auf dem Höhepunkt langsam schwingen lassen ...
Aber dieser anschwellende schwingende Klang soll allmählich stärker werden, und dann nach dem Höhepunkt bis zum Ausklang schwingend abschwellen, so langsam, oder noch langsamer als beim Anfang; und dann ist es vortrefflich.]

Hier soll das Vibrato auf dem Höhepunkt beginnen und mit dem Klang allmählich verebben. Auch in seinen Entwürfen zum *Musicall Grammarian* bestätigt er dies:[510]

> ... and gradually swelling till it comes towards ȳ loudest, & than waived (not as ȳ beats of a Drum, but) as a barr of a tree waiving in ȳ air, to & fro, and then failling by Degrees like Dying, into nothing, wch resembles distance, approach & departure.

---

[505] GB Lbl, Add. ms. 32532: R. NORTH (Hs. ohne Titel), ca. 1695/1701, f. 6v–10r: *Graces in Playing*, f. 8r.
[506] GB Lbl, Add. ms. 32537: R. NORTH, *The Musicall Grammarian*, Hs., vor 1726 (Skizzen und Entwürfe), f. 63v.
[507] Ebd.
[508] Ebd., f. 64r. Vgl. auch mit GB Lbl, Add. ms. 32533: R. NORTH, *The Musicall Gramarian*, Hs., 1726, S. 195 (= f. 111v), *philomelian tone*, und S. 227 (= f. 129r), *philomelian note*.
[509] GB Lbl, Add. ms. 32532, a.a.O., f. 8r.
[510] GB Lbl, Add. ms. 32537, a.a.O., f. 63v.

[... und allmählich anschwellend bis zum Lautesten, und dann schwingend (nicht wie Trommelschläge, sondern) wie ein Ast eines Baumes, der in der Luft hin und her schwingt, und dann allmählich nachläßt, als wenn es ins Nichts ausstirbt. Es ist etwa wie Ferne, Herannahen und Fortgehen.]

Dieses Ideal des *philomenian sound* war wohl etwas zu hoch gegriffen. Zwar schreibt er Matteis noch mehr oder weniger zu, nur auf langen Bogenstrichen – *Arcate* – und auf Messa di voce zu vibrieren (er lobt die Arcata Matteis' überschwenglich), seine Nachfolger jedoch rügt er schon, weil sie viel zu oft vibriert hätten.[511] Er nennt dieses Vibrato auf der Violine *Wrist-shake* und sagt darüber:[512]

> ... the violin wrist-shake might be used to this porpose, but it is not, but serves all alike, upon Every note that gives time for it, and altho' it doth not stop the tone, yet being allwais ẏ same in manner & measure, whatever time ẏ musick bears it must breed some fastidium, wch If sometimes used, and conforme to time, and sometimes forborne, would be p(re)vented, but as it is an Exquisite action, it hath an Excellent grace; and Bases wth a slight touch at ẏ nut or finger doth the same ...

> [Das Violinvibrato könnte diesem Zweck dienlich sein, aber dem ist nicht so, sondern es dient für alles, auf jeder Note, die lang genug ist; und obwohl es den Ton nicht unterbricht, erzeugt es doch, da es immer auf gleiche Art und in gleicher Geschwindigkeit gespielt wird, egal, welches Tempo die Musik hat, einen gewissen Widerwillen, was nicht der Fall wäre, wenn es einmal, im richtigen Tempo, angewandt, und ein anderes Mal unterlassen würde. Aber da es eine vortreffliche Wirkung hat, ist es auch eine hervorragende Verzierung. Auf Bässen (Baßgamben) erzeugt man es mit einem leichten Klopfen am Obersattel oder beim (aufgesetzten) Finger ...]

Und früher im Entwurf heißt es:[513]

> And next to this I must take notice of a wrist-shake as they call it upon ẏ violin, wch without doubt is a great art but as I think Injured by overdoing, for is those who use it well never let a Note rest without it, whereas it ought to be used at the swelling wavee, Coming and going, wch would have a much better effect. and somewhat like this is used upon ẏ base viol, by a close beat, wch as ẏ other is good becaus it doth not stop ẏ sound, for nothing, wch doth that ought to be tollerated.

> [Und hiernach muß ich einen sogenannten Handgelenkstriller (d.h. Vibrato) auf der Violine erwähnen, der ohne Zweifel ein großes Kunststück ist, aber dem durch Übermaß Unrecht geschieht; denn jene, die ihn verwenden, spielen ihn auf allen Noten, während er auf der schwellenden Schwingung benutzt werden sollte, was eine viel bessere Wirkung hätte. Etwas Ähnliches wird auf der Baßgambe mit einem Close beat (d.h. Zweifingervibrato) gemacht. Letzterer ist, wie der andere, gut, da er den Klang nicht unterbricht, denn nichts, was das täte, sollte erlaubt sein.]

Sein Argument gegen den *Wrist shake* ist, daß er „*serves all alike, upon Every note that gives time for it*", und daß er „*allwais ẏ same in manner & measure*" sei. Dennoch betrachtet er ihn als „*an Exquisite action, it hath an Excellent grace*".

Dieses Vibrieren auf jeder etwas längeren Note – ein Echo davon findet man in den *Flute Tutors* – wird regelmäßig angegriffen und von der Theorie auch nur selten gutgeheißen. Die Quellenlage ist für England jedoch nicht so gut, daß sich dies lückenlos belegen ließe. Gerade für die von North beschriebene Zeit und kurz danach fehlen uns ernsthafte Quellen, die das Vibrato beschreiben. In

---

[511] Laut North ist der Philomelian Sound charakteristisch für die Violine. Dies explizite im *Musicall Gramarian*, S. 227 (= f. 129r).
[512] GB Lbl, Add. ms. 32533, a.a.O., S. 195 (= f. 111v).
[513] GB Lbl, Add. ms. 32537, a.a.O., f. 64r.

Noten dieser Zeit findet man zwar hin und wieder Tremulanten, gewöhnliche Vibrati habe ich jedoch nicht orten können. Vielleicht wurde, vor allem von Streichern, soundso auf vielen langen Noten vibriert; es ist aber schwer, aus dem derzeitigen Quellenbestand Schlüsse zu ziehen.

Daß gerade um des schönen Tones willen das Vibrato ziemlich häufig Anwendung fand, bestätigt später auch (mit einigen Einschränkungen) GEMINIANI. Seine Ausführungen über das Vibrato sind in höchstem Maße vom Affekt geprägt.[514] Wie wir schon in einem der vorhergehenden Kapitel gesehen haben, lehnt auch er ein kontinuierliches Vibrato ab und unterscheidet drei Vibratoarten (s. oben S. 77f.). Die beiden ersten sind deutlich rhetorisch einzusetzen und von starker Affektaussage: Würdevoller, majestätischer Charakter *(Majesty, Dignity, &c.)* soll durch langsames, gleichmäßiges Vibrato mit andauerndem Crescendo erreicht und Betrübnis oder Furcht *(Affliction, Fear, &c.)* durch ein Vibrato, das „shorter, lower, and softer" ist, ausgedrückt werden. Man beachte hier die Verwandtschaft zur Affektbedeutung des Tremulanten! Durch diesen klar abgegrenzten Anwendungsbereich wird der Einsatz des Vibratos doch sehr eingeschränkt – erst recht das häufige Vibrieren auf langen Noten. Seine dritte Vibratoart dient, obwohl er sie zu den Verzierungen rechnet, zur Verschönerung des Klanges kürzerer Notenwerte *(„to make their Sound more agreable")*. Und dieses Vibrato soll so oft als möglich zur Klangverschönerung herangezogen werden *(„be made use of as often as possible")*. Wo verläuft hier nun die Grenze zum kontinuierlichen Vibrato, das Geminiani ja ablehnt? In seinen Rules for Playing in a true Taste schreibt er zum Vibrato auf der Violine folgendes:[515]

... I have omitted also the *Close Shake,* which may be made on any Note whatsoever.

Geminiani meint hier wohl kaum ein kontinuierliches Vibrato („on any Note" muß nicht unbedingt mit „on every note" gleichbedeutend sein), sondern er will vermutlich damit eher ausdrücken, daß man – ohne Rücksicht auf Notenwerte – an irgendeiner passenden Stelle vibrieren kann. Das Flötenvibrato, das er ebenda erläutert, wünscht er nur auf langen Noten („*which must only be made on long Notes*"[516]). Denselben Artikel finden wir auch in seinem *Treatise of Good Taste*.[517]

Geminianis Artikel über das Vibrato hatte einen großen Erfolg. Auch das Problem des dritten Vibratos wird später wieder aufgegriffen. 1754 riet SADLER, von Geminiani ausgehend, zum Vibrato: *„It may be made on any Note that is long enough to allow it."*[518] Und er fügt noch den ganzen Originaltext zu den Verzierungen hinzu. Das Vibrato auf kurzen Noten wird also einfach unterschlagen – wohl auch deshalb, weil es für Dilettanten zu schwierig war. Die Sadlersche Abwandlung des Grundtextes von Geminiani geht dann in die Lehrbücher für Anfänger ein; die Affektbindungen stimmen also nicht mehr ganz. Das von Sadler vorgeschlagene Vibrato ist allerdings auch keineswegs kontinuierlich; es k a n n („may") auf jeder etwas längeren Note angewendet werden.

Die Verzierungstabelle Geminianis wurde von verschiedenen Anfängerschulen ohne den dazugehörigen Kommentar übernommen. Nur für den *Close shake* wurde eine Ausnahme gemacht: Der Anfang der Erklärung ist mehr oder weniger buchstäblich identisch – allerdings ohne Anwendungsanweisungen. Im

---

[514] F. GEMINIANI, *The Art of Playing on the Violin*, London 1751, S. 8.
[515] F. GEMINIANI, *Rules for Playing in a true Taste on the Violin German Flute Violoncello and Harpsichord*, London c. 1746, Preface. Hier also auch ein indirekter Hinweis auf Cellovibrato.
[516] Ebd.
[517] DERS., *A Treatise of Good Taste in the Art of Musick*, London 1749, S. 3.
[518] J. SADLER, *The Muses Delight*, Liverpool 1754, S. 12.

Wörterbuch von HOYLE wurde der Text bis zum zweiten Vibrato übernommen; über das dritte und seine Anwendung schweigt er jedoch.[519]

Wie schon erwähnt, verlangt Geminiani das Flötenvibrato nur auf langen Noten (*„only be made on long Notes"*). In den *Tutors* wurde zwar Hotteterres Traversflötenschule übernommen, in der das *Flattement* beschrieben wird; dennoch sind Rückschlüsse auf die Praxis wegen des geringen Werts der Quellen nur bedingt möglich. In den besseren Querflötenschulen wird das Vibrato bis zum späten 18. Jahrhundert nicht erwähnt.[520] Ab dem späten 18. Jahrhundert wird aber plötzlich das Fingervibrato wieder gelehrt. Ist GUNN eher zurückhaltend in bezug auf diese „alte Verzierung", wie er sie nennt (*„producing a trembling palsied expression, inconsistent with just intonation, not unlike that extravagant trembling of the voice which the French call chevrotter"*[521]), so ist sechs Jahre später MILLER eher begeistert:[522]

> ... it answers to what was called GIARDINI'S close shake on the Violin, and may be used to most of the Notes.

Er fügt aber hinzu:[523]

> I believe this GRACE has not been mentioned or explained before in any modern Book of Instructions for the German Flute.

Wahrscheinlich war man in Sachen Querflötenvibrato bis zum Ende des 18. Jahrhunderts, verglichen zum Violinvibrato, eher zurückhaltend. Mit dem Fingervibrato, das die normale Form war, kann ja auch kaum kontinuierlich, sondern nur auf langen Noten vibriert werden.

Auch in der Vokalmusik wurde das Vibrato nur auf langen Noten empfohlen. Gesangstechnisch und ästhetisch bildete Tosis Schrift sehr oft den Ausgangspunkt diesbezüglicher Ausführungen. Er genoß unter seriöseren Autoren wohl den Ruhm, den Geminiani bei Verfassern von Violinschulen für Anfänger innehatte. Tosi selbst sagt über das Vibrato fast nichts aus. Er warnt zwar vor unkontrollierten Tonhöhenschwankungen beim Singen langer Noten, diese vibratoähnlichen Schwankungen haben jedoch nichts mit Kunst zu tun, sondern sind auf mangelnde Stimmbeherrschung zurückzuführen. Von einem richtigen Vibrato ist da also nicht die Rede.[524] Man kann argumentieren, daß es sich bei Tosis sechstem Triller (vgl. unten S. 214) um ein Vibrato handelt, das dann in einen richtigen Triller übergeht; gerade dieser sechste Triller aber (zusammen mit noch einigen anderen, für die Tosi selbst nicht eintritt) wird in späteren Schriften nicht übernommen. BAYLY beschreibt ein normales Vibrato nicht als Kontinuum:[525]

> The manner of *waving* or vibrating on a single tone with the voice, like as with the violin, especially on a semi-breve, minim, and a final note, hath often a good effect; but great care must be taken to do it discreetly and without any trembling.

---

[519] J. HOYLE (= J. BINNS), *Dictionarium musica*, London 1770, S. 89.
[520] So z.B. L. GRANOM, *Plain and Easy Instructions for Playing on the German-Flute*, London (1766); L. HERON, *A Treatise on the German Flute*, London 1771. – Ein Teil der *Tutors* verwendet einen einfacheren Text als der Hotteterres; dort wird nicht auf das Vibrato eingegangen.
[521] J. GUNN, *The Art of Playing the German-Flute*, London 1793, S. 18.
[522] E. MILLER, *The New Flute Instructor*, London 1799, S. 11. Vgl. auch C. NICHOLSON, *Nicholson's Complete Preceptor, for the German Flute*, London 1816, S. 22: Die Wirkung in langsamen Sätzen sei „*conceivably delicate and sweet*".
[523] E. MILLER, a.a.O., S. 11.
[524] P. TOSI – J. E. GALLIARD, *Observations on the Florid Song*, London 1742, S. 27. s. auch S. 9-12, insbesondere S. 10. – J. CORFE, *A Treatise on Singing*, London–Bath 1799, S. 3.
[525] A. BAYLY, *A Practical Treatise on Singing*, London 1771, S. 64.

Abgesehen davon, daß hier die Anwendung des Vibratos auf Schlußnoten erwähnt wird, ist eine Ähnlichkeit mit den einschlägigen Kapiteln in den Flötenschulen festzustellen, die ja auch mehr oder weniger aus derselben Zeit stammen. Auffallend – wie auch bei Miller – ist der Vergleich mit dem Violinvibrato.

Auch im Ensemblespiel wurde das Vibrato von der ästhetischen Theorie nur selten geduldet („*for the sake of variety ... at times, on a long note in simple melody*"[526]),, man kann aber der Verurteilung zugleich entnehmen, daß man das Vibrato einsetzte, wo immer es möglich war („*they apply it wherever they possibly can*"[527]). Inwiefern dies buchstäblich zutraf, ist mir nicht bekannt – es wird wohl von Spieler zu Spieler unterschiedlich gewesen sein.

Die größeren Lücken im theoretischen Quellenbestand werden auch nicht von den überlieferten Musikwerken wettgemacht. Zwar sind stellenweise in Kompositionen aus der ersten Hälfte des 17. Jahrhunderts verschiedenartigste Zeichen für gewisse Ornamente anzutreffen, aber fast nie kann man mit Sicherheit daraus eine Bezeichnung für Vibrato ablesen. Auch später wird – wenn man von gelegentlichen Tremulantnotationen absieht – in Kompositionen das Vibrato kaum durch Zeichen vorgeschrieben.

---

[526] R. BREMNER, *Some Thoughts on the Performance of Concert-Music*, in: J. G. C. SCHETKY, *Six Quartettos for two Violins, a Tenor, & Violoncello..., op: VI.*, London 1777, Vorrede. Diese Vorrede wurde in neuerer Zeit gleich zweimal herausgegeben: N. ZASLAW, *The Compleat Orchestral Musician*, in: EM 7,1 (1979), S. 46-57 (kommentierte Transkription); G. BEECHEY, *Robert Bremner and his Thoughts on the Performance of Concert Music*, in: MQ 69,2 (1983), S. 244-252 (kommentierte Transkription).
[527] R. BREMNER, a.a.O.

V

Das Vibrato in Deutschland 1650–1710

Die erste Gesangsschule im neuen Stil wurde erst um die Jahrhundertmitte verfaßt: *Von der Singe-Kunst oder Manier* von Christoph BERNHARD.[528] Obwohl nie gedruckt, gelangte sie bald zu großer Bekanntheit. Die Verbreitung dieses Werkes erfolgte zunächst durch zahlreiche Abschriften, eine Bearbeitung erschien dann 1685 im Druck als Teil einer Musiklehre für die Jugend.[529]

Lesen wir zunächst, was Bernhard über das Vibrato bzw. *Tremulo,* wie er es nennt, zu sagen hat:[530]

> Das *fermo* oder festhalten der Stimme, wird bey allen Noten erfordert, ausgenommen, wo das *trillo* oder *ardire* gebraucht wird, und insonderheit die Zierde des *fermo* ist daraus zu verstehen, weil das *tremulo* |: welches sonst auf der Orgel, in welcher alle Stimmen zugleich *tremuliren* können, wegen der Veränderung wohl lautet :| ein *vitium* ist, welches bey den alten Sängern nicht als eine Kunst angebracht wird, sondern sich selbst einschleichet, weil selbige nicht mehr die Stimme festzuhalten vermögen. Wer aber mehr Zeugniß begehret vom Übelstande des *tremulo,* der höre einen alten *tremulirenden* zu, wenn selbiger alleine singet; so wird er urteilen können, warum das *Tremulum* von den vornehmsten Sängern nicht gebraucht wird, es sey denn in *ardire,* davon drunten. Wiewohl es auch an andern Orthen den *Bassisten* vergönnt ist, doch mit dem Bedinge, daß sie es selten und bey kurtzen Noten anbringen.

Unter *Fermo* scheint Bernhard einen möglichst vibratofreien Klang[531] zu verstehen – im Gegensatz zum Tremolo jeder Art –, da er es bei allen Noten fordert, außer bei *Trillo* oder *Ardire.* Der Begriff *Trillo* wurde schon im entsprechenden Abschnitt behandelt (s. S. 34ff.), ich möchte aber nochmals erinnern, daß diese Verzierung nicht mit dem Vokalvibrato identisch ist. Mit *Ardire* bezeichnet Bernhard eine Art Tremolo:[532]

> Das *Ardire* ist ein *Tremol*[o], welches bey der letzten Note einer *Clausul* gemacht wird. Dieses *Ardire* wird gar von wenigen gebraucht, es sey denn von *Bassisten,* welchen es auch am besten anstehet, weil ihnen ohne daß das *Tremulum* mehr alß andren vergönnet ist; und wird gezeichnet mit ♯. Es ist aber wohl zu behalten, daß mans über der letzten Note eines Stücks, welche man die *Final* Note nennet, durchaus nicht gebrauchen soll.

Der Affektwert dieser Verzierung liegt, was man normalerweise nicht erwarten würde, eher im heftigen Bereich. Bernhard warnt auch davor, das *Ardire* zu oft „*bey traurigen, sanftmüthigen und solchen Worten*"[533] zu verwenden. Das *Ardire* wird von ihm auch oft zusammen mit *forte* oder *trillo* genannt, ein wohl deutlicher

---

[528] C. BERNHARD, *Von der Singe-Kunst oder Manier,* Hs., c. 1648/64, hrsg. von J. MÜLLER-BLATTAU, *Die Kompositionslehre Heinrich Schützens in der Fassung seines Schülers Christoph Bernhard,* Kassel-Basel ²1963.
[529] (W. MYLIUS,) *Rvdimenta mvsices,* Mühlhausen 1685.
[530] C. BERNHARD, a.a.O., S. 31f.
[531] Zum Begriff „vibratofrei" vgl. die Einführung (s. S. 11) und den Abschnitt Vokalvibrato (s. S. 15ff., 18ff.).
[532] C. BERNHARD, a.a.O., S. 36.
[533] Zu den heftigen Affekten zählen z.B. Freude, Zorn etc. Vgl. dazu C. BERNHARD, ebd., S. 37.

Hinweis, daß hier ein kurzes, schnelles Vibrato – vermutlich ein Intensitätsvibrato – zu verstehen ist.

Bernhard kommt im zuerst zitierten Abschnitt ausführlich auf das Alterstremolo zu sprechen, das er als *„ein Vitium ... welches bey den alten Sängern ... sich selbst einschleichet"*,[534] ablehnt. Allerdings scheint er mit *Tremulo* nicht nur ein Alterstremolo zu meinen, denn der b e w u ß t e (also nicht kontinuierliche) Einsatz wird akzeptiert; er vergönnt es vor allem Bassisten mit der Einschränkung, sie können *„es selten und bey kurtzen Noten anbringen"*.[535]

MYLIUS, ein Schüler von Bernhard, folgt im allgemeinen diesen Prinzipien, jedoch hin und wieder mit kleinen Bedeutungsunterschieden. Er geht näher auf das *Ardire* ein, behandelt dafür das *Tremulo* nicht mehr getrennt. Seine Erklärung des *Fermo* unterscheidet sich stellenweise von der seines Lehrmeisters:[536]

> 1. Was ist *Fermo*?
> Fermo, kömmet von dem Lateinischen Wort firmus, und heist / fest beständig / und steiff / anzeigend / daß nicht allein ein Sänger iedem Clave einen beständigen umwanckenden Thon und Laut von sich geben solle / der weder in die Höhe noch in die Tieffe sich lencke (dergleichen die Knaben bey Anfang ihres Singen-Lernens sehr an sich haben und meist unterzuziehen pflegen;) sondern es ist auch ein solch fest halten der Stimme / daß erstlich eine Note gleich angestossen darauf sich daß trillo bequem schicket / wie drunten in dem Exempel bey dem Trillo ausführlich zu sehen seyn wird.

Hier sieht man, wie eine Gesangsschule für den professionellen Gebrauch auch dem normalen Schulknaben angepaßt wird. Anstatt das *Fermo* nur stimmbildend zu sehen, wie Bernhard, fügt Mylius sofort die Komponente der Intonation hinzu: Denn bei Kindern, die erst das Singen erlernen, ist öfters ein Wanken der Stimme festzustellen. Davor wird übrigens auch in anderen, seriösen Gesangsschulen gewarnt.[537] Mylius sieht das *Fermo* auch nicht als Gegensatz zum *Ardire* bzw. zum *Trillo*, sondern als *„ein solch fest halten der Stimme ... darauf sich daß trillo bequem schicket"*: Auch hier weicht die Erklärung von Bernhards Vorstellungen ab. Es ist also eine gewisse Dualität in der Erklärung des *Fermo* festzustellen: Einerseits bezieht es sich auf die Stimmbildung, andererseits wird es auch als eine Art nichtvibrierter Trillervorschlag beschrieben. Das *Fermo* als vibratofreier Klang[538] ist bei Mylius genauso wie das *Ardire* eine Verzierung; dazu einige Beispiele aus seinem *Rvdimenta mvsices*:

---

[534] S. Anm. 530.
[535] S. Anm. 530.
[536] W. MYLIUS, a.a.O., S. D4v.
[537] So z.B. von P. TOSI, *Opinioni de' Cantori antichi e moderni, o sieno osservazioni sopra il Canto figurato*, Bologna 1723, S. 17. Nach ihm auch von vielen anderen. Vgl. auch den Abschnitt über das Vokalvibrato, s. S. 16.
[538] „... *einen beständigen unwanckenden Thon und Laut ...*", s. Anm. 536.
[539] W. MYLIUS, a.a.O., S. E1r.

Was das *Ardire* betrifft, so einigen sich die Autoren wieder. Auch Mylius ist von der Verzierung nicht sonderlich begeistert, er vergleicht sie mit dem Alterstremolo (*„ein zitternder Tremel und schlechte Bewegung / oder nicken des Halses und der Gurgel"*). Auch hier soll es „bey der letzten Note einer Clausul", nicht aber auf der Schlußnote des Stückes angebracht werden.[542] Ausgenommen sind wieder die Bassisten: sie dürfen etwas häufiger vibrieren, weil sie „von Natur aus kein gut trillo im Halse haben", gewissermaßen als Trillerersatz. Über den Affektwert des *Ardire* spricht Mylius sich nicht aus, auch in seinen Notenbeispielen wird es nicht mehr erwähnt.

Inwiefern stimmt dies nun mit anderen deutschen Quellen überein? Die Anwendung des Vibratos vor allem bei heftigen Affekten ergibt sich keineswegs von selbst; im allgemeinen verbindet man diese Verzierung eher mit sanften, traurigen oder lieblichen Affekten. Auch die Bezeichnung *Ardire*, vorher von Zacconi mit Vibrato verbunden, kommt nur bei Bernhard und Mylius vor. Doch ist ein Einsatz

---

[540] Ebd.
[541] Ebd., S. M1v–M2r. Ich sehe in seinen Ausführungen und Beispielen zu dem *Fermo* keinen Gegensatz zu seiner Erklärung bezüglich der bebenden Stimme (s. oben S. 158). Auch die stimmbildende Erklärung des Begriffs muß ein (kleines) Naturvibrato nicht ausschließen. Das Tremolo ist wohl die Entgleisung eines solchen Naturvibratos.
[542] Ebd., S. E4r.

des Vibratos bei heftigen Affekten nicht widersinnig, etwa bei Aufregung, Wut, Zorn, übermäßiger Trauer usw. Ähnliches gilt auch für den Tremulanten.

Die betont rhetorische Anwendung des *Ardire* geht deutlich auf starke italienische Einflüsse zurück. Vieles aus der Bernhardschen Vokallehre erinnert an die italienische *Seconda prattica*. Auch der Gebrauch des *Ardire* weist in diese Richtung, denn wohl nirgends sonst wurde das Vibrato so gezielt als Mittel der Affekterzeugung und -bewegung beim Zuhörer eingesetzt. Die an Dogmatik grenzenden Beschreibungen eines Doni finden in den Ausführungen des Sängers Bernhard ein auf die Praxis gerichtetes Gegenstück. Die geschlossene Musikgruppe am Dresdner Hof war wohl der ideale Nährboden für die Gründung einer Schule, die von der Praxis eines Monteverdi ausging. Daß sie nicht erhalten blieb, zeigt schon Mylius' Werk.

Andere deutsche Quellen aus dieser Zeit sehen das Vibrato ebenso als eine Verzierung, scheinen aber den Gebrauch nicht so sehr einzuschränken. Hin und wieder, vor allem in Lehrbüchern für den Anfangsunterricht, wird das Vibrato – gewöhnlich heißt es *Tremolo* – zwar genannt, ohne jedoch zu erklären, was es ist und wie man es verwendet. Dies ist u.a. in den Werken von Quirsfeld, Lange, Ahle und etwas später auch bei Beyer, Sperling und Fuhrmann der Fall.[543] Detailliertere Angaben finden wir in den Schriften von Printz und vor allem bei Stierlein. PRINTZ macht einen deutlichen Unterschied zwischen *Trillo* und *Trilletto* (vgl. oben S. 40f.); unter *Trilletto* ist ein Vibrato zu verstehen. Zum Gebrauch dieser Verzierung klärt er uns in seiner *Musica modulatoria vocalis* etwas schulmeisterlich auf:[544]

> Sehr annehmlich lautet es nach einem zierlichen Accent oder Trilletto / wiewol es auch nicht unlieblich klinget / wenn ein Theil der Noten schlecht und eben ausgehalten / und das übrige derselben Noten mit einem Trilletto / und nachfolgenden Trillo / oder Trillo allein / hervorgebracht wird.

Und an einer anderen Stelle empfiehlt er:[545]

> Darbey soll er sich auch befleissigen / beydes einen sanften Trilletto, als scharfanschlagenden Trillo zu machen.

Über zehn Jahre später schreibt er in seinem *Compendium musicae*:[546]

> Wenn die Stimme in einem Clave sich etwas verweilet / soll sich der Sänger hüten / daß er nicht bey einer jeden Abtheilung des Tacts anstosse (welches etliche sonderlich bey punctirten Noten häßlich gnug zu thun ihnen angewehnet haben) sondern fein gleichförmig entweder schlecht / oder nach dem es sich schickt / mit einem Trilletto oder Trillo außhalte.

---

[543] D. QUIRSFELD, *Breviarium Musicum*, Dresden ²1683, Nachbericht. Er nennt einen „langsamen Tremulanten" als Vorübung für den Triller bei Knaben. – J. C. LANGE, *Methodus nova & perspicua in Artem Musicam*, Hildesheim 1688, S. 54: „*Tremolo, Trillo, Wenn die Stimme wird bebend vorgestellet*"; ohne weitere Erklärungen. – J. R. AHLE, *Kurze, doch deutliche Anleitung zu der lieblich- und löblichen Singekunst*, Mühlhausen 1690, S. 30 (Anmerkungen seines Sohnes Johann Georg). Er empfiehlt, punktierte Noten „mit einem lieblichen Trillo oder Trilletto" zu singen. Daß punktierte Noten getrillert werden konnten, hatte auch schon W. MYLIUS, a.a.O., S. E4v, angedeutet. – J. S. BEYER, *Primae lineae musicae vocalis*, Freiberg ²1730 (¹1703), S. 39, erklärt Tremulo als ein „*liebliches Sausen oder Schweben der Stimme in einer langsamen Nota*". – J. P. SPERLING, *Principia musicae*, Budissin 1705, S. 68, gibt ein Beispiel eines vokalen Tremulanten auf dem Text „*Quantus tremor est futurus*" (aus dem Dies Irae). Er macht keinen Unterschied zwischen *Tremolo* und *Tremolante*; so kann das *Tremolante* auf der Geige auch mit der linken Hand ausgeführt werden, und sein auf Tremulantenart notiertes Beispiel ist vielleicht als Vokalvibrato zu verstehen. – Eine ähnliche Notation gibt auch M. FUHRMANN, *Musicalischer-Trichter*, Berlin 1706, S. 66. Er nennt die Verzierung nun *Tremoletto*. – Fuhrmanns Abschnitt wird noch übernommen: *Kurtzgefaßtes musicalisches Lexicon*, Anonym, Chemnitz 1737, S. 401, sub *Tremoletto*. – Daß Quirsfeld mit seinem *langsamen Tremulanten* ein Vokalvibrato gemeint habe, wird bestätigt von J. P. SPERLING, a.a.O., S. 84, indem er sich bei der Erklärung des Unterschieds zwischen Vibrato und Triller auf jenen beruft.
[544] W. C. PRINTZ, *Musica modulatoria vocalis*, Schweidnitz 1678, S. 58.
[545] Ebd., S. 15.
[546] DERS., *Compendium musicae signatoriae & modulatoriae vocalis*, Dresden 1689, S. 44.

Daraus geht hervor, daß Printz den *Trilletto* den sanften und lieblichen Affekten zuordnet. Seine Anweisungen sind eher pragmatisch und apodiktisch vereinfachend. Der *Trilletto* soll wohl vor allem in lieblicher Musik auf langen Noten (vielleicht relativ häufig) ausgeführt werden. Daß er sich zu anderen Verzierungen gesellen kann, deutet Printz selbst an; so kann er als Einstieg in den Triller dienen. Eine mehr oder weniger festgelegte Figurenkombination, in welcher der *Trilletto* vorkommen kann, heißt *Tremamento longo*. In dieser vereinen sich *Accentus, Tremulo, Trillo* und *Trilletto*.[547] Der *Trillo* soll dabei unbedingt eingesetzt werden, alle anderen sind nicht immer notwendig.

Wenn man aus den vorhergehenden Texten auch schließen kann, daß das Vibrato auf langen Noten ausgeführt wurde, so liefert Printz doch keine klare Anleitung für die Häufigkeit dieser Verzierung. Dazu gibt aber STIERLEIN in seinem Werk *Trifolium Musicale*, eine bisher weitgehend unbeachtete Quelle, nähere Auskünfte. Für ihn ist der *Tremulus* eine wichtige Komponente des Singens, aber als Manier und nicht, wie bei den früheren Kantoren, als natürliche Gegebenheit. Wie andere deutsche Autoren nach ihm beschreibt er den *Tremulus* mit Hilfe des *Tremulanten* (♪♪♪♪). Er sieht ihn auch als Intensitätsvibrato („*gantz gelinde | bald leis | bald etwas stärker*"[548]). Wie bei Printz könne man als Einleitung zum *Trillo* vibrieren. Zu seinen anderen Verzierungen, die er durchaus als rhetorische Figuren betrachtet, gesellt sich dann und wann auch ein Vibrato. Als mögliche Diminutionen verschiedener Notenabstände angegeben, bilden seine Beispiele mehr oder weniger einen konsistenten Text. Ich gebe ein integrales Beispiel; dabei fällt gleich auf, wie oft das Vibrato als Teil einer Verzierung eingesetzt wird. Das Beispiel ist eine Erklärung des Begriffs *Passaggio*; der erste Takt ist immer die Basis für die darauf auszuführende Verzierung:[549]

---
[547] Ebd., S. 53.
[548] J. C. STIERLEIN, *Trifolivm Mvsicale*, Stuttgart 1691, I, S. 17.
[549] Ebd. II, S. 9v.

Auch für *Ellipsis, Heterolepsis* und *Quasi Transitus* gibt er ähnliche Beispiele, in denen der *Tremulus* eine Rolle spielt:

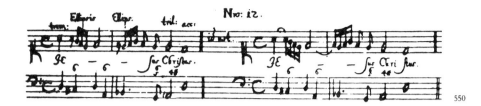

Dramatische Momente und Betonungen jeder Art haben ein Vibrato. Insofern wird die Verzierung deutlich rhetorisch eingesetzt. Die dramatische Betonung mittels Vibrato beim Flehen („*Exaudi*" im letzten Beispiel) hat sicher eine Ähnlichkeit mit den Grundsätzen Bernhards. Im allgemeinen wird aber das Vibrato deutlich häufiger angewendet, als man den Anweisungen Mylius' und Bernhards entnehmen kann.

Eine durch Vibrato erzeugte Betonung nach einer sprunghaften Tonfolge, zu Taktbeginn oder vor einer rhetorisch eingesetzten Pause, entspricht auch Praktiken, die anderswo zur gleichen Zeit üblich waren. Vielleicht ist das etwas merkwürdig, da die Dramatik des Vibratos fast nirgends besonders hervorgehoben wird.

Das Vibrato nach einem Vorschlag von oben (auch mal auf hochalterierten Noten), an Stellen, wo wir eventuell einen Triller erwarten würden, oder nach einem Vorschlag von unten, ähnlich der Kombination *Port de voix–Vibrato* bei den französischen Gambisten, kommt anscheinend häufiger vor, als bis jetzt angenommen wurde. Es hebt doch eine eventuelle Verwandtschaft zwischen Vibrato und Mordent wieder hervor, auch zum Teil im Anwendungsbereich.

---

[550] Ebd. II, S. 10r.
[551] Ebd. II, S. 10v.

Das Beispiel der *Heterolepsis* ist hier interessant; von dieser Figur sagt STIERLEIN:[552]

> ... und nimmt sich also diese Figur eine sehr grosse Freyheit / welches sonsten nicht zulässig ist.

Jedesmal wird sie, wohl besänftigend, von einem Vibrato gefolgt. Ein Triller nach diesen Vorschlägen wäre vom Affekt her, aber auch grammatisch, fehl am Platze. Der Effekt ist mit Vibrato auch intensiver.

Die deutschen Quellen aus der zweiten Hälfte des 17. Jahrhunderts bestätigen weder einen Gebrauch des von Bernhard beschriebenen *Ardire*, noch berichten sie von der Mylius'schen Verzierung *Fermo*. Inwiefern in der Praxis das Fermo nun allgemein als Verzierung betrachtet wurde, ist schwer zu sagen; Mylius' Schule wurde schon ein Jahr nach ihrem Erscheinen neu aufgelegt und noch bis spät ins 18. Jahrhundert als Muster gelobt. Die von den späteren Quellen beschriebene Art des Vibratos ist zweifelsohne moderner, nicht so stark den italienischen Praktiken vom Anfang des Jahrhunderts verpflichtet. Allerdings sind sie auch etwas mehr pragmatisch und vereinfachend. Nur aus Stierleins Beispielen erfahren wir etwas über die Dramatik des Vibratos. Ansonsten ebnet die allgemein beschriebene Lieblichkeit wohl den Weg zu häufigerem Anwenden; es bleibt aber noch deutlich eine Verzierung. Dies dürfte auch für das Instrumentalspiel zutreffen.

---

[552] Ebd. I, S. 21.

VI

Das Vibrato in Frankreich im 17. und frühen 18. Jahrhundert

1. DIE ZEIT VOR LULLY

Über das Vibrato in der französischen Musik der ersten Hälfte des 17. Jahrhunderts liegen uns nur sehr wenige Zeugnisse vor. Die erhaltenen Schriften beziehen sich fast alle auf das Lautenvibrato. Sie werden im einschlägigen Abschnitt behandelt (s. S. 207f.).

Merkwürdig ist, daß MILLET in seinem Werk *La Belle Methode*[553] das Vibrato nicht erwähnt, weder als gesangstechnischen Aspekt noch als Verzierung. Auch andere Schriften dieser Zeit beinhalten nichts über das Vibrato,[554] sie behandeln allerdings die Verzierungen nicht so detailliert wie Millet, so daß es nicht verwunderlich ist, wenn Kapitel über das Vibrato fehlen.

Der Vergleich zwischen Orgeltremulanten und menschlicher Stimme bei Mersenne wurde schon gestreift (s. S. 11f.). Mersenne ist zu dieser Problematik meine einzige französische Quelle. Die Äußerungen RIVAULTs über jene ängstlichen Sänger, die eine gebrochene und zitternde Stimme haben (*„ceux qui craignent ont la voix casse & tremblante"*[555]), spiegeln einen auf humanistische Weise behandelten, (im barocken Sinne) medizinischen Sachverhalt. Es ist nicht möglich, aus dieser Quellenlage Schlüsse zu ziehen. Man kann vielleicht sagen, daß ein Verzierungsvibrato üblich war, das vermutlich affektgemäß eingesetzt wurde. Später ist dies für Sänger und für Lautenisten belegt.

2. DIE ZEIT LULLYS

Ab dem letzten Drittel des 17. Jahrhunderts beginnen mehrere Theoretiker auch das Vibrato zu erwähnen bzw. zu behandeln, und zwar wird es immer als eine Verzierung deklariert.

Die Ausführungen von BACILLY sind jedoch äußerst unklar, vielleicht meint er mit *„doublement du gosier"* eine Art von Vibrato. Daß auch die *Cadence*, wie Caswell in seiner Übersetzung angibt, u.U. ein Vibrato sein könnte, glaube

---

[553] J. MILLET, *La Belle Methode ou L'Art de bien Chanter*, Lyon 1666, Faks. mit Einl. von A. COHEN, New York 1973.
[554] So z.B. A. DE COUSU, *La Musique Vniverselle*, Paris 1658; DE LA VOYE MIGNOT, *Traité de Musique*, Paris ²1666 (¹1656); A. MAUGARS, *Discovrs svr la Mvsiqve d'Italie et des Opera*, in: *Divers traitez d'histoire, de morale et d'eloquence* VI, Paris 1672 (¹1639), S. 154–179. Maugars erwähnt auch kein eventuelles italienisches Vibrato, obwohl er ziemlich genaue Beschreibungen der musikalischen Praxis gibt. – A. PARRAN, *Traité de la musique theorique et pratique*, Paris 1646; *Traicté de Musique*, anonym, Paris 1617. – Die einzige Vokalschule, die ansonsten die Verzierungen sehr eingehend behandelt, findet sich in Mersennes *Harmonie Vniverselle*; obwohl er das Lautenvibrato behandelt, erwähnt er in seiner Gesangsschule kein Vibrato.
[555] D. DE RIVAULT, *L'Art d'embellir*, Paris 1608, *Troisiesme Discovrs: De la beauté de la Voix*, S. 83r.

ich nicht, da die Franzosen das Chevrotieren mit dem Triller in Verbindung bringen.[556]

Das *Doublement du gosier* wird, laut BACILLY, „animer" genannt; er führt auch den Grund dafür an:[557]

> ... ce que l'Archet du Violon exprime assez bien, & ce que l'on nomme vulgairement *animer*, c'est à dire donner le mouvement, à quoy cét ornement du Chant contribuë beaucoup, & sans lequel les Airs seroient sans ame, & ne feroient qu'ennuyer.
>
> [... was der Bogen der Violine recht gut ausdrückt und man gemeiniglich animer nennt, das heißt Bewegung geben, wozu diese Verzierung des Gesangs sehr beiträgt, und ohne welche (Bewegung) die Gesangsstücke ohne Seele wären und nur langweilen würden.]

Inwiefern dieses *Doublement du gosier* einem Vibrato im heutigen Sinn ähnlich sieht oder nur eine Tonwiederholung (eventuell mit *Coup de glotte*) ist, erklärt Bacilly nicht. Auf letzteres könnte der Hinweis „l'Archet du Violon" deuten. Mehr in Richtung Vibrato weist vielleicht das Epitethon „sanft" („doux"), so z.B.:[558]

> ... car si les vns ont le gosier propre à marquer les Passages & Diminutions, ils l'ont trop serré pour adoucir quand il le faut pour certains Doublemens de Notte qui sont quasi imperceptibles. D'autres qui ont le gosier propre à adoucir ne l'ont pas pour marquer ce qu'il faut, & auec la fermeté necessaire, ou n'ont pas assez de souplesse pour executer avec legereté, qui est vn des grands poincts du Chant, & des plus considerables.
>
> [... denn wenn die einen eine geeignete Kehle haben, um Passaggien und Diminutionen zu artikulieren (?), ist sie doch zu verschlossen (?) (eng?), um sie, wenn nötig, für gewisse, fast unhörbare „Doublements de notte" zu lindern. Andere, deren Kehle zum Lindern geeignet ist, können nicht dort, wo es nötig ist, mit der erforderlichen Kraft artikulieren bzw. haben nicht genug Geschmeidigkeit, um mit Leichtigkeit vorzutragen, was jedoch eines der großen und bedeutenden Aspekte des Gesangs ist.]

Merkmale des Sanften spielen in Frankreich beim Vibrato immer eine Rolle – auch der spätere Name *Flattement* deutet darauf hin. Obwohl dies auch auf einen bestimmten Charakter des gegebenen Satzes hinweisen könnte, geht Bacilly nicht darauf ein, denn er sagt:[559]

> Il n'y a donc rien de si frequent dans les Airs, & l'on peut mesme en faire plusieurs de suite, pourvue que ce soit sur des syllabes longues, & iamais sur des bréfves, à moins que sur des monosyllabes, qui d'ailleurs ne pouroient pas souffrir, ny le Tremblement, ny l'Accent...

---

[556] B. DE BACILLY – A. B. CASWELL, *A Commentary upon the Art of Proper Singing* (Musical Theorists in Translation 7), New York 1968. Caswell deutet (ebd., S. 83) einen Passus bei Bacilly auf S. 164–165 als Vibrato: „de sorte que communément on s'informe de la bonté de la Cadence de ceux qui aspirent à la Methode de Chanter, autant comme de la beauté de leur voix: cela fait comprendre que la Cadence est vn don de Nature, & toutesfois elle peut estre acquise, ou du moins corrigée & perfectionnée par l'Art, & par le bon exercice. Il y a donc beaucoup de Personnes qui ont de la Voix, sans auoir nulle Cadence; d'autres qui en ont, mais trop lente pour certains endroits où le Tremblement doit estre serré de plus pres; d'autres qui l'ont trop prompte, & mesme trop rude, que l'on appelle vulgairement *Chevrottante*." [... so daß man sich bei jenen, die singen lernen wollen, meistens nach der Güte ihres Trillers erkundigt, wie auch nach der Schönheit ihrer Stimme. Daraus ist ersichtlich, daß der Triller eine Gabe der Natur ist; dennoch kann er durch Kunst und gute Übung gelernt, oder wenigstens verbessert und perfektioniert werden. Es gibt also viele Leute, die eine gute Stimme haben, aber keinen Triller; bei anderen ist sie zu langsam für bestimmte Stellen, wo der Triller schneller geschlagen werden soll; bei noch anderen ist sie zu schnell bzw. sogar zu rauh, und diese nennt man gemeiniglich „meckernd".] – Man vergleiche dies mit B. DE BACILLY, *Remarques curieuses sur l'Art de bien Chanter*, Paris 1668, S. 38, und A. FURETIERE, *Dictionnaire Vniversel* 2, Den Haag–Rotterdam ²1702, S. 1044. Auch sonst bedeutet Cadence bei Bacilly nie ein Vibrato, sondern steht immer für Triller.
[557] B. DE BACILLY, a.a.O., S. 196.
[558] Ebd., S. 49.
[559] Ebd., S. 196f.

[Nichts kommt in Gesangsstücken häufiger vor, und man kann sogar mehrere nacheinander ausführen, wenn es nur auf langen Silben geschieht, und nicht auf kurzen, ausgenommen auf einsilbigen Wörtern, auf denen übrigens weder der Triller noch der Accent erlaubt sind.]

Daß also dieses *Doublement du gosier* nur auf langen Noten ausgeführt wird, war für Bacilly wichtig genug, um einige Male darauf hinzuweisen.[560] Das *Doublement du gosier* gebe der Musik Seele und bewirke auch, daß sie nicht langweilig sei. Deswegen solle man es so oft wie möglich auf langen Noten anbringen, d.h. auch, wenn keine anderen Verzierungen vorgesehen sind. Man kann auch das *Doublement du gosier* mit dem *Accent* kombinieren, wenn man dazu Gelegenheit findet.[561] Dabei wäre es vor dem Accent auszuführen.[562]

Später im 17. Jahrhundert findet man präzisere Umschreibungen für das Vibrato. Die Verzierung bekommt eine Reihe von allgemein gebräuchlichen Namen: z.B. *Flattement, Flatté, Balancement, Tremblement mineur* etc., Bezeichnungen also, die auch im 18. Jahrhundert noch verwendet werden. Außer bei den Gambisten und Lautenisten (s. die entsprechenden Kapitel unten S. 191ff.) finden wir nur äußerst selten ästhetische Anweisungen. Auf jeden Fall wurde das Vibrato als Verzierung angesehen.

Einige Lehrbücher behandeln aber noch immer nicht das Vibrato bzw. erwähnen es nur ohne genauere Definition. So steht z.B. sowohl bei Loulié als auch bei L'Affilard ein Vibrato in der Verzierungsliste,[563] etwaige Angaben zum Charakter fehlen aber. Nur LOULIE deutet an, das Balancement besteht aus zwei oder mehreren kleinen, sanften und langsamen Hauchen auf einer Note, ohne deren Tonhöhe zu ändern („*Le Balancement sont deux ou plusieurs petites aspirations douces & lentes qui se font sur une Notte sans en changer le Son*"[564]). Hier könnte man eventuell noch auf irgendwelche Anwendungsbereiche schließen. Man beachte bei dieser Erklärung die gewisse Ähnlichkeit mit derjenigen Bacillys, obwohl hier nicht die Kehle („*gosier*") miteinbezogen wird. Aber auch hier beträgt das Mindestmaß zwei Schwingungen; somit wird nicht nur auf langen Noten vibriert. Leider erfahren wir von Loulié nichts über die Häufigkeit der Anwendung. Auch in seiner Blockflötenschule finden wir kaum etwas über den Gebrauch des *Flatté, Balancement* oder *Tremblement mineur,* wie er die Verzierung nennt. Er weist jedoch darauf hin, daß das Vibrato zu den wichtigsten Verzierungen gehört:[565]

Outre le Tremblement que j'ay expliqué cy dessus, il y a encor plusieurs autres Agrements dont les Principaux sont le Battement ou Martellement, le flatté ou balancement que quelques uns sur la flute appele*(nt)* tremblement mineur; Le Port de uoix, Le coulé, L'Accent la Chute.

[Außer dem Triller, den ich oben erklärt habe, gibt es noch verschiedene andere Verzierungen, deren wichtigste sind: das Battement oder Martellement, das Flatté oder Balancement, das auf der Flöte von einigen Tremblement mineur genannt wird, der Port de voix, der Coulé, das Accent, die Chute.]

---

[560] Z.B. ebd., S. 184.
[561] Ebd., S. 198.
[562] A. B. CASWELL, a.a.O., S. 83. – Vgl. dort auch das Notenbeispiel.
[563] E. LOULIE, *Elements ou Principes de Musique,* Paris 1696, S. 73 und 92. – M. L'AFFILARD, *Principes tres-faciles pour bien apprendre la Musique,* Paris ²1697 (¹1694), S. 20–21.
[564] E. LOULIE, a.a.O., S. 73.
[565] F Pn, fonds fr. n.a. 6355, f. 193r–209v: E. LOULIE, *Methode pour apprendre a jouer de la flute douce* II, Autograph c. 1700/1707, f. 201r.

Über die Eigenart des *Flatté* erfahren wir nur, daß er langsam geschlagen wird. Dagegen empfiehlt HOTTETERRE, die Geschwindigkeit dem Charakter und dem Zeitmaß des jeweiligen Stückes anzupassen.[566] Hotteterre möchte das *Flattement* so oft angewendet haben (*„presque sur toutes les notes longues"*),[567] daß er es nicht für notwendig erachtet, es in seiner Musik extra zu bezeichnen. In seiner Flötenschule hat er ein Beispiel für *Flattement* und *Battement* aufgenommen:[568]

> Ces agréments ne se trouvent pas marquez dans toutes les pieces de Musique, & ne le sont ordinairement que dans celles que les Maîtres écrivent pour leurs Ecoliers; voicy de quelle maniere.

> Au reste il seroit difficile d'enseigner à connoître précisement tous les endroits où l'on doit les placer en joüant; ce que l'on peut dire la dessus en général, c'est que les Flatements se font frequemment sur les Notes Longues: comme sur les Rondes *A*, sur les Blanches *B*, sur les Noires pointées *C*, &c.

[Diese Verzierungen werden nicht in allen Musikstücken bezeichnet, eigentlich nur in jenen, die die Lehrer für ihre Schüler schreiben; und zwar folgendermaßen: (Notenbeispiel.)

Es wäre übrigens schwer zu lehren, wie man genau die Stellen erkennen soll, an denen man sie beim Spielen anbringen soll. Darüber kann man nur ganz allgemein sagen, daß die Flattements oft auf langen Noten gemacht werden, wie auf Ganzen *A*, Halben *B*, punktierten Vierteln *C* usw.]

Es entscheiden dann doch wieder guter Geschmack und Erfahrung (*„le goût et la pratique"*), wann der Einsatz des Vibratos gerechtfertigt ist.

Ob das Vibrato auch mit anderen Verzierungen kombiniert werden kann, erwähnt außer Bacilly keine Quelle. Wenn auch nicht zufriedenstellend belegbar, dürfte auf einer Messa di voce ein Vibrato üblich gewesen sein. Von Hotteterre erfahren wir darüber nichts, und Louliés *Balancement* solle dem Notenwert entsprechend andauern. Nur L'AFFILARD läßt das Vibrato nicht gleichzeitig mit der Note einsetzen:[569]

Auf jeden Fall dient das Vibrato auch hier wieder als Verzierung. In ihren Flötenschulen finden Loulié und Hotteterre es so wichtig, daß beide ihm einen größeren Abschnitt widmen. Wenn das Vibrato in den Noten bezeichnet wird, geschieht dies mit einer Wellenlinie. Außer in der Gambenliteratur wird dies jedoch äußerst selten praktiziert.

---

[566] J. M. HOTTETERRE, *Premier livre de Pieces pour la Flûte traversiere*. Paris ²1715 (¹1708), Avertissement.
[567] Ebd.
[568] DERS., *Principes de la Flute traversiere, ou Flute d'Allemagne. De la Flute à bec ou Flute douce, et du Haut-Bois*, Amsterdam ³1728, S. 32–33.
[569] M. L'AFFILARD, a.a.O., S. 27.

Hotteterres Ausführungen über das Flötenvibrato und die Bezeichnungen der Lauten- und Gitarrenspieler (die Zeichen der Gambisten werden weiter unten behandelt, s. S. 191ff.) ergeben also ein ziemlich brauchbares Bild von der solistischen Anwendung des Vibratos in der Instrumentalmusik zur Zeit Lullys und kurz danach.

In dieser Epoche war aber vor allem das Orchesterspiel berühmt – bis weit über die Grenzen hinaus wurde versucht, wenigstens seine Prinzipien nachzuahmen. Eine überaus wertvolle Quelle, in der dieser Orchesterstil beschrieben wird, ist das Vorwort zum *Florilegium secundum* von Georg MUFFAT.[570] Er widmet der Verzierungskunst einen ganzen Abschnitt, in dem er über zwanzig verschiedene Verzierungskombinationen auflistet; ein Vibrato ist allerdings nicht dabei. Auch in der Orchestermusik dieser Zeit fand ich keine eingetragenen Wellenlinien, es sei denn ab und zu einen *Tremulanten* mit rhetorischer Bedeutung. Daraus kann zwar nicht mit Sicherheit geschlossen werden, daß im Orchesterspiel das Vibrato keinen Platz hatte. Bestimmt gehörte es nicht (als Kontinuum) zur Basistechnik des Orchestermusikers. Bei solistischen Passagen mit entsprechendem Charakter wurde es als Verzierung sicherlich eingesetzt.

---

[570] G. MUFFAT, *Suavoris Harmoniæ Instrumentalis Hyporchematicæ Florilegium Secundum*, Passau 1698, unveränderter Neudruck der Ausgabe Wien 1895: *DTÖ* 4 (Graz 1959), S. 25–27 und S. 54–56.

VII

Das Vibrato bei den französischen Gambisten

Die deutlichsten und detailliertesten Anweisungen zum Gebrauch des Vibratos während und nach der Lully-Zeit haben uns die Gambisten hinterlassen. Zum einen werden in den Gambenschulen und Vorreden die verschiedenen Formen des Vibratos genauestens erklärt, und zum anderen werden auch in den Musikwerken selbst die Zeichen dafür äußerst präzise notiert:

⁓ = Zweifingervibrato

↯ = Einfingervibrato

Im folgenden geht es nun um die Korrelation zwischen Theorie und Praxis. Auch die französischen Gambisten ordnen das Vibrato im allgemeinen dem weiblichen, sanften, sehnsüchtigen oder traurigen Bereich zu. So heißt es z.B. bei DANOVILLE: „*il a de la tendresse & remplit l'oreille d'une douceur triste & languissante*".[571] Man beachte die Formulierung: „*douceur triste*", also „traurige Lieblichkeit", „traurige Süße" u.dgl. Dazu ein Beispiel, eine *Plainte* (Lamento), von MARAIS – zuerst eine Reproduktion der Gambenstimme aus der Quelle:[572]

---
[571] DANOVILLE, *L'Art de toucher le Dessus et Basse de Violle*, Paris 1687, S. 41 über das Zweifingervibrato.
[572] M. MARAIS, *Troisième Livre de Pieces de Viole*, Paris 1711, S. 50.

Und nun zusammen mit dem Basso continuo:[573]

---
[573] Basso continuo aus DERS., *Basse-Continues du troisiéme Livre de Piéces de Viole*, Paris 1711, S. 43.

Es ist naheliegend, daß gerade in Kompositionen mit den von Danoville genannten Merkmalen das Vibrato als Ausdrucksmittel häufiger eingesetzt wird. Das gilt nahezu für alle langsamen Sätze und fast immer für den Tombeau, ein vor allem in der französischen Musik des 16./17. Jahrhunderts zum Gedächtnis an Künstler oder Fürsten komponiertes Instrumentalstück. Als Beispiel seien hier angeführt der *Tombeau pour Monsr. de Lully*[574] und der *Tombeau de Mr Meliton*,[575] beide von MARAIS; oder der *Tombeau, de Marais le Pere* von DOLLE,[576] sein einziges Stück mit vielen Vibrati (in seinen anderen Sätzen wird das Vibrato nur sparsam verlangt, etwa auf langen, isolierten Noten).

Auch in langsamen Präludien kommt das Vibrato regelmäßig vor, Beispiele sind u.a. im zweiten Gambenbuch von MARAIS[577] oder im ersten Buch von CAIX[578] zu finden. Bei Marais kommt das Vibrato häufiger in Couranten als in Sarabanden vor; wird das Vibrato auch in Sarabanden eingesetzt, dann eher in melodisch komponierten, weniger in extrem akkordreichen Stücken oder auch bei sprunghaften Tonfolgen; das kann einerseits spieltechnische Gründe haben, andererseits aber auch mit dem Charakter des Stückes zusammenhängen: Zwei Beispiele sollen dies veranschaulichen, zunächst eine Sarabande von CAPPUS:[579]

---

[574] M. MARAIS, *Second Livre de Pieces de Viole*, Paris 1701, S. 99f.; der dazugehörende Basso continuo in DERS., *Basse-continues du second Livre de pieces de Viole*, Paris 1701, S. 75.

[575] DERS., *Pieces a vne et a deux Violes*, Paris 1686, S. 115–119; der dazugehörende Basso continuo in DERS., *Basse-continues des Pieces a une et a deux Violes*, Paris 1689, S. 69–71.

[576] C. DOLLE, *Pieces de Viole*, Paris 1737, S. 30. Wohl im Stile von Marais, deshalb auch mehr Vibrati (s. dazu unten S. 194).

[577] M. MARAIS, *Second Livre* a.a.O., S. 3, 4, 7.

[578] L. DE CAIX D'HERVELOIS, *Premier Livre De Pieces de Viole*, Paris 1708, S. 32. Vgl. dazu auch unten S. 200.

[579] J. B. CAPPUS, *Premier livre de pièces de violle et basse continuë*, Paris 1730, S. 30, *La Chonchon Sarabande*. Vgl. auch mit der *Sarabande La Désolée* aus dem zweiten Gambenbuch von M. MARAIS, a.a.O., S. 80.

Und zum Vergleich nun eine Sarabande von MOREL:[580]

Ebenfalls selten erfolgt der Vibratoeinsatz in „graziösen" Stücken,[581] in Menuetten (wenn, dann nur auf langen Noten in sanften Menuetten) und in Allemanden.

Die genannten Beispiele zeigen uns, daß auch die französischen Gambisten das Vibrato als eine Verzierung betrachten; schon die Technik des Zweifingervibratos impliziert dies. Von einer kontinuierlichen Anwendung kann also nicht gesprochen werden, obwohl es bei J. ROUSSEAU heißt, es sei bei allen Gelegenheiten einzusetzen, wenn es der Notenwert erlaubt *(„on le pratique en toutes rencontres quand la valeur de la Note le permet")*.[582] Rousseaus Regel findet in den Musikwerken keine Bestätigung: auch wenn es technisch möglich wäre, wird nicht auf jedem längeren Notenwert vibriert. So sucht man z.B. im fünften Buch von CAIX vergeblich ein Vibrato.[583]

Obwohl in den Gambenbüchern von MARAIS ungewöhnlich viele Vibrati vorgeschrieben sind – eine vergleichbare Häufigkeit konnte ich bei keinem anderen Gambisten feststellen (eine Ausnahme ist Dollés oben genannter, im Marais-Stil komponierter Tombeau für Marais) –, handelt es sich in keinem Fall um ein kontinuierliches Vibrato. Vielleicht ist es gerade das, was Marais' Zeitgenossen und spätere Biographen an seinem Ton so frappiert hat. Hier ein Beispiel aus dem zweiten Gambenbuch, der *Tombeau po'. M.r de S.te Colombe*:[584]

---

[580] J. MOREL, *1.r Livre de pieces de violle*, Paris 1709, S. 33.
[581] In Stücken mit der Satzüberschrift „*Gracieusement*" konnte ich nur sehr selten Vibrati finden.
[582] J. ROUSSEAU, *Traité de la Viole*, Paris 1687, S. 100f.
[583] L. DE CAIX D'HERVELOIS, *Ve livre de Pieces de Viole*, Paris 1748. Seine anderen Bücher enthalten Vibrati.
[584] M. MARAIS, *Second Livre* a.a.O., S. 111f.

Dasselbe Stück nun zusammen mit dem Basso continuo:[585]

[585] Der Basso continuo aus DERS., *Basse-Continues du Second Livre* a.a.O., S. 85f.

Dieser Tombeau ist für die oftmalige Anwendung des Vibratos durchaus kein Einzelfall. Lediglich in seinem ersten Gambenbuch setzt Marais das Vibrato noch deutlich sparsamer ein.

Den Grund für den häufigen Gebrauch dieses Ornamentes sieht ROUSSEAU in der Nachahmung des vokalen Vibratos:[586]

> Le Batement imite une certaine agitation douce de la Voix sur les Sons; c'est pourquoy on le pratique en toutes rencontres quand la valeur de la Note le permet, & il doit durer autant que la Note.
>
> [Das Battement ist eine Nachahmung einer gewissen sanften Bewegung der Stimme auf den Tönen; daher benutzt man es bei allen Gelegenheiten, wenn es der Notenwert erlaubt; es erstreckt sich über die ganze Dauer der Note.]

In der Praxis finden wir aber dafür nur selten einen Beleg. So wird z.B. in Marais' *Voix humaines,* das in seinem zweiten Gambenbuch enthalten ist, das Vibrato kaum eingesetzt – ganze drei Mal.[587] Mit dem *Battement*, dem Zweifingervibrato, kann schon aus technischen Gründen nur schwer ein permanentes Vibrato imitiert werden. Darauf weist Rousseau auch hin („*quand la valeur de la Note le permet*"). Allerdings war in Frankreich auch ein vokales Verzierungsvibrato *(Balancement, Flatté)* üblich; wenn Rousseau jedoch dieses gemeint hat, würde das bedeuten, daß die Sänger auf jeder etwas längeren Note vibriert hätten – aber gerade das wird von den Theoretikern abgelehnt.

Einen Charakterunterschied zwischen dem Zweifinger- und Einfingervibrato (mit dem kleinen Finger) wollen aber die Schulwerke nicht übergehen; das geht schon aus der Wahl der Termini hervor, mit denen man diese beiden Vibratoarten bezeichnet: ROUSSEAU nennt das Zweifingervibrato *Batement* und das Einfingervibrato *Langueur*. Battement deutet wohl auf die Technik oder auf den klanglichen Effekt hin; Langueur (Mattigkeit, Schmachten) grenzt eher einen Verwendungsbereich ab: „*elle est fort agreable, particulierement dans les Pièces tendres*"[588].

Laut DANOVILLE hat das Einfingervibrato *(Balancement de main)* mancherlei Ähnlichkeit mit dem Zweifingervibrato *(Battement)*. Trotzdem stellt auch er leicht verschiedene Verwendungsbereiche auf:

> Le Battement se marque par un accent circonflexe tiré en longueur, & situé sur la Note sur laquelle on le doit pratiquer, il a de la tendresse & remplit l'oreille d'une douceur triste & languissante, il se pratique pour l'ordinaire sur la premiere Note d'une Piece quand elle commence par nombre pair, de mesme sur le commencement de la seconde Partie, & par tout où le bon goust de celuy qui touche le voudra appliquer.[589]
>
> [Das Battement wird mit einem verlängerten accent circonflexe auf der Note, auf der es gespielt werden soll, bezeichnet. Es ist lieblich und erfüllt das Ohr mit einer traurigen und schmachtenden Süße. Man spielt es meistens auf der ersten Note eines Stückes, das mit einer geraden Anzahl von Noten anfängt (d.h. bei ihm: mit Abstrich – pousser), sowie am Anfang des zweiten Teiles und überall, wo der gute Geschmack des Spielers es anbringen will.]

---

[586] J. ROUSSEAU, a.a.O., S. 100.
[587] M. MARAIS, *Second Livre* a.a.O., S. 72.
[588] J. ROUSSEAU, a.a.O., S. 106.
[589] DANOVILLE, a.a.O., S. 41.

Le Balancement de main a beaucoup de rapport au Battement, il se pratique d'ordinaire sur la Note qui fait la conclusion d'une double Cadence en coulade, & dans plusieurs autres endroits, selon le bon goust de celuy qui touche...[590]

[Das Balancement de main hat viel mit dem Battement gemeinsam. Man spielt es meistens auf der Note, die einen Kadenztriller mit Nachschlag abschließt, und an verschiedenen anderen Stellen, nach dem guten Geschmack des Spielers.]

Das *Battement* wende man also zu Beginn eines Stückes, ebenso am Anfang des zweiten Teiles an sowie überall dort, wo es der gute Geschmack erlaube. Das *Balancement de main* hingegen setze man am Ende einer *double Cadence en coulade* ein und darüber hinaus nach gutem Geschmack auch an anderen Stellen. Beide Vibratoarten bezeichnet Danoville mit Wellenlinien: das *Battement* mit einer waagrechten (~~~) und das *Balancement de main* mit einer senkrechten Welle ( ).

Seine erste Regel findet jedoch in der Praxis nur wenig Anwendung: so werden z.B. der Tombeau für Sainte Colombe von MARAIS (s. oben S. 195ff.) und auch sein Präludium Nr. 81 im zweiten Gambenbuch[591] mit einem *Battement* eröffnet; oder auch ein Stück von CAIX:[592]

Ein *Balancement de main* zu Beginn eines Satzes kommt dagegen vereinzelt vor, auch dann, wenn dafür einmal nicht der vierte Finger verwendet wird; und im ersten Gambenbuch von MARAIS haben wir ein Beispiel, wo das *Balancement de main* am Schluß einer *double Cadence en coulade* eingesetzt wird:[593]

---

[590] Ebd., S. 45.
[591] M. MARAIS, *Second Livre* a.a.O., S. 88.
[592] L. DE CAIX D'HERVELOIS, *Premier Livre* a.a.O., S. 54: Plainte.
[593] M. MARAIS, *Pieces a vne et a deux Violes* a.a.O., S. 48.

Dasselbe Menuett nun zusammen mit dem Basso continuo:[594]

Die theoretischen Anweisungen von Danoville[595] und J. Rousseau[596] waren für damalige Gambenschüler nicht sehr aufschlußreich, deshalb fügte Danoville noch einige wenige pragmatische Anweisungen hinzu; zur Zeit der Entstehung dieser beiden Gambenschulen war es ja noch nicht so sehr üblich, in Kompositionen das Vibrato mit eigenen Zeichen vorzuschreiben.

Beide Gambenschulen stimmen allerdings darin überein, daß das Einfingervibrato nur als Ersatz für das Zweifingervibrato angesehen werden soll, weil eben kein fünfter Finger zur Verfügung steht. Das geht auch meistens aus den Kompositionen hervor.

In Ausnahmefällen gibt es noch andere technische Gründe für den Ersatz des Zweifingervibratos durch das Einfingervibrato, z.B. Doppelgriffe oder die Art der Tonfolge nach dem Vibrato:

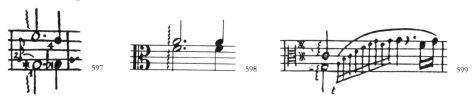

---

[594] Basso continuo aus DERS., *Basse-Continues des Pieces* a.a.O., S. 33.
[595] Der Einsatz des Vibratos soll nach „gutem Geschmack" erfolgen.
[596] Battement: bei allen Spielweisen der Gambe („*tous les differents Jeux de la Viole*", J. ROUSSEAU, a.a.O., S. 105); Langueur: bei allen Spielweisen der Gambe; es hat nie eine schlechte Wirkung, es ist sehr angenehm, besonders in lieblichen Stücken („*tous les differents Jeux de la Viole, & ne peut faire aucun mauvais effet, elle est fort agreable, particulierement dans les Pieces tendres*", ebd., S. 106).
[597] L. DE CAIX D'HERVELOIS, *Premier Livre* a.a.O., S. 32.
[598] J. MOREL, a.a.O., S. 7.
[599] Ebd., S. 17.

Auch bei der *Tenue*[600] leuchtet das Einfingervibrato ein, sowohl vom technischen als auch vom ästhetischen Standpunkt aus gesehen:

Ebenso ist die Forderung Danovilles, das *Balancement de main* am Ende einer *double Cadence en coulade* einzusetzen (s. oben S. 199), wohl eher auf technische Gründe zurückzuführen, denn die letzte Note wird, wenn man auf einer Saite spielt, ohnedies mit dem vierten Finger ausgeführt. Ein Beispiel einer solchen Figur bei FORQUERAY:[603]

In sehr seltenen Fällen wurde das Einfingervibrato auch aus ästhetischen Gründen angewendet (vgl. z.B. die oben zitierte Sarabande von Morel, s. S. 194), allerdings ohne Empfehlung der Schulwerke. Diese weisen zwar auf einen minimalen Charakterunterschied zwischen Einfinger- und Zweifingervibrato hin, ästhetische Konsequenzen werden daraus aber nicht gezogen. Das ist auch verständlich, wenn man bedenkt, daß sämtliche Gambenschulen aus dem 17. Jahrhundert stammen, aus einer Zeit also, in der eine ästhetische Anwendung in der Gambenliteratur kaum belegt ist; auch Marais verlangt sie erst in seinen beiden letzten Büchern – und auch hier nur äußerst sparsam. Dieses Einfingervibrato als ästhetischer Ersatz für das Zweifingervibrato kommt also nur selten vor, manchmal in Sequenzen, wo zuerst aus technischer Notwendigkeit ein Einfingervibrato verwendet wurde, wie in folgender Allemande von MARAIS:[604]

---

[600] Im gambentechnischen Sinn: das Liegenlassen der Finger aus harmonischen Gründen.
[601] M. MARAIS, *Troisiéme Livre* a.a.O., S. 9. Tenue und doigt couchè.
[602] A. FORQUERAY, *Pieces de viole avec la Basse Continuë*, Paris c. 1746, S. 29.
[603] Ebd., S. 1.
[604] M. MARAIS, *Troisiéme Livre* a.a.O., S. 2.

Der Beginn dieser Allemande nun zusammen mit dem Basso continuo:[605]

---

[605] Basso continuo aus DERS., *Basse-Continues du troisiéme Livre* a.a.O., S. 1f.

Wird ein Einfingervibrato aus rein ästhetischen Erwägungen eingesetzt, so erhält es ziemlich genau jenen Charakter, von dem die Theoretiker sprechen: es ist im Vergleich zum Zweifingervibrato tatsächlich eine geringe Verschiebung im Affektausdruck festzustellen.

In den theoretischen Schriften werden beide Gambenvibrati meist als sanft beschrieben. Im allgemeinen stimmt dies auch mit der Realität überein. Ein jedoch kaum erwähnter Aspekt des Vibratos ist die ihm eigene Pathetik und Dramatik. Das ergibt sich allerdings aus den Musikwerken von selbst. So erscheint es z.B. logisch, auf Höhepunkten zu vibrieren, aber auch auf Ruhepunkten, auf isolierten Noten, ganz allgemein auch in besonders pathetischen oder dramatischen Stücken. Dazu ein Beispiel von MARAIS:[606]

---

[606] DERS., *Troisième Livre* a.a.O., S. 9f.

Dasselbe Präludium nun mit dem Basso continuo:[607]

[607] DERS., *Basse-Continues du troisiéme Livre* a.a.O., S. 7.

Das Vibrato zusammen mit anderen Verzierungen

In zahlreichen Musikwerken kommt das Vibrato auch in Verbindung mit anderen Verzierungen vor. Im folgenden werden nun einige typische Kombinationsbeispiele zusammengefaßt.

Enfler–Vibrato. Das Zeichen für Enfler (son enflé) ist ein kleines e, der Begriff bedeutet soviel wie Messa di voce; man findet das Vibrato entweder zusammen mit, vor bzw. nach dem Enfler. Die Verbindung zählt zu den häufigsten und wird vor allem von MARAIS ab dem dritten Gambenbuch (auch in der daraus oben auf S. 202 wiedergegebenen Allemande) angewandt und auch notiert (die beiden ersten Bücher enthalten kein Enfler). Einige Beispiele:

Port de voix–Mordent–Vibrato. Ein Port de voix (Vorschlag von unten) fällt in der Regel mit einem Mordent zusammen, in wenigen Fällen aber auch mit der Kombination Mordent–Vibrato:

Coulé–Vibrato. Nach einem Coulé (Vorschlag von oben)[614] schließt oft ein Vibrato an, wo man sonst vielleicht einen Triller erwarten würde:

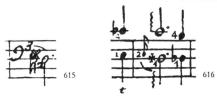

Bei hochalterierten Noten wird ab und zu vibriert statt getrillert:

---

[608] DERS., *Troisième Livre* a.a.O., S. 62.
[609] Ebd., S. 88.
[610] J. B. CAPPUS, *Premier livre* a.a.O., S. 34.
[611] M. MARAIS, *Pièces a vne et a deux Violes* a.a.O., S. 38.
[612] DERS., *Second Livre* a.a.O., S. 100.
[613] DERS., *Troisième Livre* a.a.O., S. 42.
[614] Auch: *Port de Voix descendant*.
[615] M. MARAIS, *Pièces a vne et a deux Violes* a.a.O., S. 63.
[616] L. DE CAIX D'HERVELOIS, *Premier Livre* a.a.O., S. 32.
[617] A. FORQUERAY, a.a.O., S. 20.

Mordent–Vibrato. Diese Verbindung ist selten,[618] eher findet man Vibrati zusammen mit schleiferähnlichen Verzierungen:

619

Ebenfalls kaum anzutreffen sind Vibrati mit *Accent* ().[620] Nicht entdekken konnte ich die Kombination *Glissando–Vibrato,* wobei allerdings zu bedenken ist, daß Glissandi nur von wenigen französischen Gambisten notiert werden. Hingegen konnte ich in einigen Fällen feststellen, daß zu Beginn eines Glissandos ein *Mordent* gesetzt wurde (z.B. MARAIS, erstes Gambenbuch, S. 24 und 56).

Sind mehrere Verzierungen – oftmals unter einem Bogen – zusammengefaßt, nimmt das Vibrato manchmal eine vorbereitende Rolle ein:

621

622

Zusammenfassend können wir nun festhalten, daß die französischen Gambisten das Vibrato als eine affektgebundene Verzierung eingesetzt haben. Ein kontinuierliches Vibrato konnte ich bei der Quellendurchsicht nirgends entdekken. Die Anwendung erfolgte hauptsächlich in langsamen und melodisch komponierten Stücken (z.B. Plainte, Tombeau, Präludium, Sarabande, selten in „graziösen" Sätzen) mit sanftem, traurig-sehnsüchtigem Charakter. Das Einfingervibrato dient in den meisten Fällen als technischer Ersatz für das Zweifingervibrato; wird es aus ästhetischen Gründen verlangt, dann meist auf *Notes isolées* in affektreicher Musik. Am häufigsten wird das Vibrato von Marais eingesetzt, alle anderen französischen Gambisten verwenden es eher zurückhaltend, es sei denn, sie komponieren im Stile Marais'. Selten findet man das Vibrato in schnellen Sätzen, akkordreichen Stücken oder bei sprunghaften Tonfolgen. Nicht zu vergessen ist schließlich die Möglichkeit, das Vibrato mit anderen Verzierungen (z.B. *Enfler, Port de voix, Coulé, Mordent*) zu kombinieren.

Im allgemeinen hält man sich bei der Anwendung des Vibratos ziemlich getreu an die Aussagen der Theoretiker, vielleicht mit der Einschränkung, daß in der Praxis das betonende Element dieser Verzierung stärker in den Vordergrund rückt, als es in den theoretischen Abhandlungen verlangt wird.

---

[618] Beispiel: M. MARAIS, *Second Livre* a.a.O., S. 74.
[619] Die erste Kombination z.B. auf verschiedene Weise nacheinander in ebd., S. 91.
[620] DERS., *Troisième Livre* a.a.O., S. 110.
[621] Ebd., S. 1.
[622] M. MARAIS, *Cinquième Livre* a.a.O., S. 35.

VIII

Das Vibrato bei den Gitarristen und Lautenisten

In verschiedenen Gitarren- und Lautenschulen sowie in Vorreden von Tabulaturen wird das Vibrato erwähnt. Erste Beschreibungen finden wir bereits im 16. Jahrhundert. Aus dem 17. Jahrhundert sind uns dann Texte überliefert, aus denen hervorgeht, daß in den vorhergehenden Generationen das Vibrato allzu oft angewendet worden und dadurch in Verruf gekommen sei: die Lautenschule in der *Harmonie Vniverselle* (1636) von MERSENNE,[623] *The Burwell Lute Tutor* (c. 1660–1672) vermutlich von ROGERS[624] und *Musick's Monument* (1676) von MACE.[625] Diese drei Quellen stehen in der Tradition der französischen Lautenschule.

Direkte Zeugnisse über das Vibrato im 16. Jahrhundert sind uns nur wenige überliefert. Zwar beschreiben WAISSEL (1592)[626] und später – in ähnlicher Weise – STOBAEUS (1640)[627] das Vibrato als eine zweite Art des *Mordanten*, jedoch über die Anwendungsfrequenz geben sie keine Auskunft; wir erfahren nur, daß man das Vibrato als Verzierung eingesetzt hat – für uns wenigstens ein kleiner Anhaltspunkt. Auch von BESARD[628] haben wir keine brauchbare Erklärung, so daß wir nicht mit Sicherheit sagen können, welche seiner Mordanten als Vibrati zu verstehen sind. Besards Mordanten wurden dann von R. DOWLAND übersetzt in *sweet relishes*,[629] eine Formulierung also, die auf viele Verzierungen zutreffen kann. Die englischen Lautenisten haben uns auch kein eindeutiges Vibratozeichen hinterlassen. Das auf dem Kontinent übliche ♯ (oder: ✕) bezeichnet in England meist einen Triller. Nun stammen aber gerade zwei der drei oben genannten Quellen (The Burwell Lute Tutor, Mace), die monieren, daß „früher" so oft vibriert wurde, aus England. Das muß nicht unbedingt ein Widerspruch sein, sondern es besagt nur, daß die frühere Generation – aus welchen Gründen auch immer – es nicht für notwendig erachtete, für das Vibrato eigens ein Zeichen einzuführen. Es war also keine *kodifizierte* Verzierung, und es ist anzunehmen, daß die Lautenisten mit dem Vibrato sehr freizügig umgingen; dabei dürfte die beim Lautenvibrato immer eine wesentliche Rolle spielende Klanggestaltung ein wichtiger Faktor gewesen sein.

Obwohl die beiden Engländer ROGERS (?) und MACE der französischen Lautenschule angehören, erfahren wir von ihnen auch etwas über die englische Praxis. Sie stellen fest, daß das Vibrato außer Gebrauch und nicht mehr

---

[623] M. MERSENNE, *Harmonie Vniverselle*, Paris 1636.
[624] (J. ROGERS?,) *The Burwell Lute Tutor*, Hs., c. 1660/1672; Faks. mit Einleitung von R. SPENCER, Leeds 1974.
[625] Th. MACE, *Musick's Monument*, London 1676.
[626] M. WAISSEL, *Lautenbuch*, Frankfurt a. d. Oder 1592, f. 10v.
[627] GB Lbl, Ms. Sloane 1021, f. 24r–27v: J. STOBAEUS, *De Methodo Studendi in Testudine*, Hs., Königsberg 1640. Die Erörterungen zum Mordanten: f. 25v–26r.
[628] J. B. BESARD, *Isagoge in artem testvdinarivm*, Augsburg 1617.
[629] R. DOWLAND, *Varietie of Lute Lessons*, London 1610, f. 6v.

modisch sei.⁶³⁰ Sinngemäß schreibt das auch schon MERSENNE in seiner *Harmonie Vniverselle*:⁶³¹

> ...pas maintenant si vsité que par le passé... les modernes l'ont reietté... parce que les anciens en vsoient presque par tout.

Dennoch treten sowohl Mersenne als auch Mace für das Vibrato ein, allerdings stellen sie die Bedingung, es nicht zu oft anzuwenden.
Bei MERSENNE lesen wir:⁶³²

> Quant au verre cassé, ie l'adiouste icy, encore qu'il ne soit pas maintenant si vsité que par le passé dautant qu'il a fort bonne grace, quand on le fait bien à propos: & l'vne des raisons pour laquelle les modernes l'ont reietté, est parce que les anciens en vsoient presque par tout. Mais puis qu'il est aussi vitieux de n'en point faire du tout, comme d'en faire trop souuent, il faut vser de mediocrité, la figure est ↣, la virgule precedente suiuie d'vn point.

> [Was nun das Verre cassé betrifft, ich füge es hier bei, obwohl es heutzutage nicht mehr so gebräuchlich ist wie früher, auch wenn es sehr anmutig ist, wenn man es am rechten Ort anbringt. Einer der Gründe, weshalb die Modernen es verworfen haben, ist eben, weil die Alten es fast überall verwendeten. Aber da ein Verzicht genauso falsch ist wie eine zu häufige Anwendung, sollte man es mit Maß verwenden. Das Zeichen ist ↣, das vorgenannte Komma mit einem Punkt dahinter.]

Und bei MACE heißt es:⁶³³

> The *Sting*, is another very *Neat, and Pritty Grace;* (But not *Modish* in *These Days*) yet, for some sorts of *Humours*, very *Excellent;* And is *Thus* done, (upon a *Long Note*, and a *Single String*) first strike your *Note*, and so soon as It is struck, *hold your Finger (but not too Hard) stopt* upon the *Place*, (letting your *Thumb loose*) and *wave your Hand (Exactly) downwards, and upwards, several Times, from the Nut, to the Bridge;* by which *Motion, your Finger will draw, or strech the String a little upwards, and downwards, so,* as to make the Sound seem to *Swell* with pritty *unexpected Humour*, and gives much *Contentment, upon Cases.*

[Übersetzung s. oben S. 45.]

Auch von PICCININI aus Italien erfahren wir, daß das Vibrato eher sparsam angewendet wird, und zwar deshalb, weil es ein Freihandvibrato ist *(„perche vuol libera la mano")*;⁶³⁴ er führt den seltenen Vibratoeinsatz also nicht, wie Mersenne und Mace, auf ästhetische Gründe zurück, sondern auf spieltechnische.

Schriften, die das Vibrato fast ausschließlich hinsichtlich seiner technischen Ausführung behandeln, sind keine Seltenheit. Der deutsche Theoretiker und Lautenist BARON äußert sich aber auch über den Charakter dieser Verzierung: *„das Wesen aber und Natur des Mordanten bestehet in einem angenehmen Zweiffel oder in ancipiti".*⁶³⁵

Aus diesen verschiedenen theoretischen Schriften geht jedoch nicht klar hervor, an welchen Stellen nun eigentlich vibriert wurde. So kann man von einem Glücksfall sprechen, daß einige Lautenisten und Gitarristen in ihren Tabulaturen Vibrati eingetragen haben, wenn auch nicht in der exakten Weise, wie wir es von den französischen Gambisten her kennen. Das Vibrato kommt bei

---

⁶³⁰ (J. ROGERS?,) a.a.O., f. 35r: „noo more in use." Th. MACE, a.a.O., S. 109: „not Modish in These Days."
⁶³¹ M. MERSENNE, *Harmonie Vniverselle* a.a.O., Liure II Traité des instrumens a chordes, S. 81.
⁶³² Ebd. Dieser Stelle folgt dann eine technische Erklärung des Vibratos, die bereits im ersten Teil dieser Arbeit zitiert worden ist (s. S. 44).
⁶³³ Th. MACE, a.a.O., S. 109.
⁶³⁴ A. PICCININI, *Intavolatura di Livto, et di chitarrone libro primo*, Bologna 1623; Faks., Bologna 1962, S. 4.
⁶³⁵ E. G. BARON, *Historisch-Theoretisch und Pracktische Untersuchung des Instruments der Lauten*, Nürnberg 1727, S. 169.

den Lautenisten jedoch nicht so oft vor wie bei den Gambisten Marais; sie betrachten es als eine Verzierung, von der eher selten Gebrauch zu machen ist. Bei den italienischen Gitarristen fällt es – im Gegensatz zur späteren Gitarren- und Lautenmusik in Frankreich und Deutschland – sehr schwer, eine Beziehung zwischen Vibrato und Affekt herzustellen.

1. DIE ITALIENISCHEN GITARRISTEN IM 17. JAHRHUNDERT

Den überlieferten Musikquellen kann man entnehmen, daß das Vibrato vorwiegend auf den oberen Saiten mit dem kleinen Finger erzeugt wurde. Wohl aus Gründen der Klanggestaltung und der Tragfähigkeit wegen vibrierte man sehr häufig auf Schlußnoten.

FOSCARINI, der berühmteste Gitarrist der ersten Generation, ist mit dem Vibrato noch sehr zurückhaltend, wir finden es bei ihm extrem selten. Als atypisches Beispiel eine Stelle aus der *Ciacona Variata* (Vibratozeichen: ⋈):[636]

Das Vibrato wird hier wohl als Effekt und als Kontrast auch zum vorhergehenden Abschnitt eingesetzt.

Ebenfalls wenig Vibrati finden wir in den Werken von Pellegrini. Bei den anderen italienischen Gitarristen ist ein häufigerer Vibratoeinsatz dann festzustellen, wenn sie das Punteado (Spiel in Einzeltönen) pflegen; für die Abschnitte in Alfabeto-Notation (Akkord-Kurzschrift) ist das Vibrato doch zu subtil. Leider geben die wenigen Quellen nur ungenügend Auskunft über die genauen Anwendungsbereiche des Vibratos. Logischerweise kommt das Vibrato in eher langsamen Stücken und melodischen Passagen vor. Bei Bartollotti fällt auf, daß gerne in Sarabanden und Correnten vibriert wird; dabei kann man feststellen, daß das Vibrato – wie in Frankreich – oft zur rhythmischen Akzentuierung dient, vor allem, wenn sich die Betonung ändert.

Sehr selten ist das Vibrato in Kombination mit anderen Verzierungen anzutreffen. Einzelfälle sind u.a. in den *Armoniosi toni di varie Suonate* und in den *Capricci armonici* von GRANATA[637] enthalten (Vibrato-Zeichen: ff).

---

[636] (G. P. FOSCARINI,) *Li Cinque Libri della Chitarra alla Spagnola*, Roma 1640; Faks. mit Einleitung von P. PAOLINI (*Archivum Musicum* 20), Firenze 1979, S. 91.

[637] G. B. GRANATA, *Capricci armonici sopra la Chittariglia spagnuola*, Bologna 1646, S. 3. Vgl. auch DERS., *Armoniosi toni di varie Suonate Musicali per la Chitarra Spagnuola*, Bologna 1684, S. 35; vgl. auch die Vibratobezeichnungen bei L. RONCALLI, *Capricci Armonici sopra la Chitarra spagnola*, Bergamo 1692.

2. DAS ÜBRIGE EUROPA

Mace deutete an, daß man das Vibrato nicht bei jeder beliebigen Stelle anwenden soll. Die durch diesen zweckgebundenen Einsatz erreichte Wirkung wird auch von Mersenne gelobt *(quand on le fait bien à propos)* und ist in zahlreichen Lautenstücken mit traurigem Charakter (etwa Plaintes, Tombeaux), in denen Vibrati eingetragen worden sind, überliefert. Das affektgebundene Vibrato soll in erster Linie das Weinen und Trauern darstellen. Dazu ein Beispiel von S. L. WEISS, der Tombeau für den Grafen Logy (Vibratozeichen: ⁓ und x):[638]

---

[638] GB Lbl, Add. ms. 30 387, f. 150v–151r: S. L. WEISS, *Tombeau sur la Mort de M.^{er} Comte d'Logij arrivee*, 1721; der zitierte Abschnitt: f. 150v, Transkription in EdM 12, S. 112–113. Hier wird jedoch die Wellenlinie ⁓ als Pralltriller und das Zeichen × als Mordent gedeutet.

Man beachte hier nun den Charakterunterschied der Vibrati auf den oberen Saiten (notiert mit kleinen Wellen ⁓, Ende der ersten und Beginn der zweiten Zeile) sowie jener der unteren Saiten (notiert mit kleinen Kreuzen x, vierte und fünfte Zeile). BARON meinte, daß Vibrati der oberen und unteren Saiten „*zwar ebendieselbe Natur*" hätten, nur „*ihr modus tractendi*" sei „*von der ersten Art gantz und gar unterschieden*".[639] In diesem Beispiel ist aber auch die „Natur" verschieden: Die ersten Vibrati scheinen die Trauer, die zweiten eher die Todesglocken darstellen zu wollen.

Ähnliche Beispiele für Lautenvibrati in traurigen Stücken findet man sehr häufig; dabei fällt auf, daß die Lautenisten öfter als die Gambisten speziell das Weinen durch ein Vibrato ausdrücken. Wie diese kannten auch die Lautenisten das betonende Vibrato, sowohl in rhythmischen als auch in melodischen Sätzen. Eine Kombination des „traurigen" Vibratos mit dem „betonenden" finden wir z.B. in einem Lautenstück von RADOLT (Vibratozeichen: ♯):[640]

---

[639] E. G. BARON, a.a.O., S. 169.
[640] W. L. VON RADOLT, *Die AllerTreüeste Verschwigneste und nach so wohl Fröhlichen als Traurigen Humor sich richtende Freindin...* Wien 1701, S. 17; Transkription in: *DTÖ* 50, S. 34.

Radolt wendet hier – im Vergleich zu seinen anderen Stücken – das Vibrato besonders häufig an, und seine Erläuterung des Vibratozeichens stimmt wörtlich mit Hinterleithner überein: *„Das doppelte Creutzlein bedeutet eine feste Anhaltung | und Schwanckung deß Fingers | nemblich einen Tremulanten."*[641]

Die markantesten Merkmale und bevorzugten Anwendungsbereiche des Gitarren- und Lautenvibratos sind also – kurz zusammengefaßt – folgende:

Eine wesentliche Rolle spielen sanfte, liebliche, traurige und bisweilen auch dramatische Momente.

Dem Vibrato kann auch eine betonende Wirkung verliehen werden, folglich erscheint es oft – wie es auch die Gambisten pflegten – bei Rhythmuswechsel, auf den höchsten Tönen eines Stückes oder bei Ruhepunkten.

Die Klanggestaltung bzw. -bereicherung kann mit ein Grund sein für den Vibratoeinsatz auf langen Noten. So haben die italienischen Gitarristen in ihren Vorreden vielfach darauf hingewiesen, daß das Vibrato den Ton länger nachklingen läßt; das erklärt zum einen Teil auch die Vibrati auf langen, hohen und isolierten Noten oder bei Schlußnoten, zum anderen Teil kann auf diese Weise sowohl Traurigkeit als auch Dramatik hervorgehoben werden.

Allgemein können wir festhalten, daß die Lautenisten und Gitarristen das Vibrato ähnlich wie die Gambisten einsetzten – nur nicht in dieser Häufigkeit. Was die Notierung betrifft, so haben die französischen Lautenisten ihre Vibrati nie so konsequent bezeichnet wie die französischen Gambisten (bei den Gaultiers z.B. waren keine Zeichen zu finden). Stellt der Gambist Marais, was die Vibratohäufigkeit angeht, gewissermaßen die Obergrenze dar, nähern sich die Lautenisten und Gitarristen deutlich der Untergrenze. Ein kontinuierliches Vibrato auf der Laute oder Gitarre ist im Barock nicht üblich gewesen.

---

[641] Ebd., Vorrede, S. (3). Zitat Hinterleithner aus: *DTÖ* 50, S. XI.

IX

Das Vibrato in Italien

Nach der auch qualitativ sehr ergiebigen Quellenflut, die mit den Reformierern Anfang des 17. Jahrhunderts Hand in Hand ging, erscheinen in Italien im Vergleich zu den anderen europäischen Musikländern relativ wenig Theoretika im Druck. Ein großer Mangel ist vor allem bei Vokal- und Instrumentalschulen im späten 17. und frühen 18. Jahrhundert festzustellen. Da mir leider auch nur wenige handschriftliche Werke zugänglich waren, kann hier nur ein unvollständiges Bild über das Vibrato in Italien gegeben werden.

In den gedruckten Theoretika vor Tartini blieb das Vibrato, wiederum im Vergleich zu den anderen Ländern Europas, auffallend oft unerwähnt. Einige wichtige Werke behandeln es gar nicht[642] und in anderen wieder schreibt man über das Vibrato nur im spekulativ-wissenschaftlichen Sinn. So sind die Aussagen von TEVO in seiner Schrift *Musico testore* für den heutigen Praktiker nur sehr bedingt interessant:

> Tanto sono le variationi delle Voci, che quasi sarebbe impossibile rappresentarle tutte; pure ne spiegaremo alcune. Per la varia constitutione dell'organo, si variano anche le voci; onde alcune sono grandi, e picciole; altre acute, e gravi; altri leni, & aspre; constanti, e tremole; forti, e deboli; crasse, e sottili; chiare, e rauche; altre allegre, altre fievoli, e meste, la quale varietà può avvenire dalle naturale costitutione della Laryngie...[643]

> [Es gibt so viele verschiedene Stimmarten, daß es fast unmöglich ist, sie alle darzustellen; wir werden also nur einige erläutern. Nach der verschiedenen Beschaffenheit des Organs unterscheiden sich auch die Stimmen; daher sind manche groß oder klein; andere sind hoch oder tief; andere geschmeidig oder rauh; fest oder bebend; stark oder schwach; gewaltig oder fein; hell oder heiser; andere fröhlich; andere matt und betrübt; und diese Verschiedenheit kann die Folge sein der natürlichen Beschaffenheit des Kehlkopfs.]

> ...il timore fà la voce poca, tremola, e spezzata.[644]

> [Angst macht die Stimme klein, bebend und gebrochen.]

TOSI äußert sich ebenfalls nur vage zu diesem Thema, auch fügt er seinen Ausführungen keine einschlägigen Notenbeispiele bei, so daß er für den heutigen Interpreten keine sehr große Hilfe darstellt. Er mahnt zwar vor dem Fehler, „mit dem Tone immer hin und her zu flattern: nach Art derer, die mit dem übelsten

---

[642] In einigen wichtigen Schriften aus der 2. H. des 17. Jh.s wird das Vibrato nicht erwähnt. Viele davon sind jedoch sehr spekulativ-theoretisch. Aber auch in Traktaten, die sich eher an Praktiker richten, oder beschreibenden Quellen (etwa in Berichten über Virtuosen usw.) wird das Vibrato kaum erwähnt. Bei den verschiedenen *Primi Elementi* und *Primi Ammaestramenti* mag dies noch einleuchten; aber das Vibrato wird auch nicht in solchen Schriften erwähnt, die sich bereits an ein anspruchsvolleres Publikum wenden. Beispiel: B. MARCELLO, *Il Teatro alla Moda*, (Venezia) c. 1720, und ähnliche satirische Publikationen.
[643] Z. TEVO, *Il Musico testore*, Venezia 1706, S. 53. Ähnliche Aussagen auch in spanischen Quellen, z.B. bei P. NASSARRE, *Escvela mvsica*, Zaragoza 1723, S. 51; oder bei A. LORENTE, *El porque de la musica*, Alcalá de Henares 1672, S. 226.
[644] Z. TEVO, a.a.O., S. 36.

Geschmacke singen" *("il difetto di svolazzar sempre all'uso di chi canta di pessimo gusto"),* weil der Schüler auf langen Haltungen „zittere und ... hin und her wanke" *(„titubi, o vacilli"),*[645] das gehört aber eigentlich nicht hierher, sondern zur elementaren Gesangstechnik; vor dieser Unart wird, wie wir im ersten Teil dieser Arbeit schon gesehen haben, ja in jeder besseren Gesangsschule gewarnt. Ein ganz normales Verzierungsvibrato konnte ich bei ihm aber nicht finden.[646] Einige der kombinierten Verzierungen scheinen zwar Vibrati zu beinhalten, jedoch wird das von Tosi nicht angeraten. Das Fehlen von Notenbeispielen und seine nicht immer klare Formulierung erschweren natürlich die Interpretation seiner Texte.

So könnte die sechste Trillerart als ein langsames Vibrato angesehen werden, das in einen Ganz- oder Halbtontriller übergeht; er nennt diese Trillerart *Trillo lento* und sagt, daß sie höchstens ein einziges Mal gefallen könne:[647]

> Il sesto è il Trillo lento, che porta anch'esso le sue qualità nel nome. Chi non lo studiasse crederei, che non dovesse perdere il concetto di buon Cantore, poichè s'egli e solo è un Tremolo affettato, se poi si unisce a poco a poco col primo, o col secondo Trillo, parmi che non possa piacere al più al più, che la prima volta.
>
> [Der sechste ist der langsame Triller, welcher auch durch seinen Namen schon seine Eigenschaften anzeiget. Wer sich gar nicht darauf übte, könnte, deucht mich, deswegen doch ein guter Sänger seyn: Denn wenn dieser Triller allein vor sich steht; so ist er nichts als ein affectirtes hin und her Wanken: wenn er aber nach und nach mit der ersten und zweyten Art der Triller vereiniget wird; so scheint mir, daß er aufs höchste nur das erstemal gefallen könne.]

Ähnliches kennen wir auch aus deutschen Quellen des ausgehenden 17. Jahrhunderts.[648] Die ästhetischen Vorbehalte Tosis hinsichtlich dieser Kombination sind im Zusammenhang mit seiner Abneigung gegen den manierierten Gesangsstil verständlich. Galliards Übersetzung legt hingegen einen Triller nahe, der sehr langsam anfängt *(tremolo affettato)* und nach und nach, graduell beschleunigend, in einen echten Triller übergeht.

Viele Vergleichsmöglichkeiten haben wir wegen der bescheidenen Quellenlage nicht. Wir wissen aus einigen Sängerbeschreibungen lediglich, daß es ein *Tremolo* – nun wohl eindeutig im Sinne von Vibrato – gab, und daß man darunter eine bewußt eingesetzte Verzierung verstand;[649] nur geht nirgends klar die Anwendungshäufigkeit hervor. Es scheint lediglich gesichert zu sein, daß der Einsatz affektbezogen erfolgte. In seiner *Anweisung zum musikalisch-zierlichen Gesange* erklärt HILLER die Bebung und erwähnt dabei, daß der berühmte Altkastrat Carestini „*oft, und immer mit sehr gutem Erfolge*"[650] Verzierungsvibrati angewendet habe. Es gibt mehrere Berichte über den Sänger Carestini, jedoch in keinem anderen wird diese Eigenart angesprochen. MANCINI berichtet zwar, daß Carestini von Natur aus eine schöne Stimme hatte, die er durch Studium jedem Gesangsstil anpassen konnte *(„renderla atta in ogni genere di canto"),* jedoch erfahren wir nichts über einen eventuellen Einsatz von Verzierungsvibrati; er

---

[645] P. TOSI, *Opinioni de' Cantori antichi, e moderni o sieno osservazioni sopra il Canto figurato,* Bologna 1723, S. 16f. – P. TOSI – J. F. AGRICOLA, *Anleitung zur Singkunst,* Berlin 1757, S. 47.
[646] P. TOSI, a.a.O., S. 105f.: Tosi erwähnt zwar einen *Mordente fresco,* offenbar einem Chevrotement verwandt; er nennt diese Verzierung ja auch *cantar comme i grilli* und redet dabei über *un certo tremor di voce.*
[647] Ebd., S. 27. Deutsche Übersetzung: J. F. AGRICOLA, a.a.O., S. 100–101.
[648] So z.B. bei J. C. STIERLEIN, *Trifolivm Mvsicale,* Stuttgart 1691, S. 17.
[649] So z.B. in *La Miniera del Diamante,* Bologna 1697, S. 15; T. CRUDELI, *In Lode del Signor Carlo Broschi detto Farinello,* Firenze 1734, S. 11. Keine dieser beiden Quellen enthält jedoch eindeutige Beschreibungen, es wird nur darauf hingewiesen, daß bei entsprechendem Affekt eine Voce tremante als Positivum betrachtet wurde.
[650] J. A. HILLER, *Anweisung zum musikalisch-zierlichen Gesange,* Leipzig 1780, S. 76.

berichtet nur noch, daß sein Gesang auserlesen, entschlossen und erhaben gewesen sei *("il suo cantare fù scelto, deciso, e sublime")*.[651] Freilich werden auch andere Sänger das Verzierungsvibrato gepflegt haben, vielleicht sah man diese Praxis gar nicht als Besonderheit; das würde auch erklären, warum darüber in den Quellen so wenig zu finden ist. HILLER gibt in seinen Ausführungen zur Bebung das Verzierungsvibrato Carestinis sozusagen als ästhetisch gutes Beispiel an,[652] er verschweigt jedoch, wann und wo Carestini das Verzierungsvibrato einsetzte. Andere Ausländer, die über den italienischen Stil schreiben, legen einen Einsatz bei langen Haltetönen nahe, so z.B. CORRETTE (*„quelque fois sur des tenües"*[653]) oder DE LUSSE, der meint, das Vibrato bereichere die Melodie, wenn man es am rechten Ort anbringe (*„qui prête beaucoup à la mélodie, lorsqu'on l'emploie à propos"*[654]). Wir haben es also hier mit sehr vagen Aussagen zu tun.

Die einzige zuverlässige Quelle scheint uns wohl TARTINI hinterlassen zu haben.[655] Seine Abhandlungen zum Thema Vibrato haben eine deutlich rationalistisch-wissenschaftliche Basis. Die Erklärung des Vibratos, ja seine Legitimierung leitet er aus der Natur ab. Nun ist aber, laut Tartini, bei Sängern ein Naturvibrato nur sehr selten vorhanden, er zieht es also nicht als Klangvergleich bei der Besprechung des künstlerischen Geigenvibratos heran. Jede weitere Erwähnung eines Vokalvibratos ist bei Tartini ein *Verzierungs*vibrato; dabei ist interessant, daß er immer das Vibrato eines professionellen Sängers meint.

Auffallend ist sein Verbot, auf einer Messa di voce zu vibrieren.[656] Er legt dies aus harmonischen Gründen nahe – die Messa di voce vertrage ausschließlich reinste Intervalle – und beruft sich auf die professionellen Sänger, die eine Messa di voce ohne auch nur eine Spur von Vibrato auszuführen hätten. Tartini ist einer der wenigen überhaupt, die ein absolutes Non-Vibrato erwähnen. Seine Warnung ist n i c h t mit jenen zu vergleichen, die in jeder guten Gesangsschule enthalten sind: Der Unterschied besteht darin, daß sich Tartini gegen ein g e k o n n t e s Vibrato wendet, nicht gegen ein unbeabsichtigtes Wanken aus mangelnder Stimmtechnik. Soweit mir bekannt ist, vertritt TARTINI als einziger die Auffassung, auf einer Messa di voce kein Verzierungsvibrato anzubringen:[657]

> Questo modo è escluso affatto dalle messe di voce, nelle quali perfettamente si deve imitare la voce umana non solo, ma la natura stessa immediata della perfetta intonazione in punto Matematico, cioè data l'intonazione della nota innalterabilmente dev'essere quella identica nella messa di voce, il che è incompatibile col Tremolio, ossia ondeggiamento della voce, in cui l'intonazione non è mai nel suo punto fisso, ma o eccede, o manca, sebbene insensibilmente...
>
> [Diese Verzierung wird niemals bei Messe di voce angewendet, weil dies nicht nur die menschliche Stimme, sondern auch die Natur selbst der völlig reinen Intonation mit mathematischer Genauigkeit wiedergeben soll; das heißt, daß die Intonation bei einer

---

[651] G. B. MANCINI, *Pensieri, e riflessioni sopra il canto figurato*, Wien 1774, S. 18. Zu Carestini vgl. auch S. MAMY, *L'influence des chanteurs napolitains sur l'évolution de l'opéra baroque tardif vénitien*..., Diss., Paris 1983, v.a. S. 194, 199, 207, 211, 466 und 596.

[652] J. A. HILLER, a.a.O., S. 76. Diese Aussage Hillers ist auch gesangstechnisch wichtig, da sie das Verzierungsvibrato für die italienische Belcantoschule belegt und so ein größeres kontinuierliches Vokalvibrato ausschließt. Vgl. auch den Abschnitt über das Vokalvibrato im ersten Teil, s. S. 15ff.

[653] M. CORRETTE, *Le parfait Maître à Chanter*, Paris 1758, S. 50.

[654] DE LUSSE, *L'Art de la Flûte Traversière*, Paris c. 1760, S. 9.

[655] G. TARTINI, *Regole per arrivare a saper ben suonare il Violino*, Hs., vor 1750; Faks. mit Einleitung von E. R. JACOBI, Celle-New York 1961, S. 15.

[656] Ebd., S. 16. Vgl. dazu auch J. O. ROBINSON, *The messa di voce as an instrumental ornament in the seventeenth and eighteenth centuries*, in: MR 43, 1 (1982), S. 4; dieses Problem wird hier jedoch nicht sehr eingehend behandelt.

[657] G. TARTINI, a.a.O., S. 16.

Messa di voce auf keinen Fall verändert werden darf; dies wäre aber nicht mit dem Beben (Tremolio) bzw. der Schwingung vereinbar, weil dann die Intonation nicht an ihrem festen Punkt bleiben könnte, sondern zu einem, wenn auch unhörbaren An- und Absteigen gebracht würde.]

Auf diese Tatsache könnte SACCHI in seiner Darstellung des vokalen Gesangsvibratos hinweisen:[658]

> I maestri del canto ragionano assai lungamente della *messa* di voce. Questo è un accrescere grado a grado la forza della voce infino a certo segno tenendola sempre ferma nel medesimo grado di acutezza, e di poi allo stesso modo, ma per contrario di diminuendola.
>
> [Die Gesangslehrer besprechen ziemlich ausführlich die Messa di voce. Es ist ein allmähliches Anwachsen der Stimmstärke bis zu einem gewissen Zeichen, während man (die Stimme) immer fest auf derselben Tonhöhe hält, und von da an gleicherweise, aber im Gegenteil abnehmend.]

Möglicherweise hat er aber auch nur dasselbe gemeint, was schon Tosi über die Messa di voce sagte.

Inwiefern das Verbot – kein Vibrato auf einer Messa di voce – auch außerhalb der Tartini-Schule eingehalten worden ist, war nicht nachzuprüfen, da darüber die meisten Schriften keine Auskunft geben.

Eher noch ist das Gegenteil überliefert, nämlich die Anwendung des Vibratos gerade bei der Messa di voce. So gehört z.B. für NORTH das Vibrato untrennbar zur Messa di voce, auch L. MOZART geht in seiner Violinschule mit Tartinis Ansicht, auf einer Messa di voce nicht zu vibrieren, nicht konform, obwohl er den anderen Ausführungsvorschlägen Tartinis zustimmt.[659]

TARTINI selbst scheint das Vibrato recht häufig hören zu wollen. Es ist verlockend, hier Bezüge zu Carestini herzustellen:[660]

> ... questo modo ha ottimo effetto nell'ultima nota di qualunque Cadenza, che sia nota ferma, e lunga, e fa bene per il Suono, e per il Canto. Procede l'ottimo effetto dalla natura stessa del Suono, perché data l'ultima percossa, o ad una Corda di Cembalo, o ad una Campana, o ad una Corda vuota di Stromento d'Arco, la natura stessa del Suono continua, e mantiene il Tremolio per qualche spazio di tempo.
> Parimenti ha ottimo effetto nelle note ferme di qualunque Composizione in qualunque tempo, quando le note siano distribuite nel modo seguente; e questo dev'esser sempre eguale, e talmente a Battuta perfetta, che il Tremolio Forte cada sopra la seconda delle due note legate, segnata num.º 2; e il Piano sopra la prima segnata num.º 1, è regola generale. Segue l'esempio con il Tremolio espresso

---
[658] G. SACCHI, *Vita del cavaliere don Carlo Broschi*, Vinegia 1784, S. 11.
[659] L. MOZART, *Gründliche Violinschule*, Augsburg ³1787, S. 243f.
[660] G. TARTINI, a.a.O., S. 16. Vgl. auch L. MOZART, a.a.O., S. 243–246.

Finalmente ha ottimo effetto a due Corde di nota ferma nel seguente modo; ma si avverta, che in Tempo Ordinario il Forte cade sopra il num.º 1; il Piano sopra il num.º 2, ma in Tripola il Forte cade sopra il ñ. 2, il Piano sopra il ñ. 1. segue l'esempio col Tremolio espresso

[Übersetzung dieses Zitates s. oben S. 80f.]

Auch hier, beim ornamentellen Kadenzvibrato, wieder ein Vergleich mit dem Gesang. Tartini geht nicht mehr näher auf ein Naturvibrato ein, der Vergleich mit dem Gesang bezieht sich hier auf Verzierungsvibrato, also nicht auf ein Kontinuum.

Das oben erwähnte Vibrato auf Synkopen gibt es in ganz Europa und diente zur Betonung des Rhythmus. Beim ornamentellen Kadenzvibrato haben wir wieder einen Vergleich mit dem Gesang.

Tartini – und folglich auch L. Mozart – sind die einzigen, die ein Violinvibrato auf Doppelgriffen erwähnen. Das schließt natürlich ein solches bei anderen Geigern nicht aus: Obwohl darüber in Traktaten nichts berichtet wird, haben uns französische Gambisten in ihren Noten Zeichen für Vibrati bei Doppelgriffen überliefert.

Die Tartini-Schule war u.a. auch wegen des Vibratos bekannt. Das kann nun bedeuten, daß in der Zeit vorher weniger oder anders vibriert worden ist: 1733 schreibt HEBERT über das Vibrato:[661]

> ... ceux qui excellent en ce point sont trés rares, je n'en n'ai connù que deux ou trois en jtalie que je ne nomme point pour ne point faire tort aux autres.
>
> [Nur sehr wenige beherrschen diesen Punkt vortrefflich; ich habe nur zwei oder drei in Italien gekannt, aber ich werde sie nicht nennen, um den anderen kein Unrecht anzutun.]

Auch hier handelt es sich um ein Vibrato, das als Verzierung eingesetzt wird, zugleich aber auch in der Tongestaltung eine Rolle spielt. Leider erfahren wir nichts über die Anwendungshäufigkeit.

Auch GEMINIANIs eingehende Beschreibung der Anwendung des Vibratos bezieht sich nicht nur auf die italienische Praxis. Einerseits ist seine Ästhetik sehr von seinem Gastland, England, beeinflußt, andererseits bleibt sein Stil natürlich grosso modo italienisch. Die streng rhetorischen Bindungen seiner beiden ersten Vibratoarten (s. Tabelle S. 151) sind wesentlich stärker der barocken Tradition verhaftet, als das bei Tartini der Fall ist; sein drittes Vibrato dient zur Klangbereicherung kürzerer Notenwerte. Im Vergleich dazu enthalten Tartinis Vibratobeschreibungen (langsam egale – schnell egale – beschleunigend) keine deutliche Unterscheidung zwischen affektgebundenen Vibrati und solchen, die der Klangverschönerung dienen. Tartinis Anwendungsvorschläge entsprechen vielmehr der späteren Ästhetik, die das Vibrato letztendlich vor allem als Klangbelebung sieht, die vielleicht noch mit Lieblichkeit einhergeht.

---

[661] GB Lbl, Add. ms. 6137: C. HEBERT, Traité de L'Harmonie des sons et de leurs rapports ou La Musique theorique, et pratique ancienne et moderne examineè dés son origine, Hs., Boulogne 1733, S. 456 (= f. 258v).

Das Tartini-Vibrato wird von FANZAGO in seiner Schrift *Elogo di Giuseppe Tartini* als besonderes Charakteristikum erwähnt, und zwar – darauf sei extra hingewiesen – als Verzierung:[662]

> Versano questi lezioni sopra i varj generi di Appoggiature, di Trilli, Tremoli, e Mordenti, circa i modi naturali, semplici, e composti, i moti di Cadenza, i siti di Cantilèna; le finali cadenze naturali, artifiziali, arbitrarie, e cent' altri peregrini erudimenti M.S.

> [Dieser Unterricht handelte über die verschiedenen Arten von Appoggiaturen, Triller, Vibrati, Mordenten, im Zusammenhang mit den natürlichen, einfachen und zusammengesetzten Modi; die Kadenzbewegungen, die Melodiefortschreitungen, die natürlichen, künstlichen und willkürlichen Schlußkadenzen und hundert andere vortreffliche gelehrte Sachen.]

Vielleicht meint auch GALEAZZI die Tartini-Schüler, wenn er Geiger rügt, die das Vibrato bei zu vielen Gelegenheiten einsetzen:[663]

> Non manca chi a' suaccennati artificj ne aggiunge un altro detto tremolo...
> per costoro non ingrato, ma queste sono vere verissime stonature, che non posson piacere se non a chi vi è avvezza, e che devono affatto dalla Musica proscriversi presso chiunque di buon gusto è fornito.

> [Vgl. oben S. 82.]

Ähnlich wie sich Tartini für ein Vibratoverbot bei der Messa di voce einsetzt, spricht sich hier auch Galeazzi aus Gründen einer sauberen Intonation (*„intonazione vacillante"*) gegen ein zu häufiges Vibrato aus. Diese Abneigung scheint an der Schwelle des 19. Jahrhunderts überhaupt einer gesamteuropäischen Tendenz zu entsprechen. Anders als in Tartinis Ästhetik wird das Vibrato nicht mehr aus der Natur legitimiert. Die Natur war zwar für beide Vorbild ihres Spiels, nur: Tartini will mit seinem Kunstvibrato die Natur nachahmen, und Galeazzi dagegen betrachtet ein „künstliches" Vibrato als unnatürlich. Auffallend in diesem Zusammenhang ist, daß RANGONI in seinen ansonsten doch sehr aufschlußreichen Beschreibungen der Geiger Nardini, Lolli und Pugnani nirgends ein Vibrato erwähnt.[664]

Aus den wenigen Quellen mit Vibratoeintragungen, die uns erhalten geblieben sind, kann man nur ableiten, daß in Italien, wie im übrigen Europa, das Vibrato k e i n Kontinuum, sondern eine Verzierung war, die man an geeigneten Stellen anbrachte. Die Anwendungsfrequenz wird sich wohl individuell unterschieden haben. Ich glaube fast sagen zu können, daß Verzierungsvibrati – zumindest von den Sängern – nicht sehr oft eingesetzt worden sind. Jedenfalls sind in den erhaltenen italienischen Musikquellen kaum Vibratozeichen (Wellenlinien etc.) eingetragen; die wenigen Vibrati, die zu finden sind, lassen nicht auf einen häufigen Gebrauch schließen.

Als Beispiel möchte ich nun eine Stelle aus der Oper *Polifemo* von PORPORA[665] anführen, in der die Bezeichnung *„tremolo"* höchstwahrscheinlich ein Vibrato und nicht einen Tremulanten anzeigt (obwohl das Wort *Tremolo* für beides stehen kann):

---

[662] F. FANZAGO, *Elogo di Giuseppe Tartini*, Padova 1792, S. 31.
[663] F. GALEAZZI, *Elementi teorico-pratici di musica con un Saggio sopra l'arte di suonare il violino*, Roma 1791, S. 183.
[664] G. B. RANGONI, *Saggio sul gusto della musica col carattere de' tre celebri sonatori di violino i signori Nardini, Lolli, e Pugnani*, Livorno 1790.
[665] B Bc, 5498Z FJG: N. PORPORA, *Polifemo*, Hs., c. 1734/36, S. 71–74; vgl. GB Lbl, RM 23 a 7–9; DERS., Dass., Hs., London 1735, Atto secondo, RM 23 a 8, f. 23v–24v. Die Rolle des Aci wurde von Farinelli gesungen.

X

Das Vibrato in Frankreich im 18. Jahrhundert

1. TERMINOLOGIE

Auch im weiteren Verlauf des 18. Jahrhunderts betrachten die französischen Theoretiker das Vibrato fast ausschließlich als eine Verzierung, deren Charakter weitgehend mit dem des Vibratos übereinstimmt, das in der Lully-Zeit beschrieben wird. Dieser Charakter kommt auch weiterhin in den verschiedenen Vibratobezeichnungen zum Ausdruck: Das Vibrato heißt meist *Flattement* (instrumental), was den schmeichlerischen Charakter, oder *Balancement,* was wohl die schwingende Bewegung betont; auch die Bezeichnung *Flatté* war üblich. MONTECLAIR bedauert das Fehlen einer einheitlichen Terminologie für die Verzierungen – jeder Instrumentalist, aber auch die Gesangslehrer bedienten sich unterschiedlicher Termini:[666]

> Le Flatté, est ainsi nommé par les Maitres de Viole; les joüeurs de Violon l'apellent tremblem! mineur, il y a des Maitres à Chanter qui l'apellent Battem!, il en est presque de même de tous les autres agréments ausquels on donne differentes figures et differents noms ...
>
> [Der Flatté wird von den Gambenlehrern so genannt; die Violinspieler nennen ihn Tremblement mineur; es gibt Gesangslehrer, die ihn Battement nennen; und so ergeht es fast allen Verzierungen, denen man verschiedene Zeichen und verschiedene Namen gibt ...]

Montéclair fügt nicht hinzu, daß bei Holzbläsern auch der Ausdruck *Tremblement mineur* verwendet wurde – wenn auch an zweiter Stelle, nach dem üblichen Flattement oder Flatté.[667] Die Bezeichnung *Battement* für das Vokalvibrato habe ich nur bei ihm gefunden. Allerdings sehen einige Autoren das Vibrato als Grenzfall des *Martellement* an – nun sind bekanntlich Battement, Martellement und Pincé oft mehr oder weniger gleichbedeutend.[668] Aus anderen Quellen, z.B. Instrumentalschulen oder Vorreden, erfahren wir lediglich, daß das Vibrato von den Instrumentalisten *Flattement* genannt wird. Diese Bezeichnung finden wir bei den Gambisten, Flötisten und in einer Schule für Musette.[669] Wenn in den Gesangsschulen *Flatté* und *Balancement* nebeneinander verwendet werden, was bei Montéclair und seinen Nachfolgern der Fall ist, wird die Bedeutung von Balancement auf die Nachahmung des Orgeltremulanten (zu rhetorischen Zwecken) eingeengt. *Plainte* kann sich nur bei den Gambisten behaupten und stirbt als

---

[666] M. PIGNOLET DE MONTECLAIR, *Principes de Musique,* Paris 1736, S. 78.
[667] Nämlich Loulié und Hotteterre, und zwar unabhängig voneinander, s. oben S. 187f.
[668] *Battement* für Vibrato kam früher vor, und zwar in den Gambenschulen Rousseaus und Danovilles (s. oben S. 191ff.); dort war wohl zugleich auch die Klopfbewegung des Fingers gemeint. – *Battement* kann auch dasselbe bedeuten wie die deutsche *Schwebung,* im akustischen Sinn: das Schweben zweier ungleich gestimmter Noten. Zu *Martellement* s. unten S. 223.
[669] S. oben S. 98ff., 191ff. Alle Gambisten, die die Verzierungsliste bzw. die Anweisungen von Marais übernehmen, verwenden für das Zweifingervibrato die Bezeichnung *Pincé ou Flattement.* – J. M. HOTTETERRE, *Methode pour la Musette,* Paris 1738, S. 62–63.

Bezeichnung für Vibrato mit der Gambe aus, auch *Miaulement* und *Aspiration* werden in dieser Bedeutung in der Praxis nicht mehr verwendet. *Flattement* ist wohl die einzige alte Vibratobezeichnung, die sich in das 18. Jahrhundert hinübergerettet hat.

2. ANWENDUNG UND CHARAKTER

Die meisten Theoretiker sind sind darüber einig, daß letzten Endes der gute Geschmack *(„le bon goût")* über die Häufigkeit des Vibratos entscheidet. Praktisch bedeutet das im allgemeinen, daß eher auf langen Noten und in langsamen und sanften Stücken vibriert wird *(„doux et lent", „tendre")*; in der Vokalmusik ist auch der Text ausschlaggebend. Diese allgemeine Anleitung stimmt grob mit der im obigen Abschnitt (s. S. 191ff.) beschriebenen Praxis der Gambisten überein, die ja als einzige mit Konsequenz ihre Vibrati bezeichneten. Die seltenen übrigen Vibratobezeichnungen werden nach der anschließenden allgemeinen Erörterung zum Vergleich herangezogen.

Sehr eingehend wird das Vibrato von Montéclair beschrieben; seine Anweisungen dienen im folgenden als Basis. Manche spätere Schulwerke übernehmen – oft sehr ausführlich, wie z.B. die Vokallehre von BAILLEUX[670] – seine Theorien. MONTECLAIR macht eine klare Trennung zwischen *Balancement* und *Flatté*. Unter *Balancement* versteht er die vokale Tremulantimitation, der Einsatz erfolgt auch dementsprechend rhetorisch. Mit *Flatté* bezeichnet er das „normale" Vibrato, das durch *„aspirations douces"*[671] (sanfte Hauche) auf langen Noten und Fermaten zur Anwendung kommen soll:[672]

Da aus diesem Beispiel eventuell der Eindruck entstehen könnte, es möge auf allen nicht anders verzierten Noten vibriert werden, fügt Montéclair noch eine Warnung vor einem solchen übermäßigen Gebrauch des *Flatté* hinzu. Er scheint sich dabei auch gegen eine Kombination des *Flatté* mit anderen Verzierungen auszusprechen:[673]

[Brächte man den Flatté auf allen schweren Taktteilen an, so würde er unerträglich, da er den Gesang zittrig und zu einförmig machen würde.]

---

[670] A. BAILLEUX, *Méthode pour apprendre facilement la musique*, Paris 1770.
[671] M. PIGNOLET DE MONTECLAIR, a.a.O., S. 85.
[672] Ebd., S. 85.
[673] Ebd.

Auch in Montéclairs Beispielen zu anderen Verzierungen kommt das *Flatté* nur sehr selten vor, so im Beispiel zur *Coulade*:[674]

Hier wird das Vibrato, wie wir schon aus früheren Zeiten wissen, auf der höchsten Note einer Figur sowie auf der letzten Emphase vor einer Schlußkadenz eingesetzt.

Auch RAPARLIER verurteilt den übermäßigen Gebrauch des *Flatté*, da dadurch der Gesang zittrig und unerträglich werde („*tremblant & insupportable*"[675]); die Formulierung ist ähnlich wie bei Montéclair, auf dem ein Großteil seines Buches fußt. Nur ist die Ablehnung bei Raparlier entschieden stärker. Der Vorwurf, der Gesang sei zittrig und unerträglich, war in Frankreich wohl ein ernstes Problem für die Sänger, immer wieder werden diesbezüglich Kritiken von Franzosen und Ausländern laut. So beschwert sich Rameau darüber, daß ein solch übermäßiges Vibrieren dem Gesang allen Genuß nimmt. Auch der Engländer GUNN bezieht sich auf diese Gesangspraxis, als er über das Flötenvibrato schreibt:[676]

> ... that extravagant trembling of the voice which the French call *chevrotter*, to make a goat-like noise; for which the singers of the Opera at Paris have so often been ridiculed.

Obwohl sich die französischen Sänger oftmals wegen ihrer zitternden Stimme kritisieren lassen mußten, wird merkwürdigerweise das von den französischen Theoretikern beschriebene Vibrato nie mit dem *Chevrotement* in Verbindung gebracht, das ja immer als eine Folge des ins Meckern geratenen, zu schnellen Trillerns angesehen wurde,[677] während man das Vibrato im Prinzip eher als langsame und sanfte Verzierung beschrieb. Trotzdem ist das von Gunn genannte *chevrotter* in seiner Anwendung wahrscheinlich jenem Fehler, den auch Montéclair kritisiert, sehr ähnlich. Auch Rameaus *tremblotter* mag wohl dem übertriebenen Gebrauch des *Flatté* ziemlich entsprechen. Dabei fällt schließlich auf, daß einige Autoren, wie schon oben erwähnt worden ist, das Vibrato als Grenzfall des *Martellements* sehen, dadurch rückt es näher an das *Chevrotement*. Dazu ein Beispiel von LACASSAGNE:[678]

[Es gibt auch so unhörbare Martellements, daß man sie als einfache Schwingungen bzw. Bebungen auf einer einzigen Tonhöhe betrachten kann; diese kann man wie folgt bezeichnen: ⁓⁓⁓]

---

[674] Ebd., S. 87. Montéclair nennt 18 *Agréments*, dabei kommt das *Flatté* äußerst selten vor.
[675] RAPARLIER, *Principes de Musique*, Lille 1772, S. 24.
[676] J. GUNN, *The Art of Playing the German-Flute*, London 1793, S. 18.
[677] Vgl. dazu Kap. Vokalvibrato (Anhang 1: Chevrotement), S. 32.
[678] J. LACASSAGNE, *Traité Général des Elémens du Chant*, Paris 1766, S. 65.

Hier, wie in fast allen Theoretika, wird – wenn auch implizite – nur auf langen Noten vibriert. Ein Vibrato auf Schlußnoten kennen wir ja schon von Montéclair und auch aus den *Principes* von Hotteterre, der ohnedies an anderer Stelle vorschlägt, nahezu bei allen langen Noten zu vibrieren („*presque sur toutes les notes longues*"[679]). Das Vibrato auf langen Noten wird von BAILLEUX in seinen verschiedenen Schulen gemäß dem Muster Montéclairs übernommen, nur in seiner Violinschule erwähnt er ein – nach Montéclairs Lehre wohl abgelehntes – häufig auftretendes Vibrato; auf der Violine scheint man es nicht als unangenehm empfunden zu haben:[680]

Solch übermäßig lange Noten – mit oder ohne Messa di voce – mit Vibrati zu versehen, wirkt sich auf der Violine sicher nicht nachteilig aus.

Einige Autoren unterscheiden strenger, daß nicht auf allen langen Notenwerten, sondern besonders auf isolierten (langen) Noten vibriert werden soll. DE LUSSE erwähnt, das *Martellement* – allem Anschein nach ein Fingervibrato – möge nur auf *notes isolées*[681] ausgeführt werden, ohne jedoch dazu detailliertere Erklärungen abzugeben. Im Musikbeispiel werden Achteln angeführt (s. unten). Auch in den Gesangsschulen von Vague, Villeneuve und La Chapelle kommen solche Vibrati vor. Als allgemeine Verzierungserklärungen sind die Beispiele von VAGUE[682]

---

[679] J. M. HOTTETERRE, *Premier Livre de Pieces pour la Flûte traversiere*, Paris ²1715 (¹1708), Avertissement.
[680] A. BAILLEUX, *Méthode Raisonnée Pour apprendre à Joüer du Violon*, Paris 1798, S. 11.
[681] DE LUSSE, *L'Art de la Flûte Traversiere*, Paris c. 1760, S. 8. Vgl. auch unten S. 237.
[682] VAGUE, *L'Art d'apprendre la musique*, Paris 1733, S. 78.

und von VILLENEUVE[683]

gedacht. Beide enthalten nur ein *Balancement*.
Auch bei LA CHAPELLE kommt das Vibrato nur in einem Stück vor; einmal als *Balancement* und einmal als *Balancement préparé*, d.h. auf einer Messa di voce *(son filé)*, dessen erste Hälfte nicht vibriert wird:[684]

— = Balancement (Vibrato) ⊥ = vorbereitetes Balancement + = Triller

Das Vibrato wird also äußerst selten angewendet. Ein Fingervibrato auf einer Messa di voce finden wir auch in der Flötenschule von CORRETTE („*le flattement se fait pour enfler et diminuer le son*"[685]). Über 40 Jahre später lesen wir dasselbe im zweiten Teil seiner Violinschule.[686]

Die Verwendung des Vibratos zusammen mit einer Messa di voce wird in Frankreich allerdings nur selten bestätigt, so z.B. bei den Gambisten (zusammen mit dem Zeichen „e", für *enfler*). Sonst jedoch gibt es wenig Anweisungen für diese Kombination. In etwas unklarer Formulierung wird sie sogar in der

---

[683] J. DE VILLENEUVE, *Nouvelle Methode tres courte et tres facile Avec un Nombre de Leçons assez suffisant Pour apprendre la Musique Et les Agrements du Chant*, Paris 1733, S. 38; zweite Auflage 1756; mit einem Nachwort auch als: PEREAULT DE VILLENEUVE, *Methode tres facile pour apprendre la musique et les agrements du chant*, Paris nach 1760. – B Br, Ms II 4151: H. J. MARCINY, *Traité de Musique*, Hs., 1758, II, S. 43–45, kopiert Villeneuves Text über die Verzierungen und führt ein ähnliches Beispiel an.
[684] J. A. DE LA CHAPELLE, *Les vrais Principes de la Musique* II, Paris 1736–1752, S. 16.
[685] M. CORRETTE, *Methode Pour apprendre aisément à joüer de la Flute Traversiere*, Paris c. 1739/40, S. 30.
[686] DERS., *L'Art de se perfectionner dans le Violon*, Paris 1782, S. 4.

französischen Übersetzung der Verzierungslehre von TARTINI abgelehnt, ebenso spricht sich auch BORGHESE gegen sie aus.[687]

Gelegentlich wird das Vibrato mit anderen Verzierungen kombiniert – logischerweise aber nicht von jenen Autoren, die es nur an isolierten Stellen, meist als Ruhepunkt nach Sprüngen, einsetzen. Aber nicht immer werden Kombinationen befürwortet. Montéclair z.B. scheint sie eher abzulehnen: zweimal kommt bei ihm die Verbindung *pincé – flatté* vor, und jedesmal mit der Bemerkung „*mauvais*" (schlecht). BAILLEUX hingegen hat im Violinspiel nichts gegen eine solche Kombination einzuwenden.[688] Bei LACASSAGNE ist das Vibrato zusammen mit dem *Port de voix* (Vorschlag von unten) angegeben, die wohl am ehesten einleuchtende Kombination, ungefähr vergleichbar mit der Verbindung *Port de voix – Pincé* auf dem Cembalo. Auffallend ist dabei noch, daß von ihm das Vibrato als eine Sonderform des *Martellement (Pincé)* angesehen wird.[689]

Zur Erklärung, das Vibrato sei auf langen Noten anzubringen, gesellt sich oft eine Betonung des Affektwertes dieser Verzierung, wobei eventuell angenommen werden kann, daß sich auch die Geschwindigkeit der Ausführung nach dem Charakter des Stückes richtet.

Das Vibrato gehört zu den sanften Verzierungen (*„doux & tendre"*); manchmal erklingt es eher traurig, dann wieder sanft mit gelassener Freude, hin und wieder auch schwermütig und finster. Gute Beispiele dazu führt RAPARLIER in seiner Musiklehre an; sie zeugen zugleich von der dramatischen Wirkung dieses Ornaments:[690]

Das erste Beispiel stammt aus der Oper *Tancrède* (1702) von Campra und wurde auch von Bérard in seine Gesangsschule aufgenommen.

Eine andere Andeutung zum affektbedingten Gebrauch des Vibratos findet man in der Musiklehre von DAVID. Seine Erläuterungen sind jedoch sehr unklar formuliert:[691]

> L'expression de dépit & de colére, s'exprime avec un frémissement, marqué par un martellement feint & précipité.
>
> [Der Ausdruck von Ärger und Wut wird durch ein Zittern (!), dem mit einem vorgetäuschten und sehr schnellen Martellement Nachdruck verliehen wird, ausgedrückt.]

---

[687] G. TARTINI – P. DENIS, *Traité des Agrémens de la Musique*, Paris ²1775 (¹1771), S. 30; A. BORGHESE, *L'Art musical ramené à ses vrais Principes*, Paris 1786, S. 119.
[688] A. BAILLEUX, a.a.O., S. 11.
[689] J. LACASSAGNE, a.a.O., S. 65.
[690] RAPARLIER, a.a.O., S. 24.
[691] F. DAVID, *Methode nouvelle ou Principes généraux pour apprendre facilement la Musique et l'Art de Chanter*, Paris 1737, S. 136.

und wurden deshalb auch schon mißgedeutet. Hier würde man logischerweise – man erinnere sich z.B. an Lacassagne oder später Garnier[692] – an ein Vibrato denken. Das dazugehörende Notenbeispiel weist jedoch in eine ganz andere Richtung:[693]

Im oberen Liniensystem haben wir die normale Notierung ohne Verzierungsangabe. Im darunterliegenden System werden dann die Verzierungen – in diesem Fall *Mordente (Martellements)* – klingend dargestellt, wobei David mit dem Mordent-Zeichen (∿) dieses unmittelbar vorher ausgeschriebene Ornament im nachhinein zusätzlich bezeichnet. Auch in seinen übrigen Verzierungsbeispielen stehen die betreffenden Zeichen jeweils bei den bereits ausgeschriebenen Ornamenten.

In einem anderen Beispiel erklärt DAVID die *Plainte*:[694]

> La plainte s'exprime par un son filé & aspiré, tombant insensiblement par la pénultiéme syllabe d'un mot, sur la Note qui doit terminer la derniére syllabe du mot.
>
> [Die Plainte wird mit einem Son filé & aspiré ausgedrückt, der unmerklich von der vorletzten Silbe eines Wortes in die Note, die die letzte Silbe des Wortes abschließt, fällt.]

Im Notenbeispiel hat er aber auch – ohne es im Text ausdrücklich zu erwähnen – ein Vibrato (∿∿) notiert:[695]

Neumann betrachtet in seinem Buch über die Verzierungen im Barock die *Plainte* einmal als Vibrato, an anderer Stelle definiert er sie als *Accent* oder *Chûte*. Davids Erklärung weist aber deutlich auf letzteres hin.[696] Eine ähnliche Beschreibung für *Plainte* findet man u.a. bei VILLENEUVE und COR-

---

[692] F.-J. GARNIER, *Méthode raisonnée Pour le Haut-Bois*, Paris c. 1798, S. 11.
[693] F. DAVID, a.a.O., S. 132, Buchstabe N.
[694] Ebd., S. 136.
[695] Ebd., S. 132, Buchstabe O.
[696] F. NEUMANN, *Ornamentation in Baroque and Post-Baroque Music*, Princeton 1978, S. 514 (Vibrato) und S. 94 (Accent, Chûte); im Glossar (ebd., S. 586) gibt er beide Erklärungen für *Plainte*. – Das im Musikbeispiel von David ausgeschriebene Vibrato wird im Text nicht erwähnt, und aus dem letzten Beispiel geht hervor, daß die *Plainte* nicht unbedingt von einem Vibrato gefolgt werden muß.

RETTE.⁶⁹⁷ MONTECLAIR nennt diese Verzierung, wenn sie fallend ist, *Chûte*⁶⁹⁸ und, wenn sie steigend ist, normalerweise *Accent*.⁶⁹⁹ Beide Verzierungen werden in einem Notenbeispiel mit dem Text „*helas!*" veranschaulicht.

David meint aber höchstwahrscheinlich einen *Hélan* oder *Sanglot*, die ebenso Elemente des *Accent* oder der *Chûte* aufweisen, wobei zusätzlich aber noch das *aspirer* (Hauchen) eine wichtige Komponente ist. Außerdem handelt es sich um denselben Affektwert wie bei David.⁷⁰⁰

Abschließend möchte ich zitieren, was BLANCHET zur Anwendung des Vibratos schreibt:⁷⁰¹

> Si l'on fait attention que le flatté ou le balancé est presque tout composé de sons aigus, & qu'on doit le former avec une rare douceur, on ne sera point surpris que cet agrément soit fait pour peindre les mouvemens physiques, agréables, & les passions enjouées, tendres & délicates.
>
> [Wenn man beachtet, daß der Flatté oder Balancé fast ganz aus hohen Tönen besteht, und daß man ihn sehr sanft bilden muß, so wird man sich kaum wundern, daß diese Verzierung gemacht wird, um angenehme Körperbewegungen und heitere, liebliche und empfindsame Affekte darzustellen.]

Im allgemeinen sind die Autoren wie z.B. Vague, Villeneuve, Vion oder Dupont⁷⁰² in ihren Musiklehren, die sich auch an Anfänger richten, was den Gebrauch des Vibratos betrifft, sehr zurückhaltend. In keiner der allgemeinen Musiklehren nimmt das Vibrato eine so wichtige Stelle ein, wie *Triller* und *Port de voix*.

Dennoch kann die Wirklichkeit, wie aus einigen Schriften zu entnehmen ist, anders ausgesehen haben. Im Ausland wegen des *Chevrotement* kritisiert (z.B. von Gunn oder Quantz), will die französische Gesangstechnik von sich aus diesen Mangel nicht eingestehen. Und doch wird auch in Frankreich sehr oft vor dem *Chevrotement* gewarnt. Das Instrumentalspiel scheint davon nicht so sehr betroffen zu sein. Hier setzt man das Vibrato vermutlich sparsamer ein. Richtige Anwendungshinweise werden jedoch nicht immer geboten, man setzt schon gewisse musikalische Kenntnisse voraus. CORRETTE gibt noch an, daß das

---

[697] J. DE VILLENEUVE, a.a.O., S. 38, S. 39. – M. CORRETTE, *Le parfait Maitre a Chanter*, Paris 1758, S. 49, sehr ähnliche Definition.

[698] M. PIGNOLET DE MONTECLAIR, a.a.O., S. 79-80. Die *Chûte* gibt es auch bei E. LOULIE, *Elements ou Principes de Musique*, Paris 1696, S. 68f.; H.-L. CHOQUEL, *La musique rendue sensible par la méchanique*, Paris 1759, S. 65. Vgl. auch einige Definitionen des *Hélan*; s. dazu Anm. 700. Montéclair nennt dieses Ornament *Sanglot*. – Bei diesen Definitionen der *Chûte* ist jedoch der *Son filé & aspiré* nicht genannt; sie reden nur über die Verbindung zweier Noten mittels einer *Petite Note*. Nur die *Plainte* Correttes entspricht allen Anforderungen Davids: „*La Plainte s'exprime par un son filé et aspiré, ensuite une petite note qu'on ajoute un degré plus haut pour tomber imperceptiblement sur la derniere Syllabe d'un mot plaintif. La Plainte fait un trés bel effet par intervale Chromatique.*" [Die Plainte wird mit einem Son filé & aspiré ausgedrückt, dem eine Verzierungsnote folgt, die man einen Ton höher hinzufügt, wonach man unmerklich in die letzte Silbe eines klagenden Wortes fällt. Die Plainte hat eine sehr schöne Wirkung bei chromatischen Intervallen.]

[699] M. PIGNOLET DE MONTECLAIR, a.a.O., S. 80. Das erste Beispiel Davids wird von Neumann als Accent gewertet. David gibt zwar noch einen Accent, dieser fällt aber auf die Tonstufe der Anfangsnote zurück. Montéclair gibt auch hier an, daß der Accent häufiger in klagenden als in lieblichen Arien verwendet wird (*„se pratique plus souvent dans les airs plaintifs que dans les airs tendres"*). Es kommt ebenso ein Beispiel vor mit *Hélas*. Man beachte hier aber den Affektunterschied; der Accent gehört eher in den traurigen Affektbereich.

[700] Montéclair führt noch ein Beispiel mit *Hélas* als Erklärung für den *Sanglot* an (ebd., S. 89f.): „*un entousiasme qui prend son origine dans le fond de la poitrine, et qui se forme par une aspiration violente qui ne fait entendre au dehors qu'un souffle sourd et suffoqué.*" [Eine Erregung, die ihren Ursprung unten in der Brust findet, und die die Form eines heftigen Atemzugs annimmt, der außen nur einen dumpfen und erstickten Seufzer hören läßt.] Sie endet fast immer mit einem *Accent* bzw. einer *Chûte* („*elle finit presque toujours par un accent, ou par une chute*"). Der Sanglot wird angewendet bei heftigstem Schmerz und größter Trauer, bei Klagen, lieblichen Sängen, Wut, Genügsamkeit und sogar bei Freude („*dans la plus vive douleur, dans la plus grande tristesse, dans les plaintes, dans les chants tendres, dans la Colere, dans le contentement, et meme dans la joye*").

[701] J. BLANCHET, *L'Art, ou les principes philosophiques du Chant*, Paris 1756, S. 122.

[702] H.-B. DUPONT, *Principes de Musique, par demande et par reponce*, Paris ²1740 (¹1717), S. 17. – C.-A. VION, *La Musique pratique et theorique Réduite à ses Principes naturels*, Paris ²1744 (¹1742), S. 12.

Vibrato bei einer Messa di voce (also nur auf langen Noten) zur Anwendung kommt, MAHAUT und SIGNORETTI behandeln das Vibrato nur von seiner technischen Seite.[703]

Die einzige Quelle aus der ersten Hälfte des 18. Jahrhunderts, die in brauchbarer Weise Auskunft über die Anwendung des Violinvibratos gibt, hat uns der Philosoph HEBERT hinterlassen. Einerseits ordnet er das Vibrato als (*notes*) *frissantes* den Verzierungen zu,[704]

> Les joueurs d'instrumens a corde ont plusieurs autres signes qui leur sont propres, come par exemple, ceux des tremblemens, des appuis, des mordants ou frissantes come on pratique particulierement sur les touches des violons . . .
>
> [Die Streicher kennen noch verschiedene andere ihnen eigene Zeichen, wie z.B. jene der Triller, Appoggiaturen, Mordants oder Frissantes, die man besonders auf dem Griffbrett der Violine ausführt.]

anderseits spielt es bei ihm auch zur Erreichung einer guten Klangqualität eine Rolle – aber er weist darauf hin, daß nur sehr wenige das Vibrato vortrefflich beherrschen (*„ceux qui excellent en ce point sont trés rares"*). Inwiefern er sich auch auf die französische Praxis bezieht, liegt etwas im unklaren. Das Instrumentalvibrato gehörte ja im französischen Stil zur Ornamentik. Für Streicher liegen die Pièces des Viole vor, die dies bezeugen.[705] In diese Richtung weisen auch die Flötenstücke von Philidor. Obwohl in theoretischen Schriften festgestellt wird, daß in der Musik eigene Vibratozeichen (nämlich: ⌇⌇⌇⌇) üblich sind, ist Philidor – außer den Gambisten, Lautenisten oder Gitarristen – der einzige, der in seinen Musikwerken die Vibrati genau notiert. Dazu wäre aber zu sagen, daß in vielen französischen Musikwerken die Verzierungen im allgemeinen mit Stichnoten (*petites notes*) ausgeschrieben oder aber mit einem Kreuz (+) bezeichnet werden.[706] Falls man davon ausgeht, daß sowieso auf jeder längeren Note vibriert wurde, wäre natürlich kein eigenes Zeichen notwendig. Jedoch gegen die Orthodoxie dieser Praxis spricht, daß das Vibrato nicht immer den wichtigsten *agréments* (Verzierungen) zugerechnet wird.

3. DIE VIBRATOZEICHEN BEI PHILIDOR UND BERARD

1717 und 1718 gab P. PHILIDOR drei Bücher mit Bläsersuiten[707] heraus, in denen er versucht, seine Verzierungen mit unterschiedlichen Zeichen genauestens festzulegen. Obwohl er seine Zeichen in keiner Tabelle zusammenfaßt, kann man davon ausgehen, daß er das (Finger-)Vibrato mit einer kleinen Wellenlinie darstellt. Wellenlinien haben schon Loulié in seiner Blockflötenschule und auch die Gambisten (⌇ und ⌇⌇⌇) verwendet. Darüber hinaus lassen auch musikali-

---

[703] M. CORRETTE, *Methode Pour apprendre aisément à joüer de la Flute Traversiere* a.a.O., S. 30. – A. MAHAUT, *Nouvelle Methode Pour Aprendre en peu de tems à Joüer de la Flute Traversiere*, Paris 1759, S. 21. – P. SIGNORETTI, *Méthode contenant les principes de la musique et du violon*, Den Haag 1777, S. 11.

[704] GB Lbl, Add. ms. 6137: C. HEBERT, *Traité de l'Harmonie des sons et de leurs rapports ou La Musique theorique, et pratique ancienne et moderne examineè dés son origine*, Hs., Boulogne 1733, S. 455–456 (= f. 258r–258v). Vgl. auch den Abschnitt Violinvibrato, oben S. 67ff., besonders S. 75ff.

[705] Über das Violinvibrato in Frankreich ist vor der Jahrhundertmitte nicht viel bekannt (s. dazu den Abschnitt über das Violinvibrato, oben S. 67ff.).

[706] Es wäre also durchaus möglich, daß einige dieser Kreuze Vibrati bezeichnen, ausschlaggebend ist dann immer noch der musikalische Zusammenhang.

[707] P. PHILIDOR, *Premier Œuvre*, Paris 1717 (3 Suiten für 2 Traversflöten, 3 Suiten für Dessus et Basse); *Deuxiéme Œuvre*, Paris 1718 (2 Suiten für 2 Traversflöten, 2 Suiten für Dessus et Basse) und *Troisiéme Œuvre*, Paris 1718 (Suite für 2 Traversflöten, Suite für Dessus et Basse sowie eine „*Reduction de la Chaße*").

sche Gründe darauf schließen, daß durch dieses Zeichen ein Vibrato signalisiert werden soll. In der Folge werde ich nun versuchen aufzuzeigen, an welchen Stellen Philidor bevorzugt das Vibrato einsetzt und auch notiert.

Auffallend ist, daß ein Vibrato oft dazu verwendet wird, um etwas hervorzuheben, um den Rhythmus zu akzentuieren oder um rhythmische Verschiebungen zu unterstreichen. Dazu Beispiele aus seiner dritten[708] und siebenten[709] Suite:

Neben diesem Einsatz des Vibratos bei Synkopen oder bei rhythmisch hervorzuhebenden Stellen findet es seine Anwendung auch bei Hemiolen.

Weiters setzt Philidor das Vibrato bei größeren Notenwerten (punktierten Vierteln, Halben, punktierten Halben) und oft bei schweren Taktteilen, es akzentuiert so Rhythmus und Charakter von Sarabanden, Chaconnes u.dgl.; im nachfolgenden Beispiel, die Sarabande aus der zweiten Suite,[710] wird u.a. eine punktierte Halbe vibriert, die zugleich Ruhepunkt und höchste Note des Stückes ist; nach allen theoretischen Regeln ist an solchen Stellen ein Vibrato zu erwarten:

---

[708] DERS., *Premier Œuvre* a.a.O., *Troisiéme Suitte*, S. 16.
[709] DERS., *Deuxiéme Œuvre* a.a.O., *Septiéme Suitte*, S. 49.
[710] DERS., *Premier Œuvre* a.a.O., *Deuxiéme Suitte*, S. 11.

Diese Ausschnitte demonstrieren auch den Vibratoeinsatz nach mehr oder weniger großen Intervallschritten. Nun noch ein Beispiel, stellvertretend für Vibrati auf punktierten, oft über einen Takt gebundenen Halben:[711]

In der *Air en Musette* aus der vierten Suite erfolgt die Anwendung des Vibratos auch als Effekt:[712]

Außer in der ersten Suite, in der keine Wellenlinien notiert sind, finden wir bei Philidor relativ viele Vibrati vor. Man kann fast sagen, daß er das Vibrato häufiger anwendet als – vielleicht von Marais abgesehen – die Gambisten. Auch hält er sich genauer an die Regeln: er notiert seine Vibrati primär auf größeren Notenwerten (man erinnere sich z.B. an die Anweisungen Hotteterres) und auf Noten, die entweder rhythmisch, melodisch oder harmonisch hervorgehoben werden sollen, bei Synkopen, Ligaturen und Hemiolen oder bei Höhe- bzw. Ruhepunkten.

Wie auf der Gambe, tritt auch hier gelegentlich das Vibrato in Verbindung mit anderen Verzierungen auf, vor allem mit solchen, die vor dem Schlag kommen. Vereinzelt sind auch Dreifachkombinationen, wie *Port de voix – Pincé – Vibrato,* anzutreffen, jedoch nur auf sehr großen Notenwerten (der Normalfall bleibt Port de voix – Pincé):[713]

⌒ = Vibrato
∧ = Pincé
+ = Triller

---

711 DERS., *Premier Œuvre* a.a.O., *Troisiéme Suitte*, S. 20.
712 DERS., *Premier Œuvre* a.a.O., *Quatriéme Suitte*, S. 25.
713 DERS., *Troisiéme Œuvre* a.a.O., *Unziéme Suitte*, S. 68.

Selten sind die Verbindungen *Coulé-Vibrato* [Notenbeispiel]⁷¹⁴ und das Vibrato zusammen mit schleiferähnlichen Figuren von unten [Notenbeispiel].⁷¹⁵ In den meisten Fällen kommt das Vibrato jedoch allein vor. Man könnte darin vielleicht einen Gegensatz zur Gambenpraxis sehen: Obwohl auch dort das Vibrato vorwiegend allein eingesetzt wird, gibt es aber doch sehr viele Beispiele – mehr als bei Philidor –, in denen das Vibrato in Kombination mit anderen Verzierungen auftritt, vor allem zusammen mit dem *Enfler*. Philidor verwendet kein eigenes *Enfler*-Zeichen, so daß diese Verbindung bei ihm nicht exakt nachgewiesen werden kann; allenfalls lassen seine zahlreichen Vibrati bei Synkopen auf derartige Kombinationen schließen.

Vergleicht man die Anwendungshäufigkeit der Vibrati bei Philidor mit dem, was in den Traktaten von Theoretikern befürwortet wird, dann müßte man zu dem Schluß kommen, daß er das Vibrato öfter verwendet, als es die Theorie vorschlägt. Je pragmatischer aber die Quellen sind, desto mehr nähern sie sich den Vorstellungen Philidors. In jedem Fall bleibt aber das Vibrato eine Verzierung. Es wird n i c h t   p e r m a n e n t und auch nicht bei jeder längeren Note eingesetzt. Kombinationen mit anderen Verzierungen sind nur auf großen Notenwerten üblich, sie werden in theoretischen Schriften eigentlich nur selten erwähnt oder stillschweigend übergangen.

Die Vibratobezeichnungen von BERARD sind völlig anderer Natur. Sie sind in den Verzierungsbeispielen enthalten, die als Anhang zu seiner Gesangsschule erschienen und ein Exempel darstellen sollten.⁷¹⁶ Wie schon früher Montéclair, so beschwert sich auch Bérard über die uneinheitliche Bezeichnung der Verzierungen. Deshalb unternimmt er den Versuch, die französische Ornamentik zu kodifizieren. Er ist dabei allerdings nicht der erste und einzige und hatte genausowenig Erfolg wie die anderen vor und nach ihm. Trotzdem sind seine Versuche für uns interessant.

Bérard wollte den guten französischen Geschmack exemplarisch vorführen und wählte als Beispiele Sätze aus bekannten französischen Opern aus. Anhand dieser Stücke wollte er den echten, guten Stil vor dem Untergang bewahren. Inwiefern ihm das gelungen ist, kann man wohl nur schwer nachprüfen; inwiefern jedoch seine Ausführungen als exemplarisch gelten können, wird nun in der Folge untersucht.

Einen bemerkenswerten Hinweis zum Vibratoeinsatz legt er bereits fest, bevor er seine Notenbeispiele aufzeichnet:⁷¹⁷

> Comme on ne fait jamais un port de Voix entier, non plus qu'une Cadence appuyée par degrés conjoints en montant, sans préparer ces agrémens par un Flatté, on doit se dispenser de marquer ce dernier dans l'un & l'autre cas.
>
> [Da man niemals einen vollständigen Port de voix oder einen Triller mit Vorschlag per gradum aufsteigend macht, ohne diese Verzierungen mit einem Flatté vorzubereiten, wird dessen Zeichen in diesen beiden Fällen nicht gesetzt.]

Das nun würde die Anzahl der tatsächlich verwendeten Vibrati erheblich erhöhen. Und da in der französischen Praxis das Vibrato manchmal doch recht rasch

---

⁷¹⁴ DERS., *Premier Œuvre* a.a.O., *Sixiéme Suitte*, S. 40.
⁷¹⁵ DERS., *Deuxiéme Œuvre* a.a.O., *Septiéme Suitte*, S. 48.
⁷¹⁶ J. BERARD, *L'Art du chant*, Paris 1755.
⁷¹⁷ Ebd., S. 145, Note 1. Die Zeichen erklärt er am Ende dieses Abschnitts, ebd.

ausgeführt wurde, ist die im Ausland laut werdende Kritik, die französischen Sänger würden unaufhörlich chevrotieren, nicht verwunderlich.

Ansonsten gilt auch hier, was schon vorher im Zusammenhang mit anderen Vibratomerkmalen in der französischen Musizierpraxis gesagt wurde: Im Prinzip ist das Vibrato sanft, weich u.ä. *(doux, tendre)*, erhält aber auch eine wesentliche Funktion als betonendes und dramatisches Element, indem es oft den Wortakzent oder aber wichtige Worte unterstreicht. BERARD will dies durch eine Stelle aus der *Armide* von Lully veranschaulichen:[718]

ε = Flatté (Vibrato)
т = Accent
⌐ = Son demi-filé
+ = ?

Deutliche Korrelationen zum Affektinhalt sind aber nicht immer gegeben. Fast entsteht der Eindruck, daß die Bedeutung des Einzelwortes vorrangig ist – so kommt der *Flatté* logischerweise in allen Stücken vor, wenn auch nicht in der gleichen Häufigkeit. Man kann nicht behaupten, daß sanfte Stücke signifikant mehr Flattés enthalten, eher ist das Gegenteil der Fall. Allen Beispielen ist aber die – uns ja nicht mehr neue – Tatsache zu entnehmen, daß man das Vibrato nicht kontinuierlich eingesetzt hat. Es ist aber auch bezeichnend, daß auf kurzen Noten (z.B. auf Achteln, Vierteln) häufig Vibrati notiert sind,[719]

Ψ = Cadence Appuyée
T = Accent
⌐ = Son demi-filé
ε = Flatté (Vibrato)
⁓ = ?
⊐ = Son filé entier

dafür aber längst nicht auf jeder längeren Note vibriert werden soll.

---
[718] Ebd., Anhang, S. 13f.
[719] Ebd., Anhang, S. 17.

BERARD kombiniert das Vibrato sehr oft mit anderen Verzierungen, vor allem mit dem *Son Filé* (Messa di voce) oder dem *Son Demi-Filé* (halbe Messa di voce). Wir sehen hier also wieder einen Beleg für häufiges Vibrieren auf einer Messa die voce. Weiters kommt bei ihm das Vibrato in Verbindung mit *Port de voix, Cadence appuyée* (Triller mit Vorhalt), *Accent* und in einigen Fällen auch mit einer *Demi-Cadence* (Triller ohne Vorhalt) vor; auffallend sind Häufungen mit *Son Filé – Accent – Flatté*.

Im allgemeinen werden jedoch jene Tendenzen, die auch der Musik der Gambisten und Philidors entnommen werden konnten, bestätigt, vielleicht mit einer etwas größeren Vorliebe, das Vibrato mit anderen Verzierungen zu kombinieren. Meines Erachtens ist die Affektkonnotation – auf einzelne Worte gerichtet – oft eher elementar und mehr effektvoll als affektvoll (s. z.B. obiges Notenbeispiel, Vibrato auf „bruler"); wenn auch nicht immer. Das Vibrato weist aber auch hier, wie bei vielen anderen bereits zitierten Musikstücken schon feststellbar war, eine große Dramatik auf. Dabei ist eine enge Symbiose mit dem Textinhalt unübersehbar – wohl ein Einfluß des (gesprochenen) Theaters. BERARD wendet das Vibrato besonders als eine wirkungsvolle Verzierung an. Als Abschluß ein uns bereits bekanntes Beispiel aus der Oper *Tancrède* von Campra:[720]

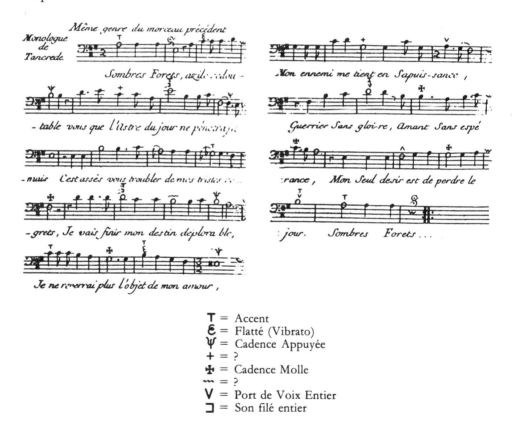

[720] Ebd., Anhang, S. 9f. In diesem Beispiel allerdings, das später auch Raparlier als Illustration des Flatté verwendet, wird das Vibrato, zieht man andere Stücke zum Vergleich heran, wenig angewendet.

4. DER ITALIENISCHE EINFLUSS IN FRANKREICH

Spätestens seit der Wende vom 17. zum 18. Jahrhundert beginnt sich in Frankreich eine starke Minderheit für den italienischen Stil einzusetzen. Jedoch sind dazu französischsprachige Aufführungsanleitungen um diese Zeit noch äußerst selten, brauchbare Schriften zu diesem Stil erscheinen erst um die Jahrhundertmitte. Großen Einfluß muß die Violinschule Geminianis in ihrer französischen Übersetzung ausgeübt haben. Diese Übersetzung ist mehrmals erschienen und wurde auch für andere Instrumente adaptiert.

Vibratoarten	
GEMINIANI Violinschule franz. Übersetzung Paris 1752	DE LUSSE Flötenschule Paris c. 1760
TREMBLEMENT SERRE: 1. *majesté, dignité* 2. *affiction, crainte* 3. *(sur des notes courtes)* *agréable* Vibrato zur Klangverschönerung kürzerer Noten, ohne bestimmten Affektwert	TREMBLEMENT FLEXIBLE: 1. *gravité, frayeur* 2. *affliction, langueur* 3. *(sur des notes breves)* *agréable, tendre* Vibrato zur Klangverschönerung kürzerer Noten, ohne bestimmten Affektwert TREMOLO: Atemvibrato, als Verzierung MARTELLEMENT: Fingervibrato, auf *notes isolées*

Tabelle 15: Vibratoarten bei Geminiani und De Lusse

DE LUSSE hat Geminianis – in der Pariser Ausgabe seiner Violinschule *Tremblement serré* genannte – Vibrato in *Tremblement flexible* umbenannt;[721] allerdings lassen geringe Bedeutungsunterschiede eine gewisse Anpassung an den französischen Geschmack erkennen.[722] Diese Assimilierung folgt den schon erwähnten Traditionen, die das Vibrato im allgemeinen dem sanften Bereich zuordnen. Hervorzuheben ist, daß De Lusse dem Vibrato eine starke Affektwirkung zuschreibt. Das dritte Vibrato dient, wie bei Geminiani, vor allem zur Klangverschönerung. De Lusse modifiziert aber auch hier Geminianis Text: Man solle zwar das *Tremblement flexible* so oft wie möglich anwenden (*„mettre en usage le plus souvent qu'il est possible"*), dies sei auch der Grund, warum es in Musikwerken nicht ausdrücklich notiert werde. Um jedoch nicht den Eindruck entstehen zu lassen, es handle sich hier um ein permanentes Vibrato, schränkt er gleichzeitig ein, das *Tremblement flexible* sei ausschließlich nach dem guten Geschmack anzuwenden (*„le goût seul l'inspire"*). Das Vibrato wird also als eine bewußt eingesetzte Verzierung angesehen – auch bei häufiger Anwendung. Weitere Quellen, die ebenfalls einen so oftmaligen Vibratoeinsatz, noch dazu auf kurzen Noten, vorschlagen, sind mir nicht untergekommen.

Das *Tremblement flexible,* also das Vibrato, das durch leichtes Rollen der Flöte erzeugt wird, ist aber nicht die einzige Vibratoart von De Lusse. Er nennt noch ein Atemvibrato, das bei richtigem Einsatz die Melodie sehr bereichern kann (*„qui prête beaucoup à la mélodie, lorsqu'on l'emploie à propos"*). Im Italienischen heiße es *Tremolo*. Weitere Ausführungsvorschläge dazu gibt er nicht. In den in seinem Buch aufgenommenen Übungsstücken wird das *Tremblement flexible* insgesamt viermal, davon zweimal auf Fermaten, eingesetzt:[723]

---

[721] DE LUSSE, *L'Art de la Flûte Traversiere*, Paris c. 1760, S. 9.
[722] Vgl. hiezu oben S. 151f. den Abschnitt über die Relationen zwischen Affekt und Vibrato. Die Bedeutungsunterschiede der Termini, die durch die Übersetzung entstanden sind, werden dort besprochen.
[723] DE LUSSE, a.a.O., S. 20.

Von CORRETTE haben wir den Hinweis, daß die Italiener das Tremolo manchmal auf Haltenoten anbringen („*quelque fois sur des tenües*"[724]).

Das „klassische" Fingervibrato wird von DE LUSSE nur noch an letzter Stelle behandelt; es heißt bei ihm *Martellement* und kommt insgesamt auf 18 Tönen vor (vgl. Grifftabelle oben S. 120):[725]

> ... il ne doit être employé que sur des notes isolées qui n'inclinent sur aucune autre.
>
> [Man benutze es nur auf isolierten Noten, die nicht auf einer anderen Note stützen.]

Wir finden es im zweiten *Caprice* und in der *28. Leçon* (Vibratozeichen: ʔ):[726]

---

[724] M. CORRETTE, *Le Parfait Maitre a Chanter*, Paris 1758, S. 50. Er nennt es *Balancement* und vergleicht es mit dem Orgeltremulanten.
[725] DE LUSSE, a.a.O., S. 10.
[726] Ebd., S. 24.

Man kann jedoch nicht sagen, daß das Atemvibrato vorwiegend im italienischen Stil und das Fingervibrato vorwiegend im französischen Stil gebräuchlich war. Obwohl das Fingervibrato bei De Lusse eine Nebenrolle einzunehmen beginnt, wird es von den anderen Flötisten weiterhin verwendet. So ist das Fingervibrato bei MAHAUT, der dem italienischen Stil nicht abgeneigt war, nach wie vor, nur ein Jahr vor De Lusse, die normale Vibratoform.[727]

DE LUSSE vergleicht den Klangeffekt des *Martellement* mit dem des Violinvibratos *(„qui produit à peu près le même effet que celui qu'on met en usage sur le violon")*. Das normale Violinvibrato entspricht aber in seiner Anwendungsweise dem *Tremblement flexible* und wird auch wohl öfter verwendet als das *Martellement*.[728]

Außer der Übersetzung von Tartinis Verzierungslehre erschienen bis zum späten 18. Jahrhundert nur wenige Schriften, die detaillierte Auskünfte über das Vibrato geben; sie beziehen sich auch nicht mehr auf die „klassische" französische Musik – etwa bis Rameau –, und wurden daher von mir, insofern sie nicht, wie z.B. Bailleux, auf ältere Schriften zurückgreifen, außer acht gelassen. Für die hier behandelte Periode ist De Lusse wohl die letzte Quelle, die das Vibrato des italienisch beeinflußten Stils mehr oder weniger eigenständig behandelt, auch wenn seine ästhetischen Ansichten von Geminiani entlehnt sind.

---

[727] A. MAHAUT, *Nouvelle Methode Pour Aprendre en peu de tems a Joüer de la Flute Traversiere*, Paris 1759, S. 21.
[728] Schließlich leitet er das *Tremblement flexible* aus der Violinschule Geminianis ab. Geminiani selbst hatte in seinen anderen Schriften den Gebrauch des *Close Shake* auf der Flöte eingeschränkt auf lange Noten. In der Violinschule kommt er darauf nicht zu sprechen. Zu der Relation De Lusse – Geminiani vgl. meine Einleitung zum Faksimile der Flötenschule De Lusses, Buren 1980.

XI

Das Vibrato in Deutschland im 18. Jahrhundert unter besonderer Berücksichtigung des Vibratos bei J. S. Bach

Über den Gebrauch des Vibratos nach der Stilwende im ersten Drittel des 18. Jahrhunderts in Deutschland sind wir, was die theoretischen Schriften angeht, nur sehr dürftig informiert. Ab der Mitte dieses Jahrhunderts wird die Quellenlage wieder besser, jedoch beziehen sich die meisten dieser Schriften nicht mehr auf „barocke" Praktiken im engen Sinn. Sie werden hier dennoch kurz behandelt, wobei versucht wird nachzugehen, ob die beschriebenen Praktiken sich noch auf barocke oder schon galante Musik beziehen.

MATTHESON erklärt in seinem *Capellmeister* (1739)[729] das Vibrato nur von der technischen Seite, aber er rechnet es zu den Verzierungen. Das *Kurtzgefaßte musicalische Lexicon* (1737)[730] geht zurück auf den *Musicalischen Trichter* (1706)[731] von FUHRMANN. Und WALTHER bezieht sich in seinem *Musicalischen Lexicon* (1732)[732] auf den *Dictionaire de Musique* (1703)[733] von BROSSARD. Einen eigenständigen Beitrag zum Vibrato liefert nur BARON in seiner Lautenschule (1727).[734] Darauf wurde aber schon im Abschnitt über das Lautenspiel (s. oben S. 208ff.) näher eingegangen. All diesen Schriften ist jedoch gemeinsam, daß sie, mehr oder weniger deutlich, das Vibrato als eine Verzierung betrachten.

Einen klaren Hinweis für die Verwendung des (vokalen) Vibratos auf langen Noten fand ich – allerdings in einem anderen Zusammenhang – in einer früheren Schrift von MATTHESON, dort heißt es

> daß es Tremulanten gibt / vermittelst welchen der Tohn im Wercke schläget und zittert / wie etwan eine Stimme zu gewissen Zeiten thut / wenn sie etwas ohne Trillo aushält.[735]

Für diese Art von Vibrato ist Mattheson in Deutschland mein einziger Zeuge. Allerdings gab es vereinzelt Anweisungen in diesem Sinn im späteren 17. Jahrhundert, z.B. von PRINTZ und AHLE.[736]

Nach 1750 wird die Quellenlage allmählich besser. Es gibt dabei einen ziemlich hohen Konsens: Das Vibrato sei auf langen Noten auszuführen, ohne daß dabei auch immer vom Affekt die Rede ist. Man vergleiche dies nun mit dem, was schon im späten 17. Jahrhundert gelehrt worden ist: Auch hier wird nur vage von „lieblichen" o.ä. Charakteren gesprochen.

---

[729] J. MATTHESON, *Der vollkommene Capellmeister*, Hamburg 1739, S. 114.
[730] *Kurtzgefaßtes musicalisches Lexicon*, anonym, Chemnitz 1737, S. 401: Tremoletto.
[731] M. FUHRMANN, *Musicalischer-Trichter*, Berlin 1706.
[732] J. G. WALTHER, *Musicalisches Lexicon*, Leipzig 1732, S. 461. Er verweist außerdem noch auf den alten Tremulus mit der oberen bzw. unteren Nebennote.
[733] S. DE BROSSARD, *Dictionaire de Musique*, Paris 1703.
[734] E. G. BARON, *Historisch-Theoretisch und Pracktische Untersuchung des Instruments der Lauten*, Nürnberg 1727.
[735] J. MATTHESON, *Das neu-eröffnete Orchestre*, Hamburg 1713, S. 261. Vgl. auch *Kurtzgefaßtes musicalisches Lexicon* a.a.O., S. 401, sub Tremulant.
[736] W. C. PRINTZ, *Musica modulatoria vocalis*, Schweidnitz 1678, S. 58; DERS., *Compendium musica*, Dresden 1689, S. 44; R. AHLE, *Kurze, doch deutliche Anleitung zu der lieblich- und löblichen Singekunst*, Mühlhausen 1690, S. 30.

QUANTZ ordnet das *Flattement* dem französischen Stil zu, sagt jedoch auch, daß es auf *Messa di voce* paßt: Nach dem Höhepunkt einer *Messa di voce* kann man „*neben dem nächsten offenen Loche mit dem Finger eine Bebung machen*".[737] Dieses Vibrato auf langen Noten wird auch von anderen Quellen bestätigt. MARPURG schreibt 1750: „*Der aushaltende Thon in der Schwebung heißt auf ital. tenuta, fr. tenuë*";[738] und drei Jahre später heißt es bei C. Ph. E. BACH: „*eine lange und affectuöse Note verträgt eine Bebung*";[739] und AGRICOLA empfiehlt ein Vibrato „*besonders auf Haltung langer Noten, zumal wenn man sie erst gegen das Ende dieser Noten anbringt*".[740] Bei L. MOZART lesen wir sinngemäß dasselbe, er gesteht aber ein, daß es solche Geiger gebe, die immerfort vibrieren, „*als wenn sie das immerwährende Fieber hätten*".[741] Dies nun scheint ein Problem der Geiger gewesen zu sein, weil kontinuierliches Violinvibrato technisch leichter ausführbar ist; folglich findet man in Quellen eher die Spuren eines großzügig angewandten Streichervibratos als die eines häufigen Bläservibratos. Die Aussage von Quantz über das *Flattement* bei der Flöte spricht an sich schon gegen (kontinuierliches) Atemvibrato, das ein Fingervibrato sicher übertönen würde. Zwar wendet sich TROMLITZ am Ende des Jahrhunderts gegen solche Flötisten, die ein (fast?) kontinuierliches Atemvibrato hatten,[742] im allgemeinen jedoch scheint man auf Holzblasinstrumenten – zumindest in der ersten Hälfte des 18. Jahrhunderts, aber auch noch später – wenig bis kein Atemvibrato geduldet zu haben.[743] Da das Fingervibrato vom rein Technischen her nur als eher sparsam angebrachte Verzierung denkbar ist, scheint man auf der Flöte überhaupt wenig vibriert zu haben. In diesem Licht wird auch leicht verständlich, warum GEMINIANI, der sonst eher für häufiges Vibrato eintritt, sagt, daß man auf der Traversflöte nur spärlich vibrieren solle.[744]

Eine Aussage über übermäßiges Vibrato bei der Geige liegt noch von LÖHLEIN vor, der dazu bemerkt, die Bebung „*gehöret über lange haltende oder Schluß-Noten*".[745] Auch Petri bestätigt diese Verwendung des Vibratos. Ähnlich ist auch die Meinung von KÜRZINGER, der übrigens in Sachen *Tremolo* auf Mattheson zurückgeht: Er schlägt vor, man solle auf der Violine

> die meiste, vor allem die haltbare Noten im Tremolo mit schneidenden Zügen hervorbringen, die andere Manieren aber sind gänzlich nach der Leidenschaft des Textes einzurichten.[746]

Hier ist also nicht mehr von einer Relation Vibrato–Affekt die Rede, sondern schlichtweg von einem Vibrato, das um des schönen Tones willen eingesetzt werden soll, oder, wenn man will, um lange Noten besser klingen zu lassen. Falls

---

[737] J. J. QUANTZ, *Versuch einer Anweisung die Flöte traversiere zu spielen*, Breslau ³1789, S. 140; in der französischen Fassung, DERS., *Essai d'une methode pour apprendre á jouer de la Flute traversiere*, Berlin 1752, S. 142.
[738] F. W. MARPURG, *Des Critischen Musicus an der Spree erster Band*, Berlin 1750, S. 56.
[739] C. Ph. E. BACH, *Versuch über die wahre Art das Clavier zu spielen* I, Berlin 1753, S. 126.
[740] P. TOSI - J. F. AGRICOLA, *Anleitung zur Singkunst*, Berlin 1757, S. 121. Man vergleiche dies mit J. A. HILLER, *Anweisung zum musikalisch-zierlichen Gesange*, Leipzig 1780, S. 75–76.
[741] L. MOZART, *Gründliche Violinschule*, Augsburg ³1789, S. 244. Dies nicht bei Tartini.
[742] J. G. TROMLITZ, *Ausführlicher und gründlicher Unterricht die Flöte zu spielen*, Leipzig 1791, S. 239. Auch hier „*auf einer langen haltenden Note*".
[743] Es sei denn beim Tremulanten, der in den meisten Fällen für Bläser ein Atemvibrato ist. Dieser ist dann aber bezeichnet. Vgl. dazu die beiden Abschnitte über den Tremulanten (S. 137, 253ff.); dort auch die Besprechung eventueller anderer Atemvibrati.
[744] F. GEMINIANI, *A Treatise of Good Taste in the Art of Musick*, London 1749, S. 3, erwähnt das Flötenvibrato schon nicht mehr; hingegen DERS., *Rules For Playing in a true Taste*, London c. 1746, Preface: „*the Close Shake, which must only be made on long Notes*".
[745] G. S. LÖHLEIN, *Anweisung zum Violinspielen*, Leipzig-Züllichau ²1781 (¹1774), S. 51.
[746] F. X. KÜRZINGER, *Getreuer Unterricht zum Singen mit Manieren und die Violin zu spielen*, Augsburg ²1780 (¹1763), S. 46.

das Vibrato als Klangeigenschaft und nicht als Verzierung gesehen wird, begründet dies einigermaßen L. Mozarts Verurteilung des „beständigen Zitterns": Es gab sicher Spieler, die das Vibrato nicht mehr rein sinngemäß (wie etwa von Mozart gefordert) einsetzten, sondern sehr häufig als Klanggestaltungsmittel statt als Aussagemittel.[747]

Ist diese Tendenz, das Vibrato zur Klangverschönerung *auf langen Noten* (also nicht kontinuierlich) anzubringen, in der zweiten Hälfte des 18. Jahrhunderts deutlich anwesend, so wird doch auch der Affekt als Begründung für den Vibratoeinsatz herangezogen – wenn auch manchmal fadenscheinig, nur der ästhetischen Theorie wegen. So deutet LÖHLEIN an, daß die Geschwindigkeit des Vibratos dem Inhalt des Stückes angemessen sein soll,[748] und C. Ph. E. Bach schlägt ein Vibrato bei „affectuösen" Noten vor. Am meisten wird jedoch ein Vibrato nur bei langen Noten, besonders bei einer Messa di voce, angeraten. Dabei gilt für Holzbläser das Fingervibrato als die normale Form.

Deutlich ist diese Tendenz also nur späteren Schriften zu entnehmen, die sich zwar nicht alle mit barocker Praxis sensu stricto beschäftigen, wenn auch eine sehr ähnliche Tendenz schon im späten 17. Jahrhundert hin und wieder erwähnt wird. Wo im 17. Jahrhundert aber immer noch von „sanft" oder „lieblich" die Rede ist, wird dies im späteren 18. Jahrhundert immer mehr fallengelassen zugunsten einer vagen Definition von Wohlklang, eines in der Praxis experimentell festgestellten Zustands, in dessen Beschreibung der Einfluß der Aufklärung stets deutlicher spürbar wird. Schon ab der Mitte des Jahrhunderts gibt es aber vereinzelt Hinweise auf „Fehlverhalten" bei den Musikern: L. Mozart und Löhlein rügen ein kontinuierliches (?) Violinvibrato, Tromlitz und Schlegel warnen vor dem Atemvibrato auf der Flöte. Und auch W. A. Mozart spricht sich gegen übermäßiges Tremolieren aus – auch er im aufgeklärten, von Tartini beeinflußten Sinn. Er mokiert sich über den Oboisten Fischer, dessen *„temata ein tremulant auf der Orgel"*[749] seien; ich vermute, daß er dabei ein unkontrolliertes Vibrato rügt. Schon zehn Jahre früher hatte er sich – betont an den Sprachgebrauch seines Vaters und der Tartinischen Violinschule sich anlehnend – über das allzu nachdrückliche Vibrato des Sängers Meißner beschwert.

Dieses absichtliche, auch wohl etwas langsame Zittern wird noch von einigen anderen Autoren abgelehnt. Ein natürliches Vibrato, das sein Vater als Beispiel für das Violinvibrato in seiner Geigenschule erwähnt, nimmt er als normal an; ein (wohl auf jeder etwas längeren Note) bewußt erzeugtes, deutlich hörbares Vibrato lehnt er aber strengstens ab. Zweimal wird dabei als Vergleich die Orgel herangezogen: einmal mit dem Tremulanten, ein anderes Mal, viel stärker ausgedrückt, mit dem Stoßen des Blasbalgs. Letzteres wird auch immer in Gutachten bzw. Untersuchungen von Orgeln als schwerster Fehler gewertet.[750] Die Ablehnung des (mensurierten) Vibratos bei Meißner durch Mozart ist also sehr stark.

---

[747] L. MOZART, a.a.O., S. 243f.; G. S. LÖHLEIN, a.a.O., S. 51.
[748] G. S. LÖHLEIN, a.a.O., S. 51.
[749] W. A. MOZART, *Brief an Leopold Mozart, Wien, 4. April 1787*, in: W. A. BAUER – O. E. DEUTSCH (Hrsg.), *W. A. Mozart, Briefe und Aufzeichnungen* 4, Kassel-Basel 1963, S. 40f., Nr. 1044.
[750] Siehe z.B. G. PREUS, *Grund-Regeln von der Structur und den Requisitis einer untadelhaften Orgel*, Hamburg 1729, S. 64. Bekannte Beispiele sind die Orgelgutachten J. S. Bachs. Vgl. W. NEUMANN – H.-J. SCHULZE (Hrsg.), *Schriftstücke von der Hand Johann Sebastian Bachs* (Bach-Dokumente 1), Kassel-Basel 1963, insbesondere S. 157, Nr. 85, und S. 164, Nr. 87. – Man siehe auch die Bibliographie für weitere einschlägige Literatur.

In den Musikwerken selbst sind Vibrati nur sehr selten mit eigenen Zeichen notiert, wenn nicht nur der Tremulant gemeint sein soll, der als Figur (z.B. ♪♪♪♪) recht häufig vorkommt.[751] Sein spezifischer Affektwert scheint allerdings in einigen Fällen auch von einem „normalen" Vibrato übernommen zu sein. Jedoch gibt es in Deutschland im Vergleich zum Ausland sehr viele Tremulanten und nur sehr wenige notierte Vibrati.

In Werken von J. S. BACH sind gelegentlich bei Halbtonfortschreitungen Wellenlinien anzutreffen, so z.B. in der *Johannes-Passion,* in einigen Kantaten, aber auch in reiner Instrumentalmusik.[752] Die Wellenlinien finden wir in Vokalwerken auf Wörtern, bei denen man ohne weiteres auch Tremulanten erwarten kann: *Tod, Not, Angst,* aber auch *Gnade, Weihrauch* etc., oder bei Stellen, die Furcht, Ehrfurcht, Gottesfurcht u.ä. ausdrücken; einmal auch – chromatisch aufsteigend – auf dem Wort *siegen*. In einigen Werken werden Wellenlinien in Singstimmen mit instrumentalen Begleittremulanten kombiniert;[753] die gleiche Wellenlinie mit Tremulantbegleitung finden wir im fünften *Brandenburgischen Konzert* BWV 1050, 1, T. 95/96.

Daß mit der Wellenlinie eventuell ein Vibrato gemeint sein könnte, erhellt aus einer Stelle aus dem *Magnificat* BWV 243a (in Bachs Autograph); in der späteren Fassung wurde die Wellenlinie (ebenfalls autograph) in einen Bogen geändert:[754]

Diese Stelle wurde von Mendel als möglicher Beweisgrund für seine Hypothese, die Wellenlinien bezeichnen eine Art Tremolo, angeführt.

---

[751] Manchmal sind beide sehr schwer zu unterscheiden, weil ein Vokalvibrato in einigen Fällen wie ein Tremulant bezeichnet wird. Z.B. G. Ph. TELEMANN, *Das Glück*, in: *VI moralische Kantaten*, Hamburg 1735/36, S. 2–4. – Interpretationsschwierigkeiten ergeben sich auch, wenn eine Wellenlinie über längeren Notenwerten auf Tremulantbegleitung steht.

[752] BWV 8: *Liebster Gott, wenn werd ich sterben* (1735/50), 3, T. 6–7. Die Wellenlinie nur in der Spätfassung D-Dur (Stimmen); in den Brüsseler Stimmen (E-Dur) 1724 an der betreffenden Stelle ein Bogen.
BWV 65: *Sie werden aus Saba alle kommen* (1724), 1, T. 50–51.
BWV 66: *Erfreut euch, ihr Herzen* (1735?), 1, T. 208–209; 5, T. 55.
BWV 76: *Die Himmel erzählen die Ehre Gottes* (1723, 1724 oder 1725), 10, T. 10; 12, T. 7 und T. 31.
BWV 87: *Bisher habt ihr nichts gebeten in meinem Namen* (1725), 5, T. 17–18.
BWV 113: *Herr Jesu Christ, du höchstes Gut* (1724), 3, T. 5–6 und T. 21–22.
BWV 116: *Du Friedefürst, Herr Jesu Christ* (1724), 2, T. 41–42.
BWV 137: *Lobe den Herren, den mächtigen König der Ehren* (1725, 1744/1750), 3, T. 54. Zu einigen undeutlichen Stellen s. unten.
BWV 169: *Gott soll allein mein Herze haben* (1726), 5, T. 38.
BWV 243a: *Magnificat* (1723), 6, T. 31.
BWV 245: *Johannes-Passion,* 20, T. 38 (Fassung III, 1728/31); 35, T. 80–81 (Fassung II, 1724).
Sowie in einigen Instrumentalsätzen: BWV 1003, 1, T. 22; BWV 1011, 6, T. 56–57; BWV 1050, 1, T. 95–96 (aber nicht BWV 1050a); eventuell auch BWV 1027, 1, T. 20 und 26, sowie BWV 1032, 3, T. 126–127; 128–130; 132–134; 136–137; 140–141; 144–145; 184–185, nach einem Trillerzeichen.
Schon A. MENDEL hat in NBA II,4: Kritischer Bericht, Kassel-Basel 1974, S. 227–228, darauf hingewiesen, daß diese Wellenlinien auf Vibrato deuten können. In seiner Aufzählung sind BWV 8, 65, 113, 169 und 1011 nicht enthalten; BWV 1027 und 1032 wurden nicht in Betracht gezogen, allerdings sind das keine eindeutige Fälle. – Zu den Aufführungsdaten der Vokalwerke s. A. DÜRR, *Zur Chronologie der Leipziger Vokalwerke J. S. Bachs*, Kassel-Basel ²1976. – Zur Interpretation dieses Zeichens vgl. auch G. MOENS-HAENEN, *Zur Frage der Wellenlinien in der Musik Johann Sebastian Bachs*, in: *AfMw* 41, 3 (1984), S. 176–186.

[753] Etwa in BWV 66, 1, T. 208–209 („Trauern", im Satz „das Trauern, das Fürchten, das ängstliche Zagen") bzw. in der *Johannes-Passion*, 35, T. 80–81 („tot", im Satz „Dein Jesus ist tot").

[754] J. S. BACH, *Magnificat*, BWV 243a, Hs., 1723; BWV 243, Hs., c. 1728/31, hrsg. von A. DÜRR (NBA II,3), Kassel-Basel 1955, S. 34 und 99.

Anders jedoch als bei der normalen Tremulantnotation steht die Wellenlinie bei Bach immer und ausschließlich über auf- oder absteigenden Halbtonfortschreitungen. Das gilt sowohl für die Kantaten als auch für die reinen Instrumentalsätze.[755] Eine solche Exklusivität in der Verwendung spricht zwar nicht unbedingt gegen ein Vibrato, ausschließliches Vibrato scheint aber nicht gemeint zu sein. Denn das Vibrato wird immer nur auf einzelnen Noten bezeichnet: Wie zwei nacheinander folgende Triller werden also auch zwei nacheinander folgende Vibrati extra notiert.

Ein Zeichen wie die Bachsche Wellenlinie – über zwei Noten mit Halbtonfortschreitung – weist aber normalerweise auf eine andere Verzierung hin: auf das langsame (Halbton-)*Glissando*. Dieses Glissando ist eine Verzierung, die bis jetzt von der Forschung stiefmütterlich behandelt wurde. Ihr wurde ein sehr hoher Affektwert zugeschrieben; sie kommt dementsprechend eher selten vor.

Die *Messa di voce crescente*[756] war aber als Technik wie als Verzierung in der italienischen Vokalschule bekannt. Schon in den Schriften der Theoretiker und Praktiker des Recitar cantando kam es vor.[757]

Aber auch im französischen Stil war das Ornament verbreitet. Bei den Gambisten heißt es *Coulé de doigt*, das Zeichen dafür war ein Haken ⌣.[758] J. ROUSSEAU nennt es in seiner Gambenschule unter Berufung auf den Affektgehalt *Plainte* und sagt, daß sich diese Verzierung nicht zur Begleitung eignet, es sei denn äußerst selten in *des Chants languissans,* also in klagender Musik. Zum Charakter merkt er an:[759]

> Cét Agrément ... est fort touchant & patetique, parce qu'il touche en passant les degrez Enharmoniques.
>
> [Diese Verzierung ist sehr ergreifend und pathetisch, da sie im Vorübergehen die enharmonischen Tonstufen berührt.]

DANOVILLE räumt ein, diese Verzierung könne nur auf der Gambe vollkommen und von der Flöte „*agreablement*" ausgedrückt werden.[760]

MONTECLAIR nennt das Vokalglissando *Son glissé;* wie die anderen Quellen hebt auch er das langsame Gleiten hervor – so daß die Vierteltöne durchschritten werden. Er deutet außerdem an, daß es auch Ganztonglissandi gibt:[761]

---

[755] Mit einer Ausnahme: BWV 1032, T. 132–134, auf gleichbleibender Tonhöhe, allerdings nach einem Trillerzeichen; die Notation leicht verschieden, vgl.:

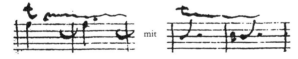

[756] Z.B. P. TOSI, *Opinioni de' Cantori antichi, e moderni o sieno osservazioni Sopra il canto figurato*, Bologna 1723, S. 22. P. TOSI – J. E. GALLIARD, *Observations on the Florid Song*, London 1742, S. 38. P. TOSI – J. F. AGRICOLA, *Anleitung zur Singkunst*, Berlin 1757, S. 57; vgl. auch S. 128. – Die *Messa di voce crescente* als Glissando auch bei J. A. HILLER, *Anweisung zum musikalisch-zierlichen Gesange*, Leipzig 1780, S. 53; er sieht es als eine zweite Art des *Cercar della Nota*.

[757] So z.B. bei G. B. DONI, *Trattato della musica scenica*, Hs., Firenze c. 1633/35, hrsg. von A. F. GORI (*Trattati di Musica di Gio. Batista Doni* II), Firenze 1763, 69f. Sehr Ähnliches gibt es auch bei D. MAZZOCCHI, *Partitura de' Madrigali a cinqve voci*, Roma 1638, Vorrede, S. 5. Er nennt es *Solleuatione*, ein allmähliches Anwachsen der Stimme im Atem und im Ton zugleich („andar crescendo à poco, à poco la voce di fiato, e di tuono insieme"), also mit Crescendo; das würde auch den späteren Namen *Messa di voce crescente* erklären.

[758] Es kommt vor in den Vorreden zu den meisten Gambenbüchern sowie in den beiden französischen Gambenschulen; in der Musik wird es nur sehr selten verwendet, bei entsprechendem Affekt.

[759] J. ROUSSEAU, *Traité de la Viole*, Paris 1687, S. 101.

[760] DANOVILLE, *L'Art de toucher le Dessus et Basse de Violle*, Paris 1687, S. 43, mit dem Namen *Coulé du doigt*.

[761] M. PIGNOLET DE MONTECLAIR, *Principes de Musique*, Paris 1736, S. 88–89.

On peut aussy faire un pas jusqu'à son terme en glissant le pié sans le lever de Terre, comme on le fait dans la danse. Le Son Glissé fait en quelque façon le même effet puisque la voix doit monter ou descendre sans interruption, en glissant d'un degré à un autre prochain, et en passant doucement par touttes les parties presqu'indivisibles que le demi-ton ou le ton contient, sans que ce passage fasse sentir aucunes sections.

Les joüeurs de Viole, par exemple, au lieu de porter le doigt sur une touche prochaine à celle où ils ont un doigt déjà posé, glissent doucement le doigt le long de la corde d'une touche à l'autre, pour former cet agrément. Exemples tirés de ma Cantate de Pan et Sirinx, et de l'air, Terminez mes tourments, de l'opera d'Iris.

[Man kann auch einen ganzen Schritt machen, indem man mit dem Fuß über die Erde gleitet, ohne ihn aufzuheben, wie beim Tanzen. Der Son glissé hat in etwa dieselbe Wirkung, da die Stimme ununterbrochen auf- bzw. absteigen muß, während sie von einem Ton in den nächsten gleitet und sanft durch alle, fast unteilbare Teile des Halb- bzw. Ganztons geht, ohne daß man in dieser Fortschreitung auch nur eine Unterbrechung (Abschnitt) hören würde.
So gleiten z.B. die Gambisten, statt den Finger von dem Bund, auf dem er steht, auf den nächsten zu setzen, sanft über die Saite von einem Bund zum andern, um diese Verzierung zu spielen. Beispiele aus meiner Kantate Pan et Sirinx, und aus dem Air, Terminons mes tourments, aus der Oper Iris.]

J. S. Bachs Wellenlinien erfüllen alle diese Prämissen: Sie gehen über den Abstand eines Halbtones, in den meisten Fällen eines chromatischen Halbtones und einmal von *c* über *cis* und *d* nach *dis*. Die betreffenden Stellen sind „*fort touchant & patetique*"; die Instrumentalglissandi sind alle auch technisch spielbar.

Nur in zwei Kantaten scheint die Wellenlinie auf größeren Intervallen zu stehen: in *Herr Jesu Christ, du höchstes Gut* BWV 113 ist die Wellenlinie immer über vier bzw. über zwei mal zwei Noten gesetzt, und zwar im 3. Satz, T. 5/6 und T. 21/22. Im letzteren Fall geht die Wellentrennung allerdings mit einem Zeilenwechsel einher. Das beabsichtigte Intervall ist aber jeweils 1½ Ton:

(Ob. I, T. 5/6)　　　　　　　(Ob. I, T. 21/22, mit Zeilenwechsel)

In der Kantate *Lobe den Herren, den mächtigen König der Ehren* BWV 137 sind die Bezeichnungen nicht so eindeutig: Hier gibt es mehrere Stellen, an denen in Kuhnaus Stimmen mögliche Wellenlinien zu finden sind:

Sopran 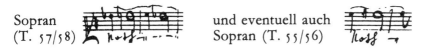 und eventuell auch
(T. 57/58) Sopran (T. 55/56)

Im Baß (T. 54) endet die Wellenlinie eindeutig nach einem Halbton:

Der Bogen (T. 82/84) ist ähnlich unklar gesetzt wie im Sopran:

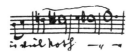

Meiner Ansicht nach ist nur im Baß T. 54 eindeutig eine Wellenlinie notiert. Bei den anderen Stellen kann man solche nur vermuten. Sollte es sich doch um Wellenlinien handeln, scheint in T. 55/56 nur auf dem ersten Halbtonschritt eine Welle notiert zu sein. Völlig unklar in dieser Hinsicht ist T. 57/58: Vielleicht haben wir hier eine, vielleicht auch zwei oder drei Wellenlinien – oder aber einen längeren, „verzitterten" Bogen. Man vergleiche diese Stelle mit T. 44, wo der Bogen gegen Ende zu ebenfalls zittrig ausläuft:

Dasselbe Problem gibt es noch im Sopran, T. 86–88. Der Text lautet „Noth". Falls hier Wellenlinien gemeint sind, so sind das, mit BWV 113, die einzigen Stellen bei J. S. Bach, wo sie auf größeren Intervallschritten stehen. Ich glaube, daß wir es hier eher nicht mit Wellenlinien zu tun haben, da längere Bögen sehr oft leicht gewellt sind oder zittrig auslaufen. Im Baß T. 54 ist die Wellenlinie aber deutlich vom nachfolgenden Bogen abgegrenzt; sie geht, wie schon vorher gesagt, über einen Halbton.

In der 1755 vermutlich nach dem Bachschen Original verfertigten Partiturhandschrift von Penzel[762] stehen an den fraglichen Stellen (T. 54, 55, 56, 57, 82/83, 86/87) Zweierbindungen, die also nicht die ganze Koloratur umfassen:

Der Sinn solcher Bögen ist nicht ohne weiteres erkennbar: Wahrscheinlich liegt hier eine mißverstandene Interpretation von Wellenlinien im Bachschen Originaltext vor. Bei Vibratobezeichnungen wären Mißverständnisse aber kaum möglich, da diese Zeichen meist klar bei der betreffenden Note notiert sind. Die Bachschen Wellenlinien wurden jedoch von der Forschung nicht grundlos als Zeichen für Vibrati (oder Tremoli) betrachtet. Der Affektwert stimmt sicher. Außerdem

---

[762] Vgl. dazu K. HOFMANN, Kritischer Bericht zu: *NBA* I,20 (in Druck).

gesellt sich zu den Wellenlinien ja oft ein Tremulant. Es bleibt also die Frage, ob die bezeichneten Glissandi vibriert wurden oder nicht. Keine der Quellen, die ich kenne, erwähnt eine Kombination *Glissando–Vibrato;* sie wird weder bestätigt noch ausgeschlossen. Der *Trillo cresciuto* und der *Trillo calato* von TOSI sind auf- bzw. absteigende, gleitende Triller; Tosi befürwortet ihren Gebrauch zwar nicht (als *seccaggini antiche*), sie sind aber noch bei Mancini anzutreffen.[763]

Das Glissando kann also von einer anderen Verzierung begleitet werden: von einem Triller, oder, wie sich aus französischer Gambenmusik herausstellt, von einem Mordent. Im zweiten Fall handelt es sich aber nicht um ein gleichzeitiges Auftreten beider Verzierungen. Im ersten Satz der zweiten Soloviolinsonate BWV 1003 geht eine Wellenlinie in einen Triller über:[764]

Diese Stelle bereitete den Forschern schon verschiedene Probleme. In einem Artikel im *Bach-Jahrbuch* 1963/64 schlug RABEY vor, einem Doppeltriller auf der ersten Sexte einen Einzeltriller auf *dis* folgen zu lassen; er sieht auch in einem Vibrato der linken Hand eine gute Alternative.[765] NEUMANN schlägt in seinem Buch über die Verzierungen vor, sowohl mit der linken als auch mit der rechten Hand zu vibrieren. Dieser Vorschlag erscheint mir jedoch aus einigen Gründen völlig indiskutabel. Zum einen wäre es zumindest eigenartig, daß Bach einen Tremulanten *(„bow tremolando")* nicht selbst notiert hätte, da dies doch eine Figur ist, die er häufig verwendet. Zum anderen gibt es, soviel mir bekannt ist, im Barock keine Belege für ein gleichzeitiges Vibrato der linken und rechten Hand. Musikalisch gesehen ist es auch nicht sehr logisch, beide zu kombinieren. Neumann begründet seinen Ausführungsvorschlag nicht.[766]

Die Idee von Rabey, dem Vibrato der linken Hand einen Triller folgen zu lassen, erscheint da schon viel logischer. Im Lichte dessen, was ich vorher ausgeführt habe, neige ich eher zu der Annahme, daß es sich um ein Glissando handelt, das in einen Triller übergeht. Auch ist ein vibriertes Glissando nach *dis/fis* möglich, dem dann ein Triller folgen könnte. Der Triller beginnt erst nach dem *dis;* das müßte dann eigentlich bei der Hauptnote sein – aber in der Realität hört man kaum, mit welcher Note er anfängt. Gegen die Verwendung eines Zweifingervibratos spricht die Tatsache, daß Bach keinen Sexttriller bezeichnet; getrillert wird nur auf *dis*.

Auch das seltene Vorkommen von Wellenlinien sowie die Stellen, an denen sie notiert sind, können ohne weiteres auf eine so affektstarke Verzierung, wie es das Glissando ja ist, hinweisen. Sie ist so ungewöhnlich und ihre Wirkung so groß, daß es verständlich ist, sie eher zu bezeichnen als ein Vibrato, das ohnedies jedem Musiker bekannt war und an den richtigen Stellen eingesetzt wurde. Im

---

[763] P. TOSI, a.a.O., S. 26–27. Bei Mancini, diesmal mit einem etwas milderen Urteil über ihre Anwendung: G. B. MANCINI, *Pensieri, e riflessioni pratiche sopra il canto figurato*, Wien 1774, S. 113–114.

[764] J. S. BACH, Sonaten und Partiten für Violine allein, Hs., Köthen c. 1720, Faks., Frankfurt a. M. 1962, Sonata 2da a Violino Solo senza Basso, 1: Grave, f. 8r.

[765] W. RABEY, *Der Originaltext der Bachschen Soloviolinsonaten und -partiten (BWV 1001-1006) in seiner Bedeutung für den ausführenden Musiker*, in: BJb 50 (1963-1964), S. 42. – Vgl. auch A. MENDEL, a.a.O., S. 227-228.

[766] F. NEUMANN, *Ornamentation in Baroque and Post-Baroque Music*, Princeton 1978, S. 520. Er scheint öfters anzunehmen, daß Vibrato der rechten mit Vibrato der linken Hand einhergeht, gibt dafür aber keine Belege an. – J. SZIGETY, *Szigety on the Violin*, New York ²1979, S. 112-113, gibt 14 verschiedene Lösungen an, darunter kein einziges Vibrato und/oder Glissando.

vokalen Œuvre J. S. Bachs sind mehrere Stellen glissandoverdächtig, aber die Zahl jener, an denen man ein Vibrato erwarten würde, ist noch weitaus größer.

Für die Kombination *Vibrato–Glissando* könnte m.E. auch die Notation sprechen. Es gibt Stellen, wo in der Vokalstimme Wellenlinien und im begleitenden Instrumentalpart Tremulanten notiert sind, z.B. in *Erfreut euch, ihr Herzen* BWV 66 und in der *Johannes-Passion* BWV 245, 35, T. 80/81:[767]

Hier ist womöglich zugleich ein Vibrato gemeint, man vergleiche dazu die Notation im *Magnificat* BWV 243a ( ).

Gegen ein Glissando spricht vielleicht die Wiederholung des Wortes „*tot*"; aber auch in diesem Fall ist ein Gleiten bis zum *b* gesangstechnisch sicher möglich. Hinzu kommt, daß Bach Wellenlinien bei größeren Intervallschritten meidet. Man ziehe als Vergleich das schon genannte Beispiel aus BWV 66, 1 heran: Abstand *a – ais*. Kleine Halbtonschritte können schon, laut Tosi, mit Glissando gesungen werden.

Aus BWV 245, 20, T. 38 geht überdies deutlich hervor, daß kein normaler Bogen gemeint sein kann, denn dort tritt die Wellenlinie kombiniert mit dem Bogen auf. Auch hier ist die Wellenlinie, wie in den meisten Fällen, auf einem chromatischen Halbtonschritt notiert:[768]

Allerdings gibt es eine solche Halbtonfortschreitung auch (sehr selten) mit normalen Bögen, z.B. in *Aus tiefer Not schrei ich zu dir* BWV 28, 2, T. 19 (nicht autograph) auf dem Wort „*Leiden*":

Hier ist offenbar kein gewöhnlicher Bogen gemeint, sondern eben das, was an anderen Stellen mit einer Wellenlinie bezeichnet wird.

J. S. Bach war nicht der erste, bei dem wir eine solche Notierungsweise finden. Bereits 1709 hat STEFFANI in seiner in Düsseldorf uraufgeführten Oper *Il Tassilone* Wellenlinien notiert. Dort findet man auf dem Wort „*Lagrime*" in der Arie Nr. 14 einige Male Wellenlinien, die deutlich auf ein Glissando hinweisen; in

---

[767] J. S. BACH, *Johannes-Passion* BWV 245, Hs., c. 1723ff. (NBA II,4), Kassel–Basel 1974, S. 146, Nr. 35 (olim 63): *Zerfließe, mein Herze, in Fluten der Zähren*.
[768] DERS., a.a.O., Nr. 20, Faks. in NBA II,4, S. XI.

dieser Nummer überspannen die Wellenlinien übrigens auch mehrere Halbtonschritte (das x wäre dann die Bezeichnung des Vierteltones):[769]

Daß eine solche Wellenlinie für Glissando, für Vibrato oder gar für beides stehen kann, mag eine weitere Stelle aus dieser Arie verdeutlichen, wo die Wellenlinie anscheinend nur auf einer Note steht:[770]

Die Bachsche Wellenlinie kommt vereinzelt auch in Instrumentalstimmen von Kantatensätzen vor, so in der Geige in *Liebster Gott, wenn werd ich sterben* BWV 8 (3, T. 7) auf $e-f$[771] und in der Gambe in *Die Himmel erzählen die Ehre Gottes* BWV 76 (12, T. 7 und 31) zweimal auf $a-ais$:[772]

Wellenlinien finden wir auch in der ersten Gambensonate BWV 1027, 1. Satz, Adagio, T. 20 und 26, beide Male nach einem Trillerzeichen, jedoch auch hier auf Chromatik, zweimal absteigend:[773]

---

[769] GB Lbl, RM 23 i 20–24: (A. STEFFANI,) *Il Tassilone*, Hs., Düsseldorf 1709; zitiert aus GB Lbl, RM 23 i 20, f. 33r–33v; 34r. F. NEUMANN, a.a.O., S. 517, sieht diese Wellenlinien ausschließlich als Beleg für Vibrato („*an intended tremor of the voice*").
[770] A. STEFFANI, a.a.O., f. 34r.
[771] In diesem Fall nur in der Spätfassung D-Dur; an der gleichen Stelle in der Frühfassung ein Bogen.
[772] Zitiert nach *BGA* 18.
[773] BWV 1027, P 226.

In der Fassung für zwei Traversflöten und Generalbaß steht weder ein Trillerzeichen noch eine Wellenlinie, obwohl Bach an anderen Stellen die Wellenlinie sehr wohl für die Flöte verwendet: im ersten Satz des fünften *Brandenburgischen Konzertes* (T. 95/96) sowie in der Sonate für Flöte und obligates Cembalo BWV 1032,[774] dort allerdings auch nach einem Trillerzeichen (2, T. 126–127, 132–133, 136–137, 144–145, 184–185). Man beachte, daß in dem Brandenburgischen Konzert dies die einzige chromatische Stelle ist, bei der Solovioline und Flöte *zusammen* ein Glissando anbringen können. Die anderen chromatischen Fortschreitungen sind nicht in den beiden Stimmen zugleich chromatisch. Technisch ist ein Glissando auf der Barockflöte von *f* bis *fis* möglich (mit dem rechten Ringfinger); es kann außerdem auch mit einem Fingervibrato kombiniert werden (mit dem rechten Mittelfinger). Ein Glissando ist wegen des Synchronismus nur an der von Bach bezeichneten Stelle sinnvoll.

Ob die Kombination Trillerzeichen–Wellenlinie (t͜) einen langen Triller bezeichnet, wie in der Klaviermusik, scheint mir angesichts der Stellen, wo sie Anwendung findet (in der Gambensonate BWV 1027, in der Flötensonate BWV 1032 und im Oboenpart der Kantate *Herr Jesu Christ, du höchstes Gut* BWV 113) sehr zweifelhaft. Außerdem spielt auch hier die Tatsache, daß sie (nahezu immer) auf chromatischen Fortschreitungen vorkommt, eine wichtige Rolle. Es könnte ein Triller mit anschließendem Glissando zur nächsten Note hin gemeint sein, oder aber ein Vibrato, eventuell mit Glissando (nur Vibrato im Fall von BWV 1032, T. 132–133, wo die Wellenlinie nicht über einer solchen Fortschreitung steht, sondern über einer übergebundenen langen Note). Die Bezeichnung t͜ könnte ja ein Kürzel für Tremolo (Vibrato) sein. In der Gambensonate wäre dann wahrscheinlich ein Zweifingervibrato mit Glissando beabsichtigt, in der Flötensonate einmal Vibrato, ansonsten vibriertes Glissando. Einige Flötenglissandi wären technisch zwar ziemlich weitergeholt (einmal sogar mit der Klappe); da die Sonate aber vermutlich eine Bearbeitung ist, muß das nicht unbedingt ein Gegenargument sein. Ob diese Art der Notation nun zugleich aussagt, daß bei fehlendem Trillerzeichen das Glissando nicht vibriert wird, weiß ich nicht. Das Problem ist m.E. nicht wissenschaftlich, sondern nur musikalisch zu lösen.

Es bleibt die Frage, warum Bach zumindest für vibriertes Vokalglissando nicht auf die Notation der ersten Fassung des Magnificat BWV 243a zurückgriff. Daß er in seiner Instrumentalmusik ein beim Glissando eventuell auftretendes Vibrato notationstechnisch nicht mit einem Tremulanten darstellen konnte, ergibt sich aus der Gegensätzlichkeit der Techniken für normales Vibrato und Tremulanten. Im Vokalen ist dieser Unterschied viel geringer, da zumindest die Technik nicht grundsätzlich anders ist. Allerdings bezeichnet Bach in seiner Musik auch sonst keine Vokaltremulanten: Auch wenn die Sänger über einer Begleitung mit Instrumentaltremulanten aushalten, werden nur lange Noten geschrieben.

Ich kann nur schließen, daß es musikalisch sicher nicht unlogisch ist, ein langsames Glissando gleichzeitig zu vibrieren. Ein Vibrato hebt zweifelsohne das Chroma hervor und steigert den Wirkungsgrad des Glissandos, das bei Bach nur extrem selten, bei entsprechendem Affektgehalt vorkommt. Auch dies weist auf die überaus starke Wirkung hin; die Verzierung wird folglich nur bei stärkster Affektwirkung im Piano und Pianissimo eingesetzt.

---

[774] J. S. BACH, *Sonate für Traversflöte und obligates Cembalo* BWV 1032, Hs., Faks. mit Einleitung von H.-J. SCHULZE, Leipzig 1979.

Zusammenfassend kann festgestellt werden, daß J. S. Bachs notierte Wellenlinien als (vibriertes?) langsames Glissando aufzufassen sind. Zur Dynamik der Verzierung läßt sich nur sagen, daß auch sie dem Affekt angepaßt werden soll; vibriertes Vokalglissando wird wohl in vielen Fällen mit einer der Arten der Messa di voce einhergehen – darauf weist schließlich schon der Name *Messa di voce crescente* hin. Mazzocchi schlägt vor, dies mit wachsendem Atem(druck) zu kombinieren. Das ergäbe dann ein Crescendo.

XII

Ensemblevibrato

Das Vibrato als selbständiges Element in der Orchestermusik wird vor Mitte des 18. Jahrhunderts nirgends beschrieben. Sogar die wohl vollständigste Quelle zu den Verzierungen im Orchesterspiel im französischen Stil, das *Florilegium Secundum* von MUFFAT, rechnet das Vibrato nicht zu den wichtigsten Ornamenten und erwähnt es daher nicht.[775] Ob und welches Vibrato damals üblich war, ist uns nicht bekannt. Nach dem, was wir über das Orchesterspiel im Barock wissen, können wir hypothetisch behaupten, daß wahrscheinlich nur in Ausnahmefällen vibriert wurde. Ein kontinuierliches Vibrato gab es sicher nicht – ein solches wurde auch von den Solisten abgelehnt; bei manchen Instrumenten weisen schon die Vibratotechniken darauf hin – z.B. das Fingervibrato bei den Holzbläsern.

QUANTZ erwähnt als erster das Vibrato im Orchester, d.h. das der *Ripien-Violinisten:*[776]

> Vom Gebrauche der Finger der linken Hand ist zu merken, daß die Stärke des Aufdrückens derselben, jederzeit, mit der Stärke des Bogenstrichs, in rechtem Verhalte stehen müsse. Läßt man den Ton in einer Haltung (tenuta) an der Stärke wachsen: so muß auch der Finger, zunehmend aufgedrücket werden. Um aber zu vermeiden, daß der Ton nicht höher werde; muß man den Finger gleichsam unvermerkt zurück ziehen; oder dieser Gefahr durch eine gute und nicht geschwinde Bebung abhelfen.

Wie man diese Bebung erzeugen soll, ist nicht detailliert angegeben. Auch das von BREMNER 25 Jahre später beschriebene und in den meisten Fällen ästhetisch abgelehnte Ensemblevibrato wird nicht in seinen technischen Einzelheiten erklärt. Er verweist für seine eigene Praxis auf Geminiani, dessen Schüler er war; genauere Angaben zur Technik – er beschreibt schließlich eine Praxis, die von *anderen* Spielern gepflegt wird – hinterläßt er nicht. Er beschwert sich lediglich darüber:[777]

> Many gentleman players on bow instruments are so exceeding fond of the *tremolo,* that they apply it wherever they possibly can.
>
> [Viele Liebhaber auf Streichinstrumenten haben das Tremolo so außerordentlich gern, daß sie es, wo sie nur können, anbringen.]

---

[775] G. MUFFAT, *Suavoris Harmoniæ Instrumentalis Hyporchematicæ Florilegium Secundum,* Passau 1698, unveränderter Neudruck der Ausgabe Wien 1895: DTÖ 4 (Graz 1959), S. 25–27 und 54–56.

[776] J. J. QUANTZ, *Versuch einer Anweisung die Flöte traversiere zu spielen,* Breslau ³1789 (Berlin ¹1752), S. 204. In der französischen Fassung, DERS., *Essai d'une methode pour apprendre á jouer de la Flute traversiere,* Berlin 1752, S. 208, ist aber die Rede von einem *balancement bon et vite.* Wahrscheinlich ist das ein einfacher Druckfehler. Die niederländische Übersetzung, J. J. QUANTZ – J. W. LUSTIG, *Grondig Onderwys Van den Aardt en de regte Behandeling der Dwarsfluit,* Amsterdam 1754, S. 135, schreibt über „eene aardige, niet te schielyke, beeving". In der anonym erschienenen englischen Übersetzung, (J. J. QUANTZ,) *Easy and Fundamental Instructions,* London c. 1780, ist der Abschnitt nicht enthalten. Auch in den späteren Werken über das Orchesterspiel, die doch alle teilweise auf Quantz fußen, findet man diesen Vorschlag nicht mehr.

[777] R. BREMNER, *Some Thoughts on the Performance of Concert-Music,* Vorrede zu: J. G. C. SCHETKY, *Six Quartettos for two Violins, a Tenor, & Violoncello (...) op: VI,* London 1777. Über solistisches Vibrato sagt er also nichts aus!

Nach einem Vergleich des Klangeffektes mit dem von zwei ungleich gestimmten Orgelpfeifen und der Stimme „*of one who is paralytic*"[778] fährt er fort:[779]

> Though the application of it may, for the sake of variety, be admitted, at times, on a long note in simple melody; yet, if it be introduced into harmony, where the beauty and energy of the performance depend upon the united effect of all the parts being exactly in tune with each other, it becomes hurtful. The proper stop is a fixed point, from which the least deviation is erroneous: consequently the *tremolo,* which is a departure from that point, will not only confuse the harmony to the hearers who are near the band, but also enfeeble it to those at a distance; for to these last, the performance of him who is applying *tremolo* is lost. Its utility in melody may likewise be doubted, because no deficiency is perceived when it is omitted by good performers: and, if an unsteady voice is reckoned a defect in a singer, he may also be called a defective performer whose fingers are destroying the plain sound, which includes both truth and beauty.
>
> [Wenn auch seine Anwendung zur Abwechslung dann und wann auf einer langen Note in einer einfachen Melodie gestattet sein mag, so wird es doch schädlich, wenn es in die Harmonie eingebracht wird, wo die Schönheit und Kraft der Aufführung von der vereinten Wirkung aller Stimmen abhängt, die absolut rein aufeinander abgestimmt sein müssen. Der richtige Ton ist ein fester Punkt, von dem auch die kleinste Abweichung ein Irrtum ist: Folglich wird das Tremolo, das von diesem Punkt abweicht, die Harmonie nicht nur für die Zuhörer, die dem Orchester nahe sind, verwirren, sondern auch für jene, die weiter entfernt sind, schwächen; denn für diese ist die Aufführung desjenigen, der das Tremolo anbringt, verloren. Auch sein Nutzen für die Melodie kann angezweifelt werden, denn man vermißt nichts, wenn es von guten Musikern weggelassen wird. Und wenn schon bei einem Sänger eine wankende Stimme ein Mangel genannt wird, so darf auch derjenige ein mangelhafter Musiker genannt werden, dessen Finger den reinen Ton, der sowohl Wahrheit als Schönheit beinhaltet, zerstört.]

Die Ablehnung des Tremoloeinsatzes wird aus der Harmonie begründet, weil dann die Musik unrein klinge. Eine Verurteilung des Vibratos aufgrund unreiner Stimmung gab es ja auch bei Tartini: Ein Vibrato auf einer Messa di voce störe die Harmonie, es sei also absolut verboten, dort zu vibrieren. Bremner geht aber noch weiter: Vibriert wird am besten nur „*at times, on a long note in simple melody*". Aber auch dann „*no deficiency is perceived when it is omitted by good performers*".

Was die besten Orchester angeht, die ja z.T. aus sehr virtuosen Musikern zusammengesetzt wurden, so wird dort das Vibrato sicher seinen Platz eingenommen haben. Technisch gab es ja keine Probleme, die solistische Technik kann ja auch im Orchester angewendet werden.

Wie das in einem durchschnittlichen Orchester ausgesehen haben mag, kann man nicht sagen. Es ist immerhin möglich, daß dort das Vibrato nicht zu den technischen Grundkenntnissen gehörte. Ein Indiz dafür könnte das häufige Auftreten von Tremulanten in der Orchestermusik sein. Inwiefern Tremulanten eventuell als Ersatz für Orchestervibrati gelten konnten, wird im einschlägigen Abschnitt noch dargelegt (s. u. S. 268ff.).

---

[778] Ebd. Hier also nicht der sonst hin und wieder verwendete Vergleich mit dem Tremulanten, sondern mit der Voce umana.
[779] Ebd.

XIII

Der Tremulant
in der Vokal- und Instrumentalmusik

Ab dem frühen 17. Jahrhundert begegnen wir dem Tremulanten als langsamem Satz in der Instrumentalmusik, zuerst in Italien und fast gleichzeitig auch in Deutschland. Die Figur war zweifelsohne schon früher bekannt, es wird auch vorausgesetzt, daß der Spieler weiß, wie er sie auszuführen habe. Man schreibt über „*il*" *Tremolo,* und das setzt doch einen gewissen Grad der Bekanntheit voraus. Auf vielen Orgeln in ganz Europa finden wir ab dem 16. Jahrhundert den Tremulanten als Hilfsregister; bei ANTEGNATI ist nachzusehen, daß er auf der Orgel, in Italien sogar neben der *Voce umana,* bekannt und beliebt war.[780] Gleichzeitig ist auch in anderen Ländern Europas vom Tremulanten als Figur die Rede. In England wurde von den Streichern der *Organ Shake* mit Bogenvibrato erzeugt – auch als ad-libitum-Verzierung. Ebenso zeigten die Theoretiker immer mehr Interesse für den Tremulanten, der nun neben der Orgel – als Imitation – auch auf anderen Instrumenten Anwendung fand. Nur in Frankreich befaßten sich die Theoretiker erst spät mit dieser Figur; eine technische Erklärung finden wir im *Dictionaire de Musique* von BROSSARD.[781]

In Musikwerken erscheint der Tremulant meist als eigenständiger Abschnitt. Er kann aber auch, wie wir weiter unten sehen werden, als Ersatz für normales Vibrato herangezogen werden, instrumental wie vokal. Er fand auch für Tonmalerei Verwendung (z.B. für die Darstellung von Wasser oder Wellen), oder gar spezifisch für die Imitation der Orgel (z.B. im *Hortulus Chelicus* von WALTHER).[782]

Bei den klassischen Beispielen des Tremulanten handelt es sich um größere, geschlossene Abschnitte bzw. um ganze Sätze, normalerweise in ganz bestimmten Affektbereichen wie Angst, Furcht, Ehrfurcht o.ä. Es sind sozusagen Extremfälle aus einem der Anwendungsbereiche des normalen Vibratos, nämlich der Angst.[783] Bestätigungen hierfür findet man in Theorie und Praxis: Die Aussage von NORTH, daß das Tremolo (er verwendet diesen Ausdruck) „*fear and suspicion*" darstelle,[784] wird in vielen Musikwerken aus ganz Europa belegt. Die meisten Theoretiker umschreiben den Charakter des Tremulanten zwar nicht ausdrücklich; im allgemeinen sind ihre Beispiele jedoch eindeutig diesem Bereich zuzuordnen.

---

[780] C. ANTEGNATI, *L'Arte Organica*, Brescia 1608, f. 7v *(il tremolante)*, f. 8r. – Also nicht Fiffaro oder Voce humana, f. 8r, 9r, mit zwei ungleich gestimmten Pfeifen.
[781] S. DE BROSSARD, *Dictionaire de Musique*, Paris 1703.
[782] J. J. WALTHER, *Hortulus Chelicus*, Mainz 1688, S. 124. – Vgl. auch DERS., *Scherzi Da Violino Solo*, Mainz ²1687, S. 20.
[783] Vgl. oben für Beziehungen zwischen Vibrato und Affekt (S. 145ff.). Was den Tremulanten als Kontinuum angeht, vgl. auch mit dem Vibrato aus Furcht in dem Abschnitt über das Vibrato und die musikalische Physiologie (S. 153ff.). Man kann den Tremulanten in dem Sinne betrachten, gewissermaßen als Ausdruck eines physiologischen Dauerzustandes (des körperlichen Zitterns), am Anfang also nicht im übertragenen Sinn; dann aber übertragen als Darstellung der Furcht selbst.
[784] R. NORTH, *The Musicall Grammarian* II, Hs., 1728, zitiert nach J. WILSON, *Roger North on Music*, London 1959, S. 123.

Primär wird der Tremulant mit Zittern und Beben assoziiert, so z.B. von BROSSARD:[785]

> TREMOLO, ou *Tremulo*, n'est pas un trop bon mot Italien, & *Tremolante*, ou *Tremante* seroient bien meilleures. Cependant l'usage fait qu'on le trouve tres-souvent, ou entier, ou en abregé *Trem.* pour avertir sur tout ceux qui joüent des Instrumens à Archet de faire sur le même degré plusieurs Notes d'un seul coup d'Archet, comme pour imiter le *Tremblant* de l'Orgue. Cela se marque aussi fort souvent pour les Voix, nous avons un excellent exemple de l'un & de l'autre dans les *Trembleurs* de l'Opera d'Isis de Monsieur de Lully.

> Tremolo oder Tremulo (ital.) und abbrevirt Trem. bedeutet, daß auf besaiteten und mit Bogen zu tractirenden Instrumenten, viele in einerley Tone vorkommende Noten, mit einem zitternden Striche absolvirt werden sollen, um den Orgel-Tremulanten zu imitieren (= Übersetzung von WALTHER).[785]
> [Es wird auch sehr oft für die Singstimmen bezeichnet. Wir finden ein sehr gutes Beispiel für Streicher und Stimme in der Szene der Trembleurs aus Lullys Oper Isis.]

Die *Trembleurs* aus Lullys Oper *Isis* und die *Frost Scene* aus Purcells *King Arthur* sind zwei ähnliche Darstellungen des Zitterns vor Kälte. Purcells Musik ist deutlich Lullys Beispiel nachgebildet.[786] Der Aufbau ist sehr ähnlich; auch hier folgt nach einem instrumentalen Vorspiel (mit Tremulanten) das vokale Zittern.

Dieser naturalistische Tremulant – das Zittern der Stimme parallel mit dem Zittern des Körpers, der Orchestertremulant erhöht den Effekt – ist aber sozusagen ein Sonderfall. In den Beispielen und Aussagen anderer Theoretiker, etwa Sperlings, Montéclairs oder Norths, werden die Elemente der Furcht oder Ehrfurcht stärker betont. SPERLING gibt folgendes Beispiel:[787]

Sperling hat hier ein nahezu klassisches Beispiel gewählt: das „*Quantus tremor*" aus dem „*Dies Irae*" ist eine Stelle, die für den Tremulanten wie geschaffen ist. Einerseits ist da das Wort „*Tremor*", andererseits die Gottesfurcht, die Angst des Menschen vor dem Richterstuhl. In fast allen Requiemkompositionen etwa ab der Mitte des 17. Jahrhunderts bis zum späten 18. Jahrhundert wird die Stelle mit

---

[785] S. DE BROSSARD, a.a.O., sub Tremolo. Vgl. auch J. G. WALTHER, *Musicalisches Lexicon*, Leipzig 1732, S. 614; J. GRASSINEAU, *A Musical Dictionary*, London 1740; J. J. ROUSSEAU, *Dictionnaire de Musique*, Paris 1768, S. 523. – Das erwähnte Werk: J. B. DE LULLY, *Isis*, Paris ⁹1719 (¹1677), S. 215ff.

[786] J. B. DE LULLY, a.a.O. (Anfang des 4. Aktes); H. PURCELL, *King Arthur, Or, The British Worthy*, 1691. Es gibt verschiedene Handschriften vom Anfang des 18. Jh.s – etwa GB Lbl, Add. ms. 5333 (Frost Scene f. 35vff.); Add. ms. 31447 (f. 33rff.) –, in der ersten Hs. die Tremulanten mit Wellenlinien, wenn sie über mehr als zwei Noten stehen, ansonsten mit Bögen; in der zweiten Hs. durchwegs mit Bögen. – Ähnliche Darstellungen gibt es oft in der Musik des späten 17. und frühen 18. Jh.s. Ein für uns gleichermaßen sehr bekanntes Beispiel stellt das *Concerto L'Inverno* aus Vivaldis *Vier Jahreszeiten* dar. Er benutzt verschiedene Gradationen des Bogenvibratos als Darstellungsmittel, so am Anfang des Konzerts: A. VIVALDI, *Il Cimento dell' Armonia e dell'Inventione Concerti a 4 e 5*, Amsterdam c. 1725, Violino Principale, S. 14 (L'Inverno); zuerst „*Aggiacato tremar trà nevi algenti*", dargestellt von einer Kombination aus Tremulant und Triller: verschiedene Gradationen im dritten Satz, Allegro, sub „*Caminar piano, e con timore*":

[787] J. P. SPERLING, *Principia musicæ*, Budissin 1705, S. 68. Hier wird auch auf S. 70 der Instrumentaltremulant erwähnt. Quelle: Koninklijke Bibliotheek Albert I, Keizerslaan 4, B-1000 Brussel.

der Tremulantfigur musikalisch ausgedeutet.[788] Besonders interessant ist die Ausarbeitung von H. I. F. BIBER, der die Tremulantfiguren weiterführt über das „*Tuba mirum*" (und deswegen sogar auf lautmalerische Posaunenimitation verzichtet), zur Stelle „*Mors stupebit*" bis hin zu „*Qui Mariam*" und „*Preces meae*", und somit in sinnvoller Weise die Todesangst mit der Bitte um Erlösung verbindet (bezeichnend hierbei die Unterbrechung des Tremulanten durch die *Exclamatio* auf „*spem*").[788a] Wir werden weiter unten sehen, daß der Tremulant häufig auch mit „bitten" bzw. „beten" verknüpft wird. Der logische Zusammenhang beider Affektbereiche ist hier exemplarisch vorgeführt.

Ein anderes Beispiel bilden das Christusrezitativ „*Meine Seele ist betrübt*" und das Rezitativ „*O Schmerz!*" aus Bachs *Matthäus-Passion*. Der langsame Tremulant ist eine normale Darstellungsform für die *Tristitia* (= *Dolor*, Traurigkeit, Schmerz). Im nachfolgenden Accompagnato „*O Schmerz!*" wird der Affekt ins Krankhafte gesteigert: Es ist die Darstellung der Todesangst, der Angst vor dem Richter (wie im „*Quantus Tremor*") und zugleich der tiefsten Verzweiflung – also extrem negativer Affekte. Logischerweise wurde hier der schnelle Tremulant eingesetzt, auch wegen des sehr schnellen Pulses, der mit großer Erregung, mit heftigen Affekten einhergeht.[789] Die Textstelle „*Hier zittert das gequälte Herz*" ist durchaus buchstäblich zu verstehen. Eine derart heftige Darstellung eines negativen Affekts muß notwendigerweise – in diesem Fall wohl auch aus religiösen und moralischen Überlegungen oder vielleicht gar Zwängen – von einer die positiven Affekte beschwörenden Arie gefolgt werden: Der Effekt auf die Zuhörer ist so groß, daß er negative Folgen haben könnte. In diesem Fall wird diese Darstellung der größten Angst und äußersten Verzweiflung von einem sehr positiven Entschluß gefolgt: „*Ich will bei meinem Jesu wachen.*" Logisch ist in diesem Zusammenhang die sehr assertive aufsteigende Quarte gleich am Anfang: Ich „*will*". In diesen Beispielen ist der Tremulant also die Darstellung eines sehr erregten *Zustandes* (im Gegensatz zum normalen Vibrato, das z.B. den Höhepunkt der Erregung akzentuiert) im Sinne der musikalischen Physiologie; deshalb ist der Tremulant auch ein Kontinuum. Er stellt die physiologische Seite der Furcht dar, indem er das Schaudern, den Dauerzustand des Zitterns, solange die Angst andauert, bildhaft beschreibt.

Die gleiche Szene, der wir in Bachs *Matthäus-Passion* begegnen *(„Betrübt bis an den Tod – Hier zittert das gequälte Herz"),* findet sich in der sechsten „Rosenkranzsonate" von H. I. F. BIBER.[790] Nach der bildlichen Darstellung des In-die-Knie-Sinkens und des Betens folgt der Tremulant, mit dem Christi Todesangst geschildert wird. Man beachte die Kombination mit dem Ondeggiando, das ebenfalls ein vibratoähnlicher Effekt ist, vor allem an den Stellen mit Primen.

In diesem Sinne kann der Tremulant jede Art des Zitterns vorstellen, auch z.B. das Zittern vor Wut.[791] Eine solche Darstellung der Wut ist jedoch weniger üblich.

---

[788] Vor allem im deutschen Raum. Der Tremulant ergibt sich rhetorisch wie affektmäßig.

[788a] Vgl. *DTÖ* 59: *Drei Requien für Soli, Chor und Orchester aus dem 17. Jahrhundert*, veröffentlicht von G. ADLER, Wien 1923, unveränderter Nachdruck Graz 1960.

[789] Dies wird in fast allen Traktaten, die sich mit dem musikalisch-medizinischen Komplex beschäftigen, erläutert.

[790] H. I. F. BIBER, *Mysteriensonaten*, Hs., c. 1674, hrsg. von E. LUNTZ, unveränderter Neudruck der Ausgabe Wien 1905: *DTÖ* 25 (Graz 1959), *Sonata VI, Lamento* (Christus am Ölberg), S. 25.

[791] Obwohl die klassische Darstellung des Affektes Ira eher nicht mit Tremulanten geschieht. Spätestens seit Monteverdi ist das Concitato der Ausdruck der Ira. Sie mit einem (wohl meist schnellen) Tremulanten darzustellen ist auch nicht unlogisch. Bernhard (s. oben) rät, das Vibrato nur bei heftigen Affekten zu verwenden (darunter: Zorn). Den Tremulanten erwähnt er in seiner Kompositionslehre nicht. Ein musikalisches Beispiel einer solchen Verwendung eines Tremulanten findet man in A Wn, 16 885: P. A. CESTI, *Il Pomo d'Oro IV*, Hs., c. 1666, f. 28r–29r.

Die gegebenen Beispiele stellten alle gewissermaßen auch ein körperliches Zittern dar. Neben dieser Komponente (meist der Furcht) gab es in den Requiemsätzen aber auch eine Komponente der Gottesfurcht. Im übertragenen Sinn wurde der Tremulant auch als Darstellung der Gottesfurcht und der Ehrfurcht im allgemeinen eingesetzt. Dies ist nicht nur in Deutschland der Fall, wie man den Beispielen vielleicht entnehmen könnte, sondern auch anderswo in Europa.

Die Gottesfurcht wird z.B. veranschaulicht im zweiten Beispiel zu MONTECLAIRs Beschreibung des Tremulanten, und zwar mit einem etwas freien Zitat aus seinem eigenen Oratorium *Jephté*:[792]

In diesem Beispiel findet man allerdings noch einen Hinweis auf das Zittern selbst; das ist z.B. im Eröffnungschor von Bachs *Johannes-Passion* viel weniger der Fall.

In den schon zitierten Abschnitten aus dem Requiem Bibers sehen wir aber zugleich eine andere Seite des Tremulanten: Neben der Furcht kann er auch das Bitten, das Flehen, im übertragenen Sinn – man denke auch an die Gottesfurcht – das Beten darstellen. Damit verwandt gibt es häufig auch Tremulantfiguration für Gnade. Auch für diese Verwendungsart des Tremulanten gibt es viele Beispiele. Die Beziehung zur Angst, insbesondere zur Todesangst, wurde im Zusammenhang mit Bibers Einsatz des Tremulanten schon erörtert. In diesem Zusammenhang ist das folgende Beispiel aus der Kantate *Wachet! Betet! Betet! Wachet!* BWV 70 von J. S. BACH sehr interessant. Der Tremulant hier als Antithese der Textstelle „*Erschrecket, ihr verstockten Sünder*" zum Text „*Doch euch, erwählte Gotteskinder*":[793]

---

[792] M. PIGNOLET DE MONTECLAIR, *Principes de Musique*, Paris 1736, S. 85. Die gleichen Beispiele auch bei RAPARLIER, *Principes de Musique*, Lille 1772, S. 24 (ohne Baß).

[793] J. S. BACH, Kantate *Wachet! betet! betet! wachet!* BWV 70, in: NBA I,27, S. 123–124. Vgl. auch im Anfangschor die Antithese zwischen wachet und betet (Tremulant auf „betet"). Vgl. auch mit J. S. BACH, Kantate *O Ewiges Feuer, o Ursprung der Liebe* BWV 34a, 5, auf dem Text „*Wohl euch, ihr auserwählten Schafe, die ein getreuer Jacob liebt*".

257

Man beachte die Wahl des Concitato für *„Erschrecket, ihr verstockten Sünder"*. Theoretisch hätte Bach hier den (schnellen) Tremulanten wählen können – man vergleiche mit der oben erwähnten Nummer aus der *Matthäus-Passion*, aber dann wäre der Kontrast mit dem folgenden Textabschnitt wohl zu klein gewesen: Bach hätte dann die (Furcht der) Sünder mit einer ähnlichen Figur wie die *erwählten Gotteskinder* dargestellt. Das war aber wohl nicht zu vertreten.[794]

Auch die Darstellung des Todes kann also unter Umständen mit einem Tremulanten erfolgen. Der Tremulant ist aber in dieser Hinsicht nicht die einzige dazu passende Figur. Er drückt wohl immer zugleich auch die Angst vor dem Tod aus – siehe etwa das oben zitierte Beispiel aus Bachs *Matthäus-Passion*. Die in diesem Fall inhärente Chromatik und die dissonanten Harmonien stellen zugleich auch die Trauer dar.

Verwandt mit dieser Todesdarstellung ist auch der *Schlaf*. Die Vorstellung des Todes als der Bruder des Schlafs war beim Menschen sehr reell; es ist folglich logisch, daß eine verwandte Darstellungsweise gesucht wurde.[795] Ein Beispiel, das beide exemplarisch verbindet, ist die Arie *„Schlummert ein, ihr matten Augen"* aus Bachs Kantate *Ich habe genung* BWV 82.

1. DER TREMULANT AUF REIZWÖRTERN

Ähnlich wie das konventionelle Vibrato setzte man den Tremulanten verstärkend, betonend oder erklärend auch bei Reizwörtern ein: etwa bei Furcht, Angst, Tod (damit verwandt: Schlaf), auch bei Frieden, Beten, Flehen oder ähnlichen Begriffen. Als Wortillustration muß der Tremulant nicht als Satz oder Satzteil aufgefaßt werden, er kann auch einmalig oder nur in einer Stimme auftreten. Der größte Unterschied zum konventionellen Vibrato liegt m.E. darin, daß er zur kompositorischen *Elaboratio* gehört, während ein normales Vibrato Sache der *Pronunciatio* ist. Wegen der Rhythmisierung ist der Effekt auch stärker als der eines normalen Vibratos. Ein schönes Beispiel für die gedankliche Verbindung zwischen dem Tremulanten und dem Tod, findet sich in Telemanns *Brockes-Passion*, in einem Duett zwischen Jesus und Maria. Der Tremulant ist nur in der Solovioline notiert, auf dem Text von Christus: *„Ja, ich sterbe dir zu gut / dir den Himmel zu erwerben."*[796]

Diesen Gebrauch des Tremulanten auf Reizwörtern gibt es sehr häufig in den Kantaten und Passionen Bachs; auch hier tritt er in vielen Fällen nicht mehrstimmig auf, sondern in einer oder mehreren Stimmen der Instrumentalbegleitung. Ein Fall wie auf *Timentibus* im Vokalen ist eher selten.[797] Bach setzt den Tremulanten als einmalige Figur häufig bei Gottesfurcht ein, z.B. in der Kantate *Dem Gerechten muß das Licht* BWV 195 (5, Chor, *„Wir kommen, deine Heiligkeit, unendlich großer Gott, zu preisen"*, T. 15/16, 49/50, 112/113).[798]

---

[794] Concitato und schneller Tremulant scheinen einigermaßen austauschbar zu sein, obwohl Bach eher Concitato verwendet, wenn er die Furcht bzw. die Strafe der Sünder darstellt (z.B. BWV 26, 3; BWV 70, 9). Man könnte sich natürlich auch fragen, ob die Furcht oder das Furchtbare, das die Furcht erzeugt, dargestellt wird; im ersten Fall würde es vielleicht eher von einem Tremulanten, im anderen vom Concitato dargestellt. Es ist jedoch nicht immer leicht, diesen Unterschied zu erfassen. Außerdem glaube ich, daß diese Erwägung gerade bei Bach weniger zutrifft.

[795] Auch beim normalen Vibrato ist die Bedeutung von Mattigkeit, Schwere und auch Schwäche sehr oft vorhanden. Trauer oder Weinen werden ebenfalls oft mit Vibrato dargestellt. Auch hier also eine Parallele zum „normalen" Vibrato!

[796] B Bc, 960Z: G. Ph. TELEMANN, *Der für die Sünden der Welt gemarterte und sterbende Jesus* („Brockes-Passion"), Hs., c. 1716, f. 45v–46v.

[797] J. S. BACH, *Magnificat* BWV 243, Hs., c. 1728/31; BWV 243a, Hs., 1723 (NBA II,3), Kassel-Basel 1955, S. 34, S. 99.

[798] J. S. BACH, Kantate *Dem Gerechten muß das Licht* BWV 195, in: NBA I,33, S. 218–242.

Aber nicht nur zur Darstellung sehr starker Reizwörter (z.B. Furcht, Tod) wurde der Tremulant herangezogen, sondern auch zur Illustration sanfterer Begriffe, etwa des Schlafes, wie wir im folgenden Beispiel Telemanns sehen können; auch hier sind deutliche Übereinstimmungen mit dem Gebrauch des normalen Vibratos erkennbar:[799]

Ähnliche Darstellungen des Schlafs oder der Ruhe sind regelmäßig anzutreffen.[800] Zusammenhängend damit wird hin und wieder auch der Friede mit einem Tremulanten dargestellt. Ein Beispiel, in dem der Tremulant fast als *Noema* zum Vorhergehenden und zum Folgenden auftritt, bildet der Abschnitt „*And Peace on Earth*" aus dem Chor „*Glory to God in the Highest*" aus Händels *Messiah*.[801] Man kann den Tremulanten zugleich als Illustration der Erde auffassen.

Tremulantfiguren auf „Beten" finden wir z.B. in der schon erwähnten Bach-Kantate BWV 70. An solchen Stellen, wie auch bei Tremulanten für überaus starke Affektdarstellungen, sieht man förmlich die Affektverwandtschaften zwischen Vibrato und Tremulant. Der Tremulant ist vermutlich in solchen Fällen eine Steigerung des Ausdrucks – d.h., er ist mehr als nur ein konventionelles Vibrato. Man beachte dabei die den Tremulanten stets begleitende Harmonie; die vielen Vorhalte und Dissonanzen, das zum Tremulanten gehörende Piano, oft auch die der Figur inhärente Chromatik sind typisch für den Tremulanten, nicht aber für das Vibrato. Auch wenn der Tremulant nicht so schrecklich ist, gibt es häufig noch die typische Tremulantharmonie und das Piano. Eine gewisse Trauer ist wohl immer intendiert. Das sieht man auch bei Instrumentaltremulanten. Diese genannten Merkmale vereint finden wir z.B. in einer Gambensonate von SCHENCK:[802]

---

[799] G. Ph. TELEMANN, *Das Glück*, in: *VI moralische Kantaten*, Hamburg c. 1735/36, Nr. 1, S. 2–3.
[800] z.B. in BWV 170; vgl. auch mit dem *Weihnachtsoratorium* BWV 248, II, 18.
[801] G. F. HÄNDEL, *Handel's Conducting Score of Messiah*, Faks. mit Einleitung von W. SHAW, London 1974, f. 61v–62r.
[802] A Wn, 16 598: J. SCHENCK, (Sechs Gambensonaten), Hs., Anfang des 18. Jh.s, Sonata 3, S. 23. Vgl. mit J. SCHENCK, *L'Echo du Danube*, Amsterdam vor 1706.

In vielen Instrumentalbeispielen ist der Affektwert des Tremulanten nicht so augenfällig wie im obigen Beispiel. Immer stellt er aber etwas Besonderes dar, wobei der Affektwert – meist im Bereich des Schmerzlichen – immer gegenwärtig ist, manchmal sogar sehr stark.[803] Nur ist es für uns oft nicht leicht, den Affekt genau zu bestimmen. Bei der Interpretation soll man beachten, daß der Tremulant im Prinzip stärker ist als ein normales Vibrato. Im Grunde genommen ist das Vibrato eine Verzierung des *ausführenden* Musikers, wenn auch nach gewissen Regeln. Der Tremulant dagegen ist *komponiert* und steht für höchsten Affektwert. Beim Vibrato hat der Musiker immer noch die Wahl, ob er es anbringt oder nicht; der Tremulant jedoch muß, eben weil er exakt notiert ist, ausgeführt werden. Außerdem gab es beim Vibrato noch das Problem, daß es manchmal – für strenge barocke Theoretikerästhetik – zu oft, d.h. auf den meisten längeren Noten angebracht wurde, was seinen Affektwert schmälern konnte. Der Tremulant wird aber nicht in diesem Sinne mißbraucht. Zwischen Vibrato und Tremulanten gibt es natürlich fließende Übergänge (wie weiter unten zu sehen ist), darüber soll man sich im klaren sein.

In seiner reinen Form besteht der Tremulant bis zum Ende des 18. Jahrhunderts; seine Ausdruckskraft wird aber immer verschwommener, die strengen Affektbindungen lösen sich, er wird auch mehr sentimental. In diesem Sinn findet er sich in sehr vielen Werken von Tartinischülern, sehr häufig auch in der Musik Boccherinis, oder auch in langsamen Sätzen Mozarts. Außerdem verlieren sich allmählich die Bindungen zum Orgeltremulanten und er verkommt immer mehr zu jenem *legato-portato,* das am Anfang neben dem Tremulanten bestand. Die für den Tremulanten typischen Affektwerte bekommen neue Ausdrucksmittel, man braucht ihn nicht mehr, und er verschwindet allmählich.[804]

2. BESCHREIBENDE UND ERKLÄRENDE TREMULANTEN

Der Tremulant wird, wie aus den ersten Beispielen Lullys, Purcells und Vivaldis schon deutlich wurde, auch in einer weniger affektbetonten Form verwendet, etwa beschreibend und erklärend. Mit ihm kann, außer dem anfangs erwähnten Zittern, z.B. auch die Nacht, die Erde, die Kälte, das Wasser oder Störungen der Sphärenharmonie dargestellt werden. Manchmal sind wohl auch entfernte Anklänge an den affektbetonten Tremulanten erkennbar. Ich möchte dazu kurz an den Tremulanten auf dem Wort „*Schlaf*" erinnern, der hier sicher auch Assoziationen zum „*Tod*" hervorrufen soll.

Man kann hier auch argumentieren, daß die oben erwähnten Tremulantfiguren – außer vielleicht bei der Darstellung von Wasser – nicht r e i n deskriptiv sind. So sind Erde und Nacht weibliche Begriffe (im Sinne barocker Weltanschauungen), und als solche eher für Vibrato geeignet als ihre männlichen Gegensätze Himmel und Tag. Man muß sich hierbei vorstellen, daß diese Begriffseinteilung in männlich und weiblich im Barock noch sehr stark als real galt, sowohl in der Darstellung der Elemente als auch der Affekte. Diese Begriffseinteilung war folglich auch in der Kompositionslehre präsent, freilich

---

[803] Vgl. mit dem oben besprochenen Lamento aus den *Mysteriensonaten* Bibers.
[804] Andererseits wurde er auch vom modernen Streichertremolo, das in einem gewissen Sinn ebenfalls ein Orchestervibrato ist, abgelöst. Bis ins 19. Jh. kommt er allerdings noch in affektbetonter Musik vor, manchmal gibt es verschiedene Formen und Abstufungen zusammen; ich möchte in diesem Zusammenhang etwa auf Glucks Oper *Alceste* hinweisen, in der es in dieser Hinsicht größte Differenzierung gibt. C. W. GLUCK, *Alceste. Tragedia,* Wien 1769; DERS., *Alceste. Tragedie,* Paris–Lyon 1776, passim.

vor allem in den mehr spekulativen Schriften.[805] Diese Materie scheint den rationalen und wissenschaftlich doch akribischen Geist der Franzosen nicht so sehr interessiert zu haben; Mersenne behandelt ihr naheliegende Themata deutlich nur als Pflichtübung – so kurz wie nur möglich.

Ein Stören der Sphärenharmonie, ein Aufeinanderprallen, fand ich in einer Kantate von MARCELLO;[806] hier sehe ich eine Verwandtschaft mit dem Begriff *Battement* oder *Schweben* im akustischen Sinn. Ähnliches gibt es bei BLOW in der *Ode, on the Death of Mr. Henry Purcell*. Dort finden wir folgende Textstelle:[807]

> The pow'r of Harmony too well they know;
> He long e'er this had Tun'd their jarring Spheres,
> And left no Hell below.

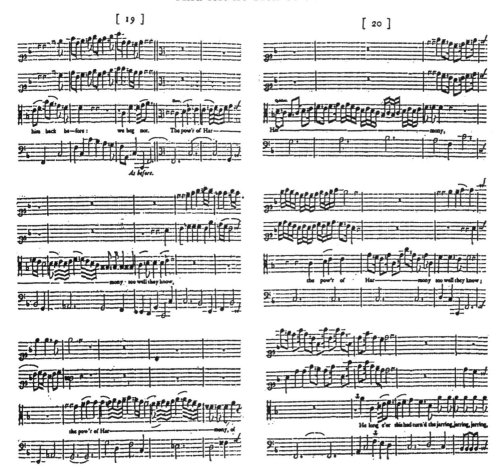

---

[805] So etwa bei A. KIRCHER, *Mvsvrgia Vniversalis*, Roma 1650. Außer schon erwähnten Schriften dieser Art in meiner Arbeit habe ich vor allem englische Schriften gefunden, die sich, wenn auch manchmal eher oberflächlich, mit dieser Materie befassen. Ich denke hier etwa an T. CAMPION, *A New Way of Making fowre Parts in Counterpoint*, London c. 1610, oder E. BEVIN, *A Briefe and Short Instruction to the Art of Musicke*, London 1631 – und noch einige andere.
[806] B Bc, 15 167Z: B. MARCELLO, *Il Timoteo*, Hs., S. 19.
[807] J. BLOW, *An Ode, on the Death of Mr. Henry Purcell*, London 1696, S. 19–22. Der Text dieser Ode ist von Dryden.

Das Wort „*jarring*" wird hier viermal wiederholt, wobei auch in der Instrumentalbegleitung Tonwiederholungen auftreten (Blockflöten, Baß). Obwohl kein Tremulant bezeichnet ist, bin ich davon überzeugt, daß hier einer gemeint ist. Der Bogen über den Tonwiederholungen war einfach nicht notwendig, da „*jarring*" ein Begriff war, den man von sich aus mit einem Tremulanten darstellte. Tonwiederholungen auf „*jarring*" kommen in England zu dieser Zeit öfters vor, sie sollten wohl als Figur das dem Begriff innewohnende Beben veranschaulichen. Auch die Wortwiederholungen gehörten dazu.

Eine Kombination des Bebens der vokalen Tonwiederholung mit einem instrumentalen Tremulanten fand ich in der Cäcilienode *Hail Bright Cecilia* von PURCELL. Er verwendet bei seiner Tremulantnotation Wellenlinien (♩♩♩♩), zu Satzbeginn fügt er noch die Anweisung „*Tremelo*" hinzu.[808]

REBEL stellt in seinen *Elemens* das Chaos mit Tremulanten dar:[809]

---

[808] GB Lbl, Add. ms. 31448: H. PURCELL, *Hail Bright Cecilia*, 1692, Hs., um 1700, f. 11v (Wellenlinien und „*Tremelo*"). Vgl. auch GB Lbl, Add. ms. 31453: DERS., Dass., Hs., um 1700, f. 15v. (Wellenlinien und „*Tremelo*", einmal Bögen über zwei Noten); GB Lbl, Add. ms. 31447, Hs., um 1700, f. 71rff. (Bögen; in den Instrumentalstimmen Bögen und „*Dragg*").

[809] J. F. REBEL, *Les Elemens*, Paris 1737, S. 1. Er stellt auch das Chaos der Harmonie dar; auch hier wohl wieder zugleich ein Darstellen des Battement von ungleich gestimmten Tönen.

Man vergleiche dies mit den *jarring spheres* bei Blow und der gestörten Sphärenharmonie Marcellos. Auch für die Erde wählt Rebel als Darstellungsmittel Tremulanten:[810]

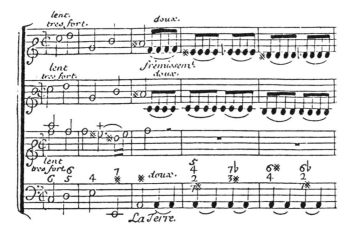

---
[810] Ebd., S. 4. Die Darstellung der Erde „par des notes liées ensemble et qui se jouent par secousses". (Ebd., Avertissement), wohl etwas stärker als der normale Tremulant.

Eine Vorstellung der Erde mit Tremulanten bewegt sich wohl vorwiegend auf einer abstrakt metaphysischen Ebene, wenn auch das im konkreten musikalischen Bereich mehr mit Konvention zu tun hat als mit Philosophie. Auch die Darstellung der Nacht, der Dunkelheit ist dem im Charakter wohl verwandt. So schreibt HÄNDEL in *Israel in Egypt* auf dem Text „*He sent a thick darkness*" einen Instrumentaltremulanten.[811]

Einen Tremulanten bei Wasser, der zugleich auch affektgebunden ist, schrieb BACH in seiner Kantate *Jesus schläft, was soll ich hoffen?* BWV 81, 3. Satz: „*Die schäumenden Wellen von Belials Bächen.*" Man beachte den Gegensatz in der Illustration der „*schäumenden Wellen*" mit dem schnellen Tremulanten (𝄢𝄢𝄢𝄢𝄢) zu der Textdarstellung von „*Ein Christ soll zwar wie Wellen stehn*": Adagio, piano und ein langsamer Tremulant (𝄢𝄢𝄢). Zweifelsohne will Bach auch die Wut bei der Stelle „*verdoppeln die Wut*" mit schnellen Tremulanten ausdrücken, wobei „*verdoppeln*" sinngemäß mit Zweiunddreißigstel symbolisiert wird. Der langsame Tremulant dagegen steht auch für Ruhe und Standhaftigkeit. Insofern ist diese Arie keine rein naturbeschreibende Darstellung, sondern ein Ineinandergreifen verschiedener Ebenen.

In einer Arie von BROSCHI wird die Ruhe fast als *Noema* zum Sturm musikalisch ausgedrückt. Vielleicht kann man auch hier eine gewisse Verwandtschaft zum Vorhergehenden sehen: hier einerseits die Ruhe nach dem Sturm und andererseits das Wasser — beides dargestellt mit Tremulanten:[812]

---

[811] GB Lbl, RM 20 h 3: G. F. HÄNDEL, *Israel in Egypt*, Hs., c. 1739 (Autograph), f. 18r. Vgl. dazu: DERS., Dass., London 1771, S. 61. Die Wellenlinie ist eine Abkürzung des vorherigen Tremulantzeichens. – Man kann auch eine Verbindung mit Tod und Schlaf sehen; dann gäbe es in der Darstellung der Nacht eine gewisse Affektbeziehung. Man kann aber auch die philosophische Verbindung Erde–Nacht als Möglichkeit der Darstellung mittels Tremulanten sehen.
[812] B Bc, 3755: R. BROSCHI, *Aria nella Meropo Sig. Farinelli*, Hs., c. 1733/37, f. 6r–6v.

Aus dem vorher Gesagten geht hervor, daß der Tremulant manchmal nur schwer einem bestimmten Bereich zuzuordnen ist. Sehr oft stellt er zugleich mehrere und/oder komplexere Affekte oder Symbole dar. Er ist also wohl nur selten rein abstrakt. Die übertragene Darstellung der Furcht bzw. der Ehrfurcht umfaßt auch ein körperliches Zittern. So mag auch die Darstellung der Nacht (und auch wohl der Erde) mittels Tremulanten an den Schlaf und an den Tod erinnern. Es wurde im letzten Beispiel ebenso schon angedeutet, daß das Tremolo nicht nur eine Bewegung der Wellen zeichnet. Die Symbolik des Tremulanten ist sehr komplex – vielleicht auch schon deshalb, weil er an sich für zwei völlig verschiedenartige Bereiche stehen kann: Er soll einerseits große Aufregung, andererseits aber auch Ruhe, Schlaf oder Schwäche assoziieren. Hier freilich nähert er sich der weiblichen Komponente des normalen Vibratos. In seinen symbolischen oder gar philosophischen Darstellungsbereichen aber entfernt er sich wieder davon. Diese Symbolik der Darstellung – etwa der Erde oder der Nacht – scheint bei Komponisten mit starker rhetorischer Bindung deutlicher vorhanden zu sein. Ob und wann sie reine Konvention ist, ist kaum genau zu bestimmen. Ich denke, daß fast immer noch eine starke Erinnerung an barocke Magia durchklingt.

Es gibt ohne Zweifel auch eine gewisse Verschachtelung der verschiedenen Anwendungsbereiche des Tremulanten. So ist in der Darstellung des Todes (und des Schlafs) wohl immer auch eine Erinnerung an die Angst vor dem Tod vorhanden.

Historisch gesehen dürfte der Tremulant in erster Linie etwas mit lieblicher Klangverschönerung zu tun haben; im 16. Jahrhundert wurde er ein beliebtes Orgelregister, und in den Tremulanten in der Musik des frühen 17. Jahrhunderts finde ich daran noch einen großen Anklang. Aber schon sehr früh machte man die Verbindung zur Trauer (Weinen)[813] und zur Schwäche. Andererseits lag es auf der Hand, den Tremulanten als Hypotyposis des Zitterns und Bebens zu verwenden. Aus diesem und aus dem vorigen heraus ist eine doppelseitige Symbolik und Affektbindung entstanden.

Die Verwendung des Tremulanten könnte man skizzenhaft etwa folgendermaßen darstellen:

BEBEN
1. Vor Kälte
2. Vor Angst (Furcht) ⇨ große Angst, intensive Angst,
   Todesangst.
   ⇩
   Der *Tod* selbst ⇨ Todessehnsucht: im Himmel sein.
       ⇨ Trauer, trauern, betrübt sein.
       ⇨ Schlaf, Ruhe, Schwäche,
         Nacht (Erde).
   ⇨ Gottes*furcht*, Ehrfurcht (vgl. *Fear* of God, *Crainte* de Dieu),
   GOTT selbst.
   ⇨ Bitten, Beten.
   ⇩
   ⇨ Gnade, Trost.

---

[813] Ein sehr schönes Beispiel für die Darstellung des Weinens ist zu finden in C. PALLAVICINO, *L'amazzone corsara* (*Italian Opera, 1640-1770*, 13), Hs., 1686; Faks. mit Einleitung von H. M. BROWN, New York-London 1978, f. 25v-27r. – Auch hier, wie in sehr vielen ähnlichen Fällen, ist der Tremulant nicht ausdrücklich mit Bögen oder Wellenlinien bezeichnet; alles weist jedoch darauf hin, daß er verlangt wird.

Selbstverständlich wird hier dieser Problemkreis nur grob skizziert. Manche der oben angeführten Begriffe sind auch auf die – ursprünglich wohl auch vorhandene – liebliche Klangverschönerung zurückzuführen. Die Begriffe „Erde" und „Nacht" sind beide (im barocken magisch-philosophischen Sinn) weiblich; die Verwendung des Tremulanten ist daher auch schon davon ableitbar. Darüber hinaus spielt auch das Beschreibende eine nicht geringe Rolle.

3. TREMULANTEN OHNE ERKENNBAREN AFFEKTGEBUNDENEN ODER RHETORISCHEN WERT

a) Der Tremulant als langsamer Satz

Bis jetzt war vor allem von Tremulanten mit erkennbarem affektbedingtem und/oder rhetorischem Wert die Rede. Man kann sich allerdings auch fragen, ob es ihn nicht eventuell ohne deutliche Bindungen, etwa einfach als langsamen Satz in der Instrumentalmusik oder gar als Element der Klangbelebung gab. Die Tatsache, daß er als langsamer Satz vorkommt, impliziert natürlich gewissermaßen eine Charakterbindung, diese tritt aber manchmal doch nicht eindeutig hervor. Da die meisten Tremulantabschnitte auch leise sind, ergibt sich fast von sich eine vage Traurigkeit oder Lieblichkeit, vielleicht auch nur eine Ruhe, etwas Gelassenes. Dies schließt natürlich die parallele Existenz des vorher besprochenen, affektgebundenen Tremulanten nicht aus. Bei den Tremulantsätzen, deren genauer Affektinhalt nicht auf den ersten Blick deutlich ist, denke ich u.a. an die vielen italienischen Tremulanten aus dem frühen 17. Jahrhundert, oder auch an solche Sätze, die einfach die Imitation der Orgel bezwecken.

Es sind also in der Musikliteratur Tremulanten anzutreffen, die anscheinend vorwiegend für Klangeffekte eingesetzt wurden. Wenn man allerdings behaupten will, daß es den Tremulanten als *Grave*satz mit Klangeffekt oder -belebung gibt, muß man doch im Auge behalten, daß schon die früheste mögliche Erwähnung eines Tremulanten über *mesto* und *afflitto* schreibt.[814] Auch Tempo, Dynamik und Harmonie verdeutlichen, daß der Affektwert nicht egal war. Daß jedoch die Musiker den Tremulanten nicht immer – und dies vor allem nicht in der Instrumentalmusik, wo er gewissermaßen an Stelle eines langsamen Satzes treten kann – in seiner ganzen Affektbestimmung sehen, kann man bei NORTH nachlesen:[815]

> There is another mode of the *Grave* that frequently occurs in our Itallianezed sonnatas, which I have knowne intituled *Tremolo,* and is now comonly performed with a tempered *stoccata*. And that [method] I take to be an abuse, and contrary to the genius of that mode, which is to hold out long notes inriched with the flowers of harmony and with a trembling hand, which of all parts together resembles the shaking stop of an organ; whereas the breaking the notes with repeated strokes doth not well consist with the best of harmony, and of itself (out of consort) hath not so much as melody in it, but rather a *fastidium,* like the ticks of a spring pendulum; nor is there any humane action to which it may be referred, unless it be stabbing often in the same place, or the *andante* or walking and not moving one stepp forewards, which is absurd . . .

[Übersetzung s. oben S. 135f.]

---
[814] S. GANASSI, *Regola Rvbertina*, Venezia 1543/44, S. VI. Vgl. auch oben S. 57.
[815] R. NORTH, a.a.O., S. 186.

Ich glaube, daß Norths Beschreibung sehr zutreffend ist. Der Tremulant ist für ihn *„another mode of the Grave"*, das er ansonsten mit Ernst verbindet.[816] Das Tremolo hat ernsthaften Charakter, wird es nun als *Vibrato* oder als *tempered stoccata* gespielt. Die zweite Spielart ist North wohl zu hart und stört den harmonischen Gesamtklang und Zusammenhang. Wichtig für North ist, daß der Tremulant nicht wie eine Folge von Einzeltönen, sondern wie eine lange, vibrierte Note klingen soll (*„to hold out long notes inriched with the flowers of harmony and with a trembling hand, which of all parts together resembles the shaking stop of an organ"*). Wir erfahren von ihm aber zugleich, daß die Musiker ihn nicht immer so ausführten. Das *tempered stoccata* ist wohl das andere Extrem; dazwischen – also zwischen Vibrato und tempered stoccata – sind die Ausführungsarten des Tremulanten anzusiedeln. Im Prinzip ist das Bogenvibrato eine Imitation des Orgeltremulanten und sollte dementsprechend wie ein Vibrato klingen. Es wurde wohl auch – zumindest wenn es als Tremulant-Imitation betrachtet wurde – vom Musiker als ein solches empfunden. Es entstand aber zuletzt im 18. Jahrhundert[817] eine Differenzierung in den Spielweisen, die sich auch auf die Schreibweise auszuwirken begann: Es gab wohl verschiedene Grade des *Legato* – vom Spiel e i n e r langen, vibrierten Note bis hin zum *Tragen der Töne*. Das Tragen der Töne kann man in einem gewissen Sinn, bei den richtigen akustischen Voraussetzungen, eventuell als eine Art von (Orchester-)Vibrato betrachten. Das ist aber wohl ein moderner Standpunkt. Das Barock machte hier eine klare Trennung, wobei das Tragen der Töne als eine Folge von Tonwiederholungen gesehen wird. Außerdem hatte das Tragen der Töne, das ja eine bloße Artikulationsart war, nicht denselben Affektwert wie der Tremulant. Der Tremulant war aber nie reine Artikulation, sondern eine Figur. Daß die Musiker ihn gelegentlich nicht deutlich wie ein Vibrato ausführten, hatte vielleicht mit den verschiedenen Affektbindungen dieser Figur zu tun.

b) Der Tremulant ad libitum

Eine weitere Frage zur Verwendung des Tremulanten ist die, ob er eventuell vom Spieler ad libitum angebracht wurde. Für diese Hypothese gibt es äußerst wenige Belege. In einem vorigen Abschnitt haben wir gesehen, daß er in der Komposition hin und wieder nicht als vollständiger Abschnitt, sondern auf einzelnen bzw. wenigen langen Noten auftritt, in etwa wie das „normale" Vibrato.

Vielleicht deutet GANASSI eine ad-libitum-Verwendung des Bogenvibratos an; seine Ausdrucksweise ist aber so unklar, daß es keineswegs gesichert ist, ob es sich überhaupt um ein Bogenvibrato handelt. Nur die Beschreibung der Bewegung der linken Hand weist sichtlich auf Vibrato hin:[818]

> Cosi nelle parole ouer musica allegra come parole e musica mesta, & hai da calcar l'arco forte: e pian e tal volta ne forte ne pian cioe mediocramēte come sera alle parole, e musica mesta operare l'archetto cō leggiadro modo, & alle fiate tremar il braccio de l'archetto, e le dita de la mano del manico per far l'effetto conforme alla musica mesta & afflitta...

---

[816] J. WILSON, a.a.O., S. 117, 123.
[817] Eine Differenzierung gab es sicher schon früher; theoretische Belege dafür gibt es aber fast nicht. Im 18. Jh. fängt man aber an, deutlich den Unterschied zwischen *Tremulantimitation* (Figur) und *Tragen der Töne* (Artikulation) zu machen. Er scheint der Theorie auch technisch wichtig.
[818] S. GANASSI, a.a.O., S. VI.

Dieses Vibrato wird also hin und wieder *(„alle fiate")* bei trauriger Musik *(„conforme alla musica mesta & afflitta")* eingesetzt.

Sonstige Belege für ein Bogenvibrato ad libitum konnte ich nur in englischen Quellen aus dem 17. Jahrhundert finden, alles Überlieferungen von Gambisten. In keinem der drei Fälle wird angegeben, wo man diese Verzierung etwa einsetzen könne. In der Verzierungstabelle des *Ms. Egerton 2971* in der British Library[819] steht ein *shake with ẏ bowe*, mit dem Zeichen ⁅; das gleiche Zeichen verwendet auch MACE für das Bogenvibrato, das er *„the Organ Shak, with the Bow"*[820] nennt. Die ausführlichste Beschreibung stammt von SIMPSON:[821]

> Some also affect a Shake or Tremble with the Bow, like the Shaking-Stop of an Organ, but the frequent use thereof is not (in my opinion) much commendable.

Es gab also, laut Simpson, Spieler, die das Bogenvibrato gerne verwendeten; er selbst aber würde das nur selten tun. Wann oder wo, erklärt er nicht. Er behandelt die Materie auch nicht weiter unten, wenn er die Charakteristiken der Verzierungen bespricht.

Andere Quellen, die eine ad-libitum-Verwendung des Tremulanten eindeutig empfehlen, habe ich nicht gefunden. Wir haben also nur ganz wenige Hinweise für eine solche Verwendung. Man kann sich dabei fragen, inwiefern beide Vibratoarten zu dieser Zeit noch austauschbar waren. Dies ist jedoch wegen des allzu spärlichen Quellenmaterials unmöglich zu beantworten.

c) Tremulant und Orchestervibrato

Am häufigsten kommt der Tremulant in Deutschland vor. Hier wird er wohl am meisten als affektgesteuerte Figur eingesetzt – man denke da nur an die vielen Tremulanten in den Vokalwerken Bachs. Es gibt aber zugleich im Ensemble viele Fälle, bei denen nicht so klar hervorgeht, warum gerade dort ein Tremulant ausgeschrieben ist, etwa in einzelnen Stimmen auf langen Noten, wo er fast wie ein konventionelles Vibrato angewendet wird.

Ich bin davon überzeugt, daß in den Orchestern nicht kontinuierlich vibriert wurde. Das Vibrato war höchstens eine – sehr wahrscheinlich selten auftretende[822] – Verzierung. Es gibt aber manchmal beim Gebrauch der Tremulantfiguren auf einzelnen langen Noten eine Art von rhetorischer bzw. affektmäßiger Bindung, die sich genauso auf konventionelles Vibrato beziehen kann. Die Wahl des Tremulanten hat wohl auch damit zu tun, daß es für ihn eine standardisierte Bezeichnung gab, während mit Vibrato eher der Begriff *ad libitum* vom Spieler verknüpft wurde. Der Tremulant galt – im Gegensatz zum Vibrato – als Komposition. Allerdings ist der rhythmische Tremulant, sicher im Orchestersatz, von größerer Wirkung. Wegen der metrischen Gleichmäßigkeit ist er viel intensiver und auch affektmäßig wirkungsvoller. Man könnte nun hypothetisch behaupten, daß der Tremulant hier an Stelle eines normalen Vibratos, aber doch mit der für den Tremulanten typischen Technik, eingesetzt wird, vielleicht

---

[819] GB Lbl, *Ms. Egerton 2971*, Hs., c. 1625/30, f. 36r: *Carrecters for ẏ graces of ẏ violl*.
[820] Th. MACE, *Musick's Monument*, London 1676, S. 264.
[821] C. SIMPSON, *The Division-Viol*, London ²1665, S. 10.
[822] Es scheint nicht zu den wichtigsten Verzierungen im Orchester zu gehören. Nur Quantz beschreibt eine Anwendungsmöglichkeit im Ensemble, und später rügt Bremner diejenigen Musiker, die im Ensemble zu häufig vibrieren. Vgl. den einschlägigen Abschnitt, S. 251f.

als ein Vibrato mit gesteigertem Ausdruck – dies wohl zu einem großen Teil affektbedingt, teils aber auch klangverschönernd oder -belebend. Die Affektwirkung ist dann ähnlich der des normalen Vibratos, aber wahrscheinlich stärker, intensiver. Ein Beispiel dafür sehe ich in der einleitenden Sinfonia der Bach-Kantate *Am Abend aber desselbigen Sabbats* BWV 42. Dort finden wir auch den Gegensatz *vibrierter Ton – nicht vibrierter Ton*. Der Tremulant schließt nicht nur gleichzeitiges, normales Vibrato aus, sondern auch – zumindest hier – ein konsekutives Vibrato. Der Tremulant ist in dieser Sinfonia deutlich das Vibrato schlechthin. Man beachte hier besonders den wichtigen Gegensatz zwischen vibrierten und nicht vibrierten langen Tönen: z.B. T. 9–10, Streicher mit Vibrato; T. 11–12, Oboen ohne Vibrato; T. 13–14, Streicher mit Vibrato; T. 15–16, Oboen ohne Vibrato; T. 24–25, Streicher mit Vibrato; T. 27–28, Streicher ohne Vibrato; T. 29–30, Bläser ohne Vibrato; Oboenvibrato nur in T. 37 und T. 41–42, im letzten Fall gefolgt vom nichtvibrierten Streicherklang in T. 43–44.[823]

Die Häufigkeit, mit der der Tremulant in der Orchestermusik vorkommt, verführt fast zu der Annahme, daß im Orchester normalerweise nicht vibriert wurde – spricht doch der Tremulant gegen gleichzeitiges, anderes Vibrato. In der schon genannten Bachschen Sinfonia kommt dies besonders deutlich zum Ausdruck: die mit dem Tremulanten bezeichneten Noten sind auch die einzigen, die ein Vibrato dulden.[824]

Nimmt man also an, daß der normale Orchestermusiker sich nicht unbedingt des Vibratos bedient, so könnte der Tremulant – mit seiner typischen Technik – ein solches ersetzen. Das heißt, daß sein Einsatz unspezifisch erfolgt. Am ehesten leuchtet dies bei Blechbläsern ein. Betrachtet man z.B. das Œuvre Bachs, so stößt man auf mehrere Stellen,[825] wo bei Blechbläserstimmen Tremulanten eigentlich normale Vibrati bedeuten könnten. Anders gesagt: Der durchdringende Klang langer Blechbläsertöne wird nicht selten mittels Tremulanten gemildert. Es handelt sich hier beinahe um Einzeltonvibrati, wie z.B. in der Kantate *Was soll ich aus dir machen, Ephraim* BWV 89, 1. Satz. Außerdem darf man hier nicht übersehen, daß sich gerade bei Blechbläsern die Techniken von Vibrato und Tremulant sehr ähneln. Eine schon zitierte Aussage Norths könnte ebenfalls darauf hinweisen, daß, im Vergleich zu anderen Instrumentalisten, von Trompetern häufiger vibriert wurde.

Es ergibt sich auf jeden Fall ein besseres Einfügen im Ensemble, wenn der Klang weniger durchdringend wirkt. Freilich wäre dann hier anzunehmen, daß der lange, unvibrierte Blechbläserklang eine Besonderheit wäre und dadurch auffiele.

Mein Material läßt jedoch nicht zu, diesbezüglich ein verbindliches Urteil abzugeben. Es gilt auch, zwischen Tremulant und Vibrato zu unterscheiden; ein als Vibrato eingesetzter Tremulant wird außerdem gar nicht immer bezeichnet

---

[823] Vgl. auch die analogen Stellen im ersten Satz des zweiten *Brandenburgischen Konzerts,* etwa T. 72–74 im Continuo, T. 72 in der Trompete (mit Tremulanten), T. 73 Solovioline (mit Tremulanten), T. 74 Trompete und Blockflöte (mit Tremulanten), T. 75 Blockflöte (ohne Vibrato). Man beachte auch das Non-Vibrato in den Ripienviolinen, T. 77–79, absteigende Skala; T. 86–87 gleichzeitiges Vibrato in der Trompete und Non-Vibrato in den begleitenden Violinen.

[824] Ähnliche Fälle gibt es mehrere bei Bach. Bei anderen Komponisten tritt dies nicht immer gleich deutlich zutage. Relativ häufig wird der Tremulant – nicht in allen Fällen deutlich bezeichnet – an Stelle des normalen langsamen Satzes in italienischer Orchestermusik eingesetzt. Daraus kann man aber schwer etwas über eventuelles Orchestervibrato ableiten. – Im Fall von BWV 42 kann man die Verwendung des Vibratos auch auf den Inhalt der Kantate beziehen. Die Sinfonia würde dann den Streit darstellen (man siehe auch das Streiten der Instrumentengruppen gegeneinander), der Tremulant könnte dann auf die Furcht hinweisen.

[825] Vgl. dazu meine Spezialuntersuchung über den Tremulanten in der Vokalmusik J. S. Bachs.

sein. Wie so oft, ist Bach eine – für uns glückliche – Ausnahme. Man kann sich sicher gut vorstellen, daß Blechbläser den Tremulanten auf diese unspezifische Art verwendeten.

Es gab, wie schon angedeutet wurde, auch im solistischen Spiel schon Übergangsformen: der Tremulant als Klangbelebung und zugleich mit affektbedingtem Sinn, ohne daß er eindeutig in einer der normalen Affektkategorien für Tremulanten unterzubringen wäre. Es soll dabei deutlich sein, daß die Klangschönheit hier als wichtige Komponente mitspielt. Klangschönheit war wohl immer zumindest im Hintergrund dabei, wenn es etwa Instrumentalsätze als Tremolo gab – man siehe das oben zitierte Zeugnis Norths. Fließende Übergänge in Affektbindung und Notation gab es zweifelsohne. In Sachen Notation gibt es Anweisungen in einigen deutschen Quellen des frühen 18. Jahrhunderts; sie sind im allgemeinen nicht von sehr großem Wert, so daß man nur sehr schwer Schlüsse daraus ziehen kann. Am ehesten sehe ich solche Übergänge noch in den Bereichen der größeren Affektverwandtschaft.

Der Tremulant ist eine sehr häufig verwendete Figur. Die obigen Beispiele sind also nur als solche aufzufassen. Die vielen anderen von mir gesichteten Tremulanten sind jedoch alle irgendwie den genannten Verwendungsbereichen zuzuordnen. Wie schon aus einigen wenigen Beispielen erhellte, wird der Tremulant jedoch nicht immer eindeutig notiert. Tonwiederholungen, meist in dieser Form ♪♪♪♩ im langsamen Satz und im Piano, sind in den meisten Fällen ebenfalls Tremulanten. Da der Musiker von sich aus in solchen Fällen ein Bogenvibrato spielte, wurde er, wenn ein solches nicht beabsichtigt war, davor mit Punkten oder Hinzufügungen wie *adagio e staccato* oder *adagio e spiccato* gewarnt. Staccato bedeutet ja nur „getrennt". In der Theorie wird diese praktische Selbstverständlichkeit, die Tonwiederholungen im langsamen Satz als Tremulant zu spielen, wenn sie systematisch auftreten, erst sehr spät bezeugt: CAMBINI rät in seiner Beschreibung dieser Figur, den Tremulanten auch dann zu spielen, wenn man auch vergessen hätte, ihn zu notieren („*quand même on auroit négligé de placer au dessus des notes le signe indicatif*"[826]). Die schon besprochene Aussage Norths weist auf die gleiche Praxis hin.

Dies würde allerdings bedeuten, daß es in der Musik – vor allem in der italienischen Musik und in der Musik im italienischen Stil – viel mehr Tremulanten gibt, als bisher angenommen wurde. Das hieße dann, daß der Tremulant so vertraut war wie der Triller und man ihn aus diesem Grunde nicht extra zu bezeichnen brauchte. Die Stellen, die einen unbezeichneten Tremulanten aufweisen, fügen sich in das Bild, das in diesem Abschnitt von dieser Figur entworfen wurde.

---

[826] G. G. CAMBINI, *Nouvelle Methode Theorique et Pratique Pour le Violon*, Paris c. 1800, S. 23.

Schlußfolgerungen

1. Der Stellenwert des Vibratos im musikalischen Gedankengut und seine Entwicklung. Die technischen Voraussetzungen. Der nichtvibrierte Ton. Natürlichkeit

Die Auffassungen über Vibrato haben sich in den letzten Jahrhunderten gründlich geändert. Ein beabsichtigtes kontinuierliches Vibrato, das nur der Tongestaltung bzw. -belebung dient, bürgerte sich erst nach 1900 ein. In der Barockzeit wird dieses Vibrato nahezu immer abgelehnt. Das schließt aber den Gebrauch des Vibratos als Verzierung keineswegs aus, auch nicht, wenn dieses häufig vorkommen sollte.

Ein deutlich hörbares, vom Musiker beabsichtigtes, kontinuierliches Vibrato gilt heute vielfach als normal, vor allem bei Streichern und Sängern. Ein unvibrierter Ton wird häufig, vor allem wohl von Sängern, als unnatürlich abgelehnt. Dabei fällt auf, daß ein relativ starkes Vibrato als a priori zum Klang gehörend vorausgesetzt wird. Bei Geigern ist auf jeden Fall eine Bewegung der linken Hand bzw. des linken Arms gemeint. Wenigstens seit Seashores Publikationen zu diesem Thema gilt ein Ton ohne Vibrato schlichtweg als unmusikalisch. Positiv wird hingegen der Ton bewertet, dessen Vibrato so wenig wie nur möglich von der Norm abweicht. Seashores Schluß, daß ein gezielt eingesetztes Vibrato nicht wesentlich zur Affektdifferenzierung im Stück beiträgt, wirkt in diesem Licht nur zu verständlich.

Daß ein vibratofreier Ton als unnatürlich gelten muß, ist eine kategorische Äußerung, die man für das Barock nicht in Anspruch nehmen sollte, denn Natürlichkeit im heutigen Sinn war nicht erwünscht. Vielmehr wollte man mit großer Künstlichkeit ein Abbild der Natur bzw. der in ihr unterstellten Ordnung erzeugen. Die heutigen Auffassungen über Natürlichkeit sind nicht imstande, diese Denkweise zu erfassen. Die Frage nach einem eventuell von Natur aus vorhandenen (hörbaren oder nicht hörbaren) Vibrato scheint für die in dieser Arbeit behandelte Ära relativ unwichtig, wenn man von einigen wenigen Ausnahmen absieht, die weiter unten noch behandelt werden. Größeres, hörbares und beabsichtigtes Vibrato war den Verzierungen zuzuordnen. Der normale Klang war also intendiert vibratofrei. Wenn die Frage nach einem Naturvibrato behandelt wird, geschieht das eher von einem physikalischen als von einem musikalischen Standpunkt aus. Sie war anscheinend für die Mehrzahl der Autoren unerheblich. Hatte der Musiker ein natürliches Vibrato, war es recht, hatte er es nicht, dann wurde nicht darüber geredet. Ein eventuelles „Naturvibrato" galt wohl nicht als „Vibrato", immer vorausgesetzt, daß es keine Bewegung der linken Hand bei Streichern bzw. kein Pulsieren des Atems bei Bläsern impliziert.[827] Ein modernes kontinuierliches

---

[827] Mutatis mutandis vielleicht dem sogenannten Wiener Bläserton vergleichbar. Auch er ist prinzipiell frei von erzeugtem Vibrato. Der große Unterschied besteht aber darin, daß es im Barock regelmäßig auftretende Verzierungsvibrati gab.

Vibrato wäre für das Barock zu groß, um als vibratofrei gelten zu können; es wurde als normale Klangproduktion (d.h. als Kontinuum) entschieden abgelehnt.

Die Frage nach dem Vibrato im Barock ist an erster Stelle eine Frage nach den Vibratotechniken. Manche barocke Vibratotechniken schließen kontinuierliches Vibrieren eindeutig aus, etwa das Fingervibrato der Holzbläser oder das Zweifingervibrato auf der Gambe, da beide einen zusätzlichen Finger auf dem Instrument erfordern. Daß es bei Bläsern wohl kein ständiges Atemvibrato geben sollte, geht daraus hervor, daß manche dieser Fingervibrati sehr klein sind, so daß sie von einem größeren Atemvibrato übertönt werden könnten. Außerdem ist in keiner einzigen Bläserschule der in dieser Studie behandelten Zeitspanne die Rede von einem kontinuierlichen Atemvibrato, es sei denn in einem einzigen Fall in überaus negativem Sinne. Falls das Atemvibrato erwähnt wird, gilt es als eine Verzierung: so bei De Lusse (die zweite Art des *Tremblement flexible*), bei einigen Aussagen zur Imitation des Orgeltremulanten und schließlich bei Tromlitz, als Überhöhung des Effekts zusammen mit dem Fingervibrato. Er lehnt aber kontinuierliches Atemvibrato aufs schärfste ab. Daraus könnte man schließen, daß es immerhin Spieler mit kontinuierlichem Atemvibrato gegeben haben muß; es spricht aber auch dafür, daß es von seiten der Ästhetik nie gutgeheißen wurde. Merkwürdig ist vielleicht, daß Aussagen gegen kontinuierliches Vibrato – z.B. auch von W. A. Mozart über den Oboisten Fischer – fast alle aus der zweiten Hälfte des 18. Jahrhunderts stammen. Garniers *Frémissement des lèvres* könnte technisch vielleicht kontinuierlich ausgeführt werden, es wird aber von ihm als Artikulationsart beschrieben, nicht als Vibrato!

Nur bei Streichern (wenn man von der Gambe absieht) und bei Sängern schließt die Technik ständiges Vibrato nicht gleich aus. Die barocke Violintechnik gewährte aber dem linken Arm auf keinen Fall die Freiheit, die er jetzt hat; zwar ist kontinuierliches Vibrato wohl nicht unmöglich, aber doch weniger logisch, vor allem wenn man bedenkt, daß die Violine dann sehr wahrscheinlich das einzige Instrument gewesen wäre, auf dem mit permanentem Vibrato gespielt wurde.

Das letzte Problem bildet hier die Gesangstechnik. Auch hier ist der Idealfall ein vibratofreier Klang, wobei wiederum vibratofrei als frei von beabsichtigtem, einstudiertem Vibrato zu gelten hat. Etwaige natürliche Schwingungen sind da, sofern sie klein genug sind und ein eventuelles Verzierungsvibrato nicht übertönen, nicht eingeschlossen. Tartini besagt, daß nicht alle Stimmen ein natürliches Vibrato haben. Für Dodart hingegen ist gerade diese wohl kleine Schwingung das Charakteristikum der Singstimme, im Gegensatz zur Sprechstimme. Neben diesem natürlichen Schwingen wird aber auch ein Verzierungsvibrato beschrieben, das nicht immer außerordentlich groß ist.

In der Beschreibung des Klangs spielt das Vibrato keine wichtige oder hervorgehobene Rolle. Man muß hier aber unbedingt festhalten, daß es einen großen Unterschied gibt zwischen der barocken und der modernen Tonerzeugung. Die vibratofreie Alternative ist daher nicht ein absolut egaler Klang, sondern ein Klang, der von sich aus schon ein Innenleben hat, eine Eigendynamik, die ihm inhärent ist. Außerdem bewirkt der Obertonreichtum des barocken Instrumentariums in sehr vielen Fällen ein Eigenvibrato des Instruments. Diese Art von Klang – u.a. auch von Tartini und L. Mozart beschrieben – betrachte ich als vibratofrei. Ich möchte jedoch nochmals darauf aufmerksam machen, daß der sogenannte vibratofreie Klang im Barock ein hohes Maß an Tonbelebung enthielt, an sich auch schon ein gewisses Maß an Schwingungen implizierte, ohne daß der Musiker etwas dazu beitragen mußte.

Man kann sich nun fragen, ob es Abweichungen von dieser Regel gab, Fälle, in denen ein bewußt erzeugtes kontinuierliches Vibrato gepriesen wird. Es gibt im Barock Forderungen nach (natürlichem) Vibrato, das bei der Klangerzeugung prinzipiell vorhanden ist. Sie sind jedoch selten, so in Deutschland in der ersten Hälfte des 17. Jahrhunderts (für Knaben). Wir wissen nicht, wie groß dieses Vibrato war; da nicht über Verzierungsvibrato geschrieben wird, gibt es auch dort keinen Anhaltspunkt. Vielleicht beschreiben diese Quellen nur eben dasselbe, was auch Mozart zu erklären versucht und was Dodart in seiner Abhandlung erwähnt. Dann kann man aber diese Forderung schwerlich als eine Ausnahme von der oben gegebenen ersten Schlußfolgerung sehen.

Andere Zeugnisse über exzessives Vibrieren beziehen sich fast ausschließlich auf (zu) häufiges Verzierungsvibrato. Ein etwaiges ständiges Vibrato wird, falls es überhaupt erwähnt wird, nahezu immer abgelehnt. Quellen, die sich gegen ein bewußtes Kontinuum wenden, stammen fast alle aus der zweiten Hälfte des 18. Jahrhunderts. Vorher gibt es das Problem nicht – mit einigen Ausnahmen, die sich gerade auf den Gesang beziehen; es sind dies alles italienische Quellen aus der Zeit um 1600. Aus ihnen geht hervor, daß es das bewußte und hörbare kontinuierliche Vibrato bei Sängern zweifelsohne gab. Zacconi sieht es sogar als ein Positivum, denn es eigne sich besonders zum Einstieg in die – für seine Ästhetik sehr wichtige – Koloratur. Sonst wird es aber immer als Unsitte beschrieben. Ich nehme an, daß im Idealfall ein vorhandenes Naturvibrato sehr klein sein sollte, daß es aber in der Realität sicher erhebliche Abweichungen gab, gerade im vokalen Bereich. Die Theoretiker messen ihnen aber kaum Bedeutung bei, sofern es nicht *„über die schrancken geht"*.

Man soll hier beachten, daß das Vibrato eigentlich für das Barock nicht als eine wichtige Komponente der Klanggestaltung galt. Die bewußte Anwendung des Vibratos gehörte in den Bereich der Verzierung und nicht in den der prinzipiellen Tonerzeugung. Alterstremolo gehört nicht in die Gruppe der Naturvibrati; es war eine Entgleisung, ein *Vitium,* es entsteht ja aus mangelnder Beherrschung.

2. Das Vibrato als Verzierung. Klangbelebung und Verzierung. Grenzfälle. Häufigkeit. Rhetorischer Wert

Das Verzierungsvibrato war im Barock den normalen Regeln, die für Ausführung und Anwendung der Verzierungen galten, unterworfen. Es konnte demnach als affektiv wirkungsvolle Komponente eingesetzt werden.

Bei einem rein affektbedingten Vibrato ist ein sehr häufiges Vibrieren ästhetisch ausgeschlossen. Daß es dennoch für theoretische Begriffe manchmal zu oft geschah, mag wohl auch dazu geführt haben, daß gerade das Vibrato sich relativ schnell von den strengen rhetorischen Regeln und auch einigermaßen von den Konventionen, die für die Verzierungen im allgemeinen galten, loslöste und bald nur noch eine vage Lieblichkeit darstellte. Diese Lieblichkeit bezog sich wohl auch auf die Klangqualität; das Vibrato wurde aber wohl nie ausschließlich als eine Klangbelebung betrachtet, es blieb vorerst noch eine Verzierung, auch bei Hébert, auch das dritte Vibrato Geminianis. Diese Beschreibungen sind aber schon fast Grenzfälle zu einem echten Klangbelebungsvibrato. Zumindest ab der zweiten Hälfte des 18. Jahrhunderts, hier und da schon etwas früher, gab es die Auffassung, lange Noten könnten mittels Vibrato belebt werden; auch in diesen

Fällen wird es aber immer noch als Verzierung gesehen! Die Qualität des Tons wird auch dann nicht vom Vibrato abhängig gemacht.

a) Vibrato und Messa di voce

Ein wichtiges barockes Glanzstück auf langen Noten war die *Messa di voce*. Sie wurde schon sehr früh von einem Vibrato begleitet. Roger North betrachtet das Vibrato sogar als einen unzertrennlichen Bestandteil der Messa di voce. Ab dem Höhepunkt der Messa di voce kommt, als Begleitung des Ausklingens, ein langsames Vibrato hinzu. Auch bei den französischen Gambisten findet man die Kombination Vibrato–Messa di voce. Theoretiker führen es regelmäßig als ein Beispiel für mögliche Verwendung des Vibratos an. Die Exklusivität Norths wird aber von anderen Autoren nicht wiederholt: Weder gibt es die Messa di voce nur mit Vibrato, noch gibt es das Vibrato nur mit Messa di voce.

Für die Tartinischule war die Kombination beider Verzierungen jedoch absolut unzulässig, und zwar wegen der Reinheit des harmonischen Intervalls. Tartini beruft sich dabei auf die Sänger, denen es nie erlaubt sei, auf einer Messa di voce zu vibrieren. Auch etwaiges Naturvibrato sollte anscheinend unterdrückt werden. Andere Quellen sehen in Vibrato und sicherer Intonation keinen so unüberbrückbaren Gegensatz. Es ist schwer zu sagen, inwiefern sich Tartini auf italienische Traditionen bezieht, da uns die Quellen fehlen. Das von ihm gemeinte Vibrato ist allerdings nicht das unkontrollierte Wanken auf langen Noten, vor dem jede Gesangsschule warnt.

Pauschalvorschläge zum Gebrauch des Vibratos, „auf langen Noten" u.ä., gibt es vor allem ab der zweiten Hälfte des 18. Jahrhunderts; früher nur in Schulwerken, die sich Anfängern, beginnenden Dilettanten oder Schulkindern zuwenden, also Quellen mit minimaler Aussagekraft. Solange das Vibrato noch deutlich als Verzierung in einem vom Affekt geprägten Gefüge gilt, richtet es sich nach den allgemeinen Regeln für die Verzierungen. Das gilt uneingeschränkt für die zwei ersten Vibratoarten Geminianis. Für das dritte Vibrato gilt diese Regel nur noch beschränkt, sie entfällt dennoch nicht ganz.

Wichtige Grundlagen für die Anwendung des Verzierungsvibratos bleiben also Affekt und Rhetorik; die praktischen Ausführungsmodalitäten wurden dabei von den rhetorischen Regeln bestimmt. Das Vibrato ist Teil der Pronunciatio und richtet sich nach dessen Regeln. Es hat eine bestimmbare Funktion und einen bestimmbaren Charakter. Die Funktion ergibt sich aus seinem Charakter und aus dem Affekt des Stücks. Eine zu häufige Anwendung würde die Dramatik der Verzierung schwächen; die Anwendung in einem unzutreffenden Affekt wäre falsch, weil es nicht die beabsichtigte Wirkung hätte.

Ein richtig angewandtes Vibrato betont. Es hat einen deutlichen und relativ starken Affektwert. Ich möchte nun kurz anzudeuten versuchen, wann Vibrato als sinnvoll bzw. effektreich erachtet wurde.

b) Rhetorisch bedingte Anwendungsbereiche des Verzierungsvibratos

Der Charakter des Vibratos ist im allgemeinen den sanften Affekten zuzuordnen. Es gibt einige wenige Ausnahmen, meist im Bereich der Wut (seltener) und der Furcht. In diesen beiden Fällen sieht man deutlich eine Verwandtschaft mit dem Affektgehalt des Tremulanten und gewissermaßen auch des Concitato. Wenn es den sanften Affekten zugeordnet wird, bezeichnet es Regungen wie Trauer oder auch Schwäche; manchmal ist es eher lieblich und sanft. Graziös ist es eigentlich nicht, das wäre wohl zu oberflächlich.

Ein erster und wichtiger Anwendungsbereich ist die *Emphase*. Sie kann harmonisch, melodisch oder rhythmisch sein. So wird das Vibrato häufig am Anfang eines Stücks oder auf der ersten betonten Note angebracht; es kann einen Wechsel im Rhythmus akzentuieren oder aber einfach den Rhythmus eines Satzes hervorheben. Auch ein Ruhepunkt innerhalb des Satzes wird häufig vibriert, vor allem vor oder nach einem Sprung. Nicht selten wird auf der höchsten längeren Note vibriert.

Eine affektiv wirkungsvolle Figur kann gleichermaßen durch ein Vibrato hervorgehoben oder aber auch vorbereitet werden. Man sollte dabei aber immer den Affekt beachten; ein hochdramatisches Vibrato ist in der Ausführungsart deutlich von einem eher lieblichen unterschieden.

Manchmal wird das Vibrato dort eingesetzt, wo man einen Triller erwarten würde, etwa auf hochalterierten Noten oder nach einem Vorschlag von oben. Dabei fällt auf, daß der Affektgehalt über der normalen grammatischen Regel steht. Die Verwendung eines Vibratos an solchen Stellen ist von einer inneren Logik; aus dem musikalischen Kontext erhellt, daß ein Triller rhetorisch gesehen fehl am Platze wäre. Die Regel, daß hochalterierte Noten getrillert werden, erhält hier eine wichtige sinnbezogene Ergänzung.

Zu den rhetorisch bedingten Emphasen gehören wohl auch Figuren wie *Gradatio*, *Anadiplosis* u.ä. Man beachte nun aber, daß nicht jede Emphase mit Vibrato hervorgehoben werden soll; Vibrato ist eine der Möglichkeiten. Der Affekt des Stücks ist da ausschlaggebend.

Man kann das Vibrato auch an einem *Ruhepunkt* anbringen, etwa nach einer Koloratur, am Ende einer Kadenzformel oder (manchmal) auf der Schlußnote eines Stücks.

Das Vibrato kann auch ein Fall für die *Hypotyposis* sein: Sinngemäß wird man bei der Darstellung des Bebens, des Zitterns ein je nach der Intensität des Zitterns anders gestaltetes Vibrato anbringen. Das gilt im übertragenen Sinn auch für die Darstellung der Angst und der Kälte. Zur bildlichen Darstellung des Zitterns bzw. seiner Ursachen setzt der Komponist auch häufig einen Tremulanten, vor allem wenn ein länger anhaltender Zustand dargestellt werden soll.

In Stücken mit sanftem, „weiblichem", traurigem Charakter kommt das Vibrato sinngemäß häufiger vor als in Musik mit entgegengesetztem Charakter. Die Beschwerden gegen zu häufiges Vibrieren richten sich also oft gegen ein Vibrato, das sich dem Charakter des Stücks nicht anpaßt, bzw. auch dagegen, daß in Stücken, deren Affektgehalt nicht für Vibrato geeignet ist, vibriert wird, ohne daß ein Affektwechsel vorliegt.

c) *Verschiedenartige Verzierungsvibrati*

Eine stärkere Affektbindung impliziert auch verschiedene Ausführungsmöglichkeiten des Vibratos. Meist wird diese Anpassung der Ausführungsart an den Affekt von den Theoretikern nur angedeutet, ohne weitere Spezifizierungen. In einigen besseren Lehrwerken wird erwähnt, daß man die Geschwindigkeit des Vibratos je nach Affekt variieren soll. Ähnliches sieht man auch im Gebrauch des Tremulanten. So ist der schnelle Tremulant bei Bach immer für die heftigsten Affekte bezeichnet; er ist ein Extremfall, normalerweise verwendet Bach den langsamen Tremulanten. „Das" Vibrato gab es im Barock nicht. Darauf deutet schon das Fehlen eines einheitlichen Namens; die verschiedenen Termini deuten auf verschiedenartige Ausführungen und Verwendungsmöglichkeiten hin.

Manchmal ist mit dem Namen nur eine Technik oder ein klanglicher Effekt bezeichnet (*Tremolo, Balancement, Schwebung, Bebung, Wavee* u.ä.). Manchmal gibt der Name zugleich den Charakter der Verzierung an (*Ardire, Sting, Mordant, Soupir, Sweetning, Flattement, Langueur, Plainte* u.ä.). Technische Namensbezeichnungen können die Verzierung von anderen, ähnlichen oder in der Technik verwandten Ornamenten abgrenzen (so z.B. die Paare *Trillo-Trilletto, Tremolo-Tremolo sforzato; Close-shake, Battement* u.ä.). Das fällt umso mehr auf, da die anderen Verzierungen in einem Stilgebiet doch wenigstens einheitliche Namen haben.

d) Vibratobezeichnungen

Das Vibrato ist nur äußerst selten in Kompositionen bezeichnet. Meist wird es dann bildhaft dargestellt, mit einer Wellenlinie. Sehr kurze Wellenlinien (∾) stehen jedoch oft für Trillerformen; längere Wellenlinien könnten unter Umständen aber auch – wie bei Bach – (vibrierte?) Glissandi bezeichnen. Letzteres wird aber meist aus dem musikalischen Kontext deutlich.

Lautenisten und Gitarristen verwenden oft das Kreuz (✻). Im späten 18. Jahrhundert gibt es vereinzelt ein tremulantähnliches Zeichen (♩̈).

Andere Zeichen, die man hin und wieder für Vibrato antrifft, sind ℰ ƒƒ ׀ ⊥ ⌒ usw. Die Kreuze (+) können, vor allem in Frankreich, sehr viele verschiedene Verzierungen bezeichnen; in einigen Fällen wird vielleicht ein Vibrato gemeint sein. Auch hier entscheidet der musikalische Kontext.

Die erhaltenen Stücke mit Vibratobezeichnungen weisen keinesfalls auf ein Vibrieren „*auf jeder längeren Note*" hin; inwiefern man diese Bezeichnungen auch auf andere Musik übertragen kann, ist nicht immer deutlich. Sie zeigen aber immerhin an, was man unter dem vielgerühmten „*guten Geschmack*" etwa verstehen kann. Von den Komponisten aus war ein Vibrato auf allen längeren Noten nicht vorgesehen. Daß die Praxis diesen Wünschen nicht immer entsprach, weiß man. Deutlich bleibt bei alledem doch, daß das Vibrato auch von jenen Musikern, die es sehr häufig einsetzten, immer noch als eine Verzierung betrachtet wurde.

e) Vibrato kombiniert mit anderen Verzierungen

Die Kombination *Vibrato–Messa di voce* und das Vibrato nach einem Vorschlag wurden schon erwähnt. Am ehesten kommt die Verzierung jedoch alleine vor oder höchstens mit Messa di voce. Die Verbindung Vibrato–Messa di voce wird in der französischen Gambenmusik regelmäßig bezeichnet. Auch der *Port de voix* wird hin und wieder von einem Vibrato gefolgt, wenn auch bei weitem nicht so oft wie von einem *Mordent*.

Im französischen Stil kann das Vibrato prinzipiell, wenn auch eher selten, mit allen anderen *Agréments* kombiniert werden. Es gibt sicher auch in den anderen Stilbereichen ähnliche Zusammensetzungen, nur sind dazu weniger Aussagen überliefert. Eine gesteigerte Wirkung gibt es wohl bei *Vibrato-Glissando;* diese Kombination ist von überaus starker Affektwirkung und kommt dementsprechend selten vor. Vielleicht bedeuten die Bachschen Wellenlinien vibrierte Glissandi. Ihre Wirkung ist von höchster Intensität.

3. Historische Entwicklungen. Verzierungsvibrato, Affektenlehre und Rhetorik in verschiedenen Stilbereichen. Geschmacksänderungen

Ein beabsichtigtes kontinuierliches Vibrato wird nirgends gutgeheißen. Die Tatsache, daß von Zeit zu Zeit davor gewarnt wird, spricht natürlich dafür, daß es ein solches gab. Es wurde aber wenigstens von der Theorie nicht toleriert, und ich glaube, daß die besseren Spieler es zu vermeiden versuchten.

Im großen und ganzen kann man sagen, daß, je größer die Bedeutung der rhetorischen Lehre und der Affektentheorie für Komposition und Ausführung war, desto genauer man sich auch an Anwendungsregeln des Vibratos hielt. Diese Tendenz gegen häufiges Verzierungsvibrato ist deutlich bis in die siebziger Jahre des 17. Jahrhunderts vorhanden. Es wird dabei hin und wieder auf häufiges Vibrieren in früheren Zeiten hingewiesen. Dafür habe ich leider nahezu keine Dokumente gefunden, ich kann es also nicht verifizieren. Jedenfalls ist das Verzierungsvibrato bis zum Anfang des 18. Jahrhunderts ziemlich strikte nach den rhetorischen Regeln anzubringen. Es gibt kaum Beschwerden über Verstöße gegen diese Regel. Die Vibratobezeichnungen in Lauten- und Gitarrenmusik sowie bei den französischen Gambisten bestätigen diese Tendenzen nur. Ein Vibrato, das nur der Klangschönheit dient, habe ich in der Musik dieser Zeit nicht gefunden. Die Anwendung des Ornaments ergibt immer einen Sinn.

Die zunehmende soziologische Bedeutung des Dilettantismus und zugleich auch der Virtuosität führten Änderungen in diesem Zustand herbei. In den Lehrbüchern für Anfänger gibt es ab Ende des 17. Jahrhunderts regelmäßig sehr vereinfachte Anweisungen für die Anwendung des Vibratos, ohne rhetorischen oder affektbedingten Sinn. Für die professionelle Praxis sind diese Quellen natürlich völlig unwichtig. Doch tauchen ab Anfang des 18. Jahrhunderts vereinzelt Beschwerden gegen übermäßiges Vibrieren auf. Sie richten sich einerseits gegen eine zu häufige Anwendung des Vibratos außerhalb seines rhetorischen Kontextes und andererseits gegen ein Vibrato mit ungenügender Differenzierung der Ausführungsmöglichkeiten.

Zugleich gibt es in einigen seriöseren Lehrbüchern auch schon den Vorschlag, auf den meisten längeren Noten zu vibrieren. Das legt den Schluß nahe, daß sich das Vibrato langsam von seinem streng rhetorischen Kontext loszulösen beginnt, und daß eine Komponente der Klangverschönerung mehr in den Vordergrund tritt und allmählich ihren festen Platz neben der rhetorischen Lehre einnimmt. Innerhalb eines gewissen Affektbereichs scheint man die Anwendungsregeln doch etwas zu lockern.

Um die Mitte des 18. Jahrhunderts, wenn die strenge Affektentheorie längst nicht mehr in all ihren Konsequenzen besteht und sich ein gewisser Sentimentalismus breitmacht, kommt auch ein klangverschönerndes Vibrato auf. Man hält sich nun nicht mehr unbedingt an die rhetorischen Regeln; der Charakter des Vibratos bleibt aber lieblich bis sanft-traurig. Dadurch tritt nun das Element der Klangverschönerung mehr in den Vordergrund, vage rhetorische Bindungen bleiben noch bestehen. Gerade in dieser Zeit nun werden Beschwerden gegen übermäßiges Vibrieren laut. Diese beziehen sich nicht mehr nur auf Alterstremolo oder „auf allen langen Noten", sondern auch auf ein zur Gewohnheit verkommenes Vibrato. Wie sehr diese „Unsitte" in Europa verbreitet war, läßt sich schwer nachprüfen. In Frankreich vibrierte oder chevrotierte man anscheinend allgemein auf langen Noten. Beschwerden gegen ständiges Vibrato finden sich vor allem in Deutschland. Die Engländer mögen häufiges Vibrieren von Geminiani übernommen haben, aber das trifft wohl nur für die Geiger zu. Am wenigsten weiß man bis jetzt über Italien. Die Tartinischule war u.a. wegen ihres Vibratos bekannt; aber auch dieses war kein Kontinuum. Französische Zeugnisse aus der zweiten Hälfte des 18. Jahrhunderts über die italienische Musizierpraxis lassen nicht gerade auf exzessives Vibrato schließen. Man sollte hier nicht leichtfertig Schlüsse ziehen.

4. Das Vibrato im Barock. Abschließende Definitionen. Schlußbetrachtung

Aus dem Vorhergehenden wird deutlich, daß die Definitionen dessen, was man jetzt Vibrato nennt, für das Barock neu zu überdenken sind. Ein theoretisches Idealvibrato wie heute – die Praxis kennt ein solches wohl nicht, versucht aber immerhin, sich danach zu richten – gab es im Barock überhaupt nicht. Die Schwingung mußte auch nicht unbedingt gleichmäßig, sondern sie konnte schnell, langsam oder beschleunigend sein. Geschwindigkeit und Intensität richten sich nach Affekt und Rhetorik. Eine ausgeglichene Kombination der Elemente Intensität und Schwingungsgröße ist nicht unbedingt beabsichtigt; auch reines Intensitätsvibrato gilt voll als Vibrato. Auch die Größe der Schwingung wird nicht an einem Idealfall gemessen. In manchen Grenzfällen nähert sich das alte Vibrato also auch anderen Ornamenten, wie dem Triller.

Nur beabsichtigtes Vibrato, mit Ausnahme vielleicht des Alterstremolos, wird als Vibrato gesehen. Einige wissenschaftliche Betrachtungen des Problems, alle aus dem 18. Jahrhundert, beschäftigen sich mit dem der Stimme bzw. des Instruments innewohnenden Vibrato. Für die musikalische Praxis scheinen solche Überlegungen aber von geringem Wert gewesen zu sein. Man nahm sie zur Kenntnis, ohne daß sie das Musizieren beeinflußt hätten.

Auch technisch sieht das barocke Vibrato völlig anders aus. So sieht man oft eine Verwandtschaft mit anderen Verzierungen, am augenfälligsten beim Fingervibrato auf Holzblasinstrumenten. Anders als jetzt gab es auch für verschiedene Zwecke verschiedene Vibratotechniken. Diese Differenzierung umfaßt nicht nur die Zweiteilung Vibrato–Tremulant, sondern auch Unterschiede für das „normale" Vibrato.

Endlich muß auch erwähnt werden, daß das Vibrato nur in einem relativ geringen Prozentsatz der Lehrwerke vorkommt. Am ehesten findet man es in Lehrbüchern, die sich nicht an Anfänger richten. Vielleicht war es auch zeitweise nicht modisch oder im Gegenteil so allgemein bekannt, daß man es nicht zu erwähnen brauchte. In den wirklich wichtigen Schulen kommt es zumindest ab dem späten 17. Jahrhundert ziemlich regelmäßig vor; es wird in allen als Ornament behandelt.

In Musikwerken wird das Vibrato nur extrem selten bezeichnet. Das mag mit den starken Affektbindungen zusammenhängen. Die Wirkung bestimmt ohne Zweifel die Anwendungsfrequenz. Ein oft angewandtes Vibrato verliert seine pathetische Wirkung in nicht geringem Maße. Ein kontinuierliches Vibrato hat überhaupt keine pathetische Wirkung. Die wenigen Vibratobezeichnungen weisen auf gezielten Gebrauch hin. „Das" Vibrato gibt es im Barock nicht; je nach Bedarf – also wegen seiner pathetischen Wirkung – wird die Aufführungsart angepaßt. Das ist wohl auch der Grund, wieso das Ornament keinen einheitlichen Namen hat: Es begreift in sich so viele Abarten, daß man es fast als einen großen Komplex von Verzierungen, die nur einen gewissen Klangeffekt gemeinsam haben, sehen soll.

5. Vibrato und Tremulant

Die Imitation des Orgeltremulanten wird prinzipiell auch als ein Vibrato betrachtet, in diesem Fall als ein ausgeschriebenes. Die verschiedenen Noten, die unter einem Bogen erfaßt sind, sollen als Andeutung dienen, wie viele Schwingungen der Notenwert, der die Gesamtzahl der Noten unter einem Bogen ausmacht, enthalten soll. Die Notation bestimmt zugleich auch die Geschwindigkeit. Auch sie ist vom Orgeltremulanten hergeleitet. In den meisten Fällen wird – im Gegensatz zum langsamen Tremulanten – der schnelle Tremulant als intensiver empfunden; folglich ist dieser den heftigsten Affektregungen vorbehalten.

Zur Ausführung wäre noch zu bemerken, daß, solange die gedanklichen Bindungen mit dem Orgeltremulanten bestehen, die Figur auch wie ein mensuriertes Vibrato klingen soll. Schon früh im 18. Jahrhundert gibt es aber Belege dafür, daß der Tremulant auch ab und zu in der Art eines Portatos unter einem Bogen gespielt wurde. Das hatte später eine gewisse Verwirrung in der Bezeichnung zur Folge, da beide ähnlich notiert wurden. Im Klangeffekt gab es da natürlich fließende Übergänge; für Komponist und Spieler waren Tremulant und Portato („Tragen der Töne") jedoch zwei deutlich voneinander unterschiedene Begriffe.

Normalerweise wird der Tremulant komponiert, und zwar betont rhetorisch. Das schließt ad-libitum-Verwendung durch den Spieler nahezu sicher aus. Es gibt dennoch einige Belege dafür, daß es den Tremulanten auch als Verzierung gab. Als vibratoähnlicher Effekt ist die Wirkung des Tremulanten ebenfalls mit der des Vibratos vergleichbar. Ein Tremulant wird, im Gegensatz zum Vibrato, oft auf längeren Satzabschnitten eingesetzt; als Darstellung des Zitterns und im übertragenen Sinne auch der Furcht und der Kälte liegt eine musikphysiologische Bedeutung nahe. Außer Furcht, Ehrfurcht u.ä. stellt er auch die Todesangst und manchmal den Tod dar (bei Bach sehr oft die Todessehnsucht), auch damit verwandte Begriffe wie Schlaf, Schwäche, Ruhe oder Nacht. Andererseits steht er auch für Flehen, Bitten, Beten, Gnade u.ä. Vor allem in Deutschland wird die Gottesfurcht sehr oft mit Tremulanten dargestellt.

Im rein instrumentalen Bereich ist die Bedeutung des Tremulanten nicht immer so klar. Manchmal ist er anstelle des langsamen Satzes zu finden; sinngemäß geht es hier meist um den langsamen Tremulanten, da der schnelle immer eine deutliche und starke rhetorische Funktion hat. In den Instrumentalstücken scheint er eher sanfteren Regungen, die traurigen und eventuell auch lieblichen Affekte darzustellen. Symbolik und Naturdarstellungen sind im allgemeinen als solche gekennzeichnet.

Nachdem das Vibrato in seiner reinen Form nur auf einzelnen Noten nach dem Affekt eingesetzt wurde, konnte der Tremulant die körperliche Wirkung – einen Zustand einer gewissen Dauer – sehr gut darstellen. In der Affektdarstellung sind Tremulant und Vibrato ziemlich gleichlaufend; während das Vibrato im allgemeinen aber dem weiblichen Bereich angehört, wird der Tremulant sehr oft für heftigere Regungen, auch für Extremfälle dessen, was mit Vibrato ausgedrückt werden konnte, verwendet.

Tremulant und Vibrato sind eindeutig verwandte Begriffe. Beide sind sie Teilaspekte einer Sache. Die größten Unterschiede zwischen beiden sind wohl, daß der Tremulant als größerer Abschnitt eine gewisse Kontinuität aufweist, was beim normalen Vibrato nicht der Fall ist. Die Klangunterschiede sind, abgesehen von der Mensur des Tremulanten, nicht immer sehr groß bzw. sehr deutlich. Der Orgeltremulant hat schließlich mehr zu tun mit dem normalen Vibrato als mit seinem mensurierten Gegenpart, der Tremulant-Imitation; er wird folglich häufig als Klangerklärung des Begriffs „Vibrato" herangezogen. Für den komponierten Tremulanten ist allerdings die Mensur ein weiterer großer Unterschied zum Vibrato. Manchmal ist dies auch in der Ausführung der einzige Unterschied – etwa beim Vokalvibrato/Tremulanten. In diesem Lichte ist nur zu verständlich, daß der Tremulant auf Streichern mit einem Bogenvibrato erzeugt wird: ein Vibrato der linken Hand kann nie so exakt rhythmisiert werden wie ein Bogenvibrato.

Anhang

Vibratozeichen

♩ Simpson 1659, 1665 Gambe Zweifingervibrato
　Playford ab 1664 Gambe Zweifingervibrato, Violine

h. Stobaeus 1640 Laute

⌐⌐ ◇ Bendinelli 1614 Trompete, zweifelhaft

| La Chapelle 1736–52, vokal

⊥ La Chapelle 1736–52, vokal, nach *enfler*

+ Compleat Flute-Master 1695　　Blockflöte　⎤
　New Flute Master, 5, 1706　　　Blockflöte　⎟
　Compleat Musick-Master ³1722　Blockflöte　⎬ ⊢ Fingervibrato
　Modern Musick-Master 1730　　 Blockflöte　⎟
　Sadler 1754　　　　　　　　　 Blockflöte　⎦ (auch Mordent)

× Weiß 1721 Laute (untere Saiten)
　Baron 1727 Laute (untere Saiten)
　Beyer 1760 Laute (untere Saiten)

♯ Vallet 1620 Laute
　Bartolotti 1640 Gitarre
　Foscarini 1640 Gitarre
　Corbetta 1643, 1648, 1671 Gitarre
　Granata 1648 Gitarre
　Bernhard c. 1648/64 vokal
　De Visée 1682, 1686 Gitarre
　Derosiers c. 1691 Gitarre
　Roncalli 1692 Gitarre
　Guerau 1694 Gitarre
　Hinterleithner 1699 Laute
　Radolt 1701 Laute
　Campion 1705 Gitarre
　Baron 1727 Laute (obere Saiten)
　Le Cocq 1729 Gitarre
　Murcia 1732 Gitarre
　Beyer 1760 Laute (obere Saiten)

ff Granata 1646 Gitarre
　Pellegrini 1650 Gitarre

★ Sanz 1674 Gitarre
　Ruiz de Ribayas 1677 Gitarre
　Ms. Vaudry de Saizenay 1699 Laute

♩₃ Demachy 1685 Gambe Zweifingervibrato

♪· Mersenne 1636 Laute

? De Lusse c. 1760 Flöte Fingervibrato

⌒ Demachy 1685 Gambe Einfingervibrato

〜 Loulié 1696 vokal

⁓ Mace 1676 Laute
Marais 1686 Gambe Zweifingervibrato
Danoville 1687 Gambe Zweifingervibrato
Rousseau 1687 Gambe Zweifingervibrato
L'Affilard 1694 vokal
Loulié c. 1700 Gambe (Zweifingervibrato)
Loulié c. 1700 Blockflöte Fingervibrato
Hotteterre 1707, 1738 Holzbläser Fingervibrato
Caix d'Hervelois 1708 Gambe Zweifingervibrato
Morel 1709 Gambe Zweifingervibrato
Philidor 1717, 1718 Flöte, Oboe Fingervibrato
Weiß 1721 Laute (obere Saiten)
Marc 1724 Gambe Zweifingervibrato
Cappus 1730 Gambe Zweifingervibrato
Bodin de Boismortier 1731 Gambe Zweifingervibrato
Vague 1733 vokal
Villeneuve 1733 vokal
R. Marais 1735 Gambe Zweifingervibrato
Montéclair 1736 vokal
Corrette c. 1739/40 Flöte Fingervibrato
Forqueray c. 1746 Gambe Zweifingervibrato
Geminiani 1751 Violine
Sadler 1754 Violine, Flöte Fingervibrato
Corrette 1758 vokal
Marciny 1758 vokal
De Lusse c. 1760 Flöte Vibrato mit Rollen des Instruments, u.U. Atemvibrato
Pereault de Villeneuve nach 1760 vokal
Kürzinger 1763 Violine
Lacassagne 1766 vokal
Bailleux 1770, 1773, 1798 vokal, Gitarre, Violine
Merchi 1777 Gitarre
Lemoine c. 1790 Gitarre
New and Compleat Instructions for the Violin c. 1790
The Entire New and Compleat Tutor for the Violin c. 1790
Miller 1799 Flöte Fingervibrato
Nicholson 1816 Flöte Fingervibrato
Bates c. 1845 Violine

Steffani 1709 Glissando, vibriert (?)
J. S. Bach Glissando, vibriert (?)

♪♪♪♪/♪♪♪♪ Dupont 1717 vokal
David 1737 vokal

⸱ Marais 1686 Gambe Einfingervibrato
Caix d'Hervelois 1708 Gambe Einfingervibrato
Morel 1709 Gambe Einfingervibrato
Marc 1724 Gambe Einfingervibrato
Cappus 1730 Gambe Einfingervibrato
Bodin de Boismortier 1731 Gambe Einfingervibrato
R. Marais 1735 Gambe Einfingervibrato
Forqueray c. 1746 Gambe Einfingervibrato

⌣̈ ▯ Marpurg 1750, 1755 Clavichord
C. Ph. E. Bach 1753 Clavichord
Petri 1767 Clavichord
Altenburg 1795 Trompete

ɛ	Berard 1755 vokal
	Blanchet 1756 vokal
m	Walther 1688 Violine
	Merck 1695 Violine
	Schweigl 1786 Violine (auch: mmm)
T	Lange 1688 Tremolo, Trillo vokal
T.ʳ	Beyer 1703 vokal (Violine)
trem:	Stierlein 1691 vokal
trm.	Marpurg 1750 vokal
	G. G. G. 1752 vokal
tremolo	Porpora 1735 Streicher

Glossar

ACCENTO
= *Tremolo sforzato*. Als Vibrato nur bei Gitarristen. Normalerweise Vorschlag (bzw. Port de Voix).
CORBETTA 1643, 1648, 1671.

ANIMER
= *Doublement du gosier*. Bedeutung unsicher; Tonwiederholung?
BACILLY 1668.

ARCATA
= *Wavee, philomelian Tone, supra-philomelian Sound*. Messa di voce mit langsamem Vibrato ab dem Höhepunkt, vor allem auf der Geige. Herkunft des Namens bei North vermutlich N. Matteis. Ansonsten für langen Strich.
NORTH c. 1695/1701, 1728.

ARDIRE
(Intensives) Verzierungsvibrato für heftige Affekte. Zacconi berichtet, daß der Gebrauch des Vibratos *ardire* zeigt; er nennt das Vibrato *Tremolo*.
BERNHARD Mitte des 17. Jh.s, MYLIUS 1685.

ASPIRATION
= *Plainte, Miolement*. Einfingervibrato auf der Gambe. Normalerweise *Accent* (Nachschlag). Der normale Terminus für Einfingervibrato auf der Gambe ist *Plainte*. Vgl. auch *Balancement de main, Langueur*.
DEMACHY 1685.

BALANCE, BALANCEMENT
Normales Vibrato.
Vokal: L'AFFILARD 1694, LOULIE 1696, MONTECLAIR 1709, DUPONT 1717, VAGUE 1733, VILLENEUVE 1733, LA CHAPELLE 1735/52, VION 1742, MARPURG 1750 (s. *Bebung, Schwebung*), BERARD 1755 (s. *Flatté*), BLANCHET 1756 (s. *Flatté*), CORRETTE 1758.
Blockflöte: LOULIE c. 1700/1707 (s. *Flatté, Tremblement mineur*).
Violine: QUANTZ 1752 (= *Bebung*), SIGNORETTI 1777.
Gitarre: BAILLEUX 1773, LEMOINE c. 1790.

Clavichord: MARPURG 1755 (= *Bebung*).
Tremulant-Imitation (vokal):
MONTECLAIR 1736, BAILLEUX 1770, RAPARLIER 1772.

BALANCEMENT DE MAIN
Einfingervibrato auf der Gambe. Der normale Terminus für Einfingervibrato auf der Gambe ist *Plainte*. Vgl. auch *Aspiration, Langueur*.
DANOVILLE 1687.

BATTEMENT
Zweifingervibrato auf der Gambe. Der normale Terminus ist *Pincé* oder *Flattement*. Vgl. auch *Tremblement sans appuyer*. Vermutlich eine technische Erklärung; Battement kann auch wie *Schwebung* (s. dort) im akustischen Sinn verwendet werden. Ansonsten normalerweise für Mordent oder, seltener, Triller.
DANOVILLE 1687, ROUSSEAU 1687.

BEAT
Erklärung für Vibrato nicht gesichert. Ob synonym für *Open shake* (Fingervibrato auf der Blockflöte) undeutlich. Normalerweise Mordent, seltener im 17. Jh. auch Triller. *Vgl. Open shake (?), Sweeting (?)*.
COMPLEAT FLUTE MASTER c. 1695, FIFTH BOOK OF THE NEW FLUTE MASTER 1706, PRELLEUR (Blfl.) 1730.

BEBEN(D)
Vermutlich Naturvibrato vokal, immer in Verbindung mit Stimme. Vgl. auch *zittern(d), schwebend*.
VIADANA/STEIN 1609, FRIDERICI 1618, PRAETORIUS 1619, HERBST 1642.

BEBUNG
Bedeutet immer Vibrato. Technische Erklärung in Deutschland ab Baron.
Vokal: MARPURG 1750 (s. auch *Schwebung, Balancement, Tremolo, Tremoletto*), G.G.G. 1752 (s. auch *Schwebung, Tremolo*), AGRICOLA 1757, MARPURG 1757, HILLER 1780, LASSER 1798.
Violine: QUANTZ 1752, L. MOZART 1756 (s. *Tremolo*), PETRI 1767, LÖHLEIN

1774 (s. auch *Ondeggiamento*).
Laute: BARON 1727 (= *Schwebung, Mordant*).
Flöte: QUANTZ 1752 (s. *Flattement*), TROMLITZ 1791.
Trompete: ALTENBURG 1795.
Clavichord, Bogenflügel: MARPURG 1750, C. Ph. E. BACH 1753, MARPURG 1755 (= *Balancement*), PETRI 1767.

BEEVING
Versuchte niederländische Übersetzung von *Bebung*, mit der gleichen Bedeutung.
QUANTZ/LUSTIG 1754, VERHANDELING 1772.

CLOSE BEAT
Zweifingervibrato auf der Gambe. Vgl. *Close Shake*.
NORTH, vor 1726.

CLOSE SHAKE
Ursprünglich technische Erklärung für Streicher(zwei)fingervibrato in England ab der Mitte des 17. Jh.s. Als Gegensatz zu *Open shake* (Triller). Vgl. auch *Close Beat*.
Auf Blockflöte bedeutet Close shake den Triller, als Gegensatz zu *Open shake* (Fingervibrato).
SIMPSON 1659, PLAYFORD 1664, Add. ms. 35043 c. 1694/7, GEMINIANI c. 1746, 1749, 1751 (= *Tremolo*), SADLER 1754, HOYLE 1770, BREMNER 1777 (s. *Tremolo*), COMPLEAT TUTOR VIOLIN, ENTIRE NEW AND COMPLEAT TUTOR, MILLER 1799, BATES c. 1845.
Vibrato für Querflöte.
GEMINIANI c. 1746, MILLER 1799.

DOUBLEMENT DU GOSIER
s. *Animer*.

DUMB SHAKE
Vibrato (?).
GUNN 1793

FIFFARO
= *Voce umana*. Register zweier ungleich gestimmter Orgelpfeifen, ergibt einen schwebenden Klang (rhythmisches Vibrato). Italienisch, ab 16. Jh.
ANTEGNATI 1608.

FLATTE
Normalerweise Bezeichnung für Vibrato, mit deutlichem Affekthinweis. Bedeutung gesichert ab Ende des 17. Jh.s. Kann auch Trillerabart sein (LOULIE 1696) oder Mordent.
Vokal: MONTECLAIR 1736, BERARD 1755 (= *Balancé*), BLANCHET 1756 (= *Balancé*), BAILLEUX 1770, RAPARLIER 1772.
Gambe: LOULIE um 1700 (Zweifingervibrato).
Blockflöte: LOULIE c. 1700/1707 (vgl. *Balancement, Tremblement mineur*).
Violine: BAILLEUX 1798.
Gitarre: MERCHI 1777.

FLATTEMENT
Bezeichnung für Vibrato ab dem letzten Drittel des 17. Jh.s, obwohl bis Ende des Jh.s die Erklärung nicht immer gesichert ist. Die Verwendung bei MERSENNE weist vermutlich einfach auf „Verzierung" hin, in etwa vergleichbar mit *Tremblement*. Erstes Vorkommen als Vibrato bei CORBETTA.
Bei den Gambisten normale Bezeichnung für Zweifingervibrato (= *Pincé*), s. auch *Battement, Tremblement sans appuyer*.
Vibrato für Holzblasinstrumente ab c. 1700; im Ausland als Terminus technicus für Fingervibrato auf der Flöte, s. auch *Softening, Sweetening*.
Vibrato instrumental im allgemeinen bei La Chapelle.
Gitarre: CORBETTA 1671.
Gambe: M. MARAIS 1686, MOREL 1709, MARC 1724, R. MARAIS 1735.
Flöte: HOTTETERRE 1707, CORRETTE c. 1739/40, MAHAUT 1759, QUANTZ 1752, VERHANDELING 1772 (vgl. *Tremblant, Beeving*), GUNN 1793.
Musette: HOTTETERRE 1738.
Allgemein: Instrumentalvibrato: LA CHAPELLE 1736/52.

FLUTT'RING
Unkontrolliertes Wanken der Stimme (vor allem am Ende langer Noten) als Folge fehlender Gesangstechnik, wird immer abgelehnt. Vgl. auch *Svolazzar*.
TOSI/GALLIARD 1742, BAYLY 1771, CORFE 1799.

FREMISSEMENT
= Zittern, so z.B. in REBELs *Elemens*, als Erklärung bei einem Tremulanten; so auch bei M. MARAIS, viertes Buch, *frémissement en le voyant (Opération de la Taille)*. Nicht üblich als Terminus technicus, mit Ausnahme von GARNIER c. 1798, ein sehr weicher Coup de langue auf der Oboe, vermutlich dem Tremulanten ähnlich. Als Erklärung einer besonderen Art des *Martellement* im Sinne eines Vokalvibratos bei LACASSAGNE 1766 (vgl. auch *Vibration*).

FRISSANTES
Als Violinvibrato, elliptisch für *Notes frissantes*, vielleicht synonym mit *Mordant*. Ungebräuchliche Umschreibung eines Nicht-Musikers, jedoch unter Berufung auf Musiker. HEBERT 1733.
Eine verwandte Umschreibung als *Friser l'unisson* für zwei ungleich gestimmte Orgel-

pfeifen, also als *Schwebung;* hier jedoch nicht als Terminus technicus. Auch hier in einer wissenschaftlichen Abhandlung, MOREL 1746.

LANGUEUR
Einfingervibrato auf der Gambe mit deutlichem Affekthinweis. Der normale Terminus für Einfingervibrato auf der Gambe ist *Plainte.* Vgl. auch *Aspiration, Balancement de main, Miolement.*
ROUSSEAU 1687.

MARTELLEMENT
Als Vibrato nur bei DE LUSSE, dort Fingervibrato auf der Flöte, nicht auf allen Tönen. Er vergleicht mit der Violine, ohne weitere Erklärung des Begriffs auf diesem Instrument. Vokalvibrato als Sonderfall eines *Martellement,* s. *Frémissement.* Normalerweise Mordent. Wenn für Triller verwendet, deutet es die Trillerbewegung an, die Martellements der *Cadence.*
Flöte (Violine?): DE LUSSE c. 1760.
Vokal: LACASSAGNE 1766.

MIAULEMENT, MIOLEMENT
Klangnachahmend als Vibrato bei Gitarristen, etwa ab den 80er Jahren des 17. Jh.s, bis in die erste Hälfte des 18. Jh.s.
Bei DEMACHY als Einfingervibrato auf der Gambe wohl in Anlehnung an Gitarristen (z.B. De Visée). = *Aspiration, Plainte.* Der normale Terminus für Einfingervibrato auf der Gambe ist *Plainte.* Vgl. auch *Balancement de main, Langueur.*
Spätere Erklärung bei CORRETTE 1762 für Gitarre als Glissando; = *Plainte.* Der Name *Miaulement* unter Berufung auf alte Praktiken.
Gitarre: DE VISEE 1682, 1686; DEROSIERS c. 1691 (= *Plainte*), CAMPION 1705, LE COCQ 1729/30.
Gambe: DEMACHY 1685.

MORDANT
In Deutschland im frühen 17. Jh. sowohl Mordent als auch Vibrato auf der Laute; Schwierigkeiten in der Interpretation bei Vogt, dort Beschreibung als Mordent, aber unter Berufung (vermutlich) auf Lautenvibrato. Später nur Vibrato auf der Laute. Mattheson wehrt sich 1739 gegen die Verwendung dieses Worts für Vibrato. Normalerweise im 17. Jh. in Deutschland für Mordent. Eventuell Synonym für *Frissantes* (s. dort) als Violinvibrato bei Hébert.
Laute: WAISSEL 1592 (Mordant II), STOBAEUS 1640 (Mordant II), BARON 1727 (= *Bebung, Schwebung*).
Eventuell (nur für Laute) VOGT 1719. Bedeutung nicht gesichert bei BESARD 1617.
Violine: vielleicht = *Frissantes,* HEBERT 1733.

ONDEGGIAMENTO
Erklärung des physikalischen Vorgangs beim Violinvibrato, mehr oder weniger synonym für *Tremolo.* Vgl. auch *Schweben.*
TARTINI vor 1750, L. MOZART 1756, LÖHLEIN 1774 (s. *Bebung*).

ONDOYER, ONDULATION
Physikalische Erklärung eines Naturvibratos der Menschenstimme, wird auch verglichen mit *un branle flottant.* Vgl. auch den Begriff *Schweben.*
DODART 1706.

OPEN SHAKE
= *Sweetning,* s. auch *Beat.* Ursprünglich technische Erklärung für Fingervibrato auf der Blockflöte in England ab Ende des 17. Jh.s. Auf Streichinstrumenten bedeutet Open-shake den Triller, im Gegensatz zu *Close-shake,* (Zweifinger-)Vibrato.
COMPLEAT FLUTE MASTER 1695, FIFTH BOOK OF THE NEW FLUTE MASTER 1706, COMPLEAT MUSICKMASTER (Blfl.) c. 1704, PRELLEUR (Blfl.) 1730, SADLER (Blfl.) 1754.

PHILOMELIAN TONE
s. *Arcata, supra-philomelian Sound, Wavee.*
R. NORTH, vor 1726.

PINCE
= *Flattement.* Bei den Gambisten normale Bezeichnung für Zweifingervibrato. Vgl. auch *Battement, Tremblement sans appuyer.* Normalerweise Mordent (= *Martellement*).
M. MARAIS 1686, CAIX 1708, MOREL 1709, MARC 1724, R. MARAIS 1735.

PLAINTE
Bei den Gambisten normale Bezeichnung für Einfingervibrato. Vgl. auch *Aspiration, Balancement de main, Langueur, Miolement.* Eine Erwähnung als Gitarrenvibrato, = *Miolement.*
Kann auch Glissando bezeichnen, auf der Gambe bei ROUSSEAU 1687, auf der Gitarre bei CORRETTE 1762. Normalerweise (vokal) *Chûte.*
Gambe: DEMACHY 1685, M. MARAIS 1686, CAIX 1708, MOREL 1709, MARC 1724, R. MARAIS 1735.
Gitarre: DEROSIERS c. 1691 (= *Miaulement*).

SCHWEBEN
Der Terminus *Schweben* wurde im deutschen Sprachraum in vielen verschiedenen, aber verwandten Bedeutungen verwendet. Ihre Verwandtschaft bzw. ihre Ableitung ist jedoch zum Teil schwer zu rekonstruieren und hypothetisch.
Von der ursprünglichen Bedeutung („sich hin- und herbewegen") abgeleitet ist der

akustische Begriff, das rhythmische Schweben zweier nicht ganz im Einklang gestimmter Töne (französisch *Battement,* vgl. die *voce (h)umana* auf italienischen bzw. die *unda maris* auf süddeutschen Orgeln; vgl. auch das *Ondoyant* Dodarts und das *Ondeggiamento* Tartinis). Daher auch für: unrein gestimmt (*über* bzw. *unter sich schweben,* vgl. QUANTZ 1752). Weiter auch allgemein für „temperiert" (AGRICOLA 1757) und daher auch (etwas paradox) für „richtig intoniert" (QUANTZ, französisch: *juste*).
Vom akustischen Begriff hergeleitet ist auch die Bedeutung „Vibrato" (s. auch *Schwebung*), Schweben als Synonym für Zittern, Beben (FRIDERICI 1618, PRAETORIUS 1619), ohne Bezugnahme auf die ungleich gestimmten Töne. In diesem Sinn auch in einigen späten Quellen (PETRI ²1782, TROMLITZ 1791, ALTENBURG 1795). Quantz' Verwendung im Zusammenhang mit der Tonproduktion auf dem Fagott (französisch *soutenu*) ist vielleicht mit letzterer verwandt (bessere Tragfähigkeit mit Vibrato, vgl. BAILLON 1781, *Sons soutenus*, auf der Gitarre); allerdings meint Quantz in diesem Zusammenhang offensichtlich kein Vibrato mehr, sondern nur noch den tragfähigen Ton.

SCHWEBENDE HAUE
Artikulationsart mit Tremulanten auf der Trompete, s. auch *Schweben.*
ALTENBURG 1795.

SCHWEBUNG
s. auch *Schweben.* Im akustischen Sinn bei MATTHESON 1739, L. MOZART 1756, LÖHLEIN 1774. Synonym für *Bebung.* Als Terminus technicus häufig ab der Mitte des 18. Jh.s.
Vokal: MARPURG 1750 (= *Bebung,* s. auch *Balancement, Tremolo, Tremoletto*), G.G.G. 1752 (= *Bebung,* s. auch *Tremolo*).
Laute: BARON 1727 (= *Mordant, Bebung*).
Flöte: RIBOCK 1782.
Trompete: ALTENBURG 1795 (= *Bebung*).
Orgel: PETRI ²1782.

SHAKE
s. auch *Close shake, Open shake.* Normalerweise für Trillern, getrillerte Verzierungen (*shaked Graces*), darunter auch (Zweifinger-) Vibrato. *With the Bow* als Bogenvibrato, Tremulantimitation, in England im 17. Jh. (alle auf der Gambe).
Ms. Egerton 2971, c. 1625/30, SIMPSON 1659, MACE 1676. *Lesser shake,* als versuchte Übersetzung von *Tremblement mineur* (Fingervibrato auf der Querflöte) neben *Softening* in der englischen Übersetzung von

HOTTETERRE 1729, PRELLEUR (Fl.) 1730.

SHAKING
Synonym für Trillern und Verzieren, als *Shaking and quavering* (vgl. mit dem Terminus *Division*). Kein Vibrato.
BUTLER 1636.
Eventuell als kunstvolles Vibrato in der englischen Übersetzung von SOUTH 1700 (s. *Trembling*).

SHAKING STOP
Orgeltremulant oder dessen Imitation, s. *Tremolo, Tremolante, Tremulant.*
SIMPSON 1659, MACE 1676, NORTH 1728, GRASSINEAU 1740.

SLOW SHAKE
Vibrato, das in einen Triller übergeht (?), s. *Trillo lento.* TOSI/GALLIARD 1742.

SOFTENING
= *Lesser shake.* Versuchte Übersetzung von *Flattement* (vgl. *Sweetning*). Fingervibrato auf der Querflöte.
HOTTETERRE 1729 und Imitatoren, u.a.
PRELLEUR 1730 und Imitatoren, u.a.
SADLER 1754.

SON FILE
Gitarrenvibrato (unüblich), eigentlich meist Messa di voce.
Gitarre: MERCHI 1777 (= *Flatte*).

SON SOUTENU
s. auch *Schweben.* Gitarrenvibrato. In alten italienischen Gitarrenschulen finden wir öfters den Hinweis, Vibrato verlängere bzw. unterstütze den Klang. Vgl. DODART 1706.
BAILLON 1781.

SOU(S)PIR
= *Verre cassé.* Vibrato auf der Laute. Sonst Pause.
MERSENNE 1636, FURETIERE 1690 (kein Instrument angegeben).

STING
Lautenvibrato in England im 17. Jh. Zur Bedeutung vgl. mit dem deutschen *Mordant.*
BURWELL LUTE TUTOR c. 1660/72, MACE 1676.

SUPRA-PHILOMELIAN SOUND
s. *Arcata, Philomelian Tone, Wavee.*
NORTH vor 1726.

SVOLAZZAR
s. *Fluttring.* TOSI 1723.

SWEET(E)NING
Fingervibrato auf Blockflöte und Flageolett in England ab dem späten 17. Jh. = *Open shake,* vgl. auch *Beat.*
COMPLEAT FLUTE MASTER 1695,

Add. Ms. 35043 c. 1694/7, FIFTH BOOK OF THE NEW FLUTE MASTER 1706, BIRD FANCYER'S DELIGHT 1717, PRELLEUR 1730, SADLER 1754, GUNN 1793. S. auch mehrere Compleat Tutors for The Flute, z.B. WARNER 103a.

TEMBLOR
Vibrato auf der Gitarre in Spanien im 17. Jh.
SANZ 1674, RUIZ 1677, GUERAU 1694.

TRAMMELANT
Bei Blanckenburgh allgemeiner Trillerbegriff auf der Blockflöte; schließt einige Fingervibrati ein, Abgrenzungen zum Triller hin werden nicht gemacht. Normalerweise niederländischer Terminus technicus für Triller (wohl nach *Tremblement*). Irriger Gebrauch als Vibrato im Sinne Matthesons von Lustig 1754 gerügt.
BLANCKENBURGH 1654.

TREMARE
Beben, hin und wieder als Umschreibung für (Vokal-)Vibrato verwendet, nicht als Terminus technicus. Gebrauch im Sinne von *Voce tremante*; s. auch *Tremolare*.
DONI c. 1633/5, MINIERA DEL DIAMANTE 1697.

TREMBLANT (DE L'ORGUE)
Orgeltremulant; auch als Bezeichnung für die Imitation des Tremulanten verwendet. Mehr oder weniger synonym zu *Flattement*, VERHANDELING 1772.
Orgel: MERSENNE 1636.
Orgeltremulant und seine Imitationen: BROSSARD 1703, MONTECLAIR 1709, WALTHER 1732, CORRETTE 1758, J. J. ROUSSEAU 1768.
Tremblement de l'Orgue DARD 1769, BAILLEUX 1798.

TREMBLEMENT FLEXIBLE
Vibrato mit Hin- und Herrollen der Querflöte. Namensbildung nach Vorbild *Close Shake, Tremblement serré* bei Geminiani.
DE LUSSE c. 1760.

TREMBLEMENT MINEUR
s. *Flatté, Flattement, Balancement*. Fingervibrato auf Blockflöte und Querflöte. Violinvibrato, nach Montéclair.
Flöte: LOULIE c. 1700/1707 (= *Balancement, Flatté*), HOTTETERRE 1707 (= *Flattement*). Violine: MONTECLAIR 1736.

TREMBLEMENT SANS APPUYER
Zweifingervibrato auf der Gambe. Der normale Terminus ist *Pincé* oder *Flattement*. Vgl. auch *Battement*. Vermutlich technische Erklärung der Ausführung. Ansonsten *(Tremblement sans appuy)* für Triller ohne betonten Vorhalt.
DEMACHY 1685.

TREMBLEMENT SERRE
Versuchte Übersetzung von *Close shake*. Laut VERHANDELING 1772 auch als Bezeichnung für Vibrato in die französische Praxis übergegangen.
GEMINIANI (Fr.) 1752.

TREMBLER
Beben, normalerweise auch Trillern. Im Sinne von bebender Stimme hin und wieder ab dem frühen 17. Jh. Kein Terminus technicus. Auch *Tremblotter*.
RIVAULT 1608, DODART 1706, BORGHESE 1786.

TREMBLING
Bebend, im Sinne von bebender Stimme. Nur bei South als Positivum, ansonsten synonym für *Flutt'ring*.
SOUTH 1700 (vgl. *Shaking*), TOSI/GALLIARD 1742, BAYLY 1771.

TREMEL
Tremel, Tremol vokales Alterstremolo.
BERNHARD c. 1648/64.
Als *zitternder Tremel* vokales Alterstremolo.
MYLIUS 1685.

TREMOLANDO
Bebend, im Sinne von bebender Stimme, Übermaß an Vibrato.
NASSARRE 1723.

TREMOLANT(E)
Orgeltremulant oder dessen Imitation. Vgl. *Tremolo, Tremulant*.
SPERLING 1705, BROSSARD 1703, GRASSINEAU 1740 (s. *Shaking Stop*).

TREMOLARE
s. *Tremare*.
DONI 1633/5, TEVO 1706 *(Voce tremula)*.

TREMOLETTO
Diminutiv von *Tremolo*. Als Fachausdruck für Vibrato bzw. Imitation des Orgeltremulanten in Deutschland im 18. Jh.
FUHRMANN 1706, Kurtzgefaßtes musicalisches Lexikon 1737, MARPURG 1750 (= *Bebung, Schwebung, Tremolo*), L. MOZART 1756.

TREMOLO
Als Fachausdruck für Vibrato in Italien etwa ab dem letzten Drittel des 17. Jh.s. Bedeutung in diesem Sinn jedoch nicht immer gesichert. Im späten 16. und frühen 17. Jh. kann auch ein Triller (oder zumindest eine Verzierung, die ein Alternieren zweier verschiedener Tonhöhen in sich begreift) gemeint sein. In Gitarrentabulaturen ist *Tre-

molo normalerweise gleich Triller. Vgl. auch *Tremolo sforzato, Trillo sforzato.* Nicht als Vibrato auch bei Bovicelli.
ZACCONI 1592, PICCININI 1623 *(il terzo Tremolo),* DONI c. 1633/5, KAPSBERGER 1640, BISMANTOVA 1677, TARTINI vor 1750, GALEAZZI 1791, FANZAGO 1792. Wahrscheinlich auch TOSI 1723.
Als Fachausdruck für Vibrato in Deutschland im 18. Jh. Früheres Vorkommen zumeist als Triller bzw. Verzierung, die ein Alternieren zweier verschiedener Tonhöhen in sich begreift, dies etwa von PRAETORIUS 1619 bis PRINTZ 1689. In einigen Quellen, z.B. LANGE 1688, ist die Bedeutung nicht eindeutig festzulegen. Vgl. auch *Tremoletto, Bebung, Schwebung, Tremulus, Tremulo.*
SPERLING 1705, MATTHESON 1739, MARPURG 1750 (= *Bebung, Schwebung, Tremoletto*), G.G.G. 1752 (= *Bebung, Schwebung*), L. MOZART 1756 (= *Bebung, Tremoletto,* s. auch *Schwebung*), KÜRZINGER 1763.
Als Fachausdruck für Vibrato in England nicht vor dem 18. Jh. Nicht eindeutig bei Short Explication 1724, HOYLE 1770 (wahrscheinlich Vibrato).
GEMINIANI 1749, 1751 (= *Close Shake*), BREMNER 1777 (s. auch *Close Shake*). Laut Bremner allgemein üblich.
Als Fachausdruck für Vibrato in Frankreich nicht üblich, mit Ausnahme von De Lusse, die zweite Art des *Tremblement flexible,* die er als Atemvibrato auf der Flöte beschreibt: im italienischen Stil.
DE LUSSE c. 1760.
Als Bezeichnung für den Orgeltremulanten und seine Imitation üblich in Italien ab Anfang des 17. Jh.s (*con il Tremolo* in verschiedenen Instrumentalstücken). Von dort nach Deutschland (s. FARINA 1627 und auch *Tremulant*), England *(Shaking-Stop),* Frankreich (s. auch *Tremblant*).
WALTHER 1732 (= *Tremulo, Tremulant*), MATTHESON 1739.
R. NORTH c. 1695, c. 1710, 1728, GRASSINEAU 1740.
BROSSARD 1703 (= *Tremolo*), PEREAULT DE VILLENEUVE nach 1760 (= *Tremolo*), J. J. ROUSSEAU 1768, BAILLEUX 1798.

TREMOLO SFORZATO
= *Trillo sforzato.* Gitarrenvibrato, Italien, 17. Jh.
CORBETTA 1643, 1648 (= *Accento*), PELLEGRINI 1650.

TREMULANT
Bezeichnet den Orgeltremulanten oder seine Imitation vokal und instrumental, = *Tremolant, Tremolante.* Vgl. auch *Shaking Stop, Tremblant.*
SPERLING 1705 (= *Tremolo*), PREUS 1729, WALTHER 1732 (= *Tremolo*), Kurtzgefaßtes musikalisches Lexikon 1737, MATTHESON 1739, SCHMIDT 1754, KÜRZINGER 1763, PETRI 1767, L. MOZART ³1787. VERHANDELING 1772.
Ab und zu auch für normales Vibrato, obwohl nicht immer eindeutig, CRÜGER 1654, QUIRSFELD 1678.
Als Lautenvibrato bei HINTERLEITHNER 1699, RADOLT 1701.

TREMULA VOX
„Bebende Stimme." Verwendung nicht immer eindeutig. Bei CARDANUS 1546 für Triller und Trillerarten (vgl. GANASSI 1535). Ohne Erklärung als Stimmeigenschaft, wie *Bebend und zitternd* (meist in Verbindung mit *de gutture, in gutture*).
QUITSCHREIBER 1598, GERSCHOW 1602, CERONE 1613, SOUTH 1655.

TREMULI(E)REN(D)
Bedeutung als Vibrato nicht immer gesichert, so bei PROFE 1641 vermutlich Triller.
Als Vergleich mit dem Klangeffekt des Orgeltremulanten etwa bei HAIDEN 1610, BERNHARD c. 1648/64.

TREMULO
= *Tremolo.*
Als Vibrato bei BEYER 1703, KÜRZINGER 1763, PETRI ²1782 (s. *Bebung*), LUSTIG 1754.
Als Tremulant bei BROSSARD 1703 (s. *Tremolo*), WALTHER 1732 (s. *Tremolo*), PEREAULT DE VILLENEUVE nach 1760 (s. *Tremolo*).

TREMULO MORDENTE
Vokalvibrato?
YRIARTE ³1789.

TREMULUS
In Deutschland im 17. Jh. in der Praetoriustradition kein Vibrato, s. *Tremolo,* Deutschland.
Vokalvibrato nur bei STIERLEIN 1691.

TRILLETTO
Diminutiv von *Trillo.* Als sanfter Triller manchmal als Vibrato betrachtet. Irrige Verwendung in diesem Sinn von MATTHESON 1739, aber auch schon von SPERLING 1705 gerügt. Normalerweise kurzer Triller.
PRINTZ 1677, 1678, 1689, AHLE 1690.

TRILLO
Triller, kein Vibrato. Mögliche Grenzfälle eines Tonwiederholungstrillers können legato sein, in dem Fall kämen sie einem Ton-

wiederholungsvibrato nahe. Trillo kann also eine *Staccato*tonwiederholung oder aber ein Alternieren zweier verschiedener Tonhöhen bedeuten.

TRILLO LENTO
Vibrato, das in den (Halb- oder Ganzton-) Triller übergeht (?).
TOSI 1723.

TRILLO SFORZATO
s. *Tremolo sforzato*.
BARTOLOTTI 1640.

TRILLO TREMOLANTE
Vermutlich exzessives Vokalvibrato (Sängertremolo).
DELLA VALLE 1640.

VERRE CASSE
s. *Souspir*.

VIBRATING
Zusammenhang mit Vibrato erst sehr spät. Ansonsten Terminus, der zur Schwingungstheorie gehört, s. *Vibration*.
BAYLY 1771 (= *Waving*).

VIBRATION
Zusammenhang mit Vibrato erst sehr spät. Ansonsten als theoretischer (d.h. physikalischer, akustischer) Begriff gleichbedeutend mit Schwingung. Nach der Schwingungstheorie ergeben langsame Schwingungen einen tiefen, schnellere Schwingungen hingegen einen höheren Ton. Als *de simples Vibrations ou frémissemens sur le même Ton* Vokalvibrato (Grenzfall eines *Martellement*) bei LACASSAGNE 1766.
Fingervibrato auf der Flöte: NICHOLSON 1816.

VIBRER
s. *Vibrating, Vibration*. Als Beschreibung des Klangeffekts beim Bogenvibrato.
CAMBINI c. 1800.

VINGER-BEVINGHE
Vibrato der linken Hand auf Saiteninstrumenten (?).
BAN 1642.

WAVEE
s. *Arcata, philomelian Tone, supra-philomelian Sound*.
R. NORTH c. 1695, c. 1715/20, vor 1726.

WAVING
= *vibrating*, für Vokalvibrato nur bei BAYLY 1771.

WRIST-SHAKE
Violinvibrato der linken Hand, laut North nur für die *Wavee* geeignet, jedoch auch anderweitig angewandt (v.a. von den Schülern und Nachfolgern Matteis'?).
NORTH, c. 1715/20, vor 1726.

ZITTERN(D)
Vgl. *Beben*. Bedeutung als Vokalvibrato nicht hundertprozentig gesichert; Probleme in der Beziehung etwa bei VIADANA/ STEIN 1609, PROFE 1641 (vermutlich Triller).
Als Vibrato oder als Umschreibung des Vibratos. Kein echter Terminus technicus, meist umschreibend.
AGRICOLA 1528, HAIDEN 1610, PRAETORIUS 1619 (s. auch *Schweben*), HERBST 1642, FRIDERICI 1618, W. A. MOZART 1778.

VOCE (H)UMANA
s. *Fiffaro*.

Sigelverzeichnis

Bibliothekssigel

A Wn	Österreichische National-bibliothek, Wien
B Bc	Bibliotheek van het Koninklijk Muziekconservatorium, Brussel
B Br	Koninklijke Bibliotheek, Brussel
D Mbs	Bayerische Staatsbibliothek, München
F Pn	Bibliothèque Nationale, Paris
GB Lbl	British Library, London
I REm	Biblioteca Municipale, Reggio Emilia
US LAwac	William Andrews Clark Memorial Library, University of California, Los Angeles
US Wc	Library of Congress, Washington, D.C.

Zeitschriften und Reihen

BJb	Bach-Jahrbuch
DTÖ	Denkmäler der Tonkunst in Österreich
EdM	Das Erbe deutscher Musik
EM	Early Music
Grove 5	Grove's Dictionary of Music and Musicians, Fifth Edition, 1954
Grove 6	The New Grove Dictionary of Music and Musicians, 1981
GSJ	The Galpin Society Journal
IRASM	International Review of the Aesthetics and Sociology of Music
JAMS	Journal of the American Musicological Society
JLSA	Journal of the Lute Society of America
MfM	Monatshefte für Musikforschung
MGG	Die Musik in Geschichte und Gegenwart, 1949ff.
ML	Music and Letters
MQ	The Musical Quarterly
MR	The Music Review
MT	The Musical Times
MVM	Münchner Veröffentlichungen zur Musikgeschichte
RIM	Rivista Italiana di Musicologia
RMl	Revue de Musicologie
SM	Studi Musicali
SMA	Studies in Music (Australia)
ZfMw	Zeitschrift für Musikwissenschaft

Bibliographie

Diese Bibliographie enthält alle zitierten, jedoch bei weitem nicht alle gesichteten Quellen und literarischen Werke; auch wird das Vibrato nicht in allen hier angeführten Quellen erwähnt.

1. QUELLEN

a) Gedruckte Theoretika und Vorreden

AGRICOLA, J. F., s. TOSI, P.
AGRICOLA, M., *Musica Instrumentalis Deudsch.* Wittenberg ²1529.
DERS., *Musica Instrumentalis Deudsch.* Wittenberg ⁴1545.
AHLE, R., *Kurze, doch deutliche Anleitung zu der lieblich- und löblichen Singekunst.* Mühlhausen 1690.
AICHINGER, G., *Cantiones Ecclesiasticae.* Dillingen 1607.
ALTENBURG, J. E., *Versuch einer Anleitung zur heroisch-musikalischen Trompeter- und Pauker-Kunst.* Halle 1795.
ANTEGNATI, C., *L'Arte Organica.* Brescia 1608.
Ars Cantandi. Augsburg 1689.
AURIEMMA, G. D., *Breve Compendio di Musica.* Napoli 1622.
Avant-Propos. Paris c. 1670.
AVISON, C., *An Essay on Musical Expression.* London ²1753.
BACH, C. Ph. E., *Versuch über die wahre Art das Clavier zu spielen* 1. Berlin 1753.
– *Versuch über die wahre Art das Clavier zu spielen* 2. Berlin 1759.
BACILLY, B. DE, *Remarques curieuses sur l'Art de bien Chanter.* Paris 1668.
BACON, F., *Sylva Sylvarum.* London 1627.
BAILLEUX, A., *Methode de guitarre par musique et tablature.* Paris 1773.
DERS., *Méthode pour apprendre facilement la Musique.* Paris (1770).
DERS., *Méthode Raisonnée Pour apprendre à Joüer du Violon.* Paris (1798).
BAILLON, P. J., *Nouvelle Méthode de Guitarre.* Paris 1781.
BAN, J. A., *Zangh-Bloemzel.* Amsterdam 1642.
BARLEY, W., *A new Booke of Tabliture, Containing sundrie easie and familiar Instructions, shewing hovve to attaine to the knowledge, to guide and dispose thy hand to play in sundry Instruments, as the Lute, Orpharion, and Bandora.* London 1596.
BARON, E. G., *Historisch-Theoretisch und Pracktische Untersuchung des Instruments der Lauten.* Nürnberg 1727.
BARTOLOTTI, A. M., *Libro P.º di Chitara Spagnola.* (Firenze 1640.)
Bates's Complete Preceptor for the Violin. London c. 1845.
BAYLY, A., *A Practical Treatise on Singing and Playing With Just Expression and Real Elegance.* London 1771.
BERARD, J., *L'Art du Chant.* Paris 1755.
BERARDI, A., *Miscellanea musicale.* Bologna 1698.
– *Ragionamenti musicali.* Bologna 1681.
BERTHET, *Leçons de Musique.* Paris ²1695.
BESARD, J. B., *Isagoge in artem testvdinarivm.* Augsburg 1617.
– *Joh. Bapt. Besardi Vesontini, ad artem testudinis, breve, citraque magnum fastidium capescendam, brevis & methodica Institutio in Novus Partus.* Augsburg 1617.
BESARD – DOWLAND, R. (Übers.), *Varietie of Lute Lessons.* London 1610, f. 2r–6v.
BEVIN, E., *A Briefe and short instruction to the Art of Musicke.* London 1631.
BEYER, J. C., *Herrn Professor Gellerts Oden, Lieder und Fabeln, nebst verschiedenen Französischen und Italienischen Liedern, für die Laute übersetzt.* Leipzig 1760.
BEYER, J. S., *Primae lineae musicae vocalis.* Freiberg ²1730.
The Bird Fancyer's Delight. London, Meares c. 1717.
The Bird Fancyer's Delight. London, Walsh & Hare c. 1717.
BLANCHET, J., *L'Art, ou les Principes philosophiques du Chant.* Paris 1756.
BLANCKENBURGH, G. VAN, *Onderwyzinge*

Hoemen alle de Toonen en halve Toonen, die meest gebruyckelyck zyn, op de Hand-Fluyt Zal konnen t'eenemael zuyver Blaezen. Amsterdam 1654.

BORGHESE, A., *L'Art musical ramené à ses vrais principes.* Paris 1786.

BORJON DE SCELLERY, C.-E., *Traité de la musette.* Lyon 1672.

BOVICELLI, G. B., *Regole, passaggi di musica.* Venezia 1594.

BREMNER, R., *Some Thoughts on the Performance of Concert-Music,* in: SCHETKY, J. G. C., *Six Quartettos for two Violins, a Tenor, & Violoncello (. . .) Op: VI.* London 1777, Vorrede.

BROSSARD, S. DE, *Dictionaire de Musique.* Paris 1703.

B[ROWN], T., *The Compleat Musick-Master.* London ³1722.

BUTLER, C., *The Principles of Musik.* London 1636.

CACCINI, G., *Le Nvove Mvsiche.* Firenze 1602.

CAIX D'HERVELOIS, L. DE, *Premier livre de Pièces de Viole.* Paris 1708.

CAMBINI, G. G., *Nouvelle Methode Theorique et pratique pour le Violon.* Paris c. 1800.

CAMPION, F., *Nouvelles découvertes Sur la Guitarre.* Paris 1705.

CAMPION, T., *A New Way of Making Fowre Parts in Counterpoint.* London c. 1610.

CARR, R., *The Delightful Companion.* London ²1686.

CARTIER, J. B., *L'Art du Violon.* Paris ³1798.

CATTANEO, G. DE., *La Libertà del cantare.* Lucca 1752.

CAVALLIERE, G. F., *Il Scolaro principiante di Musica.* Napoli 1714.

CERONE, P., *El Melopeo y Maestro.* Napoli 1613.

CHIAVELLONI, V., *Discorsi della musica.* Roma 1668.

CHOQUEL, H.-L., *La musique rendue sensible par la méchanique.* Paris 1759.

COMA Y PUIG, M., *Elementos de musica.* Madrid 1766.

The Compleat Flute-Master Or The whole Art of playing on ỹ Rechorder. London 1695.

The Compleat Tutor for ỹ Flute. London c. 1735.

The Compleat Tutor for the Flute. London, Thompson & Son c. 1760.

The Compleat Tutor for the Flute. London, Bremner c. 1765.

The Compleat Tutor for the German Flute. London, Cahusac [1766].

The Compleat Tutor for the Violin. London, Walsh c. 1765.

The Compleat Tutor for the Violin. London, C. & S. Thompson c. 1770.

The Compleat Tutor for the Violin. London, J. Preston c. 1790.

CORBETTA, F., *La Guitarre Royalle.* Paris 1671.

– *Varii Capricii per la Ghittara Spagnvola.* Milano 1643.

– *Varii Scherzi di Sonate Per la Chitara Spagnola (. . .) Libro qvarto.* (Bruxelles) 1648.

CORFE, J., *A Treatise on Singing.* London-Bath 1799.

CORRETTE, M., *L'Art de se perfectionner dans le Violon.* Paris 1782.

– *Les Dons d'Apollon, Methode Pour apprendre facilement à jouer de la Guitarre, Par Musique et par Tablature.* Paris (1762).

– *L'Ecole d'Orphée. Méthode pour apprendre facilement à joüer du violon dans le goût François et Italien.* Paris 1738.

– *Methode Pour apprendre aisément à joüer de la Flute Traversiere.* Paris c. 1739/40.

– *Le Parfait Maitre a Chanter.* Paris 1758.

COUSU, A. DE, *La musique universelle.* Paris 1658.

CRUDELI, T., *In Lode del Signor Carlo Broschi detto Farinello musico celebre.* Firenze 1734.

CRÜGER, J., *Synopsis Musica.* Berlin 1630.

– *Synopsis Musica.* Berlin 1654.

DANOVILLE, *L'Art de toucher le Dessus et Basse de Violle.* Paris 1687.

DARD, *Nouveaux Principes de Musique.* Paris (1769).

DAVID, F., *Methode nouvelle ou Principes généraux pour apprendre facilement la Musique et l'Art de Chanter.* Paris 1737.

DEMACHY, A., *Pieces de violle.* Paris 1685.

DENIS, P., s. TARTINI, G.

DEROSIERS, N., *Les Principes de la Guitarre.* Amsterdam c. 1691.

DEYSINGER, J. F. P., *Compendium Musicum oder fundamenta partiturae.* Augsburg 1763.

DIETERICH, M., *Musica Signatoria Oder Singekunst.* Leipzig 1631.

Directions for Playing on the Flute. London, Cooke c. 1735.

DIRUTA, G., *Il transilvano.* Venezia ²1609.

DODART, D., *Memoire sur les causes de la voix d'Homme, et de ses differens tons.* Paris 1703.

– *Supplement au Memoire sur la Voix et sur les tons,* in: *Histoire et Memoires de l'Académie Royale des Sciences, Année 1706.* Paris ²1731, S. 136–148.

DOWLAND, R., *Varietie of Lute Lessons.* London 1610.

DUPONT, H.-B., *Principes de musique par demande et par reponce.* Paris ²1740.

EISEL, J. P., *Musicus αὐτοδίδακτος.* Erfurt 1738.

The Entire New and Compleat Tutor for the Violin. London, J. Preston c. 1790.

EYCK, J. VAN, *Der Fluyten Lust-Hof* 1. Amsterdam 1646.

FALCK, G., *Idea boni cantoris.* Nürnberg 1688.

FANTINI, G., *Modo per imparare a sonare di Tromba.* Frankfurt/M. 1638.

[FANZAGO, F.,] *Elogi di Giuseppe Tartini Primo Violinista Nella Cappella del Santo Di Padova E del P. Francesco Antonio Vallotti Maestra della Medesima.* Padova 1792.

FARINA, C., *Ander Theil Newer Padvanen, Gagliarden, Couranten, Frantzösischen Arien, benebenst einem kurtzweiligen Quodlibet / von allerhand seltsamen Inventionen (...).* Dresden 1627.

FERREIN, A., *De la Formation de la Voix d'homme*, in: *Histoire et Memoires de l'Académie Royale des Sciences, Année 1741.* Paris 1744, S. 409–432.

The Fifth Book of the New Flute Master Containing the most Perfect Rules and Easist Directions for Learners on the Flute yet Extant. London 1706.

FLUDD, R., *Utriusque Cosmi Maioris scilicet et Minoris Metaphysica, Physica Atque Technica Historia.* Oppenheim 1617.

[FOSCARINI, G. P.,] *Li Cinqve Libri della Chitarra alla Spagnola* (Roma 1640). Faks. mit Einl. von P. PAOLINI (*Archivum Musicum*, 20). Firenze 1979.

FREILLON-PONCEIN, J.-P., *La veritable maniere d'apprendre a jouer en perfection du hautbois, de la flute et du flageolet.* Paris 1700.

FRIDERICI, D., *Musica figuralis*. Rostock ⁴1649.

FÜRSTENAU, A. B., *Flöten-Schule*. Leipzig c. 1826.

[FUHRMANN, M.,] *Musicalischer Trichter*. Berlin 1706.

FURETIERE, A., *Dictionnaire Vniversel*. La Haye–Rotterdam ²1702.

GALEAZZI, F., *Elementi teorico-pratici di musica con un Saggio sopra l'arte di suonare il violino* 1. Roma 1791.

GALILEI, V., *Dialogo di Vincentio Galilei della musica antica et della moderna*. Firenze 1581.

GALLIARD, J. E., s. TOSI, P.

GALLOT, J., *Pieces de Lvth*. Paris [1684].

GANASSI, S., *Opera intitulata Fontegara*. Venezia 1535.

– *Regola Rvbertina*. Venezia 1543/44.

GARCIA, M., *Ecole de Garcia Traité Complet de l'Art du Chant*. Paris 1847.

GARNIER, F.-J., *Methode raisonnée Pour le Haut-Bois*. Paris c. 1798.

GASPARINI, F., *L'Armonico pratico al Cimbalo*. Venezia 1708.

GAULTIER, J., DE NEVE, und GAULTIER, E., *Liure de Tablature des Pieces de Luth*. Paris c. 1680.

GEMINIANI, F., *L'Art de jouer le violon*. Paris 1752.

– *The Art of Playing on the Violin*. London 1751.

– *Rules For Playing in a true Taste on the Violin German Flute Violoncello and Harpsichord*. London c. 1746.

– *A Treatise of Good Taste in the Art of Musick*. London 1749.

GOTTSCHED, J. C., *Grundriß zu einer vernunftmäßigen Redekunst*. Hannover 1729.

GRANATA, G. B., *Capricci Armonici Sopra la Chittarriglia Spagnuola*. Bologna 1646.

GRANOM, L., *Plain and Easy Instructions for Playing on the German-Flute*. London c. ⁴1766.

GRASSINEAU, J., *A Musical Dictionary*. London 1740.

GREETING, T., *The Pleasant Companion: or New Lessons and Instructions for the Flagelet*. London 1675.

GRUBER, E., *Synopsis Musica*. Regensburg 1673.

GUERAU, F., *Poema harmonico, compuesto de varias cifras por el temple de la guitarra española*. Madrid 1694.

GUNN, J., *The Art of Playing the German-Flute on new Principles*. London [1793].

HAFENREFFER, S., *Monochordon Symbolico-Biomanticum*. Ulm 1640.

HAIDEN, H., *Musicale instrumentum reformatum*. Nürnberg 1610.

HAWKINS, J., *A General History of the Science and Practice of Music*. London 1776.

HELY, B., *The Compleat Violist*. London c. 1704.

HERBST, J. A., *Musica Poëtica, Sive Compendium Melopoëticum*. Nürnberg 1643.

– *Musica practica Sive Instructio pro Symphoniacis*. Nürnberg 1642.

HERON, L., *A Treatise on the German Flute*. London 1771.

HERRANDO, J., *Arte e punctual explicacion del modo de tocar el violin con perfeccion y facilidad*. Paris 1756.

HILLER, J. A., *Anweisung zum musikalisch-richtigen Gesange*. Leipzig 1774.

– *Anweisung zum musikalisch-zierlichen Gesange*. Leipzig 1780.

– *Anweisung zum Violinspielen für Schulen und zum Selbstunterrichte*. Leipzig 1781.

HINTERLEITHNER, F., *Lauthen-Concert*. Wien 1699.

HIRSCH, A., *Artis magnae de Consono & Dißono Ars minor; Das ist Philosophischer Extract*. Schwäbisch-Hall 1662.

HOTTETERRE, J. M., *Methode pour la Musette*. Paris 1737.

– *Premier livre de Pieces Pour la Flûte-traversiere, et autres Instruments, Avec la Baße*. Paris ²1715.

– *Principes de la Flute traversiere, ou Flute d'Allemagne. De la Flute a bec, ou Flute douce, et du Haut-bois*. Amsterdam ⁴1728.

HOYLE, J. (recte: BINNS, J.), *Dictionarium musica*. London 1770.

HUDGEBUT, J., *A Vade mecum For the Lovers of Musick, Shewing the Excellency of the Rechor-

der: *With some Rules and Directions for the same.* London 1679.
JOECHER, C. G., *Disputatio Effectus Musicae in Hominem.* Leipzig 1714.
KAPSBERGER, G. G., *Libro qvarto d'Intavolatvra di Chitarone.* Roma 1640.
KIRCHER, A., *Athanasii Kircheri mvsvrgia vniversalis sive ars magna consoni et dissoni in decem libros digesta.* Roma 1650.
KÜRZINGER, F. X., *Getreuer Unterricht zum Singen mit Manieren, und die Violin zu spielen.* Augsburg ²1780.
Kurtzgefaßtes Musicalisches Lexicon. Chemnitz 1737.
Kurze Anweisung zu den ersten Anfangs-Gründen der Musik. Langensalza 1752.
LA BARRE, M. DE, *Pièces pour la flûte traversière.* Paris 1703.
LACASSAGNE, J., *Traité Général des Elémens du Chant.* Paris 1766.
LA CHAPELLE, J. A. DE, *Les vrais Principes de la Musique.* Paris 1736–1752.
L'AFFILARD, M., *Principes très-faciles pour bien apprendre la Musique.* Paris ²1697.
LANGE, J. C., *Methodus nova et perspicua in artem musicam.* Hildesheim 1688.
LASSER, J. B., *Vollständige Anleitung zur Singkunst.* München 1798.
LA VOYE MIGNOT, DE, *Traité de Musique.* Paris ²1666.
LE BLANC, H., *Défense de la basse de Violle.* Amsterdam 1740.
LE CERF DE LA VIEVILLE, *Comparaison de la musique italienne et de la musique françoise.* Paris 1704.
LE FILS, Abbé (recte J. DE SAINT-SEVIN), *Principes du violon.* Paris 1761.
LE GALLOIS DE GRIMAREST, *Traité du recitatif.* Paris 1707.
LE ROY, A., *A briefe and plaine Instruction to set all Musicke of eight diuers tunes in Tablature for the Lute.* London 1574.
LE SAGE DE RICHEE, P. F., *Cabinett der Lauten.* Breslau ²1735.
LÖHLEIN, G. S., *Anweisung zum Violinspielen.* Leipzig-Züllichau ²1781.
LORENTE, A., *El porqve de la mvsica.* Alcalá de Henares 1672.
LORENZONI, A., *Saggio per ben sonare il flautotraverso.* Vicenza 1779.
LOULIE, E., *Elements ou principes de musique.* Paris 1696.
DE LUSSE, *L'Art de la Flûte Traversière.* Paris c. 1760.
LUSTIG, J. W., *Muzykaale Spraakkonst,* Amsterdam 1754.
– s. QUANTZ, J. J.
MACE, T., *Musick's Monument.* London 1676.
MAFFEI, G. C., *Lettere.* Napoli, 1562, zit. nach BRIDGMAN, N., *Giovanni Camillo Maffei et sa lettre sur le chant,* in: RMl 38 (1956), S. 5–34 (Abdruck des Briefs S. 10–34).

MAHAUT, A., *Nouvelle Methode Pour Aprendre en peu de tems a Joüer de la Flute Traversiere.* Paris [1759].
MAJER, J. F. B. C., *Neu-eröffneter Theoretisch- und Practischer Music-Saal.* Nürnberg ²1741.
MANCINI, G. B., *Pensieri, e riflessioni sopra il canto figurato.* Wien 1774.
MARAIS, M., *Pieces a vne et a deux Violes.* Paris 1686.
– *Second Livre de Pieces de Viole.* Paris 1701.
– *Pieces de Viole 5.* Paris 1725.
MARAIS, R., *Premier Livre De Pieces de Viole.* Paris 1735.
MARC, T., *Suitte de Pieces de Dessus et de Pardessus de Viole.* Paris 1724.
MARCELLO, B., *Il Teatro alla moda.* (Venezia) c. 1720.
MARCHETTI, T., *Il Primo libro d'intavolatvra della chitarra spagnola.* Roma ²1660.
MARPURG, F. W., *Anleitung zum Clavierspielen.* Berlin 1755.
– *Des Critischen Musicus an der Spree erster Band.* Berlin 1750.
– *Historisch-Kritische Beyträge zur Aufnahme der Musik 1.* Berlin 1754.
– *Historisch-Kritische Beyträge zur Aufnahme der Musik 3.* Berlin 1757.
– *Die Kunst, das Clavier zu spielen.* Berlin 1750, ³1760.
MATTHESON, J., *Das Neu-eröffnete Orchestre.* Hamburg 1713.
– *Der vollkommene Capellmeister.* Hamburg 1739.
MAUGARS, A., *Discovrs svr la Mvsique d'Italie et des Opera,* in: *Divers traitez d'histoire, de morale et d'éloquence.* Paris 1672.
MAZZOCCHI, D., *Partitvra de' Madrigali a cinqve voci.* Roma 1638.
MEI, G., *Discorso sopra la mvsica antica, e moderna.* Firenze 1602.
MERCK, D., *Compendium musicae instrumentalis chelicae.* Augsburg 1695.
MERSENNE, M., *Harmonie Vniverselle contenant la théorie et la pratique de la musique.* Paris 1636.
– *Traicté de l'Orgve.* Paris 1635.
MILLER, E., *The New Flute Instructor. Or The Art of Playing the German-Flute in a short time without the help of a Master.* London [1799].
MILLET, J., *La Belle Methode ou L'Art de bien Chanter.* Lyon 1666, Faks. mit Einl. von A. COHEN. New York 1973.
MILLIONI, P., und MONTE, L., *Vero e facil Modo d'imparare a sonare, et accordare da se medesimo la Chitarra Spagnola.* Roma ²1637.
MINGUET Y IROL, P., *Reglas, y advertencias generales que enseñan el modo de tañer todos los Instrumentos majores.* Madrid 1752.
La miniera del Diamante, voci festive di Pindo Offerto al merito della Signora Diamante Scara-

belli Bolognese Virtuosa di S.A.S. di Mantova. Modena 1697.

MONTECLAIR, M. PIGNOLET DE, *Methode facile pour aprendre a joüer du violon.* Paris c. 1711.

— *Nouvelle Methode pour apprendre la Musique.* Paris 1709.

— *Principes de Musique.* Paris 1736.

MOREL, J., *1ʳ Livre de pieces de violle.* Paris 1709.

MOREL, J., *Nouvelle théorie physique de la voix.* Paris 1746.

MOZART, L., *Versuch einer gründlichen Violinschule.* Augsburg 1756.

— *Gründliche Violinschule.* Augsburg ³1787.

MUFFAT, G., *Suavoris Harmoniae Instrumentalis Hyporchematicae Florilegium Secundum,* Passau 1698, hrsg. von H. RIETSCH in *DTÖ* 4, ¹1895 Wien, ²1959 Graz.

(MYLIUS, W. C.,) *Rvdimenta mvsices.* Mühlhausen 1685, ²1686.

NASSARRE, P., *Escvela mvsica, segvn la practica moderna.* Zaragoza 1724.

New and Compleat Instructions for the Violin, London, Longman & Broderip 178?.

NICHOLSON, C., *Nicholson's Complete Preceptor, for the German Flute.* London [1816].

— *Preceptive Lessons, for the Flute.* London [1821].

NICOLAI, E. A., *Die Verbindung der Musik mit der Artzneygelahrtheit.* Halle im Magdeburgischen 1745.

NIVERS, G. G., *Methode facile pour apprendre a chanter en musique.* Paris 1696.

Nolens Volens. London 1695.

NORTH, F., *A Philosophical Essay of Musick.* London 1677.

NOTARI, A., *Prime mvsiche nvove.* London 1613.

PARRAN, A., *Traité de la musique theorique et pratique.* Paris 1646.

PELLEGRINI, D., *Armoniosi Concerti sopra la chitarra spagnvola.* Bologna 1650; Faks. mit Einl. von P. PAOLINI (= *Archivum Musicum,* 8). Firenze 1978.

PENNA, L., *Li primi albori musicali Per li Principianti della Musica Figurata.* Bologna ²1696.

PEREAULT DE VILLENEUVE, *Methode tres facile pour apprendre la musique et les agréments du chant.* Paris nach 1760.

s. auch VILLENEUVE, J. DE.

[PERRAULT, C.,] *Critique de l'Opera, ov Examen de la Tragedie intitulée Alceste, ou le Triomphe D'Alcide.* Paris 1674.

PETRI, J. S., *Anleitung zur Practischen Musik, vor neu-angehende Sänger und Instrumentenspieler.* Lauban 1767.

— *Anleitung zur praktischen Musik.* Leipzig ²1782.

PICCININI, A., *Intavolatura di Livto, et di chitarrone libro primo.* Bologna 1623.

PLAYFORD, J., *Apollo's Banquet: Containing Instructions and variety of new Tunes, Ayres and Jiggs, for the Treble-Violin.* London ²1678.

— *A Brief Introduction To the Skill of Musick.* London 1664.

— *The First Book of Apollo's Banquet: containing Instructions, and Variety of New Tunes, Ayres, Jiggs, Minuets, and several New Scotch Tunes, for the Treble-Violin.* London ⁷1693.

— *An Introduction to the Skill of Musick.* London ⁷1674.

— *Musick's Delight on the Cithren, Restored and Refined to a more Easie and Pleasant Manner of Playing than formerly.* London 1666.

POMAI, F., *Le grand Dictionaire Royal.* Köln–Frankfurt ⁵1715.

— *Magnum dictionarium Regium.* Köln–Frankfurt ⁵1715.

PRAETORIUS, M., *Syntagma Musicum* 2. Wolfenbüttel ²1619.

— *Syntagma Musicum* 3. Wolfenbüttel 1619.

[PRELLEUR, P.,] *The Modern Musick-Master or, the Universal Musician.* London 1730.

PREUS, G., *Grund-Regeln von der Structur und den Requisitis einer untadelhaften Orgel.* Hamburg 1729.

Primi Elementi di musica prattica Per gli Studenti Principianti di tal Professione. Venezia c. 1707.

PRINTZ, W. C., *Compendium Musicae Signatoriae & Modulatoriae Vocalis.* Dresden 1689.

— *Musica modulatoria vocalis, oder manierliche und zierliche Sing-Kunst.* Schweidnitz 1678.

— *Phrynis oder Satyrischer Componist* 1. Quedlinburg 1676.

— *Phrynis oder Satyrischer Componist* 2. Sagan 1677.

PROFE, A., *Compendium musicum.* Leipzig 1641.

PURCELL, H., *A Choice Collection of Lessons for the Harpsichord or Spinnet.* London 1696.

QUANTZ, J. J., *Easy and Fundamental Instructions Whereby either vocal or instrumental Performers unacquainted with Composition, may from the mere knowledge of the most common intervals in Music, learn how to introduce Extempore Embellishments or Variations as also Ornamental Cadences, with Property, Taste, and Regularity.* London c. 1780.

— *Essai d'une methode pour apprendre à jouer de la Flute traversiere.* Berlin 1752.

— *Versuch einer Anweisung die Flöte traversiere zu spielen.* Berlin 1752.

QUANTZ, J. J. – LUSTIG, J. W., *Grondig Onderwys Van den Aardt en de regte Behandeling der Dwarsfluit.* Amsterdam 1754.

QUIRSFELD, J., *Breviarium Musicum.* Dresden ²1683.

QUITSCHREIBER, G., *De canendi elegantia, octodecim praecepta.* Jena 1598.

RADOLT, W. L. VON, *Die AllerTreüeste Verschwigneste vnd nach so wohl Frölichen als Traurigē Humor sich richtende Freindin / Vergesellschafftlich mit anderen getreüen Fasalen Unsrer Inersten Gemiets Regungen.* (Wien) 1701.
RAGUENET, F., *Défence du Parallèle des Italiens et des François en ce qui regarde la Musique et les Opéra.* Paris 1705.
Parallèle des Italiens et des François en ce qui regarde la Musique et les Opéra. Paris 1702.
RAMEAU, J. P., *Code de Musique pratique, ou méthode pour apprendre la musique.* Paris 1760.
RANGONI, G. B., *Saggio sul gusto della musica col carrattere de' tre celebri sonatori di violino i signori Nardini, Lolli, e Pugnani.* Livorno 1790.
RAPARLIER, *Principes de Musique, les Agréments du Chant et un Essai sur la Prononciation.* Lille 1772.
RIBOCK, J. J. H., *Bemerkungen über die Flöte und Versuch einer kurzen Anleitung zur bessern Einrichtung und Behandlung derselben.* Stendal 1782.
RICCI, G. P., *Scvola d'Intavolatvra Con la quale ciascuno senza Maestro puole imparare à suonare la Chitarriglia Spagnuola.* Roma 1677.
RIVAULT, D. DE, *L'Art d'Embellir.* Paris 1608.
ROBINSON, T., *The Schoole of Mvsicke: Wherein is tavght, the perfect Method of trve Fingering of the Lute, Pandora, Orpharion, and Viol de Gamba.* London 1603.
ROGNONI, F., *Selva de varii Passaggi.* Milano 1620.
ROSATI, F., *Primi ammaestramenti della musica figurata.* Modena 1714.
ROUSSEAU, J., *Méthode claire, certaine et facile, Pour apprendre à chanter la Musique.* Paris ⁴1691.
– *Traité de la Viole.* Paris 1687.
ROUSSEAU, J. J., *Dictionnaire de Musique.* Paris 1768.
RUFFA, G., *Introdvttorio musicale Per ben approffittarsi nel Canto figurato.* Napoli 1701.
RUIZ DE RIBAYAS, L., *Luz, y norte musical Para caminar por las Cifras de la Guitarra Española, y Arpa, tañer, y cantar á compás por canto de Organo.* Madrid 1677.
SACCHI, G., *Vita del cavaliere don Carlo Broschi.* Vinegia 1784.
SADLER, J., *The Muses Delight.* Liverpool 1754.
SAINT-EVREMOND, C. DE, *Œuvres meslées.* Amsterdam 1684.
SALTER, H., *The Genteel Companion; Being exact Directions for the Recorder.* London 1683.
SANSEVERINO, B., *Il Primo Libro d'Intavolatvra Per la Chitarra alla Spagnuola.* Milano 1622.

SANZ, G., *Instruccion de musica sobre la gvitarra española.* Zaragoza ²1697.
SCHICKHARD, J. C., *Principes de la flûte.* Amsterdam c. 1720.
SCHLEGEL, F. A., *Gründliche Anleitung die Flöte zu spielen, nach Quanzens Anweisung.* Graz 1788.
SCHMIDT, J. M., *Musico-Theologia, Oder Erbauliche Anwendung Musikalischer Wahrheiten.* Bayreuth-Hof 1754.
SCORPIONE, D., *Riflessioni armoniche.* Napoli 1701.
A Short Explication of such Foreign Words, As are made Use of in Musick Books. London 1724.
SIGNORETTI, P., *Méthode contenant les principes de la musique et du violon.* Den Haag 1777.
SIMPSON, C., *The Division-Violist.* London 1659.
– *The Division-Viol.* London ²1665.
SOUTH, R., *Musica Incantans, sive poema exprimens musicae vires.* Oxford ²1667.
– *Musica Incantans: Or, The Power of Music. A Poem.* London 1700.
SPEER, D., *Grund-richtiger / kurtz / leicht und nöthiger Unterricht Der Musicalischen Kunst.* Ulm 1687.
– *Grund-richtiger / Kurtz- Leicht- und Nöthiger / jetz Wolvermehrter Unterricht der Musicalischen Kunst. Oder / Vierfaches Musicalisches Kleeblatt.* Ulm ²1697.
SPERLING, J. P., *Principia musicae.* Budissin 1705.
STEIN, N., s. VIADANA, L. GROSSI DA.
STIERLEIN, J. C., *Trifolivm mvsicale.* Stuttgart 1691.
Synopsis of Vocal Musick. London 1680.
TARTINI, G., *Lettera del defonto signor Giuseppe Tartini alla signora Maddalena Lombardini inserviente Ad una importante Lezione per i Suonatori di violino.* London 1779.
TARTINI, G. – DENIS, P., *Traité des Agrémens de la Musique.* Paris 1775.
TEVO, Z., *Il musico testore.* Venezia 1706.
TOMEONI, F., *Théorie de la musique vocale.* Paris 1799.
TOSI, P., *Opinioni de' Cantori antichi, e moderni o sieno osservazioni Sopra il canto figurato.* Bologna 1723.
TOSI, P. – AGRICOLA, J. F., *Anleitung zur Singkunst.* Berlin 1757.
TOSI, P. – A. J., *Korte Aanmerkingen over de Zangkonst.* Leiden 1731.
TOSI, P. – GALLIARD, J. E., *Observations on the Florid Song; or, Sentiments on the Ancient and Modern Singers.* London 1742.
Traicté de Musique. Paris 1617.
TRISOBIO, P., *La scuola del canto, Or A new, short, clear, & easy method, of acquiring perfection in Singing.* London 1795.

TROMLITZ, J. G., *Ausführlicher und gründlicher Unterricht die Flöte zu spielen*. Leipzig 1791.
VAGUE, *L'Art d'apprendre la Musique*. Paris 1733.
VALLET, N., *Pieté Royalle*. Amsterdam 1620.
VAUCANSON, J., *Le mécanisme du fluteur automate*. Paris 1737.
VENEGAS DE HENESTROSA, L., *Libro de Cifra nueva para tecla, harpa y vihuela*. Alcala de Henares 1557.
Verhandeling over de muziek. 's Gravenhage ²1784.
VIADANA, L. GROSSI DA – STEIN, N., *Cento Concerti Ecclesiastici (...) Adiuncta insuper huius nouae inventionis instructione & explicatione succinta, pro maiori captu Lectoris in lingua Latina, Italica, & Germanica*. Frankfurt/M. 1609.
VILLENEUVE, J. DE, *Nouvelle Methode tres courte et tres facile Avec un Nombre de Leçons assez suffisant Pour apprendre la Musique Et les agremens du Chant*. Paris 1733, ²1756.
s. auch PEREAULT DE VILLENEUVE.
VION, C.-A., *La Musique pratique et theorique Réduite à ses Principes naturels*. Paris 1742.
VISEE, R. DE, *Liure de Gvitarre*. Paris 1682.
– *Liure de pieces pour la Gvitarre*. Paris 1686.
VOGT, M., *Conclave thesauri magnae Artis Musicae*. Prag 1719.
WAISSEL, M., *Lautenbuch*. Frankfurt/Oder 1592.
WALTHER, J. G., *Musicalisches Lexicon*. Leipzig 1732.
[WINCH?,] *The Hunting Notes of the French Horn*. London c. 1746.
YRIARTE, T. DE, *La música*. Madrid ³1789.
ZACCONI, L., *Prattica di Musica vtile et necessaria si al compositore per Comporre i Canti suoi regolatamente, si anco al Cantore per assicurarsi in tutte le cose cantabili*, 1. Venezia 1592.

b) Handschriftliche Theoretika und Vorreden

Unveröffentlichte Handschriften

B Bc
5615 Z: LE COCQ, F., *Receuil des pieces de guitarre composées par Mr. François Le Cocq Musicien Jubilaire de la Chapelle Roÿale a Bruxelles; & presentées par l'Auteur en 1729 A Monsieur de Castillion Prevot de Ste. Pharaïlde &c. a Gand*, Hs., 1729.

B Br
Ms II 4151: H. J. MARCINY, *Traité de Musique*, Hs., 1758.

F Pn

Rés. Vm⁸ c.1.: BROSSARD, S. DE *(Fragments d'une Méthode de Violon)*, Hs., um 1700.
Fonds fr. n.a. 6355, F. 170r–209v.: LOULIE, E., *Methode pour apprendre a jouer de la flute douce*, Hs., c. 1700–1707.
Fonds fr. n.a. 6355, f. 210r–222v.: LOULIE, E., *Methode pour apprendre a jouer la Violle*, Hs., um 1700.

GB Lbl
Add. Ms. 6137: HEBERT, C. *Traité de l'Harmonie des sons et de leurs rapports ou La Musique theorique, et pratique ancienne et moderne examineè dés son origine*, Hs., Boulogne 1733.
Add. Ms. 32506: NORTH, R., *Notes of Me*, Hs., c. 1695.
Add. Ms. 32532: NORTH, R., *Ohne Titel*, Hs., c. 1695/1701.
Add. Ms. 32533: NORTH, R., *The Musicall Gramarian or A Pracktick Essay upon Harmony, plain, and Artificiall. with Notes of Comparison between the Elder and Later musick, and somewhat Historicall of both*, Hs., c. 1726.
Add. Ms. 32534: NORTH, R., *The Theory of Sounds Taking rise from the first principles of action that affect the sence of hearing, and giving physicall solutions of tone, Harmony, and discord, shewing their Anatomy, with ÿ manner how most instruments of Musick are made to yeild delicious, as well as triumphant sounds, with intent to leav no Mistery in Musick untoucht. Being the 2ᵈ part of the Musicall Recollections*, Hs., c. 1715/20.
Add. Ms. 32536: NORTH, R., *An Essay of Musicall Ayre; Tending cheifly to shew the foundations of Melody Joyned with Harmony, whereby may be discovered the Native Genius of good Musick, and concluding with some Notes concerning the Excellent Art of Voluntary. Being the .3ᵈ. and Last part of the Musicall Recollections*, Hs., c. 1715/20.
Add. Ms. 32537: NORTH, R., *The Musicall Grammarian*, Hs., vor 1726.
Ms. Sloane 1021, f. 24r–27v: STOBAEUS, J., *De Methodo Studendi in Testudine*, Hs., Königsberg 1640.
Add. Ms. 35043, f. 124v: *A Table of Graces proper to ÿ Violl or Violin wth ÿ Explanation*, Hs., c. 1694/7.
Add. Ms. 35043, f. 125r: *Rules for Gracing on the Flute*, Hs., c. 1694/7.
Ms. Egerton 2971: *Ohne Titel*, Hs., c. 1625/30.

I REm
12 E 166/4: BISMANTOVA, B., *Compendio Musicale. In cui s'insegna à Principanti il uero modo, per imparare con facilità, le Regole del Canto Figurato, e Canto Fermo; come anche per Comporre, e suonare il Basso Continuo; il Flauto, Cornetto, e Violino; come anche per Acordare Organi, e Cembali*, Hs., Ferrara, 1677. (Mikrofilm)

US LAwac
MS M 286 M4 L992: *The John Mansell Lyra Viol Ms.*, Hs., erstes Drittel des 17. Jh.s. (Xerox)

US Wc
ML 95 P 79: PRINNER, J., *Musicalischer Schlissl*, Hs., 1677. (Mikrofilm)

Veröffentlichte Handschriften

BACH, J. S., *Schriftstücke von der Hand Johann Sebastian Bachs*, hrsg. von W. NEUMANN und H.-J. SCHULZE (= *Bach-Dokumente*, 1). Kassel–Basel 1963.
BENDINELLI, C., *Tutta l'Arte della Trombetta*, Hs., 1614; Faks. mit Nachwort von E. TARR. Kassel–Basel 1972.
BERNHARD, C., *Von der Singe-Kunst oder Manier*, Hs., c. 1648/64, in: J. MÜLLER-BLATTAU (Hrsg.), *Die Kompositionslehre Heinrich Schützens in der Fassung seines Schülers Christoph Bernhard*. Kassel–Basel ²1963.
BONINI, S., *Prima Parte de Discorsi e Regole so[p]ra la Mvsica*, Hs., c. 1635/8–1649, hrsg. von L. G. LUISI (= *Instituta et Monumenta* II, 5). Cremona 1975.
CARDANUS, H., *De Musica*, Hs., Roma 1546, hrsg. und übers. von C. A. MILLER, *Hieronymus Cardanus (1501–1576) Writings on Music* (= *Musicological Studies and Documents* 32). (Roma) 1973.
DELLA VALLE, P., *Della Musica dell'età nostra che non è punto inferiore, anzi è migliore di quella dell'età passata*, Hs., Firenze 1640, in: A. F. GORI (Hrsg.), *De' Trattati di Musica di Gio. Batista Doni Patrizio Fiorentino Tomo Secondo*. Firenze 1763, S. 249–265.
DONI, G. B., *Trattato della musica scenica*, Hs., Firenze c. 1633/5, in: A. F. GORI (Hrsg.), *De' Trattati di Musica di Gio. Batista Doni Patrizio Fiorentino Tomo Secondo*. Firenze 1763.
GIUSTINIANI, V., *Discorso sopra la Musica de' suoi tempi*, Hs., 1628, in: A. SOLERTI (Hrsg.), *Le Origini del melodramma* (= *Piccola Bibliotheca di Scienze Moderne* 70). Torino 1903, S. 98–128.
MOZART, W. A., *Briefe und Aufzeichnungen*, hrsg. von W. A. BAUER und O. E. DEUTSCH. Kassel–Basel ²1962; Kassel–Basel ⁴1963.
NORTH, R., *Roger North on Music*, hrsg. von J. WILSON. London (1959).
[ROGERS, J.?,] *The Burwell Lute Tutor*, Hs., c. 1660/72; Faks. mit Einl. von R. SPENCER (= *Reproductions of Early Music* 3), Leeds 1974.
TARTINI, G., *Regole per arrivare a saper ben suonare il Violino*, Hs., vor 1750; Faks. mit Einl. von E. R. JACOBI. Celle–New York 1961.

c) *Gedruckte musikalische Quellen*

BACILLY, B. DE, *Les trois Liures d'Airs (...) Augmentez de plusieurs Airs Nouueaux, De chiffres, pour le Theorbe et d'Ornemens pour la Méthode de Chanter* 2. Paris 1668.
BARTOLOTTI, A. M., *Libro P.º di Chitarra Spagnola*. Firenze 1640.
BLOW, J., *An Ode, on the Death of Mr. Henry Purcell*. London 1696.
BOISMORTIER, J. BODIN DE, *Trente et Une Œuvre*. Paris 1730.
CACCINI, G., *L'Evridice composta in mvsica in Stile Rappresentativo*. Firenze 1600.
CAIX D'HERVELOIS, L. DE, *Premier Livre De Pieces de Viole*. Paris 1708.
– *Troisiéme œuvre (...) Contenant Quatre suites de pieces pour la viole, avec la Baße chifrée en partition*. Paris 1731.
– *V.ᵉ livre de Pieces de Viole*. Paris 1748.
CAPPUS, J. B., *Premier livre de piéces de violle et la basse continuë*. Paris 1730.
CARR, R., *The Delightful Companion: Or, Choice New Lessons for The Recorder or Flute*. London ²1686.
CORBETTA, F., *La Guitarre Royalle*. Paris 1671.
DOLLE, C., *Pieces de Viole Avec la Basse Continuë*. Paris 1737.
FORQUERAY, A., *Pieces de viole avec la Basse Continuë*. Paris c. 1746.
[FOSCARINI, G. P.], *Li Cinque Libri della Chitarra alla Spagnola*. Roma 1640.
GALLOT, J., *Pieces de lvth Composées sur differens Modes*. Paris 1684.
GAULTIER, D., *Pieces de Luth*. Paris c. 1670.
GLUCK, C. W., *Alceste. Tragedia*. Wien 1769.
– *Alceste. Tragedie*. Paris–Lyon 1776.
GRANATA, G. B., *Armoniosi Toni Di varie Suonate Musicali Per la Chitarra Spagnvola*. Bologna 1648.
– *Capricci Armonici Sopra la Chitarriglia Spagnuola*. Bologna 1646.
HANDEL, G. F., *Israel in Egypt. A Sacred Oratorio*. London 1771.
INDIA, S. D', *Le Mvsiche*. Milano 1609.
LA BARRE, M. DE, *Piéces pour la Flute Traversiére*. Paris 1703.
LULLY, J. B. DE, *Isis*. Paris ⁹1719.
MARAIS, M., *Pieces a vne et a deux Violes*. Paris 1686.
– *Basse-continuës des Pieces a vne et a deux Violes Avec vne augmentation de plusieurs pieçes particulieres en partition a la fin desdittes Basse-continuës*. Paris 1689.
– *Second Livre de Pieces de Violes*. Paris 1701.

- *Basse-Continues du Second Livre de Pieces de Viole.* Paris 1701.
- *Troisiéme Livre de Pieces de Viole.* Paris 1711.
- *Basse-Continues du troisiéme Livre de piéces de viole.* Paris 1711.
- *Pieces a vne et a trois Violes.* Paris 1717.
- *Basse-continues du quatriéme Livre de Piéces de Viole.* Paris 1717.
- *Cinquiéme Livre de Pieces de Viole.* Paris 1725.
- *Basse-continues du Cinquiéme Livre de Pieces de Viole.* Paris 1725.

MARINI, B., *Affetti Mvsicali*, Venezia 1617; Faks. mit Einl. von M. CASTELLANI (= *Archivum Musicum* 7). Firenze 1978.

MONTECLAIR, M. PIGNOLET DE, *Jephté*. Paris ³1733.

MONTEVERDI, C., *L'Orfeo.* Venezia ²1615.

MOREL, J., *1.ᵉʳ Livre de pieces de violle.* Paris 1709.

PELLEGRINI, D., *Armoniosi Concerti sopra la chitarra spagnvola.* Bologna 1650; Faks. mit Einl. von P. PAOLINI (= *Archivum Musicum* 8). Firenze 1978.

PERI, J., *Le Musiche di Iacopo Peri Nobil Fiorentino sopra l'Euridice Del Sig. Ottavio Rinvccini.* Firenze 1601.

PHILIDOR, P. DANICAN, *Premier Œuvre Contenant III. Suittes a II. Flûtes Traversieres Seulē Avec III. autres Suittes Dessus et Basse, Pour les Hautbois, Flûtes, Violons, &c.* Paris 1717.

- *Deuxiéme Œuvre Contenant II. Suittes a 2. Flûtes-Travers.ʳᵉˢ Seules Avec II. autres Suittes De Bus et Baße, Pour les Hautbois, Flûtes, Violons, &c.* Paris 1718.

PHILIDOR, P. DANICAN, *Troisiéme Œuvre. Contenant une Suite a deux Flûtes-Traversieres seules, Et une autre Suitte Dessus & Basse, Pour les Hautbois, Flûtes, Violons, &c; Avec une Réduction de la Chaße.* Paris 1718.

PURCELL, H., *Musick's Hand-Maid* 2. London 1689.

RADOLT, W. L. VON, *Die AllerTreüeste Verschwigneste vnd nach so wohl Frölichen als Traurigē Humor sich richtende Freindin | Vergesellschafftlich mit anderen getreüen Fasalen Ünsrer Inersten Gemiets Regungen.* Wien 1701.

REBEL, J.-F., *Les Élemens Simphonie nouvelle.* [Paris 1737.]

REUSNER, E., *Hundert geistliche Melodien Evangelischer Lieder (...) nach itziger Manier, in die Laute gesetzet.* [Dresden 1669.]
- *Neue Lauten-Früchte.* [Dresden 1676.]

RONCALLI, L., *Capricci Armonici Sopra la Chitarra Spagnola.* Bergamo 1692.

SALTER, H., *The Genteel Companion; Being exact Directions for the Recorder.* London 1683.

SCHENCK, J., *L'Echo du Danube.* Amsterdam vor 1706.

STROZZI, B., *Cantate Ariete A Vna, Dve e Tre Voci Opera Terza.* Venezia 1654.
- *Cantate, Ariette e Duetti (...) Opera Seconda.* Venezian 1651.

TELEMANN, G. P., *VI moralische Cantaten.* [Hamburg] 1735/6.

VERACINI, F. M., *Sonate Accademiche A Violino Solo e Basso.* London–Firenze [1744].

VISEE, R. DE, *Liure de Gvitarre.* Paris 1682.
- *Liure de pieces pour la Gvitarre.* Paris 1686.

VIVALDI, A., *Il Cimento dell'Armonia e dell'Inventione Concerti a 4 e 5.* Amsterdam c. 1725.

WALTHER, J. J., *Hortulus Chelicus.* Mainz 1688.
- *Scherzi Da Violino Solo Con il Basso Continuo per l'Organo ò Cimbalo, accompagnabile anche con una Viola ò Leuto.* Mainz ²1687.

d) Handschriftliche musikalische Quellen

Unveröffentlichte Handschriften

A Wn
16657: CAVALLI, F., *Il Giasone*, Hs., c. 1649.
16885: CESTI, P. A., *Il Pomo d'Oro*, Akt 1, 2 und 4, Hs., c. 1660.
18769: MONTEVERDI, C., *Il ritorno d'Vlisse in Patria*, Hs., c. 1641.
16598: SCHENCK, J. *(Sechs Gambensonaten)*, Hs., Anfang des 18. Jh.s.

B Bc
3755 Z: BROSCHI, R., *Aria nella Merope Sig. Farinelli Del Sig. Riccardo Broschi*, Hs., c. 1733/7.
15167 Z: MARCELLO, B., *Il Timoteo Ouuero Gli Effetti della Musica Cantata a due Voci*, Hs.
669 Z: SCARLATTI, A., *Serenata à trè Voci, Clori, Lidia, e Filli, con Violini*, Hs.
960 Z: TELEMANN, G. P., *Der für die Sünden der Welt gemarterte und sterbende Jesus ("Brokkespassion")*, Hs., c. 1716.
5498 Z: BROSCHI, R., PORPORA, N., u. A. *[Musik für Farinelli]*, Hs., c. 1734/1736.

GB Lbl
RM 20 h 3: HÄNDEL, G. F., *Israel in Egypt*, Hs., c. 1739 (Autograph).
Add. Ms. 31640: MURCIA, S. DE, *Passacalles Y Obras De Guitarra Por Todos los Tonos Naturales y Acidentales Para El ʳS. Dⁿ Joseph Albarez de Sa*ᵈʳʳᵃ, Hs., 1732.
RM 32 a 7-9: PORPORA, N., *Polifemo*, Hs., London 1735.

Add. Ms. 31447, f. 71r ff.: PURCELL, H., *Saint Cecilia's Song (= Hail Bright Cecilia)*, 1692, Hs., Anfang des 18. Jh.s.
Add. Ms. 31448: PURCELL, H., *Hail Bright Cecilia*, 1692, Hs., um 1700.
Add. Ms. 31453: PURCELL, H., *Song By Mr. Henry Purcell Composd For St. Cecilias Day (= Hail Bright Cecilia)*, 1692, Hs., um 1700.
Add. Ms. 5333: PURCELL, H., *King Arthur, Or the British Worthy*, 1691, Hs., Anfang des 18. Jh.s.
Add. Ms. 31447: PURCELL, H., *King Arthur, Or, the British Worthy*, 1691, Hs., um 1700.
RM 23 i 18–21: STEFFANI, A., *Il Tassilone Tragedia Per Musica Rappresentata alla Corte Elettorale Palatina L'anno 1709 Musica di Gregorio Piua*, Hs., Düsseldorf, 1709.
Add. Ms. 30387, f. 150v–151r: WEISS, S. L., *Tombeau sur la Mort de M.^{ur} Comte d'Logij arrivee 1721*, Hs., 1721.

Reproduktionen, Faksimiles und Neuausgaben

BACH*, J. S., *Six Concerts Avec plusieurs Instruments. Dediées A Son Altesse Royalle Monseigneur Cretien Lois. Marggraf de Brandenbourg &c. &c. &c.*, Hs., 1721; Faks., Frankfurt 1950.
– *Sonaten und Partiten für Violine allein*, Hs., Köthen c. 1720; Faks., Frankfurt/M. 1962.
– *Neue Ausgabe Sämtlicher Werke (NBA)*, Kassel-Basel 1950ff. Vor allem die Reihen I (Kantaten), II (Passionen, Oratorien).
BIBER, H. I. F., *Requiem*, Hs., c. 1675, hrsg. von G. ADLER (*DTÖ* 59). Graz ²1960.
– *Mysteriensonaten*, Hs., c. 1674, hrsg. von E. LUNTZ (*DTÖ* 25). Graz ²1959.
The Board Lute Book, Hs., c. 1620/30; Faks. mit Einl. von R. SPENCER (= *Reproductions of Early Music* 4). Leeds (1976).
GAULTIER, D., *La Rhétorique des Dieux*, Hs., c. 1654; Faks. mit Einl. von A. TESSIER und J. CORDEY. Paris 1932.

HÄNDEL, G. F., *Handel's Conducting Score of Messiah;* Faks. mit Einl. von W. SHAW. London 1974.
The Hirsch Lute Book, Hs., c. 1595; Faks. mit Einl. von R. SPENCER (*Musical Sources* 21). Kilkenny 1982.
The Marsh Lute Book, Hs., c. 1595; Faks. mit Einl. von R. SPENCER (*Musical Sources* 20). Kilkenny 1981.
The Mynshall Lute Book, Hs., c. 1597/9; Faks. mit Einl. von R. SPENCER (*Reproductions of Early Music* 5). Leeds 1975.
PALLAVICINO, C., *L'amazzone corsara*, Hs., 1686; Faks. mit Einl. von H. M. BROWN (*Italian Opera 1640–1770*, 13). New York–London 1978.
The Robarts Lute Book, Hs., Mitte des 17. Jh.s; Faks. mit Einl. von R. SPENCER (*Musical Sources* 11). Leeds 1978.
The Sampson Lute Book, Hs., c. 1609; Faks. mit Einl. von R. SPENCER (*Reproductions of Early Music* 2). Leeds 1974.
STRAUS, C., *Missa pro defunctis*, Wien 1631; hrsg. von G. ADLER (*DTÖ* 59). Graz ²1960.
The Trumbull Lute Book, Hs., c. 1595; Faks. mit Einl. von R. SPENCER (*Musical Sources* 19). Kilkenny 1980.
The Turpyn Book of Lute Songs, Hs., c. 1613; Faks. mit Einl. von R. RASTALL. Leeds 1973.
Manuscrit Vaudry de Saizenay Tablature de luth et de théorbe de divers auteurs, Hs., 1699; Faks., Geneve 1980.
KOCZIRZ, A. (Hrsg.), *Österreichische Lautenmusik zwischen 1650 und 1720* (*DTÖ* 50). Graz ²1960.
NEEMANN, H. (Hrsg.), *Lautenmusik des 17./18. Jahrhunderts* (*EdM* 12). Braunschweig 1939.

* Die Vokalwerke Bachs werden nicht im einzelnen zitiert; eine vollständige Liste der Werke mit Wellenlinien s. S. 242, Anm. 752.

2. LITERATUR

a) Bücher

ALTENBURG, D., *Untersuchungen zur Geschichte der Trompete im Zeitalter der Clarinblaskunst (1500–1800)* (*Kölner Beiträge zur Musikforschung* 75). Regensburg 1973.
AUER, L., *Violin Playing As I Teach It*. New York ²1980.
BENADE, A. H., *Fundamentals of Musical Acoustics*. New York 1976.
BOL, H., *La Basse de Viole du temps de Marin Marais et Antoine Forqueray* (*Utrechtse bijdragen tot de Muziekwetenschap* 3). Bilthoven 1973.

BOYDEN, D. D., *The History of Violin Playing from its Origins to 1761*. London ²1967.
CAPET, L., *La technique supérieure de l'archet*. Paris 1916.
CASWELL, A. B., *A Commentary upon The Art of Proper Singing. Remarques curieuses sur l'art de bien Chanter Bénigne de Bacilly 1668* (*Musical Theorists in Translation* 7). New York 1968.
DAMMANN, R., *Der Musikbegriff im deutschen Barock*. Köln 1967.
DE' PAOLI, D., *Monteverdi: lettere, dediche e prefazioni*. Roma 1973.
DOLMETSCH, A., *The Interpretation of the*

Music of the XVIIth and XVIIIth Centuries Revealed by Contemporary Evidence. London ²1946.

DONINGTON, R., *The Interpretation of Early Music*. London 1963.

– *A Performer's Guide to Baroque Music*. London 1973.

DÜRR, W., *Zur Chronologie der Leipziger Vokalwerke J. S. Bachs* (Musikwissenschaftliche Arbeiten 26). Kassel–Basel ²1976.

DURANTE, E., und MARTELLOTTI, A., *Cronistoria del Concerto delle Dame Principalissime de Margherita Gonzaga d'Este* (Collana di studi A). Firenze 1979.

EBERHARDT, S., *Violin-Vibrato*. New York 1911.

FENLON, I., *Music and Patronage in Sixteenth-Century Mantua* (Cambridge Studies in Music). Cambridge–London 1980.

FIELD-HYDE, C., *Vocal Vibrato, Tremolo and Judder*. New York 1942.

GÄRTNER, J., *Das Vibrato unter besonderer Berücksichtigung der Verhältnisse bei Flötisten. Historische Entwicklung, neue physiologische Erkenntnisse sowie Vorstellungen über ein integrierendes Lehrverfahren*. Regensburg 1974.

HAHN, H., *Symbol und Glaube im I. Teil des Wohltemperierten Klaviers von Joh. Seb. Bach. Beitrag zu einer Bedeutungskunde*. Wiesbaden 1973.

HANNING, B. R., *Of Poetry and Music's Power. Humanism and the Creation of Opera* (Studies in Musicology 13). Ann Arbor 1980.

HARNONCOURT, N., *Musik als Klangrede. Wege zu einem neuen Musikverständnis*. Salzburg–Wien 1982.

HAUCK, W., *Das Vibrato auf der Violine*. Köln–Wien (1971).

HUNT, E., *The Recorder and Its Music*. London ³1972.

HUSLER, F., und RODD-MARLING, Y., *Singen. Die physische Natur des Stimmorganes. Anleitung zum Aufschließen der Singstimme*. Mainz–London ²1978.

JACQUOT, J., und SOURIS, A., *Thomas Mace. Musick's Monument*, 2. Paris 1966.

JOHANSSON, C., *French Music Publisher's Catalogues of the Second Half of the Eighteenth Century* (Publikationer utgivna av Kungl. Musikaliska Akademiens Bibliothek, Publications of the Library of the Royal Swedish Academy of Music 2), 2 Bde. Stockholm–Malmö 1955.

KLOPPERS, J., *Die Interpretation und Wiedergabe der Orgelwerke Bachs. Ein Beitrag zur Bestimmung von stilgerechten Prinzipien*, Diss. Frankfurt/M. 1966.

KLOTZ, H., *Über die Orgelkunst der Gotik, der Renaissance und des Barock*. Kassel–Basel ²1975.

KOLNEDER, W., *Georg Muffat zur Aufführungspraxis* (Sammlung musikwissenschaftlicher Abhandlungen 50). Strasbourg–Baden-Baden 1970.

LEIPP, E., *Acoustique et musique*. Paris–New York ²1976.

MacCLINTOCK, C., *Readings in the History of Music in Performance*. Bloomington–London 1979.

MAMY, S., *L'influence des chanteurs napolitains sur l'évolution de l'opéra baroque tardif vénitien*. Diss., Paris 1983.

MENDEL, A., *NBA* II, 4, Kritischer Bericht. Kassel–Basel 1974.

MILLIOT, S., *Le Violoncelle en France au XVIIIème Siècle*, Diss., 2 Bde. Lille 1981.

MOSER, A., *Die Geschichte des Violinspiels*. Berlin ²1923.

NEUMANN, F., *Ornamentation in Baroque and Post-Baroque Music With Special Emphasis on J. S. Bach*. Princeton 1978.

NEWCOMB, A., *The Madrigal at Ferrara 1579–1597* (Princeton Studies in Music 7), 2 Bde. Princeton 1980.

OSTHOFF, W., *Theatergesang und darstellende Musik in der italienischen Renaissance (15. und 16. Jahrhundert)* (Münchner Veröffentlichungen zur Musikgeschichte 14), 2 Bde. Tutzing 1969.

PALISCA, C. V., *Girolamo Mei (1519–1594). Letters on Ancient and Modern Music To Vincenzo Galilei and Giovanni Bardi. A Study with Annotated Texts* (Musicological Studies and Documents 3). Roma 1960.

PIRROTTA, N., und POVOLEDO, E., *Li due Orfei Da Poliziano a Monteverdi* (Saggi, 556). Torino ³1981.

RAU, F., *Das Vibrato auf der Violine*. Leipzig 1922.

REILLY, E. R., *Quantz on Playing the Flute*. London 1966.

RIPIN, E. M. (Hrsg.), *Keyboard Instruments. Studies in Keyboard Organology 1500–1800*. New York ²1977.

SALMEN, W., *Geschichte der Musik in Westfalen*. Kassel–Basel 1963.

SCHECK, G., *Die Flöte und ihre Musik*. Mainz 1975.

SCHERING, A., *Aufführungspraxis alter Musik*. Leipzig 1931.

SEASHORE, C. E., *Psychology of Music*. New York ²1967.

– *The Psychology of Vibrato* (Studies in the Psychology of Music 3). Iowa 1937.

– (Hrsg.), *The Vibrato* (Studies in the Psychology of Music 1). Iowa 1932.

SMITHERS, D. L., *The Music & History of the Baroque Trumpet before 1721*. London 1973.

SZIGETI, B., *Das Vibrato*. Zürich 1950.

SZIGETI, J., *Szigeti on the Violin*. New York ²1979.

TYLER, J., *The Early Guitar. A History and*

Handbook (*Early music series* 4). London 1980.
UNGER, H. H., *Die Beziehungen zwischen Musik und Rhetorik im 16. bis 18. Jahrhundert* (*Musik und Geistesgeschichte. Berliner Studien zur Musikwissenschaft* 4). Würzburg 1941.
VELLEKOOP, K., *Bronnen voor de geschiedenis van het vibrato (1528-1750)*. [Utrecht] 1972.
VENNARD, W., *Singing. The Mechanism and the Technic*. New York ²1967.
WARNER, T. E., *An Annotated Bibliography of Woodwind Instruction Books, 1600-1830* (*Detroit Studies in Music Bibliography* 11). Detroit 1967.
WILLIAMS, P., *The European Organ 1450-1800*. London 1966.

b) Artikel

BEECHEY, G., *Robert Bremner and his Thoughts on the Performance of Concert Music*, in: MQ 69, 2 (1983), S. 244-252.
BOYD, M., und RAYSON, J., *The Gentleman's Diversion. John Lenton and the first violin tutor*, in: EM 10, 3 (1982), S. 329-332.
BRIDGMAN, N., *Giovanni Camillo Maffei et sa lettre sur le chant*, in: RMI 38 (1956), S. 5-34.
BUETENS, S., *Nicolas Vallet's Lute Quartets*, in: JLSA 2 (1969), S. 28-36.
BUTLER, G. G., *The Fantasia as Musical Image*, in: MQ 60, 4 (1974), S. 602-615.
– *Music and Rhetoric in Early Seventeenth-Century English Sources*, in: MQ 66, 1 (1980), S. 53-64.
CASTELLANI, M., *The Regola per suonare il Flauto Italiano by Bartolomeo Bismantova (1677)*, in: GSJ 30 (1977), S. 76-85.
CAVICCHI, A., *Prassi strumentali in Emilia nell'ultimo quarto del seicento*, in: SM 2, 5 (1973), S. 111-143.
COHEN, A., *Etienne Loulié as a Music Theorist*, in: JAMS 18, 3, 1965, S. 70-72.
DANNER, P, und SMITH, D. A., „*How Beginners... should proceed*": *The Lute Instructions of Lesage de Richee*, in: JLSA, S. 87-94.
DART, T., *Four Dutch Recorder Books*, in: GSJ 5, 1952, S. 17.
– *How they sang in Jena in 1598*, in: MT 108, 4 (1967), S. 316f.
– *Miss Mary Burwell's Instruction Book for the Lute*, in: GSJ 11 (1958), S. 3-36.
DE HEN, F. J., *The Truchado Instrument: a Geigenwerk?*, in: E. M. RIPIN (Hrsg.), *Keyboard Instruments. Studies in Keyboard Organology 1500-1800*, New York ²1977, S. 19-28.
DICKEY, B., *Untersuchungen zur historischen Auffassung des Vibratos auf Blasinstrumenten*, in: *Basler Jahrbuch für historische Musikpraxis* 2 (1978), S. 77-142.

DICKEY, B. - LEONARDS, P., und TARR, E., *Die Abhandlung über die Blasinstrumente in Bartolomeo Bismatovas Compendio Musicale (1677): Übersetzung und Kommentar | The Discussion of Wind Instruments in Bartolomeo Bismantova's Compendio Musicale (1677): Translation and Commentary*, in: *Basler Jahrbuch für historische Musikpraxis* 2 (1978), S. 143-187.
FABBRI, L., *Inediti Monteverdiani*, in: RIM 15, 1980, S. 71-86.
FALLOWS, D., Art. *Tremolo*, in: Grove⁶, Bd. 19, S. 130-131.
FORTUNE, N., *Italian 17th-Century Singing*, in: M&L 35, 3 (1954), S. 206-219.
GALLIVER, D., *Cantare con affetto – Keynote of the bel Canto*, in: *Studies in Music* 8 (1974), S. 1-7.
GIANUARIO, A., *Proemio all' „oratione" die Monteverdi*, in: RIM 4 (1969), S. 32-47.
HARTMANN, A., *Affektdarstellung und Naturbeherrschung in der Musik des Barock*, in: IRASM 11, 1 (1980), S. 25-44.
HICKMAN, R., *The Censored publications of „The Art of Playing on the Violin", or Geminiani unshaken*, in: EM 11, 1, 1983, S. 73-76.
KINSKY, G., *Hans Haiden, der Erfinder des Nürnbergischen Geigenwerk*, in: ZfMw 6 (1924), S. 193-214.
MOENS-HAENEN, G., Einleitung zu: DE LUSSE, *L'Art de la Flûte Traversiere*, Paris c. 1760; Faks. (*The Flute Library* 10). Buren 1980.
MURPHY, S., *Seventeenth-Century Guitar Music: Notes on Rasgueado Performance*, in: GSJ 21, 1968, S. 24-32.
NEUMANN, F., *The Use of Baroque Treatises on Musical Performance*, in: ML 48, 4 (1967), S. 315-324.
PIRROTTA, N., *Temperaments and Tendencies in the Florentine Camerata*, in: MQ 40, 2 (1954), S. 169-189.
POULTON, D., *Graces of play in renaissance lute music*, in: EM 3, 2 (1975), S. 107 bis 114.
RABEY, W., *Der Originaltext der Bachschen Soloviolinsonaten und -partiten (BWV 1001-1006) in seiner Bedeutung für den ausführenden Musiker*, in: BJb 50, 1963-1964, S. 23-46.
REGER, S. N., *Historical Survey of the String Instrument Vibrato*, in: C. E. SEASHORE (Hrsg.), *The Vibrato* (*Studies in the Psychology of Music* 1), Iowa (1932), S. 289 bis 304.
RIEMANN, H., *Ein wenig bekanntes Lautenwerk*, in: MfM 21, 1 (1889), S. 9-16; S. 19-24.
ROBINSON, J. O., *The „messa di voce" as an instrumental ornament in the seventeenth and eighteenth centuries*, in: MR 43, 1 (1982), S. 1-14.
STRIZICH, R., *Ornamentation in Spanish*

Baroque Guitar Music, in: *JLSA* 5 (1972), S. 18–39.

UBERTI, M., *Vocal techniques in Italy in the second half of the 16th century,* in: *EM* 9, 4 (1981), S. 486–495.

UBERTI, M. – SCHINDLER, O., *Contributo alla ricerca di una vocalità monteverdiana: il ,,colore",* in: R. MONTEROSSO (Hrsg.), *Congresso internazionale sul tema Claudio Monteverdi e il suo tempo, Venezia – Mantova – Cremona 3–7 maggio 1968,* Verona 1969, S. 519–537.

WILLIAMS, P., *Figurenlehre from Monteverdi to Wagner. 1. What is ,,Figurenlehre",* in: *MT* 120, 6 (1979), S. 476–479.

– *Figurenlehre from Monteverdi to Wagner. 2. The Chromatic 4th continued,* in: *MT* 120, 7 (1979), S. 571–573.

– *Figurenlehre from Monteverdi to Wagner. 3. The Suspirans,* in: *MT* 120, 8 (1979), S. 648–651.

– *Figurenlehre from Monteverdi to Wagner. 4. ,,Orfeo" and ,,Meistersinger",* in: *MT* 120, 10 (1979), S. 816–818.

ZASLAW, N., *The Compleat Orchestral Musician,* in: *EM* 7, 1 (1979), S. 46–57.

Personenregister

AGRICOLA, J. F. 16, 29, 214, 240, 243
AGRICOLA, M. 83
AHLE, J. R. 40, 180, 239
AICHINGER, G. 159
ALTENBURG, J. E. 126, 138
ANTEGNATI, C. 19, 253
ARCHILEI, V. 164
AURIEMMA, G. D. 40

BACH, C. Ph. E. 127–128, 138, 240–241
BACH, J. S. 126, 154, 239, 241–250, 255–259, 264, 268–270, 275–276, 279
BACILLY, B. DE 24, 33, 185–188
BACON, F. 161
BAILLEUX, A. 27, 76, 122, 130, 134, 222, 224, 226, 238
BAILLON, P.-J. 51, 54–55, 124, 146
BAN, J. A. 72, 161
BARDI, G. DE' 166
BARON, E. G. 52–55, 208, 211, 239
BARTOLOTTI, A. M. 55, 209
BAYLY, A. 16, 26, 175
BENDINELLI, C. 125
BERARD, J. 24–25, 30–31, 149, 226, 229, 232–234
BERNHARD, C. 16, 24, 31, 33, 38, 40, 42, 145, 148–150, 161, 177–180, 183, 255
BESARD, J. 43, 169, 207
BEVIN, E. 261
BEYER, J. C. 55
BEYER, J. S. 30–31, 72, 136, 180
BIBER, H. I. F. 255–256, 260
BINNS, J. s. HOYLE, J.
BISMANTOVA, B. 68, 87, 93–95
BLANCHET, J. 24–25, 30–31, 228
BLANCKENBURGH, G. VAN 83–88, 98
BLOW, J. 261–263
BOCCHERINI, L. 260
BORGHESE, A. 17, 226
BORJON DE SCELLERY, C. 95
BOVICELLI, G. B. 33, 38
BREMNER, R. 77, 176, 251–252, 268
BROCKES, J. H. 258
BROSCHI, C. s. FARINELLI
BROSCHI, R. 264
BROSSARD, S. DE 34–35, 93, 95, 122, 134, 239, 253–254
BROWN, T. 59, 68, 91
BURWELL, M. 45, 54–55, 157, 170, 207–208
BUTLER, S. 160–161

CACCINI, G. 23, 34, 36–39, 164–165
CAIX D'HERVELOIS, L. DE 65, 193–194, 199–200, 205
CAMBINI, G. G. 134–135, 270
CAMPION, F. 49, 54–55
CAMPION, T. 261
CAMPRA, A. 226, 234
CAPPUS, J.-B. 193, 205
CARDANUS, H. 83, 87, 93, 160
CARESTINI, G. 214–216
CARR, R. 83, 90–91
CARTIER, J.-B. 123
CATTANEO, G. DE 19
CAVALLI, F. 36
CENCI, G. s. GIUSEPPINO
CESTI, P. A. 255
CHANNING, J. 58, 92, 170
CHOQUEL, H.-L. 30, 228
COLEMAN, Dr. C. 58
COMA Y PUIG, M. 17
CONFORTO, G. L. 38
CORBETTA, F. 46, 49, 54–55, 95, 148
CORELLI, A. 67
CORFE, J. 15, 175
CORRETTE, M. 28, 49–50, 68, 70, 76, 96, 101, 103–106, 121–122, 145, 215, 225, 227–229, 237
COUSU, A. DE 185
CRUDELI, T. 214
CRÜGER, J. 136, 160–161

DANOVILLE 60–64, 145, 149, 152, 191, 198–201, 221, 243
DARD 29, 131, 134, 137–138
DAVID, F. 29, 152, 226–228
DELLA VALLE, P. 23–24, 157, 166
DE LUSSE 108–109, 113, 119–122, 139, 151–152, 215, 224, 235–238, 272
DEMACHY 49, 59–64
DENIS, P. 22, 79, 226
DEROSIERS, N. 49, 55
DEYSINGER, J. F. P. 134
DIDEROT, D. 19
DIETERICH, M. 39
DIRUTA, G. 33, 93
DODART, D. 19–23, 32, 50–51, 54, 124, 272–273
DOLLE, C. 193–194
DONI, G. B. 16, 24, 35–36, 148–149, 154–155, 157, 161, 163–166, 180, 243
DOWLAND, R. 169, 207
DRYDEN, J. 261
DUPONT, H.-B. 29, 228

EISEL, J. P. 100, 109
EYCK, J. J. VAN 87

FALCK, G. 33, 39, 73, 158
FANTINI, G. 125
FANZAGO, F. 218
FARINA, C. 134
FARINELLI (=C. BROSCHI) 214, 216, 218–219, 264
FERREIN 19
FISCHER, J. C. 124, 241, 272
FORQUERAY, A. 61, 132, 201, 205
FOSCARINI, G. P. 47, 53–54, 146, 209
FREILLON PONCEIN, J.-P. 95
FRIDERICI, D. 18, 158, 161
FÜRSTENAU, A. B. 113
FUHRMANN, M. 24, 30, 33, 72–73, 136, 180, 239
FURETIERE, A. 33, 186

GALEAZZI, F. 82, 218
GALENUS, C. 163
GALLIARD, J. E. 16, 29, 175, 214, 243
GALLOT, J. 33
GANASSI, S. 57, 83, 87, 93, 266–267
GARCIA, M. 16
GARNIER, F. J. 124, 137, 227, 272
GAULTIER, D. 212
GAULTIER, E. 53, 212
GAULTIER, J. 44–45, 53, 212
GELLERT, C. F. 55
GEMINIANI, F. 68, 76–79, 91, 109, 119, 122–123, 146–147, 150–152, 174–175, 217, 235–236, 238, 240, 251, 273–274, 277
GERSCHOW, F. 169
GIARDINI, F. DE 175
GIUSEPPINO (=G. CENCI?) 23, 166
GLUCK, Chr. W. 260
GOTTSCHED, J. C. 153–154
GRANATA, G. B. 47, 54–55, 146, 209
GRANOM, L. 175
GRASSINEAU, J. 134, 254
GREETING, Th. 88
GRUBER, E. 160
GUERAU, F. 47–48, 54–55
GUNN, J. 32, 108–109, 175, 223, 228

HAFENREFFER, S. 153
HAIDEN, H. 127
HÄNDEL, G. F. 76, 259, 264
HEBERT, C. 75–76, 78–79, 147, 217, 229, 273
HELY, B. 59
HERBST, J. A. 39, 161
HERON, L. 175

HERRANDO, J. 67
HILLER, J. A. 16, 135, 214–215, 240, 243
HINTERLEITHNER, F. 45, 51–52, 54–55, 136, 212
HIRSCH, A. 153
HOTTETERRE, J. M. 87–89, 95, 98–104, 108–109, 121, 123, 150, 188–189, 221, 224, 231
HOYLE, J. (= J. BINNS) 77, 79, 161, 175
HUDGEBUT, J. 83, 88–91

INDIA, S. D' 36

JÖCHER, C. G. 153

KAPSBERGER, G. G. 46, 52, 54–55
KIRCHER, A. 153, 261
KÜRZINGER, F. X. 24, 147–148, 240
KUHNAU, A. 245

LA BARRE, M. DE 101
LACASSAGNE, J. 30, 119, 223, 226–227
LA CHAPELLE, J. A. DE 28–31, 224–225
L'AFFILARD, M. 187–188
LANGE, J. C. 31, 180
LASSER, J. B. 26
LA VOYE MIGNOT, DE 185
LE BLANC, H. 64
LE COCQ, F. 49, 55
LE FILS, Abbé (= J. DE SAINT-SEVIN) 67
LENTON, J. 68
LE ROY, A. 44
LE SAGE DE RICHEE, Ph. F. 51, 53
LÖHLEIN, G. S. 74, 82, 134, 147, 150, 240–241
LOGY, J. A. 55, 210
LOLLI, A. 218
LORENTE, A. 213
LORENZONI, A. 137
LOULIE, E. 27, 30–31, 49, 61, 64, 70, 95–98, 100, 148, 187–188, 221, 228–229
LULLY, J. B. 44, 48, 67, 185, 189, 191, 193, 221, 233, 254, 260
LUSTIG, J. W. 24, 109, 112, 122, 134, 137–138, 251

MACE, Th. 19, 45, 54–55, 58, 132–133, 146, 157, 169–170, 207–208, 210, 268
MAHAUT, A. 101, 106–108, 229, 238
MAJER, J. F. B. C. 100
MANCINI, G. B. 23, 34, 214–215, 246
MANSELL, J. 58
MARAIS, M. 60–64, 95, 101, 132, 191–206, 209, 212, 221, 231
MARAIS, R. 64
MARC, T. 64
MARCELLO, B. 213, 261, 263
MARCHETTI, T. 46

MARCINY, H. J. 225
MARINI, B. 134
MARPURG, F. W. 25–26, 127, 131, 240
MATTEIS, N. 74–75, 171–173
MATTHESON, J. 15, 19, 24, 41, 73, 100, 127–128, 134, 148, 239–240
MAUGARS, A. 185
MAZZOCCHI, D. 243, 250
MEISSNER, J. N. 17, 241
MELITON 193
MERCHI, G. 51, 54–55
MERCK, D. 73
MERSENNE, M. 18–19, 35, 43–45, 54–55, 69–70, 83, 148, 154, 157, 160, 185, 207–208, 210, 261
MILLER, E. 113, 175
MILLET, J. 185
MILLIONI, P. 46
MINGUET Y IROL, P. 68
MONTE, L. 46
MONTECLAIR, M. PIGNOLET DE 15, 27–28, 30, 76, 122, 130–131, 149, 221–224, 226, 228, 232, 243–244, 254, 256
MONTEVERDI, C. 36, 166, 180, 255
MOREL, J. 32, 75
MOREL, J. 64, 194, 200–201
MOZART, L. 74–76, 79, 81–82, 147, 216–217, 240–241, 272
MOZART, W. A. 17, 22–23, 26, 31, 124, 241, 260, 272–273
MUFFAT, G. 189, 251
MURCIA, S. DE 47, 55
MYLIUS, W. 15–16, 24, 40, 93, 150, 157–158, 177–180, 183

NARDINI, P. 218
NASSARRE, P. 16, 213
NEVE, DE 53
NICHOLSON, C. 113
NICOLAI, E. A. 153
NORTH, F. 19
NORTH, R. 19, 29, 59–60, 74–75, 125, 134–135, 149–150, 171–173, 216, 253–254, 266–267, 270, 274
NOTARI, A. 35

PALLAVICINO, C. 265
PARRAN, A. 185
PELLEGRINI, D. 47, 54–55, 209
PENZEL, C. F. 245
PERI, J. 164–166
PEREAULT DE VILLENEUVE 31, 225, s. auch VILLENEUVE
PETRI, J. S. 71–72, 74, 119, 128, 139, 240
PHILIDOR, P. DANICAN 229–232, 234
PHILIPP JULIUS VON POMMERN-WOLGAST 169
PICCININI, A. 46, 54–55, 208
PLATO 161, 163
PLAYFORD, J. 37–38, 57–58, 68
POMAI, F. 75, 152, 160
PORPORA, N. 218–219

PRAETORIUS, M. 18, 33, 38–39, 83, 93, 127, 148, 158–161
PRELLEUR, P. 68, 108, 171
PREUS, G. 241
PRINNER, J. J. 74
PRINTZ, W. C. 24, 38, 40–41, 71, 93, 180–181, 239
PROFE, A. 31
PUGNANI, G. 218
PURCELL, H. 254, 260–262

QUANTZ, J. J. 16, 34, 95, 109–113, 124, 137, 139, 147, 228, 240, 251, 268
QUIRSFELD, D. 131, 180
QUITSCHREIBER, G. 18, 158, 160

RADOLT, W. L. VON 45, 52, 54–55, 136, 211–212
RAMEAU, J. Ph. 17, 21, 32–33, 223, 238
RANGONI, G. B. 218
RAPARLIER 27, 130, 149, 223, 226, 234, 256
RASI, F. 164
REBEL, J. F. 262–263
REUSNER, E. 52
RIBOCK, J. J. H. 109, 113–115
RICCI, P. 46
RIVAULT, D. DE 154, 185
ROGERS, J. 45, 54–55, 157, 170, 207
ROGNONI, F. 32–33
RONCALLI, L. 55, 209
ROUSSEAU, J. 22, 30, 59–61, 63–64, 145, 152, 194, 198, 200, 221, 243
ROUSSEAU, J. J. 134, 254
RUIZ DE RIBAYAZ, L. 46–47, 54–55

SACCHI, G. 216
SADLER, J. 68, 78–79, 171, 174
SAINTE-COLOMBE 194–195, 199
SAINT-SEVIN, J. DE, s. LE FILS, Abbé
SALTER, H. 83, 87–91
SANSEVERINO, B. 46
SANZ, G. 46–47, 54–55
SCHENCK, J. 259
SCHETKY, J. G. C. 176, 251
SCHICKHARDT, J. C. 100
SCHLEGEL, F. A. 112–113, 241
SCHMIDT, J. M. 153
SIGNORETTI, P. 229
SIMPSON, C. 57–60, 93, 132–133, 145, 149, 169–170, 268
SOUTH, R. 23, 154, 169
SPEER, D. 68, 93
SPERLING, J. P. 30, 41, 72, 131, 136, 180, 254
STEFFANI, A. 247–248
STEIN, N. 158–159, s. auch VIADANA, L.
STIERLEIN, J. C. 30, 41, 180–183, 214

STOBAEUS, J. 48, 54–55, 207
STRIGGIO, A. 166
STROZZI, B. 35–36

TARTINI, G. 22–23, 26, 31, 68–69, 71, 76, 79–82, 147, 213, 215–218, 226, 238, 241, 252, 260, 272, 274
TELEMANN, G. Ph. 242, 258–259
TEVO, Z. 154, 213
TOMEONI, F. 17
TOSI, P. 16, 23, 29, 34, 41, 175, 178, 213–214, 216, 243, 246–247
TRISOBIO, P. 19

TROMLITZ, J. G. 109, 112–113, 116–118, 147, 240–241, 272
TÜRK, D. G. 138

VAGUE 29, 30, 224, 228
VALLET, N. 43–45, 54–55
VAUDRY DE SAIZENAY 49, 55
VENEGAS DE HENESTROSA, L. 46
VIADANA, L. GROSSI DA 158–160, s. auch STEIN, N.
VILLENEUVE, J. DE. 31, 224–225, 227–228, s. auch PEREAULT DE VILLENEUVE

VION, C.-A. 228
VISEE, R. DE 49, 55
VIVALDI, A. 254, 260
VOCKERODT, J. A. 160
VOGT, M. 154

WAISSEL, M. 48, 54–55, 207
WALTHER, J. G. 93, 134, 239, 254
WALTHER, J. J. 253
WEISS, S. L. 55, 210
WRIGHT, D. 91

ZACCHONI, L. 17–18, 23, 38, 157–159, 163–164

Sachregister

Accent, kombiniert mit Vibrato 206, 234; BACILLY 186–187; BERARD 234; DAVID 227; LOULIE 64, 187; M. MARAIS 206; MERSENNE 44; MONTECLAIR 27, 222, 228; PRINTZ 180; VAGUE 224; VILLENEUVE 225
Accent plaintif, MERSENNE 44
Accento (Sprachakzent) 163
Accento (Verzierung), DONI 165
Accento (Vibrato), CORBETTA 46, 49, 55
Accentus, PRINTZ 181
Acento, s. Accento
Affektbedingte Ausführungsart des Vibratos 77–78, 104, 150–152, 174, 188, 198, 211, 235–236, 275, 278
Affektbedingter Einsatz des Tremulanten 253–260, 275, 279
Affektbedingter Einsatz des Vibratos 145–146, 148–149, 153, 157, 164–166, 174, 177, 180, 185, 191–194, 198, 201–203, 206, 233–236, 240, 253, 260, 273–275, 277
  Bei heftigen Affekten 163, 177, 179–180, 274–276
  Rückgang 149, 153, 174, 217, 222–226, 277
Agréments essentiels, s. wesentliche Manieren
Alfabetonotation 46, 209
Allemande 194, 201–202, 205
Alterstremolo 16, 161, 177–179, 273, 277–278; s. auch Tremolo (vokal)
Anadiplosis 275
Andante, NORTH 135, 266
Anfangsunterricht, musikalischer (schulischer) 18, 30, 158, 180, 213; s. auch Dilettanten
Animer, BACILLY 186
Antithese 256, s. auch Noema
Appogiatura, FANZAGO 218
Appui, appuy, HEBERT 229; MONTECLAIR 222
Arcata, NORTH 74, 171–173
Ardire, 36, 177–179, 276; BERNHARD 24, 145–146, 148, 177–179, 183; MYLIUS 16, 24, 177–179
Artikulation, Bläsertremulant u.A. 110–111, 122, 130, 137–139, 272; s. auch Frémissement de lèvres, Portato, Tac aspiré, Tragen der Töne
Aspiration 25, 222; s. de la voix 27–29, 130, 187, 222; CORRETTE 28; DEMACHY 61–62, 64; LOULIE 27, 64, 187; MONTECLAIR 27, 222; J. ROUSSEAU 22
Atemvibrato (Bläser), – und Bogenvibrato 122–123; – und Clavichordvibrato 138; – als Klangbelebung 83, 119, 122, 240; – und Tremulant 83, 110–111, 122, 126, 136–139, 240, 269, 272; – und Violinvibrato 122–123; – und Vokalvibrato 122–123
Atemvibrato (Holzbläser) 95, 100, 111, 113, 122–123, 137–139, 151–152, 272
Atemvibrato (Querflöte) 110–111, 113, 116, 118–119, 122, 236, 240–241; im italienischen Stil 122, 236; kombiniert mit Fingervibrato 116, 118, 272
Atemvibrato (Sänger) 24–29, 130–131
Atemvibrato (Trompete) 125–126
Atemvibrato (Zink) 95

Balancé, BLANCHET 228
Balancement 32, 51, 148, 187, 221–222, 275; BAILLEUX 76, 130; CHOQUEL 30; CORRETTE 28; DODART 20; LA CHAPELLE 28, 225; L'AFFILARD 188; LOULIE 27, 95–96, 187; MARPURG 25, 127; MONTECLAIR 27, 130; (PEREAULT DE) VILLENEUVE 31, 225; QUANTZ 251; RAPARLIER 27, 130; VAGUE 29, 224
Balancement de main, DANOVILLE 62, 64, 199
Balancement préparé, LA CHAPELLE 28, 225
Balancement sans préparé, LA CHAPELLE 28, 225
Batement, battement, Gambe s. Zweifingervibrato; Mordent 44, 221; Schwebung 261–262; Vibrato 276; DANOVILLE 60, 64, 198, 221; HOTTETERRE 100, 188, LOULIE 64, 187; MONTECLAIR 221; QUANTZ 109–110; J. ROUSSEAU 22, 60, 64, 198, 221
Battente, s. Rasgueado
Beat 88–93, 170; CARR 90–91; Compleat Flute-Master und Nachf. 91–93, 170; HUDGEBUT 88–89; SALTER 88, 90

Beben, DIETRICH 39; STIERLEIN 30
Bebende Stimme 18–19, 31, 158–161
Beber, DIETRICH 39
Bebung 275; ALTENBURG 126, 138; C. Ph. E. BACH 127, 240; BARON 52–53, 55; J. C. BEYER 55; FÜRSTENAU 113; FUHRMANN 72; G. G. G. 26; HILLER 214–215; LASSER 26; LÖHLEIN 82, 240; MARPURG 25, 127–128; PETRI 119, 128; PRINTZ 41, 71; QUANTZ 110, 240, 251; TROMLITZ 116, 118; TÜRK 138
Beeving, LUSTIG 122, 134; QUANTZ/LUSTIG 251; Verhandeling 123
– des strykstoks LUSTIG 134
Beisser, s. Mordante
Bel canto 15, 164, 214–216
Betonung, Vibrato als Betonung 182, 206, 211–212, 233, 275
Vibrato als dramatische Betonung 182, 203, 212, 233–234, 274–275
Vibrato als melodische Betonung 211, 231
Vibrato als rhythmische Betonung 211–212, 230–231, 275; s. auch Emphase
Beweegen der borst, s. Bewegung der Brust
Bewegen des Instruments, Vibrato durch Bewegung des Instruments (Holzbläser) 100, 103–105, 121
Bewegung der Brust. QUANTZ 111–113; SCHLEGEL 112
Bläservibrato, als Nachahmung des Vokalvibratos 23; s. auch Blechbläservibrato, Holzbläservibrato
Blechbläservibrato 125–126; s. auch Bläservibrato
Blockflötenvibrato 83–93, 95–101; s. auch Atemvibrato, Bläservibrato, Fingervibrato, Holzbläservibrato, Bewegen des Instruments
Bockstriller 32–33, 39, 61, 68; s. auch Chevrotement, Zweifingervibrato
Bogenflügel 127–128
Bogenvibrato (Gambe) 58, 131–133, 170, 253, 267–268, 279; im Akkordspiel 133; Mensur 132–133; Zeichen 132

310

Bogenvibrato (Violine) 67, 73, 122, 131, 134–136, 246, 279
Bombi, PRINTZ 71
Branle flottant, DODART 20–21

Caccinitriller, s. Trillo
Cadance, cadence, BACILLY 33, 186; BAILLEUX 224; CORRETTE 103; FURETIERE 33, 186; HOTTETERRE 123; MONTECLAIR 27, 222
Cadence appuyée, kombiniert mit Vibrato 234; BERARD 234
Cadence chevrotante, chevrotée, s. Chevroter
Cadence coupée, VILLENEUVE 225
Camerata 163–167
Chevrotement, chevrottement 17, 32–34, 223, 228; – und Triller 32–34, 185–186, 223; RAMEAU 33; s. auch chevroter
Chevroter, chevrotter, GALLOT 33; GUNN 33, 223; QUANTZ 34; RAMEAU 32–33; TOMEONI 17; Cadence chevrotante, chevrotée, BACILLY 33, 186; FURETIERE 33; MOREL 32; s. auch Bockstriller, Gemecker, Meckern, Trillo caprino, Vitium tremuli
Chûte, CHOQUEL 228; LOULIE 49, 70, 187, 228; MONTECLAIR 27, 222–223, 228
Ciacona 209
Clavichordvibrato 71, 73, 127–128; als Nachahmung des Vokalvibratos 26; – und Tragen der Töne 138; Zeichen 127–128; s. auch Bebung
Close beat, NORTH 59, 171
Close shake (Triller) 91, 171
Close shake (Vibrato) 91, 279; BREMNER 77; GEMINIANI 77–78, 91, 109, 146, 150–152, 174–175, 235–236, 240; HOYLE 77, 79, 175; MILLER/GIARDINI 175; J. PLAYFORD 57; SADLER 78; SIMPSON 57–58, 145, 170
Colori(e)ren, VOCKERODT 160
Concerto delle dame 164
Concitato 10, 255–258, 274
Corrente 209
Coulade, MONTECLAIR 223; s. auch double cadence en coulade
Coulé 205; CAIX 205; LOULIE 49, 64, 70, 187; M. MARAIS 205; MONTECLAIR 222; – du doigt, DANOVILLE 243; J. ROUSSEAU 243; s. auch coulement
Coulement, VAGUE 224; VILLENEUVE 225; kombiniert mit Vibrato 223, 232

Coup de glotte, bei Tonwiederholung 34–42, 186
Courante 193

Definitionen 10–12, 278
Demi-cadence, BERARD 234; kombiniert mit Vibrato 234
Dilettanten, Spielanleitungen für Dilettanten 77, 88–93, 101, 108–109, 123, 125, 170–171, 173–175, 274, 277
Doigt couché (Gambe) 201
Doppelschlag, QUANTZ 110
Double cadence, VILLENEUVE 225
Double cadence en coulade, DANOVILLE 62, 199, 201
Double relish, PLAYFORD–CACCINI 37
Double shak(e), SALTER 87–88
Doublement du gosier, BACILLY 185–187
Doublement de notte, BACILLY 24, 185–187
Druckänderungsvibrato (Violine) 68, 71–72
Dumb shake, GUNN 109

Ebranler, CORRETTE 104–106; HOTTETERRE 98, 100, 102–103; MAHAUT 106; s. auch Bewegen des Instruments
Eigenvibrato (der Instrumente) 11, 272, 278
Einfingervibrato (Gambe) 44–45, 58–59, 61–65, 145; aus ästhetischen Gründen 64, 201–203, 206; Affektwert 145, 198, 203; auf Doppelgriffen 63, 65; als Ersatz für Zweifingervibrato aus technischen Gründen 59, 61, 64–65, 200–202, 206; und Lautenvibrato 44–45, 58, 63; Zeichen 62, 191
Elaboratio 258
Ellipsis 182
Emphase 275, s. auch Betonung
Enfler 206, 232; CAPPUS 205; CORRETTE 76, 104; DE LUSSE 151; LA CHAPELLE 31; MAHAUT 108; M. MARAIS 205; MONTECLAIR 15; s. auch Messa di voce
Ensemblevibrato 176, 251–252; s. auch Orchestervibrato
Entlehnungen 27, 38–41, 77–82, 91–93, 158–160, 174–175, 222–224, 235–238

Fagottvibrato 124, s. auch Bläservibrato, Holzbläservibrato
Favellare in harmonia 164
Fermo, BERNHARD 16, 177–178; MYLIUS 15, 178–179, 183
Fiffaro 19, 83, 253, s. auch Voce umana
Fingervibrato (Holzbläser) 83–110, 113–121, 123–124, 136, 241, 251, 272; – mit gestrecktem Finger 104, 106, 118; Grifftabellen 84–85, 97–99, 102–107, 114–117, 120; – bei Messa di voce 104, 108, 110, 240; – und Mordent 88–93, 96; – und Streichervibrato 123, 238; – und Tremulant 123, 137; – und Triller 84–88, 93–94, 278
Fingervibrato (Blockflöte) 83–93 95–101, 170–171
Fingervibrato (Oboe) 123–124
Fingervibrato (Querflöte) 101–110, 113–121, 123, 145, 175, 237–238, 240
Fingervibrato (Zink) 93–94
Flaté, Flatté, Flater 32, 187, 198, 221, 223; BAILLEUX 27, 76, 130, 224; BERARD/BLANCHET 24, 30, 226, 232–234; LOULIE 49, 61, 64, 70, 95–98, 148, 187, 221; MERCHI 51, 55; MONTECLAIR 27–28, 76, 122, 130, 221–222, 226; RAPARLIER 27, 130, 223, 226, 234
Flatement, Flattement 186–187, 221–222, 276; CORBETTA 49, 55, 95, 148; CORRETTE 103–104, 225; HOTTETERRE 98, 100–101, 103, 123, 188, 221; LOULIE 49, 70; MAHAUT 106–108; M. MARAIS 60, 64, 95; MERSENNE 69–70, 148; QUANTZ 109–110, 240; Verhandeling s. auch Zweifingervibrato; Holzbläser s. auch Fingervibrato
Fluttering, Flutt'ring, BAYLY 16; CORFE 15; GALLIARD 16
Freihandvibrato, Gambe s. Einfingervibrato; Laute und Gitarre s. Handschwankungsvibrato
Frémissement 75; DAVID 226; LACASSAGNE 30, 223, 227; REBEL 263; – de lèvres GARNIER 124, 137, 227, 272
Frissante, HEBERT 75, 229

Gambentechnik 132
Gambenvibrato 57–65, 191–206, s. auch Einfingervibrato, Zweifingervibrato
Garganta, s. Koloratur
Geigenwerk 127
Gemecker, BERNHARD 33, 40; s. auch Chevrotement, Meckern
Gesangstechnik 15, 23, 272; s. auch Vokalvibrato
Geschwindigkeit des Tremulanten 129, 255
Geschwindigkeit des Vibratos 150, 251, 275; Gambe 63; Geigenwerk 127; Holzbläser 96, 100, 108, 116, 118, 121, 150–151, 188; Violine 74, 77–82, 150, 241; Vokal 27–30, 150, 152, 178, 232–333, 241; Zupfinstrumente 44, 46, 48, 52, 54

Gipsy trill 68; s. auch Bockstriller, Zweifingervibrato
Gitarrenvibrato 43–55, 207–212; – auf Doppelgriffen 47; Zeichen 43, 46–49, 55, 276; s. auch Handschwankungsvibrato
Glissando 242–250, 276; Flöte 243, 249; Gambe 206, 243, 248–249 Gitarre 49–50; Vokal 242–243; mit Triller 244, 246, 248–249; mit Vibrato 245–250, 276
Glockenton 31, 79–81, 172
Gradatio 275
Grave, Tremulant als Form des G. 135, 266–267
Groppo, FANTINI 125
Gruppo, A. B. 38; PLAYFORD/CACCINI 37

Handgelenksvibrato, Violine s. Schwankungsvibrato
Handschwankungsvibrato, Gambe s. Einfingervibrato; Laute und Gitarre 43–52, 54; Violine s. Schwankungsvibrato
Hauchen, QUANTZ 110, 112, 137, 139
Hélan 228; VILLENEUVE 225; s. auch Sanglot
Hemiola 230–231
Heterolepsis 182–183
Hin- und Wiederziehen der Lippen, QUANTZ 111–112
Hochalterierte Noten, Vibrato auf hochalterierte Noten 182, 205–206, 232, 275
Holzbläservibrato 83–124; Zeichen 88–89, 96, 98, 104, 119, 121, 123, 229–232; s. auch Atemvibrato, Bewegen des Instruments, Blockflötenvibrato, Fagottvibrato, Fingervibrato, Lippenvibrato, Oboenvibrato, Querflötenvibrato
Hypotyposis 275

Idealvibrato 11, 271, 278

Klangbelebung, Tremulant als Klangbelebung 266, 270
Klangbelebung, Vibrato als Klangbelebung 146–148, 157–161, 235–236, 241, 268–270, 273–274, 276–278; Holzbläser 147, 235–236, 240–241; Gambe 170; Violine 68, 75, 77–78, 146–148, 161, 174, 217, 229, 235, 240–241; Vokal 148, 157–161; Zupfinstrumente 51, 146, 148, 157, 207–209, 212
Klangverschönerung, s. Klangbelebung
Klappenvibrato (Querflöte) 113–115
Klopfen, FÜRSTENAU 113
Koloratur 18, 158–161, 163–165, 275; s. auch Vokalvibrato und Koloratur
Kontinuierliches Vibrato 11, 143–144, 149–150, 157–161, 218, 240–241, 251, 268, 271–273, 276–278; Gambe 194, 198, 272; Holzbläser 112, 116, 235–236, 240–241, 272, 277; Violine 68, 78, 148, 174, 240–241, 272, 277; Vokal 15–18, 157–161, 164, 166, 215, 233, 272–273; Zupfinstrumente 157, 212

Lamento 166, 191, 255, 260
Langueur 276; LOULIÉ 64; DE LUSSE 151; J. ROUSSEAU 22, 63–64, 152, 198
Lautenvibrato 43–46, 48, 50–55, 185, 207–212; ad libitum Klangeffekt 169; Affektwert 148, 170, 207–212; Verwandtschaft mit Gambenvibrato 49, 58, 63, 212; Zeichen 43–44, 48, 52–53, 55, 207, 276; s. auch Handschwankungsvibrato, Ziehen der Saiten
Ligatur 231
Lippenvibrato, Oboe 124, 137, 227, 272; Querflöte 111–112; s. auch Fagottvibrato, Oboenvibrato, Querflötenvibrato

Maniera distendente, MARPURG 25
Maniera quieta, MARPURG 26
Maniera restringente, MARPURG 25
Manieren QUANTZ 110
Martellement 22, 221; DAVID 226–227; LACASSAGNE 30, 119, 223; LOULIÉ 187; DE LUSSE 119–120, 224, 238; J. ROUSSEAU 22; VILLENEUVE 225
Mässiger, s. Moderante
Meckern, FALCK 33, 39; FUHRMANN 33; PRINTZ 33; s. auch Chevrotement, Gemecker
Medizin, s. Physiologie, musikalische
Mensuriertes Vibrato und Tremulant 93, 129, 131, 135, 137–138
Menuett 194, 199–200
Messa di voce 10, 19, 75–76, 104, 108, 110, 121, 125, 171–173, 188, 205, 215–216, 218, 225, 229, 234, 240, 252, 274, 276; s. auch Enfler, Fingervibrato, Violinvibrato, Vokalvibrato
Messa di voce crescente 243, 250; HILLER 243; TOSI 243; TOSI/AGRICOLA 243
Miaulement, Miaullement, Miolement 222; F. CAMPION 49, 55; CORRETTE 49–50; DEMACHY 49, 62, 64; DEROSIERS 49, 55; LE COCQ 55; DE VISEE 49, 55
Mikrotontriller 68
Moderante, DIETERICH 39

Monodie 163–167
Mordant 87, 136, 276; BARON 52–53, 55, 208; BESARD 43, 207; HEBERT 229; QUANTZ 110; STOBAEUS 48, 55, 207; Verhandeling 123; WAISSEL 48, 55, 207
Mordante, DIETERICH 39
Mordent, kombiniert mit Vibrato 205–206, 222, 224, 226, 231; nach Port de voix 44, 51, 205, 226, 231, 276; Verwandtschaft mit Vibrato 48, 61, 88–93, 143
Mordente, FANZAGO 218
Mordente fresco, TOSI 29, 214
Mouvement de la poitrine, s. Bewegung der Brust
Musette (Gattung) 231
Musette (Instrument) 95, 123, 221
Musica pathetica 145–155, 170
musikalische Physiologie, s. Physiologie, musikalische

natürliches Vibrato, s. Vokalvibrato, natürliches
nichtvibrierter Ton, s. vibratofreier Klang
Noema 259, 264, s. auch Antithese
Non-Vibrato, absolutes 15, 215; s. auch vibratofreier Klang

Oboenvibrato 123–124, s. auch Atemvibrato, Bläservibrato, Fingervibrato, Holzbläservibrato, Lippenvibrato
Oktavtremolo 10
Ondeggiamento, LÖHLEIN 82; TARTINI 79, 215
Ondeggiando 255
Ondulation, DODART 19–21
Open shake (Triller) 91; SIMPSON 57–58
Open shake (Vibrato), Compleat Flute-Master u. Nachf. 91–92, 170
Orchestertremolo 10, 129, 260
Orchestervibrato 68, 136, 189, 251–252, 260; s. auch Ensemblevibrato
Organ shak(e) 132, 253, 268

Passaggio 181
Pathetick 171
Philomelian note, tone, sound; NORTH 19, 172–173; s. auch supra-philomelian sound
Physiologie, musikalische 153–155, 253
Pincé 44, 51, 87, 226, 231; BAILLEUX 224; DANOVILLE 61; M. MARAIS 60–61, 64; R. MARAIS 64; MARC 64; MONTECLAIR 27, 222, 226; MOREL 64; PHILIDOR 231; VILLENEUVE 225; Gambe s. auch Zweifingervibrato
Pizzicato, s. Punteado

Plain shake, PLAYFORD/CACCINI 37
Plainte (Gattung) 191–192, 206, 210
Plainte (Verzierung, Vibrato) 221, 276; CORRETTE 49–50, 227–228; DAVID 29, 227; DEMACHY 49, 62, 64; DEROSIERS 49, 55; LOULIE 64; M. MARAIS 62, 64; J. ROUSSEAU 64, 243; VILLENEUVE 225, 227
Port de voix 44, 51, 182, 205–206, 228; BERARD/BLANCHET 24, 232, 234; DODART 50–51; LACASSAGNE 226; LOULIE 187; RAMEAU 33; VAGUE 224; VILLENEUVE 225;
– double VAGUE 224; VILLENEUVE 225
Portamento di voce 51, 138
Portato s. Tremulant und Portato, s. auch Frémissement de lèvres, Hauchen, Tac aspiré, Tragen der Töne
Prelude 193, 203–204
Prima prattica 163
Pronunciatio 144, 258, 274
Pulsschlag 255
Punktierte Noten, Vibrato auf punktierten Noten 180, 230
Punteado 46, 209

Quasi Transitus 182
Quavering, BACON 161; BUTLER 160–161; HOYLE 161
Quellenkritik 9–10
Quellenlage 59, 67, 83, 93, 125, 144, 169, 176, 185, 239, 251, 278
Querflötenvibrato 101–123, s. auch Atemvibrato, Bewegen des Instruments, Bläservibrato, Fingervibrato, Holzbläservibrato, Lippenvibrato, Quintili(e)ren; VOCKERODT 160

Rasgueado 46
Rebattre, BROSSARD 35
Recitar cantando 164
Ribattere CACCINI 34; s. auch Rebattre
Rise 93; SIMPSON 93
Rondeau 231
Ruhepunkt, Vibrato als R. 203, 212, 226, 230–231, 275

Sanglot, MONTECLAIR 228; s. auch Hélan
Sarabande 193–194, 206, 209, 230
Sausen 39; J. S. BEYER 30, 180; DIETERICH 39; FALCK 39; HERBST 39
Schlußnote, Vibrato auf der S. 176–177, 209, 212, 240, 275
Schwankungsvibrato (Violine) 68, 72–82, 271–272
Schweben 261; BARON 53; BERNHARD 40; J. S. BEYER 30, 180; FRIDERICI 18; FUHRMANN 72; PETRI 128; PRINTZ 41; QUANTZ 111–112, 124; TROMLITZ 118; s. auch Schwebung
Schwebende Haue, ALTENBURG 138
Schwebung 148, 221, 275; ALTENBURG 126, 138; BARON 52, 55; G. G. G. 26; LÖHLEIN 82; MARPURG 25, 131, 240; MATTHESON 24; L. MOZART 81; PETRI 71; RIBOCK 113–114; s. auch Schweben
Schweizerpfeiffe 83
Schwermer, PRINTZ 71
Schwingungstheorie 19
Seconda prattica 72, 163–166, 180
Shake, Bogenvibrato 132, 170, 268; Triller 58; Vokalvibrato 23, 169; CARR 90; HOYLE 77; HUDGEBUT 88–90; SALTER 88–90
Shaking 41, 160–161; BUTLER 160–161
Shaking stop (of the Organ), NORTH 266–267; SIMPSON 132, 268
Slur, HUDGEBUT 88; SALTER 88
Sollevatione, MAZZOCHI 243
Son demi-filé, BERARD 233–234
Son enflé s. enfler
Son filé 225; BERARD 233–234; MERCHI 51, 55; MONTECLAIR 15; s. auch Messa di voce
Son filé et aspiré, CORRETTE 228; DAVID 227–228
Son glissé, MONTECLAIR 243–244
Son maniéré, BERARD/BLANCHET 25
Son soutenu, BAILLON 51, 55, 124
Sou(s)pir 276; MERSENNE 44, 55, 148
Sprung, Vibrato bei Sprüngen 193, 226, 231, 275
Sting 148, 169–170, 276; MACE 45, 55, 58, 170, 208; ROGERS 45, 55, 170
Stoccata, tempered NORTH 135–136, 266–267
Strascino, DONI 165
Streichervibrato und Fingervibrato (Bläser) 123; – und Intonation 215–216, 252; als Nachahmung des Vokalvibratos 25–26; – und Voce umana 252; s. auch Gambenvibrato, Violinvibrato
Supra-philomelian sound, NORTH 172; s. auch philomelian sound
Svolazzar(e), TOSI 16, 214
Sweetening, sweetning 148, 170–171, 276; Compleat Flute-Master u. Nachf. 91–93, 170; GUNN 109; New Flute Master u. Nachf. 92–93, 171
Sweet relish, DOWLAND 169, 207
Synkope, Vibrato auf -n 230–232

Tabulatur, Blockflöte 88–90; Flageolett 88; Zupfinstrumente 48, 207–212
Tac aspiré 130; DE LUSSE 122, 139; s. auch Artikulation, Tragen der Töne, Tremulant und Portato
Taktschlagen und Vibrato 17–18
Temblor, GUERAU 48, 55; RUIZ DE RIBAYAZ 47, 55; SANZ 47, 55
Tempered stoccata, s. Stoccata, tempered
Tenue (Gambe) 201
Tiemblar, NASSARRE 16
Todesglocke 211
Tombeau 193–198, 206, 210
Tonbelebung, s. Klangbelebung
Tonwiederholung 10, 34–36, 122, 129–130, 167, 262, 267; s. auch Tremulant, Trilletto, Trillo
Tragen der Töne 130, 138–139, 267; Zeichen 138–139; C. Ph. E. BACH 138; PETRI 139; TÜRK 138; s. auch Tac aspiré, Tremulant
Trammelant, BLANCKENBURGH 84, 86
Tremamento longo, PRINTZ 41, 181
Tremante, BROSSARD 254
Tremar, GANASSI 57, 267
Tremblant (Orgelregister), BROSSARD 134, 254; CORRETTE 28; DODART 20; MARPURG 26, 131; MERSENNE 157; MONTECLAIR 130
Tremblant (Vibrato), Verhandeling 123
Tremble (with the bow), SIMPSON 132, 170, 268
Tremblement, BACILLY 33, 186; DANOVILLE 62; DODART 20; FURETIERE 33; GALLOT 33; GAULTIER 53; HEBERT 229; HOTTETERRE 98, 100; LOULIE 49, 70, 187; MAHAUT 108; MERSENNE 44, 69–70; MOREL 32
Tremblement feint, MONTECLAIR 27, 222
Tremblement flexible, DE LUSSE 119, 121–122, 151–152, 235–236, 238, 272
Tremblement mineur 187, HOTTETERRE 98, 221; LOULIE 95, 187, 221; MONTECLAIR 221
Tremblement d'orgue, DARD 131
Tremblement parfait, MONTECLAIR 27, 222
Tremblement sans appui, J. ROUSSEAU 59

Tremblement sans appuyer, DEMACHY 59–61, 64
Tremblement serré, CARTIER 123; GEMINIANI 123, 235; Verhandeling 123
Tremblement subit, MONTECLAIR 27, 222; VAGUE 224; VILLENEUVE 225
Trembler, DODART 21; QUANTZ 112
Trembling, BAYLY 16, 26, 175; GUNN 32, 109, 175, 223; SOUTH 23, 154
Tremblotter, RAMEAU 32, 223
Tremel, MYLIUS 16, 24, 150, 179
Tremolamento di voce, DONI 35, 164–165
Tremolante, ANTEGNATI 253; BROSSARD 254; SPERLING 41, 72, 131, 180
Tremolare, DONI 165; NASSARRE 16
Tremoletto, DIETERICH 39; FUHRMANN 24, 72, 180; Kurtzgefaßtes. Lexicon 24, 30, 180; MARBURG 25
Tremolio, s. Tremolo
Tremolo 32, 93, 180, 214, 218, 276; Tremulant 129; Triller 33, 93, 160; Vokal 15–17, 21, 23, 32–33; BISMANTOVA 93–94; BOVICELLI 33, 38; BREMNER 77, 251–252; BROSSARD 93, 122, 254; CARDANUS 93; CONFORTO 38; CORBETTA 49; CORRETTE 122, 237; DE LUSSE 122, 236; DIETERICH 39; DIRUTA 33, 93; DONI 165; FANZAGO 218; GALEAZZI 82, 218; GANASSI 93; GEMINIANI 77, 122; G. G. G. 26; KAPSBERGER 52, 55; KÜRZINGER 147–148, 240; LANGE 31, 180; LUSTIG 122; MARINI 134; MARPURG 25; MATTHESON 24, 240; MONTECLAIR 130; MYLIUS 93, 179; NORTH 135, 253, 266; PETRI 71, 119; PICCININI 46, 55; PRAETORIUS 33, 93; PRINTZ 93; QUIRSFELD 180; ROGNONI 33; J. J. ROUSSEAU 122; SCHENCK 259; SPEER 93; SPERLING 41, 131, 180; TARTINI 22, 79–82, 215–217; TOSI 29, 214; J. G. WALTHER 93; ZACCONI 18, 38, 163–164; s. auch Orchestervibrato, Oktavtremolo, Tremulant, Tremulo
Tremolo sforzato 276; CORBETTA 46, 55; PELLEGRINI 55
Tremulant 129–139, 253–270, 278–279; Affektbedeutung 174, 253–260, 279; beschreibende und erklärende Tremulanten 260–266, 279; Blechbläser 137–138; Figur 253–267, 279; Gambe s. Bogenvibrato; Geschwindigkeit 129, 278–279; Holzbläser 93, 122–124, 137, 139, 240; als Klangeffekt 266–267, 279; als Kompositionsabschnitt 253–258; als langsamer Satz 266–267; Mensur 93, 129–131, 135, 137–138, 258, 268, 279; Notation 129–130, 134–135, 138, 268, 270, 278; als Orchestervibrato 136, 252, 267–270; Orgelregister 18–21, 24, 26, 72, 123, 127, 129, 131, 134, 136, 157, 177; und Portato 122, 130, 135–139, 260, 267, 279; und Pulsschlag 255; auf Reizwörtern 258–260; Streicher s. Bogenvibrato; als Tonmalerei 253–256, 260–266, 279; s. auch Hypotyposis; Trompete 126, 137–138; Verwendung ad libitum 122, 170, 267–268, 279; Vibrato 131, 136, 161, 180; als Vibratoersatz 253, 268–270; Violine s. Bogenvibrato; – und Vokalvibrato 123, 130–131; CRÜGER 136; FARINA 134; Kurtzgefaßtes mus. Lexicon 239; HINTERLEITHNER 52, 55, 136, 212; MATTHESON 19, 239; W. A. MOZART 124, 241; QUIRSFELD 131; RADOLT 52, 55, 136, 212
Tremulant, kleiner, DIETERICH 39
Tremula vox, CARDANUS 160; GERSCHOW 16; QUITSCHREIBER 18, 158, 160; SOUTH 23, 154, 169; VIADANA 158–159; s. auch Bebende Stimme
Tremuli(e)ren, BERNHARD 16; EISEL 109; FARINA 134; HAIDEN/PRAETORIUS 127; PROFE 31; VOCKERODT 160
Tremulo, BERNHARD 16, 177–178; J. S. BEYER 30, 72, 180; BROSSARD 254; FUHRMANN 33; MYLIUS 178; PRAETORIUS 33; PRINTZ 181; STIERLEIN 30, 41; VOGT 154
Tremulus 160; BESARD 43; DIETERICH 39; PRAETORIUS 160; STIERLEIN 30, 181–183; J. G. WALTHER 239; s. auch Vitium Tremuli
Tril, RAMEAU 33
Trill, PLAYFORD/CACCINI 37–38
Trillare, CATTANEO 19
Trillen, QUANTZ/LUSTIG 112
Triller, „sanfte" und „harte" 87; Verwandtschaft mit Vibrato 10, 31, 83–88, 93–95, 143, 180, 278; Vibrato als Einstieg in den T. 29, 180–181, 214; QUANTZ 34, 110; SPEER 93
Trillervorhalt 214
Trilletto 34–42, 276; AHLE 40, 180; PRINTZ 38, 40–41,180–181
Trillo 34–42, 276; A. B. 38; AHLE 40, 180; AURIEMMA 40; BERNHARD 33, 40–42, 177; BISMANTOVA 94; BROSSARD 35; CACCINI 34; DIETERICH 39; DONI 35, 165; FALCK 33, 39; FANTINI 125; FANZAGO 218; FUHRMANN 33; HERBST 39; LANGE 31, 180; MANCINI 34; MATTHESON 41, 239; MONTEVERDI 36, 39; MYLIUS 178–179; NORTH 171; NOTARI 35; PRAETORIUS 39; PRINTZ 24, 33, 40–41, 71, 180–181; PROFE 31; SPERLING 41, 72; STIERLEIN 30, 41; TARTINI 69
Trillo alla francese, BISMANTOVA 87.
Trillo calato, MANCINI 246; TOSI 246
Trillo caprino, TOSI 34
Trillo cresciuto, MANCINI 246; TOSI 246
Trillo imperfetto, DONI 35, 164
Trillo lento, TOSI 29, 41, 214
Trillo sforzato, BARTOLOTTI 55
Trillo tremolante, DELLA VALLE 23–24, 166
Trompetenvibrato 137–138, 171–172, s. auch Bläservibrato, Blechbläservibrato
Tuono tremante, DONI 155, 165

Verre cassé, MERSENNE 44, 55, 148, 208
Verschiedenartigkeit der Vibrati 143, 275–276, 278
Verzierungen, Vibrato kombiniert mit anderen 169–170, 180–182, 187–188, 199, 201, 205–206, 214–216, 222, 225–227, 231–232, 234, 276
Vibrare, CATTANEO 19
Vibrate, BAYLY 26, 175
Vibratio, DONI 35
Vibration, LACASSAGNE 30, 223; NICHOLSON 113; TRISOBIO 19
Vibratobezeichnungen 276, s. auch Blechbläservibrato, Bogenvibrato (Gambe), Clavichordvibrato, Einfingervibrato (Gambe), Gitarrenvibrato, Holzbläservibrato, Lautenvibrato, Violinvibrato, Vokalvibrato, Zweifingervibrato (Gambe)
vibratofreier Klang 11, 15, 23, 271–272, s. auch Non-Vibrato
Vibrer, CAMBINI 134

Vinger-bevinghe, BAN 72, 161
Violinhaltung 73–74
Violintechnik 67, 73–74, 272
Violinvibrato 67–82; Affektwert 150–152, 174; – und Bläseratemvibrato 122–123; auf Doppelgriffen 80, 217; Gewohnheits- 143; bei Messa di voce 75–76, 171–173, 215–216, 224, 252, 274; – und Tremulant 122–123, 136, 246; als Tremulant notiert 72–73, 136; – und Vokalvibrato 30, 41, 72, 122–123, 180, 215–216, 241, 252; Zeichen 72–73, 123, 136; s. auch Druckänderungsvibrato, Schwankungsvibrato, Zweifingervibrato
Vitium Tremuli, FALCK 39; FUHRMANN 33
Voce tremante, DONI 165; ZACCONI 18
Voce tremola, TEVO 154, 213
Voce umana 19, 83, 160, 164, 252–253; s. auch Fiffaro
Voix tremblante, RIVAULT 154, 185
Vokalvibrato 15–42; mit dem Atem 24–29, 130–131, 187, 222; – und Bläseratemvibrato 122–123, Gewohnheits- 18, 143, 159, 164; – und Glockenton 31, 79–80, 216; – und Instrumentalvibrato 22, 50–51, 122–123, 241;

Intensitätsschwankung 25–26, 31; in der Kehle 24–25, 31; – und Koloratur 18, 23–24, 157–161, 163–164, 166, 273; auf kurzen Noten 174–175, 177–178, 233; – und Messa di voce 217–218, 225, 274; natürliches 11, 18–24, 31, 143, 157–161, 164, 217, 241, 271–273, 278; – und Orgeltremulant 18–21, 24, 26, 123, 130–131, 136, 157, 177, 185; Tonhöhenschwankung 25–26, 29, 31; als Tremulant notiert 26, 31, 180, 242; als Trillerersatz 179; – und Violinvibrato 30, 41, 72, 123, 215–216, 241; Zeichen 26–28, 31–32, 218; – und Zweifingervibrato auf der Gambe 198
Vorschlag, QUANTZ 110
Vorschlag, Vibrato nach Vorschlag, s. Verzierungen
Voz trémula, COMA Y PUIG 17

Waive, NORTH 19, 171–172
Wave, BAYLY 26, 175
Wavee, NORTH 29, 125, 275
Wavering, NORTH 171
Wellenlinie 188, 276; in der Gambenmusik 60, 62, 188, 229, 248–249; für Holzbläservibrato 96, 98, 104, 121, 188, 229–232; kombiniert mit Tremulanten 242, 247; für Tremulanten 129–130, 242, 254, 256, 262, 264;

für Triller 276; für (vibriertes) Glissando 242–250, 276; für Vokalvibrato 26–28, 31, 218, 242
Wesentliche Manieren, QUANTZ 110
Wrist-shake, NORTH 59, 74–75, 77, 173

Ziehen der Saiten (Laute) 52–53
Zittern 83; DIETERICH 39; FALCK 39; HAIDEN/PRAETORIUS 127; HERBST 39; L. MOZART 241; W. A. MOZART 17, 26; PRAETORIUS 39; PRINTZ 41; PROFE 31; QUANTZ 111–113; STIERLEIN 30; TROMLITZ 116, 118
zitternde Stimme 18, 23, 39–40, 158–161
Zweeven, QUANTZ/LUSTIG 112
Zweifingervibrato (Gambe) 57–61, 64, 145, 148–149, 169–170, 191–199, 203–206, 272; Affektwert 148–149, 170, 191, 198–199; mit Handschwankung? 58–61; – und Mordent 61; als Nachahmung des Vokalvibratos 22, 198; – und Triller 57–58, 61; Zeichen 57–58, 60–61, 191
Zweifingervibrato (hohe Streichinstrumente) 10
Zweifingervibrato (Violine) 68–70